캄보디아 역사

A HISTORY
of
CAMBODIA

FOURTH EDITION

A History of Cambodia 4th edition
by David Chandler
Copyright © 2008 Taylor & Francis
Korean Translation Copyright © 2025 by Handl Publishing House

Korean edition is published by arrangement
with Routledge, a member of the Taylor & Francis Group LLC
through Duran Kim Agency.

이 책의 한국어판 저작권은 듀란킴 에이전시를 통한 Taylor & Francis Group LLC와의 독점 계약으로 한들출판사에 있습니다. 저작권법에 의하여 한국 내에서 보호받는 저작물이므로 무단 전제와 무단 복제를 금합니다.

캄보디아 역사

지은이	데이비드 챈들러
옮긴이	이성욱
펴낸이	정덕주
발행일	2025. 06. 30
펴낸곳	한들출판사
	서울시 종로구 대학로 19(기독교회관 1012호)
	등록 제2-1470호. 1992년
홈페이지	www.handl.co.kr
전자우편	handl2006@hanmail.net
전화	편집부 02-741-4069
	영업부 02-741-4070
ISBN	978-89-8349-853-3 93230

캄보디아 역사

A HISTORY of CAMBODIA

FOURTH EDITION

데이비드 챈들러(David Chandler)

이성욱 옮김

하늘차파사

일러 두기
(크마에 발음 한글 표기)

    구글 지도에서 엉꼬 왓(앙코르 왓)을 찾다보면 이 사원이 있는 도시 이름이 '시엠레아프'라고 나온다. 이 발음으로 캄보디아 사람에게 물어보면 100% 처음 듣는 이름이라고 할 것이다. 왜 구글 한글 표기가 그렇게 되었는지 모르겠지만 구글 한글 표기법에 따라 크마에를 발음하면 제대로 알아들을 수 있는 캄보디아 사람은 아마 거의 없을 것이다. 그래서 이 번역본에서는 캄보디아 고유명사에 대해 가급적이면 캄보디아 사람들이 발음하는 소리대로 표기하려고 노력했다. 다만 캄보디아 말의 발음 중 어떤 모음은 'ㅡ'와 'ㅓ'의 중간발음인 것도 있고, 어떤 모음은 'ㅓ'와 'ㅗ'의 중간발음인 경우도 있다. 그리고 같은 단어나 글자라도 사람에 따라 모음부를 '에이'나 '어이'로 다르게 발음하는 경우도 있다. 그런 이유로 이러한 발음을 듣는 사람에 따라서 어떤 사람은 'ㅡ'나 'ㅓ'로 듣고, 어떤 사람은 같은 사람의 발음이라도 'ㅓ'나 'ㅗ'로 듣기도 한다.

    이런 이유로인해 캄보디아어인 크마에에 대한 표준 한글 표기법을 정하기는 매우 어려울 것으로 예상하지만, 그래도 씨엄리업(씨음리읍,

씨엄리읍)을 씨엠레아프라고 표기(발음)하는 것과 같은 상황은 바로 잡을 수 있기를 바라는 마음으로 최대한 크마에 발음에 대한 한글표기가 원 발음에 가깝도록 했다. 아울러 한글 표기와 크마에 원문, 영어식 표기를 부록으로 실어 독자가 직접 확인할 수 있도록 했다.

다만 산스크리트나 빨리어에서 온 크마에는 발음법 자체가 다른 점에 유의하기 바란다. 이런 단어들 중 종교와 관련한 단어는 승가 생활을 오래 한 사람이 아니면, 학력이 높아도 읽지 못하는 경우가 많다. 그래서 그러한 단어들에 대해서는 승가 생활을 오래 한 두 분의 자문을 받아 최대한 원발음에 가깝게 한글 표기 하였다.

글자 위에 구두점을 찍어 강조표시를 한 글자도 있는데, 구두점이 있는 글자는 스타카토 하듯이 짧게 끊어서 발음해야 한다는 의미이다. 크마에 모음은 같은 음이 나더라도 긴 소리와 짧은 소리가 서로 표기가 다르다. 예를들어 ន는 '누-'라고 길게 발음하는 반면 ន는 '누'라고 짧게 끊어 발음해야 한다. 그래서 짧은 소리는 '눅'으로 들리기도 한다. 캄보디아 선왕의 이름이 '쎄이하누'인데, '씨하누크' 또는 '씨하눅'이라고 들리는 것이 바로 그런 이유이다. 쎄이하누에서 쎄이는 한 글자인데, 긴 발음이다. 그래서 쎄이(사람에 따라서는 써이)라고 하지만, 두 음절을 또박또박 읽으면 완전히 다른 발음이 된다. 쎄이도 붙여서 발음하면 '씨'로 들린다. 그래서 쎄이하누라는 발음이 씨하눅으로 들린다.

흔히들 자야바르만이라고 읽고 쓰는 엉꼬 톰을 조성한 국왕의 이름에도 끊어서 읽는 부분이 있다. 정확히는 '쩨이붸악라만'인데('붸'는 '웨'로 읽어도 무방하다. វ는 영어로 v발음이 나기에 우리로 치면 '순경음 ㅂ' 발음이다) '붸악'도 두 글자로 표기했지만, 크마에로는 한 글자이고 한 발음이다. 아주 짧게 '붸악' 또는 '붸아'라고 발음한다. '1월'에 해당하는 크마에가 메악까라인데, 그냥 들으면 막까라 또는 마까라로 들리는데, '붸악'도 붙여서 빠르게 발음하면 '봐' 또는 '와'로 들릴 수 있다.

여기서 여기서 본문에 나오는 고유명사 표기에 대해 모두 나열할 수 없지만, 한가지만 더 지적하자면, 한국에서 앙코르 왓이라고 쓰는 것을 굳이 왇이라고 표기했다. 한국어 발음에서 받침에 'ㄷ, ㅅ, ㅈ, ㅊ, ㅌ, ㅎ' 이 발음이 붙으면 대개 'ㅅ'으로 쓰되 발음은 대표발음인 'ㄷ'으로 한다 (예: 낟, 낫, 낮, 낯, 낱, 낳 → 낟으로 발음). 하지만 캄보디아 사람들은 이 발음을 모두 다르게 발음한다. 즉 캄보디아 사람들은 낫과 낟을 다르게 발음한다. 그런 의미에서 받침 표기도 일반적으로 쓰는 'ㅅ'을 써서 표기하기 보다는 캄보디아 사람들이 발음에 따라 표기하려고 했다. 만일 왇을 왓으로 쓰면 영어 표기로는 was가 되는데, s나 h 발음이 음절의 끝에 붙어 받침처럼 되면 크마에로는 발음 뒤에 공기를 내뱉듯이 발음(와ㅎ)을 마무리 지어야 해서 왓발음이 왇(wat)발음과 달라진다. 그래서 왓 발음이 캄보디아 고유명사 표기에서는 다른 발음으로 오해될 소지가 있어서 굳이 왇으로 표기했다.

영어 고유명사 발음이나 프랑스어 발음에 대한 한글 표기에는 오류가 있을 수 있다. 감안하시길 바란다.

이 책의 크마에 표기안이 표준안이라고 할 수는 없지만, 이런 시도가 모여서 표준안이 만들어지길 기대한다.

글쓴이의 주석은 모두 미주로 처리했고, 옮긴이의 주석은 해당 페이지 아래에 *로 표시하고 주석을 달았다. 특별히 참고자료 명시가 필요한 경우에는 주석에 명시하였다.

4판 저자 서문

1983년에 처음 출간된 이 책의 개정판을 준비할 수 있도록 격려해 주신 Westview출판사의 Steve Catalano 씨에게 감사드린다. Catalano 씨는 이 책 출판을 위해 그동안 나와 함께 일한 Westview출판사의 유능한 편집자들 중 가장 최근에 합류한 편집자이다. 또한 프로젝트 편집자인 Kay Mareia, 그리고 교열을 도와준 Tom Lacey에게도 감사를 표한다. 이전 판과 마찬가지로 이번 판도 나의 자녀들에게 이 책을 바친다.

이 책의 구조와 일반적인 접근 방식은 변함이 없지만, 2000년 3판이 출간된 이후 발표된 귀중한 연구 결과를 반영하여 2장, 3장, 4장, 5장을 수정했다. 특히 Greater Angkor Project와 Claude Jacques, Christophe Pottier, Ashley Thompson, Michael Vickery의 선구적인 작업을 참조했다. 책의 나머지 부분에서는 중요한 새로운 학문적 결과를 반영하려고 했다. 2000년 이후의 사건을 다룬 마지막 지면은 여러 차례의 캄보디아 방문과 Erik Davis, Youk Chhang, Penny Ed-wards, Kate Frieson, Steve Heder, Don Jameson, John Marston, Un Kheang, Kim Sedara 등 많은 사람들과의 토론을 통해 얻은 정보를 바탕으로 구성했다.

거의 반세기 동안 캄보디아에 관심을 가져온 나는 지적으로 많은 빚을 지게 되었는데, 빚진 분들에게 감사를 전할 수 있게 되어 기쁘게 생각한다. 가장 먼저 이 책을 쓰도록 처음 권유한 아내 Susan과 대학원 첫 2년 동안 영감을 준 故 Paul Mus에게 깊은 감사를 전한다. 제자인 Ben Kiernan과 John Tully, 그리고 Joyce Clark, Christopher Goscha, Anne Hansen, Alexander Hinton, Helen Jessup, Alexandra Kent, Charles Keyes, Judy Ledgerwood, Ian Mabbett, Milton Osborne, Saveros Pou, Lionel Vairon, John Weeks, Hiram Woodward 등 수많은 동료와 친구에게도 감사를 전하고 싶다. 이 명단은 훨씬 더 길어질 수 있다. Paul Mus은 "사람은 친구가 가져다주는 것으로 자신을 만들어 나간다"라고 쓴 적이 있다.

2005년에는 크마에연구센터(Khmer Research Centre)의 후원으로 세 번째 판이 크마에로 번역되었다. 번역본이 캄보디아 사람들 사이에서 불러일으킨 관심은 나에게 큰 보람을 주었다. 크마에 번역본을 읽은 이들 중에서 캄보디아 역사가가 나오기를 희망한다.

마지막으로, 이 지면을 빌어 최근 다정하고 재능 있는 다섯 명의 동료 학자들(May Ebihara, Richard Melville, Ingrid Muan, Jacques Népote, David Wyatt)을 잃은 슬픔에 대해 적절한 애도를 표한다. 그들의 우정, 동료애, 캄보디아의 역사와 문화에 대한 통찰력이 그리워진다.

2007년 2월
호주 맬버른에서
데이비드 챈들러

차례

일러두기 5
저자서문(4판) 8

1. 도입　　　　　　　　　　　　　　　　　　　15

2. 캄보디아 역사의 시작　　　　　　　　　　　29
　　인도화　　　　　　　　　　　　32
　　푸년　　　　　　　　　　　　　37
　　초기 캄보디아의 정부와 사회　　48

3. 엉꼬 제국의 왕권과 사회　　　　　　　　　59
　　엉꼬 역사를 위한 사료들　　　　　　　60
　　쩨이붸악라만2세와 엉꼬의 건립　　　64
　　예악싸오붸악라만과 그의 후계자들　　68
　　엉꼬시기 왕권　　　　　　　　　　　　82
　　엉꼬 왇　　　　　　　　　　　　　　　88

4. 쩨이붸악라만 7세, 그리고 13세기의 위기　97
　　쩨이붸악라만 7세와 불교식 왕권　　　　　99
　　쩨이붸악라만 7세의 사원들　　　　　　　108
　　상좌불교와 13세기의 위기　　　　　　　　117
　　주달관이 기록한 엉꼬 이야기, 1296~97년　121

5. 엉꼬 시대 이후의 캄보디아   129
   엉꼬에서 프놈뻰으로의 이동   130
   15-6세기의 캄보디아   135
   17세기 캄보디아의 가치   148
   캄보디아에서 베트남과 태국의 활동   156
   결론   160

6. 1794~1848년 동안의 정치, 사회, 국제관계   163
   사회와 경제   164
   후견자(PATRONAGE)와 정부   170
   옥냐   177
   캄보디아의 베트남과 시암과의 관계   185

7. 위기의 19세기   193
   베트남의 통제라는 짐(IMPOSITION)   194
   1835-40, 캄보디아의 베트남화(化)   204
   시암과 캄보디아 독립의 회복   219

8. 초기 프랑스 보호령 — 225

프랑스 보호령의 확립　　230
프랑스 지배의 강화　　234
씨소왓 통치 초기　　243

9. 프랑스에 대한 캄보디아의 대응(1916~1945) — 251

1916사건　　251
프랑스 주재관 바르데 살해 사건　　257
민족주의의 시작　　261
제2차 세계대전의 충격　　269
민족주의의 고양과 프랑스의 복귀　　276

10. 독립 — 283

정당의 발전　　284
좌파의 성장　　291
쎄이하누와 독립의 성취　　300

11. 독립에서 내전까지 — 311

국회의원 선거　　312
쎄이하누의 정책들　　318
쎄이하누에 대한 반대　　321
쎄이하누의 통치: 대차대조표　　323
쎄이하누의 쇠락　　326
1970년 쿠데타　　332

서서히 무너져가는 크마에 공화국　　　　　335

12. 캄보디아에서의 혁명　　　　　339

권력을 잡은 민주깜뿌찌어, 1975~1976　　343
4개년 계획　　　　　348
당의 위기　　　　　351
베트남과의 갈등　　　　　356
민주깜뿌찌어의 종말　　　　　360

13. 1979년 이후의 캄보디아　　　　　367

깜뿌찌어인민공화국: 초기 국면　　367
깜뿌찌어인민공화국에 대한 반대　　372
민주깜뿌찌어 연합정부　　375
베트남의 철수　　　　　377
UN 과도정부 시기와 그 이후　　379
크마에루주의 종말　　　　　383
1997년의 군사 쿠데타　　　384
21세기 캄보디아　　　　　389
결론　　　　　392

역자 후기　　　　　398
미주　　　　　403
참고문헌　　　　　453

부록 크마에 고유명사　　　　　**462**

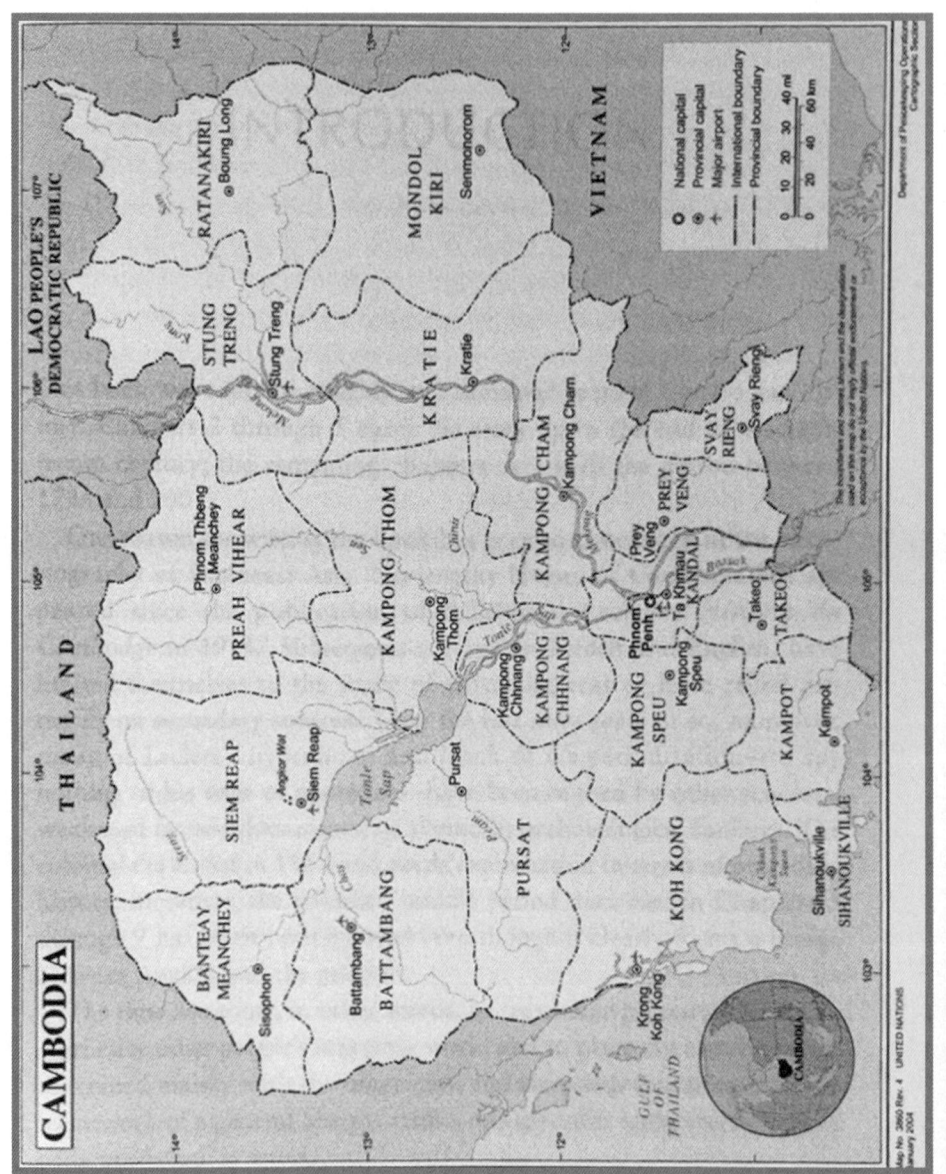

1
도입

    이 책은 대략 2,000년 동안의 캄보디아 역사를 살펴본 것이다. 2장에서 5장까지는 18세기까지 역사를, 6장에서 13장까지는 1794년부터 2007년까지를 다룰 것이다.[1]

    이 책을 쓰게 된 한 가지 이유는 동남아시아 역사 기술에서 남아 있는 공백을 메우기 위해서였다. 캄보디아 역사를 상세히 다룬 역사서는 1914년 아데마르 르끌레르(Adhémard Leclère)의 『캄보디아의 역사』(Historie du Cambodge) 이후로 출판된 적이 없다.[1] 이후의 연구들은 프랑스어와 영어로 수행되었으며 특정 시대 연구에 국한되거나 주로 2차 사료에 의존하였다.[2] 더군다나, 지난 60여 년간 르끌레르의 가설들과 그의 시대 구분은 수정이 불가피해졌다. 다른 학자들의 사료들과 고고학적인 발견으로 그의 주장에 신뢰도고 떨어졌기 때문이었다. 캄보디아 식민 시대는 1953년에 막을 내렸는데, 이에 대해서는 그 이전 역사적 관점에서 살펴볼 필요가 있다. 또한 5장부터 7장까지 논의될 이른바 중기(middle period)는 엉꼬 시대와 현재를 잇는 다리 역할을 하는 것이 분명한데도 대부분 무시되어 왔다.

다시 말해 이제는 1차 사료를 재검토하며 다른 학자들의 연구 결과를 종합하고, 주로 19세기와 20세기에 초점을 맞춘 필자의 연구를 비전문가와 학부생 모두를 염두에 두면서, 전체 역사의 틀 속에 배치할 때가 되었다.

사정이 이렇다 보니 이 책에서는 여러 주제를 다룬다. 첫째는 타이와 베트남 사이에 자리한 캄보디아의 지정학적 위치가 정치와 사회에 끼친 영향에 관한 것이다. 18세기 중반 이래 매우 중대한 주제였지만 최근에는 중요성이 다소 떨어진 이 내용에 대해서는 6장과 7장에서 더 자세히 다룰 것이다. 인접한 적대적 강대국인 두 나라(타이와 베트남) 때문에, 두 파벌로 나뉘어 다툼을 벌여온 캄보디아 지배 계층은 1780년대 이래 200년 이상 어느 한쪽을 택하든지, 아니면 외부 세력에 호소하여 두 나라를 무력화시키든 양자택일 할 수밖에 없었다. 19세기에 캄보디아 왕들은 두 방법을 모두 시도하기도 했다. 이후 노로덤 쎄이하누(Norodom Sihanouk), 론놀(Lon Nol), 뽈뽓(Pol Pot) 등은 후자, 즉 외부 도움을 구하는 방법을 선택했다. 1979년에서 1991년까지 깜뿌찌어인민공화국으로 존재했던 캄보디아국 정권은 자발적으로 베트남의 후원을 받기로 결정했다. UN보호령(1991-1993)은 냉전시대 경쟁국들의 이해관계 속에서 캄보디아를 빼버리는 것으로 이 나라를 두고 경쟁하는 외세를 무력화시켰다. 1990년대 후반 캄보디아와 베트남은 '동남아시아국가연합'(ASEAN)에 가입했다. 1993년 캄보디아 왕국이라는 이름으로 수립된 이 나라는 지금까지는 우세한 대외 후견국 찾기를 피해왔지만, 최근에는 중국이 캄보디아 정권의 중요한 동맹국이자 후견국으로 떠올랐다.

둘째는 사실상 오늘날에 해당하는 것으로, 현대 캄보디아인들과 그들의 과거에 관계한 것이다. 엉꼬 시대 역사는 어쨌든 프랑스 식민지 지배자들에 의해 해독되고 복원되어, 캄보디아인들에게 전해졌다. 어째서 그 많은 캄보디아 사람들이 자기 역사를 잊어버리고, 왜 그것이 신화였다고 기억하고 있었을까? 기억과 위대함을 되살리는 것은 캄보디아가 외세에 의존했던 시대에 어떤 의미를 가졌을까? 엉꼬 시대와 근대 '사이의 시기'에 무슨 일이 있었던 것일까? 엉꼬 이후 시기와 식민 시기, 그리고 1954년 이후 벌어진 일들은 초기 시기와 어떤 식으로 연관되어 있을까? 캄보디아 사람들은 1970년대의 혁명적 사건들을 어떻게 기억하고 가르치며, 또 내면화하고 있을까? 그동안 캄보디아 정부는 논란의 여지가 많다는 이유로 캄보디아 역사 수업을 축소하라고 압박해왔다.

셋째 주제는 캄보디아인의 의식, 정치 그리고 사회적 관계에 팽배한 후견 문화와 서열 문화에서 비롯되었다. 캄보디아 역사 전반을 보면, 권력자들은 (그 자신들뿐 아니라 거의 모든 사람에 의해) 일반 사람들보다 더 유능하다고 여겼던 것으로 보인다. 나이 든 사람들도 특별한 대우를 받았다. 약간의 변화는 있었지만 이런 구조는 서력 기원 초기 캄보디아가 소위 인도화 되던 시기부터 상좌불교가 전파된 시기, 즉 평등주의가 캄보디아의 사회관계에 약간이나마 스며든 14세기까지 변함없이 유지되었다.[3] 맑스주의자들은 수 세기 동안 이런 모멸적인 현상이 신비화되어 캄보디아 사람들에게 널리 수용된 것이라고 생각했다. 이것이 사실이라면, 그리고 개인의 정체성이 종속 관계와 그토록 빈번하게 연관된다면, 정치적 독립이란 무엇을 의미했을까?

마지막 주제는 셋째 주제와 연관된 것으로, 캄보디아 같은 많은 농촌 사회의 특징으로 보이는 관성에서 기인한 것이다. 최근까지 대부분의 캄보디아 사람들은 자급 농업 외의 대안을 시도해 볼 기회가 거의 없었다. 어떠한 종류의 점진적인 사회적 개선도 제공되지 않았으며, 그런 것을 추구하는 사람도 거의 없었다. 그랬다가는 권력자들에 의해서 굶주림에 시달리거나 처벌받을 수 있었기 때문이었다. 그들은 농사와 가족을 돌보는 것도 예전 방식으로만 해야 했다. 마을과 가족과 궁에서 늘 해오던 방식은 '당연히 그렇게 해야 하는 것'으로 여겨졌다. 분명히 이런 태도는 지배층의 이익에 부합하고 사회 구성원들을 통제하는 역할을 했지만, 이 과정이 우리 생각만큼 부정적이지 않았을 수도 있다. 어쨌든 안정을 유지하기 위한 다른 방법이 있었을까? 캄보디아 역사 내내 거버넌스(혹은 리엇츠카: 말 그대로 '왕의 일')는 자기 식량을 스스로 재배해야 하는 의무에서 어떤 식으로든 벗어난 사람들이 누리는 특권이었다. 피지배자들은 자기보다 지위가 높은 사람들을 위해 식량을 재배하는 대가로 보호받았다.

이런 보수적인 사고방식은 일부 저술가들로 하여금 적어도 1970년대까지 캄보디아와 국민들이 과거로부터 변하지 않고 잠들어 있었다고 주장하는 근거가 되었다. 이 '불변성'이라는 개념은 온순함을 암시하기도 했으므로 프랑스 식민 통치에 적합했다. 그 이후 캄보디아를 지켜본 이들이 보기에, 1970년대 혁명은 지도자들의 잘못으로 빗나가버린 서툰 시도였다. 하지만 새로운 차원의 삶으로 진입하려는 노력이었고, 세계 무대에서 활약하는 국가가 된다는 점에서 어딘가 "캄보디아답지 않은" 것으로 도약하려는 노력이었다.

물론 '불변성'이라는 관념은 사건을 지나치게 단순화하는 것이지만, 캄보디아 역사학자들과 보수적 관점을 가진 캄보디아인 사이에서는 이 관념이 끈질기게 지속되어 왔다. 이 책은 각 장마다 캄보디아인의 삶에 영향을 끼쳤던 변화를 다룸으로써 이러한 관념들을 허물어뜨릴 것이다. 최초로 눈에 띄는 변화는 인구와 자원을 동원하여 다소 인도화 된 정치체제를 구성한 일로, 이에 대해서는 2장에서 다룰 것이다. 또 다른 변화는 9, 10세기 엉꼬 시대부터 권력이 집중되면서 찾아왔는데, 이에 대해서는 3장에서 서술하겠다. 어떤 학자들은 엉꼬 시대에 출현한 국가가 출현한 것을, 카를 비트포겔(Karl Wittfogel)의 동양적 전제주의 혹은 마르크스의 아시아적 생산 양식이라는 개념의 예라고 보았고, 이렇게 출현한 국가는 비범할 정도로 훌륭한 종교 기념물과 조각을 유산으로 남겼다.[4] 4장에서 살펴볼 크마에(Khmer) 왕국을 덮친 또 하나의 변화는 1177년 참파(Champa)의 침략으로 크마에 제국의 수도가 파괴되었다가, 왕이자 대승불교 신도였던 쩨이붸악라만 7세(Jayavarman VII)에 의해 불교 도시로 재건된 것이다. 1220년 그의 사후 이어지는 세기에 또 다른 변화가 찾아왔다. 대부분의 캄보디아인들이 대승불교 영향이 강한 느슨한 형태의 시바파 힌두교에서 상좌불교로 개종한 것이다. 당시 상좌불교는 현재의 타이 중부에 해당하는 지역에서 막 태동하던 신흥 왕국들의 종교였다. 이러한 변화에 대해서는 5장에서 다룬다. 캄보디아인들이 15, 16세기에 엉꼬를 등진 것과 같은 시기에 인구 중심이 남쪽으로 이동한 것은 당시의 변화에 훨씬 더 큰 영향을 끼쳤을 것이다.

엉꼬를 버린 때부터 프랑스 통치 시작까지를 포괄하는 캄보디아 중기(middle period) 역사는 사료가 적고 신뢰성에 문제가 있어 연구가 어렵지만, 엉꼬 시대와 달랐던 것만은 분명하다. 우선 상좌불교(그리고 이로 인한 필연적 결과인 타이의 문화적 영향)가 확산되면서 왕의 측근이자 왕 주위에서 관직을 탐하던 사제 가문들의 영향력이 약화되었다. 엉꼬 시대에 이 가문들은 왕의 후원을 받는 종교 기관들과의 관계를 이용하여 왕국 주변에 있는 대부분의 땅과 인력을 지배했다. 이 기관들이 왓(상좌불교 사원)으로 대체되면서 엉꼬 왕국에서 통용되었던 사회적 동원 체제가 무너졌으며, 엉꼬 백성들의 이모작과 때에 따라 삼모작을 가능하게 해주었던 거대하고 복잡한 관개 체계 역시 무용지물이 되었다. 이러한 변화들과 외부로 집단 이주한 결과 지배계층은 그 수가 점점 줄어들었으며 그들의 관심사는 좀 더 상업으로 기울었다.

안타깝게도 이러한 변화는 문서 기록이 매우 빈약한 시대에 일어났다. 문서를 통해서 변화 이전과 이후 캄보디아 사회를 연구할 수 있지만, 실제로 변화가 일어나는 동안의 캄보디아 사회에 대해서는 알 수 없다. 예를 들어 그렇게 많은 이들이 왜 종교를 바꾸었는지, 그 과정이 어떻게 진행되었는지에 대한 명확한 정보가 없다. 어떤 경제적 유인이 있었던 것은 분명하지만, 엉꼬 시대에 토지를 소유했던 지배계층이 왜(그리고 언제) 무역에 더 관심을 가진 집단으로 변모했거나 대체되었는지는 말하기 어렵다.

17세기와 18세기에 캄보디아는 지정학의 희생양이 되었다. 수도(프놈펜/우동/롱벡) 지역은 버마와 씨암을 포함한 상좌불교 문화권의 동쪽 끝에 위치하였고, 점점 남진하는 중국화 된 베트남의 남쪽 국경선과 매우 가까웠다. 다시 말해, 이 지역은 문화의 단층 선상에 놓여 있었다. 이러한 현실은 캄보디아 지도층의 사고와 행동에 영향을 끼쳤다. 그들은 이길 가능성이 전혀 없었던 현실 정치 게임에 말려 들어갔다. 18세기 말, 캄보디아는 이미 내전과 양국의 침략으로 황폐화된 상태였다. 심지어 몇 년 동안은 국왕조차 없었다. 6장과 7장에서 살펴볼 1800년대 초는 엉꼬 제국 이후 가장 암울한 시기였을 것이다. 19세기 중반 캄보디아는 거의 파탄 상태였다. 두엉 국왕(Ang Duang, 재위 1848-1860) 통치하에서 잠깐 독립을 맛보기도 했지만, 이후 캄보디아는 프랑스 보호령으로 굴복했다. 캄보디아 통치자들은 타이의 패권 아래 있는 것보다 어쩌면 이를 선호했을 가능성이 크다. 하지만 프랑스 통치가 이전에 베트남이 캄보디아에 시행했던 '문명화 사업'과 유사해지기까지는 오래 걸리지 않았다. 그때도 국왕의 자치권이 급격히 쇠락한 시기였다.

식민 시대에 캄보디아에서 일어난 경제·사회·문화적 변화들은 동남아시아 다른 지역에서 일어난 변화들과 유사하지만, 체계적인 식민 통치를 받았던 자바, 버마, 필리핀에서 일어난 변화보다는 강도가 덜했다. 다른 식민지에서도 마찬가지였지만, 캄보디아를 휩쓴 변화는 1945년에 잠깐 등장했다가, 1953년에 다시 이루어진 캄보디아 국민 국가를 위한 기틀을 만드는 데 도움이 되었다.[5]

8장과 9장에서는 식민 시대에 가장 두드러진 세 가지 변화인 해외 무역, 교류, 인구 변동에 대해 살펴보겠다. 쌀과 옥수수가 수출을 위해 처음으로 대량 재배되었고, 그 시절에 처음으로 재배된 고무는 캄보디아를 동남아시아 밖의 세상과 연결시켜 주었다. 이를 통해 특별히 융성한 적이 없었던 캄보디아 경제가 외부 세계에 부분적으로 의존하게 되었다. 정치적 독립으로 바뀐 것은 없었다. 1950년대와 1960년대를 통틀어 캄보디아 외환 수입의 대부분은 쌀, 고무, 옥수수 수출에서 나왔다.

하지만 식민지 시기와 그 이전 시대 간에 가장 두드러진 차이는 교통수단과 관련되었을 것이다. 사람들은 1920년대에 이미 2, 3일이면 자동차로 캄보디아를 횡단할 수 있었다. 50년 전만 해도 수개월이 걸리던 여행이었다. 캄보디아인들은 도로와 철도를 이용하여 전국으로 이동하기 시작했고, 자신들의 생산품을 팔 수 있는 시장이 열리는 것을 보았다. 새롭게 등장한 이동의 자유를 동반한 사회적 변화가 중요했던 것은 확실하지만, 그 변화를 글로 써내기는 어렵다.

마지막으로 이런 표현이 적절하다면, 1863년 한 명의 캄보디아 사람이 프랑스를 맞이했다면, 작별을 고할 때는 네 명이 되어 있었다. 1863년에 프랑스 보호령이 공표되었을 때 100만 명 약간 밑도는 것으로 추산되던 캄보디아 인구가 1950대 초에는 400만 명 이상으로 늘었기 때문이다. 프랑스는 캄보디아 왕국에서 평화를 유지하고, 위생 개선 정책을 도입하여 인구 혁명을 가져왔다. 그 결과 1960년대에 인구가 폭발적으로 증가했는데, 이는 캄보디아의 자원에 심각한 압박이 되었다. 1980년대 이후로 이 문제는 더욱 심해지고 있으며, 현재 캄보디아 인구는 1,300만 명에 달한다.[6]

1945년 3월까지 명목상으로 프랑스가 캄보디아를 지배하고 있었기 때문에, 2차 세계대전 당시 일본의 캄보디아 점령이 얼마나 큰 영향을 끼쳤는지는 이야기하기 어려운 문제다. 그러나 돌이켜보면, 1945년 여름에 일본이 캄보디아 독립을 인정한 것이 캄보디아 젊은이들에게 엄청난 영향을 끼친 것만은 분명하다. 1940년대 후반 프랑스가 캄보디아로 다시 돌아왔을 때는, 이미 불교 승려들과 지식인 엘리트 계층뿐 아니라, 지방의 많은 캄보디아인들까지 협력보다는 저항, 종속보다는 독립을 추구하는 정치 이데올로기가 널리 퍼져 있었다. 이들 중 일부가 현상 유지보다는 혁명적 대안을 선택했는데, 이것은 엄청난 재앙을 초래하기도 했다. 10장에서 다룰 1940년대와 1950년대 초에 진행된 캄보디아인들의 정치의식 변화는 이후 캄보디아 정치 이데올로기의 바탕이 되어 계속 이어졌다.

캄보디아는 1953년에 독립을 쟁취했으나 경제는 프랑스 식민 시대와 별로 다르지 않았다. 1955년에 국왕직을 내려놓고 '왕자' 신분으로 총리가 된 노로덤 쎄이하누가 비교적 온건하게 독재를 시행하던 때부터,

1970년까지는 교육이 확대되고 경제가 번영하였다. 현재 50대 이상의 대다수 캄보디아인들은 이때를 황금기로 여긴다. 하지만 1960년대 중반에 이르러 베트남 전쟁이 격렬해지고 캄보디아 정치에서 쎄이하누의 지배력이 약화되면서 새로운 세력들이 등장했다. 여기에는 깜뿌찌어공산당이 배후에서 조종했던 혁명운동도 포함되어 있었다. 깜뿌찌어공산당은 나중에 '뽈뽓'이라는 별칭으로 통하는 전직 교사 쌀롣 써가 이끌고 있었다.

1970년 3월, 캄보디아 국회는 투표를 통해 왕자를 권좌에서 끌어 내리기로 결정했다. 곧이어 들어선 친미 정부는 캄보디아가 공화국이 되었음을 선포했다. 비록 1993년에 군주제가 다시 들어섰지만 천여 년 동안 유지해 온 군주제를 끝낸 이 사건은 베트남 공산주의의 침투, 미국의 베트남전 개입 그리고 캄보디아 국내에서는 정부와 쎄이하누의 충성파들 사이에 내전이 불거지는 와중에 일어났다. 후자는 곧 깜뿌찌어공산당에게 장악되었고, 1975년 4월 서방 세계에 크마에 루주라고 알려진 공산주의자들이 승리할 때까지 잔혹한 내전이 계속되었다.

이후 3년에 걸쳐 캄보디아에서는 수많은 제도가 없어지거나 전복되었다. 군인과 깜뿌찌어공산당 간부는 제외한 도시에 살던 사람들은 추방되어 다른 사람들과 농업 일꾼으로 강제 노동을 해야 했다. 새 정권은 화폐, 시장, 정규교육, 불교 의례, 사유재산을 폐지했다. 사회주의 유토피아를 향한 무모한 돌진 속에서 인구 4명 중 1명꼴인 거의 2백만 명에 가까운 사람들이 과로와 영양실조, 오진 등으로 죽거나 처형당했다.

1977년 중국의 부추김을 받은 정권 수뇌부들이 베트남사회주의공화국에 전쟁을 선포하기로 했을 때, 민주깜뿌찌어는 사실상 자멸의 길로 들어섰다. 그 시점에 뽈뽓과 그의 동료들은 지방 경제의 파탄과 고위급 깜뿌찌어공산당 당원들의 충성심에 대한 불안으로 당내 숙청을 시작했다. 이때 적어도 15,000명이 고문을 동반한 심문 중 상세하지만, 대개는 근거 없는 자백을 한 후 정권의 비밀감옥에서 처형되었다.[7] 그 외에도 특히 캄보디아 동부지역에서 수만 명이 1977년과 1978년에 있었던 베트남의 급습을 지원했다는 혐의를 받고 처형당했다. 이들은 '몸은 캄보디아 사람이지만 머리는 베트남 사람'이라는 말을 들었다. 이러한 행위는 민주깜뿌찌어의 몰락을 재촉했고, 베트남에게 침략 구실을 만들어 주었다. 1979년 이후 깜뿌찌어인민공화국, 그리고 다시 캄보디아국(the state of Cambodia)으로 국명을 변경한 캄보디아는 베트남의 보호를 받으며 홀로 서기 위해 고군분투했다. 수년 간 캄보디아 정권은 베트남 영향력 아래 있었는데, 특히 국방, 국내 안보, 외교에서 베트남의 지침과 통제를 받았다.

1980년대 내내 UN은 거듭된 표결을 통해 베트남의 캄보디아 침공을 규탄했고, 민주깜뿌찌어 대표가 UN 의석을 유지하도록 허용했다. 베트남의 동맹국들 외에 외교적 승인을 받지 못한 깜뿌찌어인민공화국은 개발 원조를 받을 수 없어서 경제 회복이 더디게 진행될 수밖에 없었다. 쎄이하누, 깜뿌찌어공산당, 그리고 구체적인 조직이 갖추어지지 않은 중산층 그룹으로 나뉘어진 저항 세력들은, 타이로 피난하여 미국과 중국이 주도한 UN으로부터 정치적 지원을 받았다. 1980년대에는 2만 명에서 4만 명 사이로 추정되는 무장병력을 갖춘 뽈뽓 세력이 중국으로부터 막대한 군사 지원을 받기도 했다.

캄보디아 정체성을 재발견하고 재형성하는 과정은 1990년대 내내 계속되었는데, 이는 혁명 이전 모습을 재건하는 것과는 다르다. 또 다른 변화 역시 계속되어 캄보디아는 동남아시아국가연합의 회원국이 되었고 세계 시장에도 진입하게 되었다.

연이은 변화의 중요성에도 이 책에서는 캄보디아의 자원과 경제에 관해서는 짧게 언급만 할 뿐 거의 다루지 않는다. 이는 캄보디아 경제에 대한 일관된 데이터가 턱없이 부족하기 때문이다. 놀랍게도 이러한 경향은 이 책에서 살펴보는 2천여 년 동안 일관된다. 다만 최근 발견된 대규모의 해상 유전만은 예외인데, 이에 대해서는 마지막 장에서 논의한다. 1990년대 초 이후로 제조업 분야에서도 상당한 발전이 이루어졌다.

2장에서 다루어지는 바와 같이 캄보디아 초기 시대에는 곡물 재배가 대부분 습식 벼농사가 틀림없었을 텐데, 이것이 중국인들에게는 푸난(Funan)으로 알려진 메콩 삼각주 지역에 사는 사람들을 먹여 살렸다. 중국 기록에 따르면 농부들은 직접 만든 작은 인공 연못(크마에로 '뜨로뻬앙') 안에 물을 저장하여 목욕을 하고, 관개용수로도 사용했을 가능성이 크다. 이러한 방식은 1970년대 격변기에 캄보디아의 농촌 경제가 급격히 팽창했다가 대부분 붕괴한 시기까지 계속되었다. 3장에서 다룰 엉꼬의 방대한 수리 시설은 이러한 초기 기술을 발전시킨 것이다. 계절, 물, 벼, 자급 농업 간의 관계는 캄보디아 역사 전반에 걸쳐 매우 중요했다. 하지만 주식이 아닌 음식들은 다소 바뀌기도 했다. 수렵의 양이 확연하게 감소했고 최근에 와서는 수입, 가공식품도 구할 수 있게 되었다. 하지만 주요 부식 —생선, 근채류, 현지에서 재배된 향신료— 은 오랜 세월이 지나도록 거의 바뀌지 않은 것으로 보인다. 요즘 들어 학자들의 면밀한 주목을 받는 엉꼬 제국의 경제는 대부분의 주변 국가와는 달리 어떠한 종류의 화폐도 사용하지 않았다는 점에서 다소 특이하게 여겨진다.

아주 최근까지 캄보디아 농촌의 기술은 대체로 예전과 동일하다. 대표인 다섯 가지를 말하면 항아리, 낫, 소달구지, 유약을 칠하지 않은 토기, 면포 등은 12세기 엉꼬 사원들의 부조에 새겨진 모습과 지금까지 변한 것이 거의 없어 보인다.

캄보디아 경제의 세 번째 일관성은 수출 분야에서 나타난다. 식민지 시대 캄보디아 국내 경제의 가장 큰 변화는 수출을 위한 플랜테이션 농작물(주로 고무, 옥수수, 후추, 쌀) 재배가 시작된 것이었다. 그 이전 시기 캄보디아 수출품들은 코뿔소 뿔, 가죽, 상아, 카다몸, 침향나무 등으로 대부분 숲에서 야생으로 자라던 것들이었다. 이 수출품들은 캄보디아 지배계층이 수입한 사치품의 대금으로 지불되었기 때문에, 이것들을 책임지고 채집하던 산림 지대 사람들과 평야의 농경지에 정착한 사람들 사이에 존재했던 공생관계에 주목하는 것이 중요하다. 6장에서는 19세기 맥락에서 이 관계를 살펴본다.

캄보디아 경제의 또 다른 주제는 매년 몬순에 의해 발생하는 전국적인 피해이다. 동남아시아 다른 나라들과 마찬가지로 캄보디아에는 4계절이 아니라 2계절뿐이다. 5월부터 11월까지는 남동으로부터의 몬순 때문에 우기가 계속되고, 12월부터 4월까지는 건기이다. 벼농사를 짓는 농부들과 관리들은 오랜 세월에 걸쳐 주기적으로 반복하는 환경 변화에 자신들의 활동을 맞춰왔다. 우기 때는 캄보디아 대부분이 물에 잠긴다. 이러한 까닭에 적어도 식민지 시대 전에는 우기 동안 군사작전이 개시된 적이 거의 없었다. 비가 오기 시작하면 농부들은 들판에서 할 일이 거의 없었기 때문에, 젊은이들이 우기를 이용하여 짧게 여행을 하거나 사원에서 불교 승려로 지내는 것을 선호했다.

동남아시아 본토의 다른 국가들과 달리 캄보디아에는 군대의 침투를 막아줄 장벽 역할을 할만한 북에서 남으로 뻗어 내려가는 산맥이 없다. 야트막하게 이어지는 산들이 캄보디아 북쪽 국경과 베트남과 접한 국경 일부를 표시해주고 있을 뿐이다. 하지만 이 산들은 엉꼬 시대 침략자였던 참파에게도, 최근의 베트남 침략자들에게도 전혀 심각한 문제가 아니었다. 캄보디아가 공격에 취약하다는 점은 특히 엉꼬 쇠퇴 이후 역사에서 반복적으로 나타나는 특징이며, 최근에는 외교 관계의 주요 이슈가 되었다. 반대로 캄보디아가 융성했던 시대에는 타이 동부와 중부의 평원까지 거침없이 팽창했고, 베트남이 남진하기 전에는 메콩 삼각주까지 영향권 아래 두었다.

한편, 캄보디아는 1950년대까지 심해(深海)항이 없었기 때문에 해외무역 대부분은 중국해로부터 강을 거슬러 캄보디아 수도로 올라오는 방식으로 이루어졌다. 반면에 외국 군대와 외세 영향은 육로를 통해 들어왔다. 캄보디아 왕국의 상좌불교로의 전환은 이러한 침투와 스며듦의 과정을 보여주는 예다. 이에 대해서는 4장에서 다룬다.

지금까지 제시한 변화와 연속성은 1975년부터 공격받기 시작한다. 과거 캄보디아의 역사적 경험은 민주깜뿌찌어에 의해 도전받고 부정되었다. 그들은 혁명 전에 일어난 모든 것과 혁명기의 캄보디아 사이에서 연속성 ─그것이 실제이든, 가상이든─ 을 없애기 위해 많은 공을 들였다.[8] 1973년 괌과 타이에서 날아온 미국의 B-52 폭격기가 캄보디아 농촌에 입힌 피해가 얼마나 심각했는지도 우리는 거의 알지 못한다. 당시 미국의 폭격기는 제2차 세계대전 당시 일본에 투하한 것보다 거의 두 배나 많은 폭탄을 캄보디아 전역에 투하했다.

농촌지방이 입은 피해와 공산주의자들에 의한 과거와의 단절은 사람들의 기억과 행동에 중대한 영향을 미쳤다. 21세기 캄보디아는 오래되지 않은 과거사의 상처가 새겨진 나라이기에, 최근보다는 오히려 더 먼 과거에서 동질감을 찾는다. 캄보디아는 전 세계에서 유일하게 폐허로 남은 유적을 자랑으로 여겨, 자국 국기에 그려 넣은 나라이다.

캄보디아 과거는 복잡하므로 역사학자들은 섣부른 예측을 자제해야 한다. 혁명 이후 부분적인 세계화 단계에 있는 캄보디아 사회의 전망에 확신을 가지고 말하는 것은 너무 이르고, 매우 어려운 일인 것이 분명하다. 하지만 민주깜뿌찌어 대변인이 입만 열면 언급했던 '2천 년 역사'라는 시간은 최근 사건들과 오늘날의 캄보디아인들과 여전히 밀접하게 연관되어 있다. 이러한 까닭에 캄보디아 역사는 지속적으로 관심 받을 가치가 있다. 이 책이 독자들에게 그 역사에 관심을 갖게 하는 계기를 만들 수 있기를 바란다.

2
캄보디아 역사의 시작

현재 캄보디아라 불리는 지역에서 사람들이 얼마나 오래 살았는지, 어디에서 왔는지, 그리고 3세기 경 인도 계열 문자 체계가 들어오기 이전에는 어떤 말을 사용했는지에 대해 정확히 밝혀진 바가 없다. 하지만 캄보디아 북서부 라앙 스삐언 동굴에 대한 방사성탄소연대 측정에 따르면 적어도 기원전 4,200년 경 항아리를 만들 줄 아는 사람들이 동굴에 살기 시작했다. 그보다 천년 뒤에 바다 가까이 다른 동굴에서 사람들이 살았던 흔적이 남아 있다. 아마도 첫 캄보디아인들은 이보다 훨씬 이전에 당도했을 것이다. 조약돌을 쓰던 좀 더 원시적인 문화가 캄보디아 동부지역에서 발견되었다. 기원전 1,500년부터 거주지였던 썸라옹 싸엔에서 발굴된 사람의 두개골과 뼈는 선사시대 캄보디아인들이 오늘날의 캄보디아인들과 신체상으로 닮았음을 보여준다.[1]

이 고대인들이 원래 현재의 중국과 인도 또는 동남아시아 어딘가에서 왔는지는 학자들이 여전히 논의 중인 사안이다. 왜냐하면 선사시대에 여러 다른 인종의 물결이 이 지역을 통과해 갔다는 이론들 때문이다.

그러나 최근 발굴 결과는 동남아시아 본토가 선사시대에 비교적 세련된 문화를 향유하고 있었음을 보여준다. 심지어 최초로 쌀이 경작되고, 청동기가 주조되었던 곳이 바로 이 지역이라고 주장하는 학자들도 있다. 어쨌든 서력기원이 시작되던 즈음에는 현재의 캄보디아 영토에 해당하는 지역에 살았던 거주민들이 오늘날 사용되는 캄보디아 언어, 혹은 크마에를 말했을 가능성이 크다. 몬-크마에 어족에 속한 언어는 동남아시아 본토에 넓게 퍼져 있을 뿐 아니라, 몇몇 섬과 인도의 몇 지역에서도 사용된다. 현대 베트남어는 중국어의 영향을 크게 받았지만, 몬-크마에 어족과는 먼 사촌지간이다. 언제 이 언어들이 서로 갈라지게 되었는지 말하는 것은 불가능하다. 어떤 언어학자들은 몇천 년 전에 갈라졌다고 믿고 있다. 크마에는 동남아시아 본토의 타민족 언어들과 달리 —베트남어를 제외하고— 이 지역에 새로 유입된 언어가 아니다. 크마에의 언어적 연속성은, 연속성을 가진 것으로 보이는 몇몇 다른 요소들과 더불어, 캄보디아 과거를 연구하는 학자들의 관심을 끄는 부분이다. 라앙 스삐언의 동굴(이 동굴에서 나온 유물의 가장 최근의 방사성탄소연대 측정 결과는 9세기 것임)의 흥미로운 점은, 사람들이 이 동굴에서 살다가 떠나기를 오랫동안 반복했다는 사실이 아니라, 가장 오래된 지층에서 발견된 옹기를 만드는 방법 그리고 옹기 표면에 새겨진 문양들이 거의 6천 년 동안 바뀌지 않았다는 사실이다.

캄보디아 역사의 '불변성(changelessness)'은 19세기와 20세기에 자신들이 이 지역에 변화와 문명을 도입했다고 주장하는 프랑스인들에 의해 공공연하게 부각되었다. 얄궂게도 이 주제는, 캄보디아인들은 2천 년 동안 잠자고 있거나 아니면 노예 상태에 있었다고 주장하는 뽈뽀뜨의 혁명 정권에 의해 채택되었다. 두 관점 모두 많은 증거들을 간과하고 있다. 1970년대의 혁명은 선사시대 이래 캄보디아가 겪은 다섯 번째 큰 변화임에 틀림없다. 그러나 혁명 이전 캄보디아인들은 뽈뽓에 비해서 전통에 대한 경멸이 덜했다. 캄보디아 격언에 "곧은 길을 택하지 말고, 굽은 길을 거부하지 마라. 조상들이 걷던 길을 택하라"는 말이 있다. 아마도 이러한 보수성은 일면 자급 중심형 사회에서는 섣부른 새로운 실험이 흉작을 가져올 수 있기에, 충분한 식량을 확보하기 위한 기술이 세대를 이어 전해지는 사회의 특징일 것이다.

우리는 선사시대 캄보디아인들의 일상생활에 대해 아주 조금밖에 알지 못한다. 우리는 오늘날 캄보디아인들처럼 그들의 먹거리에도 상당량의 어류가 포함되어 있었음을 알고 있다. 그들은 일찌감치 집을 지을 때 땅바닥에서 띄워 사다리를 통해 드나들도록 만들었다. 옷은 특별히 중요하지 않았다. 초기 중국 기록에 의하면 캄보디아 사람들은 벌거벗었다고 한다. 기원전 천 년경 이후로 그들은 요즈음 캄보디아나 라오스, 베트남에 사는 소수 종족의 거주 형태와 비슷하게 종종 원형으로 방비를 강화한 마을에서 살았을 것이다. 이런 마을 유적들이 캄보디아 동부에서 발굴되었다.[2]

캄보디아인들은 이 지역의 다른 초기 거주자들처럼, 꽤 일찍부터 돼지와 물소를 가축으로 삼았고, 중세 유럽뿐 아니라 열대지역 전역에 걸쳐 널리 행해졌던 이른바 화전 방식으로 다양한 종류의 쌀과 근채류를 재배했다. 초기 정착민들이 그들의 관습과 믿음의 많은 부분을 지역의 후대 거주자들에게 전했을지는 확신할 수 없다. 이러한 관점에는 이른바 현대의 원시부족들 또는 21세기 농민들에게서 우리가 볼 수 있는 것을 선사시대와 초기 캄보디아 사람들에게서 읽어내려는 위험도 있다. 우리는 이 근대 관습들이 시간의 흐름에 변하지 않았다고 확신할 수 없다. 예를 들어 머리 양식은 18세기 초반에 크게 변했으며, 1970년대 혁명 정권에 의해 다시 한번 변했다.

어쨌든 캄보디아 생활방식과 사고방식의 요소들은, 특별히 시골 지역에서는 앙꼬 시대(9세기부터 15세기 중반) 이후로도 혹은 심지어 지난 몇천 년 동안 그다지 변한 것 같지 않다. 이러한 요소들 중에서 음력 새해에 행해지는 마을놀이들을 포함하여 몇 가지를 예로 들면 네악따(조상의 영혼)*와 돌, 달력, 그리고 땅과의 연관, 물의 영혼이나 용에 대한 믿음, 문신이 전사를 보호해 줄 것이라는 생각, 빈랑을 씹는 관습 등이 있다.

인도화

그렇다 할지라도 서력기원 초기에 캄보디아를 휩쓸었던 혁명적 변화에 대해 이야기할 때 '불변성'이란 관념은 사라진다. 이것은 인도화라고 알려진 수 세기에 걸친 현상으로, 캄보디아 사람들은 천 년이 넘도록 지속된 과정을 통해 인도 문화의 요소들을 흡수하거나 취사선택하였다.[3] 언제 이 과정이 시작되었고 시대가 바뀔 때마다 어떻게 진행되었는지는 알 수 없다. 이에 대해 프랑스와 네덜란드 학자들에 의해 발전된 포괄적인 이론은 일반적으로 현지 선택 요소를 너무 등한시하는 반면, 일부

---

*네악따라는 단어는 네악과 따의 합성어인데, 네악은 당신, 또는 (어떤) 사람(someone)을 의미하고, 따는 할아버지를 의미한다. 그래서 네악따를 직역하면 선조, 조상이 되지만, 일반적으로 네악따는 조상의 영혼이나, 그 장소나 자연적 사물(바위, 나무, 개미집 등)에 깃든 토착령을 일컫는 것으로, 가장 보편화된 캄보디아 민간신앙의 대상이다.

저술가들은 현지 요소의 중요성을 지나치게 강조하는 경향이 있다. 조루주 세데스(George Coedes)가 언급한 대로 일반적으로, 인도 문화를 연구한 학자들은 인도의 '문명화 사명'을 강조하는 반면, 사회과학을 연구한 이들은 토착민들의 대응을 역설한다.[4]

역사학자들은 '(문화의) 전달-수용' 양 측면을 모두 고려해야 한다. 한 문화가 변화하는 과정은 복잡하다. 언제 그리고 왜 인도 문화 요소가 현지 문화 요소보다 선호되게 되었는가? 또 어떤 요소가 흡수되고 개선되었으며 혹은 거부되었는가? 인도화를 논할 때 일부 인류학자들은 '대전통(Great Tradition)'과 '소전통(Little Tradition)'이라 부르는 분류를 접하게 된다. 전자는 인도, 산스크리트, 궁정, 그리고 힌두교와 연관되며, 후자는 캄보디아, 크마에, 촌락, 그리고 토속신앙과 연관된다. 캄보디아의 경우 이러한 분류는 그리 유용하지 않다. 캄보디아 마을의 일상에서는 대전통을 무시할 수 없다. 예를 들어 승단 불교나 궁정의 조상숭배와 민담 같은 소전통 활동은 무엇으로 분류해야 할까? 마을의 지혜는 항상 궁정으로 흘러들었으며, 힌두 서사시와 불교 전설 혹은 붓다의 생애를 다룬 본생경(本生經, jataka)에 담긴 웅대한 가치들은 마을의 일상으로 파고들었다. 캄보디아에서는 오늘날에도 도시와 지방의 문화적 전통이 비슷한 방식으로 상호작용한다.

인도화 과정은 캄보디아를 인도처럼 보이게 만들었다. 예를 들어 19세기까지 캄보디아 농부들은 인도풍 의복을 입었고, 여러 방식에서 가까운 베트남 사람들보다 훨씬 더 인도인처럼 행동했다. 예를 들어 캄보디아인들은 숟가락과 손가락으로 음식을 먹었고, 머리에 이는 방식으로 짐을 운반했다. 그들은 밀짚모자보다 터번을 썼고, 바지보다는 치마를 입었다. 악기, 보석, 문자, 필사본 또한 인도 양식이었다. 상대적으로 이른 시기에 인도인들이 캄보디아에 목축법을 들여온 것 같다. 이는 동아시아 본토의 다른 지역 대부분에서는 알려지지 않은 것이었다.

선사시대 인도와 캄보디아 사이의 교역은 인도가 산스크리트화 되기 훨씬 이전부터 시작되었을 것이다. 사실 폴 뮈스(Paul Mus)가 주장했듯이 캄보디아와 현재 벵갈을 포함한 인도 남부는 농사 과정에서 조상신과 수호신 역할이 강조되는 "계절풍 아시아" 문화를 공유했을 것이다.[5] 숭배 대상이었던 이 신들은 남근처럼 생겼거나, 혹은 남근같이 조각한 돌 안에 깃든다고 여겨졌다. 이 돌에 바치는 제물은 토양을 비옥하게 만들어준다고 여겼다. 이런 의식이 아시아에만 한정되었던 것은 아니지만 뮈스가 그랬듯, 캄보디아를 지나가는 인도 여행자가 이런 의식을 보았을 때 시바신이나 다른 주신(主神)들 중 한 신을 숭배하는 인도의 제의로 '인식'했을 것으로 보는 것이 타당하다. 비슷하게 인도를 방문하거나 인도에 대해 들은 캄보디아인들도 인도 신을 숭배하는 의식에서 자기네 의례와 같은 것들을 발견했을 것이다.

서력기원 이후 첫 오백 년 남짓, 인도는 캄보디아에 문자, 다양한 신들, 시의 운율, 이것을 기록하기 위한 언어(산스크리트), 사회 상층계급(카스트제도와는 같지 않은)의 어휘, 불교, 보편 왕권 개념, 그리고 정치, 사회학, 농업, 도상학, 천문학과 미학을 바라보는 새로운 방식을 제공했다. 인도가 없었다면 엉꼬는 건립될 수 없었을 것이다. 그러나 중세 파리가 로마제국의 도시가 아니듯, 엉꼬도 인도의 도시가 아니었다.

캄보디아에 대한 인도의 영향은 식민화나 무력에 의해 강요된 것이 아니었다. 인도 군대는 한 번도 캄보디아를 침범하지 않았고, 종종 그랬듯이 개별 인도인이 높은 지위를 누렸다면, 그들이 그럴 만큼 지역 주민들의 신뢰를 얻었기 때문이었다. 초창기 탐험가나 상인으로 들어왔던 인도인들은 지역 주민들에 동화되었을 것이다. 그리고 그에 못지않게, 인도 아대륙을 오가는 캄보디아 상인들 또한 인도의 새로운 문물들을 가지고 들어왔을 것이다. 중국의 식민화와 문화 제국주의가 베트남 사람들에게 정체성의 위기를 가져왔던 것과 달리, 인도화가 캄보디아 사람들의 정체성을 위협하지 않았다는 것은 분명하다. 캄보디아는 한 번도 통일국가인 적이 없었던 인도에 전혀 대항하지 않았다. 중국 한 나라에 대한 베트남의 태도와 달리, 캄보디아는 14세기경 이후로 인도에 의견, 승인 혹은 조언을 기대하지 않았다. 인도화는 최상류층 캄보디아인들의 삶에 형식과 언어를 주었는데, 정치적인 것에 국한된 것은 아니었다. 더 나아가 캄보디아 상류층의 언어와 행동을 특징짓는 계급 구조가 어떤 면에서는 인도의 계급 제도를 모델로 삼았어도, 카스트 체계가 캄보디아 사회 전반에 영향을 미쳤다고 인정할 만한 것은 없다. 따라서 캄보디아의 위계적 사회구조가 카스트 시스템으로부터 유래했을 리는 만무하다. 카스트 체계는 마을 차원에서 전혀 뿌리내리지 못했다. 중세 캄보디아 궁정에서 카스트 체계와 유사해 보이는 것은 인도 전통에 대한 존중을 표현하는 일련의 의례 절차에 지나지 않았을 것이다.[6] 인도화의 또 다른 부산물은 캄보디아 민족주의가 베트남과 달리 외세의 침략과 간섭에 대한 저항의 산물로 보이지 않는다는 것이다. 그 대신 최근까지 민족 정체성은 캄보디아 내에서 유효한 사회 제도(social arrangements)의 총합으로 여겼다. 인도화와 인도까지 그 근거를 추적해 올라갈 수 있는 삶의 요소들은 단지 이 총합을 구성하는 요소 중 일부에 불과했다. 이것들이 인도에서 왔다는 사실은 (영어의 다음절어들이 대개 그리스어나 라틴어에서 왔듯이) 불안 요소로 여겨지지 않았다.

동남아시아의 다른 나라들처럼, 캄보디아도 외국인과 용(dragon, 니

옥) 공주 혹은 수중국(水中國) 왕을 아버지로 둔 니웅니윽(용 공주)과의 혼인에서 캄보디아가 유래했다는 건국설화가 있다. 신화의 한 판본에 따르면 까으든이라는 브라만이 어느 날 신궁(神弓)을 가지고 캄보디아 해변에 나타났다. 용 공주가 그를 만나려고 배를 저어 갔다. 까으든이 배에 화살을 쏘면서 공주를 위협하여 자신과 결혼하도록 했다. 혼인 전에 까으든이 공주에게 입을 옷을 주자, 답례로 아버지인 용왕이 나라를 뒤덮고 있던 물을 들이마셔 사위의 영토를 넓혀주었다. 왕은 나중에 그들에게 수도를 건설해주었고 나라 이름을 '깜뿌쩨아'라고 바꾸었다.[7]

이 전설은 인도에서 유래했고, 깜뿌쩨아라는 이름도 그렇다. 그리고 이 이야기는 동남아시아에서 일어난 일이라기보다 남부 인도의 아리안화(化) 동안 발생한 잘 알려지지 않은 민족적 대립에 대한 묘사로 보인다. 비록 이 전설이 역사적 사실로는 무용한 것이라도, 캄보디아 역사의 흥미로운 출발점을 유추할 수 있는 시사점을 제공한다. 신화에서 캄보디아인은 그들 스스로를 문명과 자연의 결합에서 나온 후손으로 여긴다. 장인이 왕국의 물을 마르게 해주면서까지 까으든을 받아들인 것은 그의 성공에 결정적이었다. 이 개념은 최근까지 혼례 전에 장래 사위가 처가에서 함께 생활하면서 장인의 승낙을 받아야 했던 캄보디아인들에게는 친숙하다. 신화에서 지역 주민(예를 들어 용)은 브라만을 존경하고, 그를 기리기 위해 왕국에 인도 이름을 부여한다(이 이름이 캄보디아 명문(銘文)에 처음 등장한 것은 9세기이다).[8] 이후 많은 캄보디아 왕조는 가문의 근원을 다른 무엇보다 태양과 달의 혼인을 상징하는 이 신화 속 부부에까지 거슬러 올라가 찾는다. 정통 왕이 되기 위해서는 캄보디아인이자 동시에 인도인이어야 하는 듯하다.

푸넌

　중국 사신도 까으든 신화를 기록했다. 사실 서력기원 첫 몇 세기동 안의 캄보디아 역사에 대한 문헌 자료는 대부분 중국 자료이다. 이 자료 들은 특히 2차 세계대전 중에 루이 맬르레(Louis Malleret)가 감독하는 고고학 팀에 의해 발굴된 메콩 삼각주의 근대 베트남 마을 옥에오* 근처 에 위치한 고대 무역도시 유적의 고고학적 발굴로 보충되었다.9)

　2, 3세기경의 로마시대 동전이 이 유적지와 엉꼬보레이에서 발견되 었고, 비슷한 시기로 추정되는 인장과 장신구를 포함한 인도 공예품도 발견되었다. 맬르레는 이 옥에오 항구가 4세기경에는 중요도가 떨어졌 다고 추정했다. 그렇더라도 이에 대해서는 어떤 기록도 남아 있지 않고, 지역 거주자들이 어떻게 불렀는지도 알 수 없다.10) 지리적 위치와 유적 에서 발견된 공예품에 근거하여, 맬르레는 서력기원의 첫 몇 세기 동안 인도와 중국을 오가는 순례자와 상인들이 이 항구를 이용했다고 결론 내렸다. 이 도시의 규모로 보아 무역에서 중요한 역할을 한 것으로 보이 며, 도시는 해안을 끼고 항해하는 배들과 남중국해로부터 혹은 그쪽을 향해 "모퉁이를 도는" 선박들이 이용하기에 이상적인 곳에 위치했다.11) 이 도시는 인도와 중국 사이의 선적 화물을 위한 창고를 제공했던 것 같고, 캄보디아와 베트남의 내륙 밀림에서 수집한 물품을 위한 판매장 역할도 했을 것이다.

　20세기까지 임산물과 희귀금속들은 캄보디아 수출 무역에서 상당 부분을 차지했다. 이 수출품들은 금, 코끼리, 상아, 코뿔소 뿔, 물총새 깃

---

* Oc-eo. 베트남 남부에 있는 지역명. 캄보디아에서는 '오까에우'라고 부른다.

털 같은 물품들을 비롯하여 카다몸(소두구, 小豆蔻) 같은 야생 향신료, 그리고 옻, 피혁과 향이 좋은 목재들 같은 임산물이었다. 고무와 후추를 수출하는 농장은 식민지 시기 동안 개발되었다. 20세기 캄보디아 수출 무역의 대다수를 차지하는 쌀 수출 또한 초기에는 그리 많지 않았다. 그 당시 이 지역의 벼 수확량은 자신들이 소비하기에 충분했다. 이러한 고가치, 소량생산 품목들이 중요했던 이유는 도시 거주자들이 아니라 산림지역 사람들이 경작했거나 채취했기 때문이었다. 이 물품들 대다수는 옥에오에 도달하기까지 먼 거리를 이동했을 것이고, 이에 대한 대가로 상인들이 치렀던 물품과 동전들도 마찬가지로 긴 여행을 했을 것이다.

최근까지 많은 학자들은 옥에오가 중국 문헌 자료에 푸넌이라고 명명된 왕국의 중요한 항구였으며, 조루주 세데스가 (고고학적 발굴보다는 언어학적 증거를 이용해) 메콩강 동쪽, 캄보디아 남동부 바프놈으로 알려진 작은 동산 근처라고 믿었다. 세데스는 푸넌이라는 단어가 산이라는 의미의 크마에 고어 '프놈'에서 유래하였고, 왕국의 종교적 중심이 바프놈일 것이라고 주장했다. 산의 신인 시바에 대한 의식은 서기 5세기부터 캄보디아에 존재했으며, 바프놈에서는 이미 성대하게 거행되었을 것이다. 중국으로 향했던 인도 여행자 한 명은 "대자재천(大自在天)인 '모헤스봐라' 시바 숭배는 이 나라의 풍습이다. 이 신이 정기적으로 모딴 산에 내려오면 기후는 항상 온화하여 약초와 나무들은 말라 죽지 않는다"고 적고 있다.[12]

폴 위틀리(Paul Wheatley)는 이 의식이 인도 남부에서 유래했으며, 산은 바프놈이 아니라 지금의 베트남에서 멀리 떨어지지 않은 다른 동산이라고 주장했다.[13] 두 산이 제사 터였다는 증거가 뚜렷한 반면, 푸넌이 주요한 통일 왕국이었으며 이 두 언덕이 왕국의 정치 중심지와 연관되었다는 증거는 희박하다. 중국인들이 푸넌이라고 불렀던 이곳을 중요하게 여긴 이유는 253년부터 519년까지 중국 황제에게 비정기적으로 조공을 바쳤기 때문이다. 한 세기 뒤에 산스크리트와 크마에로 쓰여진 명문(銘文)들이 연구 자료로 남아 있지만, 주요 왕국에 대한 증거를 제공하지는 않는다.[14]

그렇지만 캄보디아의 작은 부족국들이 때때로 서로 뭉쳐 그들 스스로를 왕국으로 부르며 (무역 활성화를 위한 이상적인 기회로) 조공을 바치려 했거나, 중국의 도움으로 주변국들에 대항하려 했을 가능성은 있다. 푸넌이 주요 왕국으로 여겨졌을 가능성이 있는데, 그것은 중국이 원했기 때문일 수 있고, (후에 프랑스 학자들이 열정적으로 찾았던) 9세기에 캄보디아 북서쪽에서 발전하기 시작해 훨씬 더 중앙집권화된 왕국인, 엉꼬 왕국의 전신일 수도 있기 때문이다.

이 시기와 관련된 중국 자료들 중 대부분은 이전 편집본에서 가져온 정보가 사실인 것처럼 무비판적으로 반복하기 때문에, 여러모로 유익함에도 역사가들에게는 까다로운 문제로 남아 있다.

> 왕의 거처에는 이중 테라스가 있다. 울타리는 안쪽 공간을 요새처럼 둘러싸고 있다. 집들은 해안에 서식하는 나무의 잎으로 지붕을 이었다. 이 잎들은 2미터 내외의 길이로 물고기 모양을 하고 있다. 왕은 코끼리를 타고 다닌다. 백성들은 추하고 검고 머리는 곱슬이다. 옷도 걸치지 않고 신도 신지 않는다. 먹고 살기 위해 땅을 일군다. 한 해 뿌리고, 세 해 거둔다. … 이 오랑캐들에게 그들의 역사서가 없는 것은 아니다. 심지어 이들은 사고(史庫)도 갖고 있다.[15]

푸년 시기 동안 건식 벼농사와 근채류를 재배하던 작은 부족국들이 통합되는 주요한 진전이 있었다는 증거가 있다. 시바를 숭배했으며, 수렵과 채집을 하던 옥에오 내륙 사회의 사람들은 아무리 늦어도 500년 경에는 조직적인 관개시설을 도입하였다. 배수시설은 그 전에 들어왔을 것이다. 까으든 왕자 신화에는 배수시설이 용왕의 호의에 의한 것으로 되어 있으나, 이 혁신과 인도화에 관련된 가장 중요한 문구는 원래 신화를 윤색한 중국 자료이다.

> 그런 다음 까으든이라는 이름의 브라만이 왕국을 다스렸다. 어떤 신령(spirit)이 그에게 푸년을 통치하라는 부름을 받을 것이라고 알려주자, 그는 그곳으로 갔다. … 푸년의 백성들이 그를 맞이하러 나와서 왕으로 모셨다. 그는 인도의 본보기를 따라 제도를 바꾸었다. 그는 백성들이 우물 파는 것을 멈추고, 앞으로는 저수지를 파서, 수십 가정이 연합하여 그 저수지들 중 하나를 공동으로 사용하기를 원했다.[16]

7-8세기 명문은 종교 기관에 인접한 논을 언급하는데 이들은 관개식 벼농사를 의미하는 것 같다. 메콩 삼각주 항공사진에서는 토사에 덮인 수로를 볼 수 있으며, 이들은 배수뿐만 아니라 운송을 위해서도 이용되었을 것이다.[17]

비록 관개수로가 9세기 이전에 널리 이용되었다 하더라도 특별히 큰 규모는 아니었다. 7세기 에이산보레아의 인구 밀집 지역(현재 껌뽕톰 근처의 썸보쁘레이꾹)을 제외하고 마을은 엉꼬 이전 시대의 전형적인 단위였다. 실제로 에이산보레아는 공동 제례 의식 터를 중심으로 군락을 이룬 마을로 구성되어 있었고, 이 마을들의 석조 건물은 아직도 남아 있다. 아마 4-5세기경으로 추정되는 관개식 벼농사의 전래 이후에도, 마을보다 상위 기구의 통제를 받는 관개수로가 있는 지역도 그 규모가 거대했던 적은 없었던 것으로 보인다. 더군다나 관개시설과 관개식 벼농사가 비교적 힌두화된 공동체들에 정착된 지 오랜 후에도 내륙지방의 마을 대부분은 여전히 건식 벼농사를 하고 근채류를 재배했으며, 사냥과 채집으로 주식을 보충했다.

관개식 벼를 재배하려면 땅보다는 사람이 필요했다. 이 사실과 더불어 동남아시아 전역에 걸쳐 낮았던 인구밀도를 고려하면(자바와 발리, 그리고 베트남의 홍강 삼각주는 항상 예외였다), 동남아시아의 역사 전체에 걸쳐 국왕과 권력이 왜 영토보다는 사람을 통제하는 것에 더 심혈을 기울였는지 쉽게 이해할 수 있다. 인구 압력에 직면했던 쩨이볘악라만 2세를 포함한 몇몇 캄보디아 통치자들은 당연히 새로운 영토를 점령하여 인구를 분산시켜 벼농사를 짓게 했을 것이다. 캄보디아 역사에도 이런 시기가 있었는데 구체적인 예로, 12세기 쩨이볘악라만 7세 통치 기간 중 가장 먼 오지 영토를 점령하는 것이 왕의 권위를 세우는 중요한 부분이었다. 그렇다 하더라도 영토 관리 그 자체가 (대부분 밀림에 불과했기에) 인구 관리만큼 중요했던 적은 드물었다.

사실 토지를 이용하는 것을 넘어 양도까지 가능한 소유권이라는 개념은 엉꼬 이전 시기 캄보디아에서는 발달하지 않은 듯하다. 3년간 놀린 땅은 정부 관리로 되돌아갔다. 적어도 이론적으로 왕국 안의 모든 토지는 왕의 소유였다. 이는 왕이 토지 이용권을 사람들에게 보상으로 줄 수 있었다는 것을 의미한다. 앞으로 보겠지만 엉꼬 시대의 캄보디아어로 새겨진 많은 명문들은 토지와 노동력에 대한 접근 권리에 관한 복잡한 분쟁들을 언급하고 있다. 명문의 기록들과 서기 8세기 초기의 건축 유적물들에 의한 추론에 따르면, 캄보디아 땅에 거대 규모의 통일 왕국에 대한 증거가 없으며, 엉꼬보레이를 제외하고는 도시 중심지 개발 증거가 매우 희박하다. 남아 있는 명문들에 의하면 상류 지배계층 사이에 다소 연속성이 있었던 것으로 보이는데, 이는 부분적으로 그들끼리 결혼하는 경향에서 찾을 수 있다.

동시에 현재 우리가 캄보디아라고 부르는 영토는 초기 동남아시아의 많은 지역과 마찬가지로, 각각 왕실과 권력 집단이 갖추어진 작은 공국들(states)의 집합으로 구성되었을 가능성이 크다. 이 공국들은 지배층을 위해 농사를 짓기도 하고, 전쟁 때는 징집도 가능한 '세력'을 갖추고 있었을 것이다. 추측하면 각자의 우두머리(왕)를 가진 이 공국들이 서로 무역을 했을 것이고, 특별히 노예를 목적으로 서로 침략했을 수도 있다. 또한 공국의 왕들은 침략이 없을 때 (혹은 다른 왕들을 침략할 때), 자신을 캄보디아 고유의 임무를 수행하는 지역의 우두머리로 여길 뿐만 아니라 인도식 가르침에서 비롯된 보편 군주로 여겼을 가능성이 높다.

지도력은 주로 역량에 의해 가늠되었다. 역량이란 전쟁에서의 승리, 많은 부하들을 끌어들이는 능력 그리고 종교 의례를 집행하고 보호를 제공하는 것 등에서 입증된 역량 등이다. J. D. M. 데렛(Derrett)이 지적했듯이 강우량과 함께 '보호'가 농민 사회의 필수 요건이었는데, 이것은 적이나 경쟁 지배자 및 자연의 힘 등으로부터의 보호를 의미했다.[18] 이 필요를 인식했기에 푸년 시대와 캄보디아 역사 전체에서 지배자들은 종종 그들의 시호(諡號)에 접미사 '붸악라만'(원뜻은, '갑옷', 그래서 '보호'를 의미)을 붙였다.

지배자들 스스로도 초자연적 보호 없이는 살 수 없다고 생각했고, 그들 대부분은 보호를 —어떤 이들은 시바에 대한 헌신을 통해— 추구했다. 이에 그들은 적어도 한 번은 소위 '바소빠따'라고 불리던 인도 브라만 집단의 도움을 받았는데, 그들은 5, 6세기경 인도와 동남아시아 일대에서 인기를 누렸다.[19] 이 방랑 고행자들은 브라만식 제의나 '카르마'라고 불리는 운명의 법에 대한 세심한 주의보다는, 시바에 대한 개인적 제사가 훨씬 더 많은 보상이 있다고 설파했다. 엄밀히 따지면 지배자들의 제사는 '바소빠따'의 중재가 필요하지 않기에, 일부는 이들 중재 없이 제사 지냈을 것이다. 어떤 경우든 자수성가한 힌두교인들은 스스로를 우월한 사람들이며 거룩한 산 위로 "끊임없이 내려오는" 시바의 중개자로 여겼다. 지배자와 그의 의례 행위를 통해 백성들과 땅에 전해지는 시바의 권세는 캄보디아 사회를 결속시키는 중요한 요소이자,[20] 연속성의 근원이 되었다. 1877년까지 매해 농사 주기 시작 때 바프놈에서는 시바의 배우자에게 인신공양이 거행되었다. 5세기 중국 사료에 따르면 중국의 제사가 그렇듯이, 이 지역 관리들도 지역의 풍작을 목적으로 인신공양 의례를 후원했다고 한다.[21]

푸넌 시대에 불교 역시 캄보디아에서 번성했다. 사회에 대한 대다수 캄보디아 사람의 생각을 여전히 지배하고 있는 불교의 공덕(merit) 개념은 어떤 면에서 앞에서 논의된 업적과 구원에 대한 개념과 유사하다. 두 체계 모두에서 권력과 능력 —특히 이것들을 갖지 못한 이들에게는— 은 전생의 공덕으로 인한 보상으로 여겼다. 더 나아가 권력의 상실, 감소 혹은 부재는 어떤 면에서 전생에 있었던 결함에 의한 것으로 인식되었다. 그러므로 한 개인의 사회적 지위는 자신의 과거 행실에 따라 결정되며, 지금 여기에서의 행동은 다음 생에서 태어날 때 어떤 신분으로 태어날지를 결정했다. 그래서 사람들은 다음 생의 더 나은 출생을 위해 공덕을 쌓으려고 사찰에 시주하거나 승려들을 너그럽게 대했으며, 금박을 입힌 신상을 후원하거나 종교축제를 후원했다. 이런 공덕이 자신들을 구원한다고 여겼기 때문이다. 엉꼬에 있는 거대한 사원들 또한 이런 종류의 구속을 위한 행위, 즉 왕들이 선대 조상들과 그리고 이 조상들을 통해 신들과 맺은 거래로 여겼다. 그 시대 혹은 후대의 어느 누구도 이 계약이 성공적이었는지는 볼 수 없지만, 특히 내세가 지상으로의 환생을 의미한다고 했을 때, 이런 계약을 무시한다는 생각은 거의, 아니 전혀 할 수 없었을 것이다.

'후견인', '피후견인', 그리고 '추종자' 개념은 캄보디아 역사의 후반기에 중요해진다. 이들은 19세기 캄보디아 사회에서는 물론이고, 오늘날 캄보디아 정치 생활에도 어느 정도 유용한 열쇠이다. 그러나 이와 비슷한 개념이 6, 7세기 캄보디아에서도 유효했을 것으로 가정하는 것은 위험할 수 있다. 예를 들어 우리는 지배자들이 어떻게 권력을 갖게 되었는지, 혹은 어떻게 추종자들을 모았는지 좀처럼 알 수 없다. 추종자들이 왜 계속 봉사했는지 그리고 봉사의 대가가 무엇인지도 알 수 없다. 증거 자료들을 통해 캄보디아의 엉꼬 이전 사회가 후견인-추종자 관계의 총합으로, 그들은 영토적 공간과 사회적 공간에서 중앙이나 주변적 위치를 차지하고 있음을 알 수 있다. 이것은 인도의 '만달라'라는 개념에 대응하는 것인데, 당시 캄보디아에서는 이 용어가 정치적 의미로 사용되지는 않았다. 당시 캄보디아는 각 지역이 중앙(만다)을 가지는 다수의 세력으로 분권화되어 있었다. 우리가 '사회'(즉 집단들 전체)라고 부르는 것의 부분들은 독립적이었고, 산발적인 방식으로 서로 연관되었다.

그렇지만 상황은 그렇게 단순하지 않았다. 에블린느 뽀레-마스뻬로(Eveline Porée-Maspero)를 비롯한 여러 학자들이 1940년대와 1950년대 캄보디아에서 조사한 바와 같이,[22] 지역화된 종교의식들은 일반적으로 개인보다는 공동체 복지를 더 중요하게 여겼는데, 함께 일하는 공동체가 없다면 관개를 이용하는 벼농사를 지을 수 없기 때문이다. 농촌 생활에서 협력은 필수적이다. 바프놈의 인신공양은 공동체 지향의 한 예이다. 복잡한 제의들을 포함한 여러 의식이 오늘날까지 한 해 농사의 절기를 알리는 역할을 하고 있다. 이러한 의식의 예로는 '어경절'에 왕이 밭을 가는 행위나 모래탑 만들기 등을 비롯하여 왕국의 안녕을 위한 망자(亡者)들과 협상하기 위해 실행하는 왕실 의식들, 모내기 끝에 수위가 높아진 강에서 벌어지는 경주 등이 있다. 이런 의식들(크고 작은 전통들)이 처음에는 서로에게 상충하는 것처럼 보이지만 사실은 상호보완적이다.

캄보디아에서는 지배계층을 제외하면 족보가 유지되지 않았기에 단어 그대로 조상을 의미하는 '네악따'들에게는 성(姓)이 없었다. 이들은 특정 장소의 사람들에게는 상징적 조상이 되거나, 어떤 장소에서 죽음으로 말미암아 그 땅의 수호신이 되었다. 주거지의 '네악따'는 말을 알아듣거나 유순했다. 숲이나 버려진 장소에 있는 네악따들은 더 강하거나 악의적이라고 여겼다. 어떤 장소에 사람들이 거주하면 시간이 지남에 따라 네악따 전통이 이 지역을 중심으로 모였으나, 중국과 베트남만큼은 아니었다.[23] 엉꼬 이전 시대의 기록에는 '네악따'에 대한 언급이 거의 없지만, 근대 자료로부터 되짚어 볼 때 힌두와 민간신앙 사이가 대립 관계보다는 혼합 관계였음을 단언할 수 있다.

혼합의 경향은 사실 초기 중국 방문객들에 의해 기록되었다. 예를 들어 시바가 모딴 산 위로 계속 강림한다고 기록한 구절은 그 당시에 존경받았던—부처가 될 사람을 의미하는—보살도 언급하고 있다. 때로 두 인도 신이 서로 섞여 하나가 되기도 했는데, 그 예로 시바는 비슈누와 결합하여 엉꼬 시대의 왕들이 좋아했던 합성신(合成神)인 '하리하라'

가 되었다. 세상의 창조자와 파괴자라는 시바의 특성과 보존의 신이라는 비슈누의 특성을 합친 하리하라는 다양한 영감을 제공했으며, 상반되는 세력들의 균형을 유지하는 이상적인 군주의 능력을 보여주었다.[24]

상이한 종교들의 융합 과정에 의해 마치 그리스와 로마 지역 신들이 그리스도교 초기에 다시 명명(命名)되었듯이, 곳곳에 있던 지역 신령들도 인도 신들의 이름을 따랐다. 인도화 이전의 제례의식 때 선호되었던 장소 근처에 힌두 사원들이 세워졌다. 엉꼬보레이 궁전 밑에는 신석기 유물이 묻혀 있다.[25] 당시에 강조되었던 것은 거주의 연속성과 신성함의 연속성이었는데, 이는 캄보디아 문화에 깊이 뿌리 내린 생각이었다. 중앙집권과 번영의 시대에는 조상들이 인도 신들이 되었다가, 힌두교와 그 사제를 지지할 이유가 줄어들거나 사라지면 이 신들은 다시 네악따가 되었다. 그래서 1930년대에 폴 뮈스가 조사한 바에 의하면, 엉꼬보레이와 베트남의 참파 유적지에서 인도 신상들과 사원들이 최근까지 숭배되었던 것은 인도에서 왔기 때문이 아니라 네악따의 신비한 산물이었기 때문이었다.[26] 이는 신상들과 사원들에 대한 설명과 정당화에 사용되었던 참파와 캄보디아 지배계급의 문헌들이 사라지거나 해독할 수 없게 된 반면, 마을 사람들이 종교 생활에 사용했던 언어는 인도화 이전 시대부터 식민시대까지 거의 변하지 않고 남아있었기 때문이다.

폴 뮈스가 보여준 바와 같이 가장 오래 지속된 숭배의식은 링가 혹은 남근상 숭배였다. 광범위하게 퍼진 남근상과 관련한 숭배의식은 '네악따와 링가'가 자라났던 토양과 인근 농토의 비옥함과 조상의 영혼들*이 서로 연결된 것으로 믿었음을 예증한다. 숭배의식의 영향력이 미치

---

* 영어 원문에는 ancestral spirits라고 되어 있는데, 여기서는 네악따를 의미한다. 조상숭배와 관련한 조상령은 일반적으로 메바라고 부른다.

는 범위가 제한되는 탓에(링가는 제례의식을 위해 한 장소에서 다른 장소로 옮겨질 수 있지만, 한 번에 한 장소에서만 효험이 있었다), 그리고 링가가 공동체 수호신이라는 개념 탓에 엉꼬 시대의 지역 통치자들과 왕은 링가를 주의 깊게 관리했다. 중국 사료에 의하면 15세기에 라오스 남쪽의 링가빠르봐따 언덕 위(현재는 왈푸라고 알려져 있다)에 산신(山神)을 모시던 종파는 사람을 제물로 바쳤다. 이 유적 중에는 18미터 높이에 이르는 거대한 자연 링가들도 있어 주목할 만하다.[27] 여러 명의 엉꼬 시대 왕들 링가빠르봐따를 바프놈처럼 조상신을 위한 장소로 애용했다.

그 뒤 6세기까지 지속되었던 푸넌 시기동안 캄보디아의 정치적 중심은 오늘날의 프놈뻰 남동쪽에 있었다. 이 시기에는 인도와 중국과의 무역이 대단히 성행했는데, 주요 품목 중 하나는 불교 의례용품이었다. 지역 종교의식은 시바, 비슈누 그리고 부처뿐만 아니라 지엽적인 하급 힌두 신들, 특별히 크뽄으로 알려진 여성 신들을 숭배했다.[28] 정치는 엄격히 제도화된 왕국에 기반하여 이루어지기보다는 한 마을이나 여러 마을이 모여 있는 곳들을 기반으로 행해졌다. 마이클 뷔커리(Michael Vickery)가 주장하듯이 관개 농업은 잉여 농산물과 약간의 사회적 분화를 가능하게 했으나, 후대에 발전된 만큼은 아니었다. 역사학자 관점에서 이 시기를 특징짓는 중요한 요소들은 그 지역의 복색, 중앙집권화, 그리고 무역 상품 등이다. 이것들은 중국 사료를 통해서만 알 수 있고, 캄보디아 자체 기록에는 전혀 없다. 7세기에 가서야 명문 형태로 캄보디아 기록이 나타나게 된다. 사실 푸넌이 쇠퇴하고 난 후에 사료들은 더 풍성해지지만 사용하기는 더 어려워진다.

초기 캄보디아의 정부와 사회

캄보디아에서 가장 오래된 크마에 명문(銘文)은 611년에 새겨진 것이고, 가장 오래된 산스크리트 명문은 그로부터 2년 뒤에 새겨졌다.[29] 7세기 이후 두 언어 모두에서 연대 파악이 가능한 명문은 200여 개로, 캄보디아 사회가 어떻게 구성되었는지 그려 볼 수 있게 해준다. 명문들에 의하면 캄보디아 사회는, 적어도 비공식적으로는 산스크리트 어를 아는 이들과 크마에만 아는 이들로 나누어졌다. 수백 년 동안 산스크리트는 신들에게 봉헌되는 명문들에 사용되었을 것이다. 캄보디아 사람들은 조상들과 고도로 토착화된 '네악따'의 후손으로 신들의 보호를 받았으며, 크마에가 그들 사이에 널리 통용되는 언어였다. 운문으로 작성된 산스크리트 명문은 힌두교 사원 건축, 불교 승가에 대한 후원, 전쟁에서의 승리, 승려와 브라만 사제들에게 바친 봉헌물 등 왕들과 지배계급의 업적을 칭송하고 있다. 일부 화자(話者)들은 가계 혈통을 밝히거나 조작하는데, 조상의 공적에 편승하여 이득을 얻거나 이를 꾸며내기 위한 것 같다. 많은 문구들이 사회의 다른 부분을 희생시키면서까지 브라만을 칭송한다. 그리고 모든 명문들이 사원을 짓고, 명문을 새기도록 허락한 권력자들을 지나치다 싶을 정도로 칭송하고 있다. 인도 문화 전문가들에 의하면 동시대에 인도에서 기록된 산스크리트 시들과 호의적으로 비교해 보았을 때, 이 운문들은 대부분 세련되게 다듬어졌고 단어 선택은 섬세했으며 구성도 잘 짜여졌다고 한다.

반대로 크마에 명문들은 모두 산문이다. 이들은 사원 설립과 특정 기관에 소속된 인원이나 이름과 같은 사원 행정에 대한 세부 사항을 기록하고 있다. 이들은 또한 사원이 소유한 보물 목록과 관할하는 논과 과수원, 저수지(뜨로빼앙) 등의 재산 대장을 제공한다. 이들 중 대부분이 노예 의무를 약술하고, 사원의 승려들을 돕기 위한 징수에 노역 또는 현물로 납부가 가능한 과세량을 정한다. 이 명문들의 마지막은 대부분 사원을 무시하거나, 도둑질하거나, 혼란을 일으키는 사람들은 수 대에 걸쳐 천벌을 받을 것이라는 저주문(항상 크마에)으로 끝을 맺는다.

산스크리트와 크마에 사료들은 소위 각각 '대(大)', '소(小)' 전통으로 선명하게 나눌 수 있다. 산스크리트로 기록된 사료는 부(富), 시, 복잡한 행위, 재담, 사제들 그리고 신들에게 가는 통로 등 보호의 주체가 되는 것과 연관된다. 크마에 사료는 빈곤, 산문, 간단한 일람표, 노예 그리고 평민들의 세계 등 보호의 대상이 되는 것과 연관된 것을 기록하고 있다. 두 종류의 명문들 모두 인도에서 유래한 같은 문자 체계를 사용했으며, 일반적으로 같은 석공에 의해 새겨졌다. 시인과 사제는 양쪽 모두를 읽을 수 있었을 것이다. 그러나 이 명문들이 누군가가 읽도록 하기 위한 것이었을까? 일반적으로 이 명문들은 사원 문설주나 독립적으로 세워진 돌기둥들에 새겨져 있었기에 접근이 쉬웠다. 아마 명문 원본은 썩기 쉬운 어떤 재료에 기록되어 다른 장소에 기록용으로 보관되었을 것이다. 신을 위한 재료인 돌에 새긴 것은 특별한 의도가 있었을 것이다. 석재는 세속 건축물에는 사용되지 않았다. 궁전과 일반 가옥을 포함하여 세속 건축물은 목재, 대나무, 그리고 썩어 없어지는 재료들이 사용되었다. 더 나아가 산스크리트는 신들이 좋아하는 언어로써 지배계급이 사용했다. 석재는 영원한 것, 즉 말하자면 죽은 이들과 연관되었다. 캄보디아 사람들은 돌에 글을 새기는 것은, 그들의 조상들에게 집단적으로 말을 거는 것이었다. 명문이 산스크리트로 새겨졌다는 것은 신의 언어로 말했다는 것이다. 돌에 새겨진 저주 혹은 충성 서약은 더 강한 의미로 여겨졌다.

더욱이 명문의 법적 측면이 간과되어서는 안 된다. 예를 들어 돌에 토지증여를 기록함으로 추종자가 공인되고 보호된다고 여겼다. 이와 비슷하게 크마에로 새겨진 저주는 도둑에 대한 경고와 약탈로부터 땅을 지키는 역할을 했던 것 같다.

산스크리트와 크마에는 벼농사를 짓는 사람과 그렇지 않은 사람을 구분해주기도 했다. "진창에서 탈출"하는 것이 모든 사람들의 소망이었지만 아주 적은 수만이 그럴 수 있었다. 엉꼬 시대에 이들 대부분은 다양한 '바르나(Varṇa)' 혹은 카스트 집단에 속해 있었는데 사회 전체의 십분의 일 정도였을 것이다. 이들에는 학자, 장인, 후궁, 예술가, 고관, 사제들뿐 아니라 왕궁 하인들, 그들의 친인척과 군인들도 포함되었다. 노예로 일하는 경우가 드물었던 그들은 소수만이 사원을 후원할 만큼 중요한 위치에 있었기에 캄보디아 명문에 거의 등장하지 않는다. 다른 많은 것들보다 이런 정보 누락으로 우리는 엉꼬의 엄청난 조상(彫像)들과 사원들을 설계하고 조각했던 사람들의 이름을 전혀 알 수 없다. 사실상 7세기에 이르면 에이산보레아는 동남아시아 전체를 통틀어 가장 거대한 석조 건물 단지가 있는 도시로, 자바의 유사한 건축과 비교했을 때 이미 한 세기를 앞서 있었다. 우리는 이 자유민들의 존재가 제의용 산의 맨 꼭대기로 상징되는 사회의 최상부인 왕의 궁전과, 이를 둘러싼 논 사이 어딘가에 있다는 것을 근거로, 그들을 부르주아나 중산층이라 불러서는 안 된다. 이 용어를 적용하기에는 그들에 대한 정보가 너무 빈약하기 때문이다.

캄보디아 사회 집단을 서양에서 유래한 사회 계층을 일컫는 용어가 지닌 의미로 이해하는 것은 혼란을 초래할 수 있다. 이미 언급했듯이, '왕' 혹은 '리어찌어'라는 용어는 아마 푸넌에서는 중세 유럽에서 가졌던 의미만큼 강하지 않았을 것이다. 또 다른 중요한 용어 '끄놈(ញុំ)'은 "노예"로 번역될 수 있는데, 우리가 생각하는 노예보다 크마에는 더 다양한 의미의 용어였던 듯하다. 쥬디스 제이콥(Judith Jacob)이 밝혔듯이 '끄놈'은 단지 엉꼬 이전 캄보디아 시기에 열네 가지에 달하는 노예의 범주 중 하나일 뿐이었다.30) 그들은 수많은 단계의 사회 신분, 다양한 출신 그리고 수많은 종류의 의무들을 가지고 있었다. 들판에서 일하는 노예들의 노역은 미국의 남북전쟁 이전 남부에 있었던 흑인 노예들의 노역과 비슷하다. 다른 노예들, 특히 사원에 속한 이들은 스스로 준-사제 신분을 영위한다고 여겼을 것이다. 그럼에도 이 모든 집단의 사람들은 매매와 증여 대상이었고, 도망칠 자유가 없었기에 하인(servents)은 아니었다. 그들 대부분은 스스로 혹은 부모의 계약에 따라 일을 하여 빚을 갚는 머슴이었을 것이다. 농노(農奴)였을까? 이 질문은 용어의 상호 대체 가능성에 대해 신중하게 만든다. 비록 사회가 착취적이었고, 가진 자와 갖지 못한 자로 나뉘었던 것이 분명하다 해도, (1970년대 공산주의자들의 진술처럼) 초기 캄보디아 사회가 봉건적이었다는 주장은 정확한 것이 아니다. 노예 중 일부는 몇 세대에 걸쳐 특정 장소에 귀속되었을 수 있지만 노예들과 '장소'들을 연결하는 증거는 불충분하다. 이는 세습적으로 예속되어 있거나, 부름에 응할 의무가 있고, 특정 주인보다는 장소에 귀속되었음을 시사한다. 어떤 마을 주민들은 자유롭게 논농사를 지을 수 있었으나 이동이 자유롭지 못했고, 어떤 이들은 사원 소유이거나 지배 집단 소유였을 것이다. 이론과 실제는 시대와 장소에 따라 달라졌기에, 당시 캄보디아 사회를 일반화하기는 어렵다.

명문에 따르면 모든 시대에 걸쳐 캄보디아 인구의 대부분은 다양한

껌뽕짬 근처 숲에 묻혀있던 9세기 조각상. 작가의 사진

종류의 노예들이었다. 자유 농민들은 공공사업이나 군주를 위해 혹은 사원에서 일하거나 전쟁에 징집되는 등 시간과 노동력을 제공할 의무가 있었다. 사실 이들 중 많은 수가 전쟁 포로였거나 그들의 후손들이었다.

노예들은 한낱 이름만으로 캄보디아 역사에 오르내렸다. 이 이름들에는 산스크리트와 크마에 단어들이 뒤섞여 있다. 다수의 명문에 의하면 노예 이름들은 정중한 호칭(예를 들어, 어떤 '끄놈'은 '미스터'나 '미스'와 동등한 호칭이다)부터 "개", "모자란", "창피한" 그리고 "고린내 나는" 등과 같이 경멸적인 것까지 있다. 대체로 눈에 띄는 산스크리트 이름을 가진 노예들(예를 들어 "정의를 사랑하는", "시바의 노예" 혹은 단순히 다르마)은 다른 이들보다 조금 높은 신분을 갖는 경향이 있고, 그들 중 다

껌뽕짬 주변 숲 속에 버려진 9세기 조각상들. 1962년. 작가의 사진

수는 음악가와 무용수로 봉사했을 수도 있다. 이런 이름의 상당수는 오늘날 캄보디아에서도 발견된다. 예를 들어 꽃 이름은 아직도 여자아이들 이름으로 널리 쓰인다.

엉꼬 이전 시대 노예와 남북전쟁 전 미합중국 노예 간의 또 다른 차이는, 엉꼬 시대의 노예들이 '살았던 마을'과 '먹었던 음식'과 '공유했던 신앙'은 그들이 자유(이 용어가 당시 농사꾼에게 어떤 의미였든)로왔을 때와 크게 다르지 않았고, 그들이 섬겼던 주인들과도 그리 다르지 않았다는 것이다. 도시와 시골의 차이는 아직 별 의미가 없거나 크지 않았기에, '끄놈'이 끌려왔더라도 대개 비슷한 문화권에서 왔다. 게다가 사원의 종들이었던 많은 '끄놈'들은 금박 입힌 신상들을 씻기고 옷을 입히며, 사원 주변을 행렬하거나 불상의 눈을 뜨게 하는 의례 등 한 해를 장식하는 여러 예식에도 참여했다. 그들은 왕의 행차에도 동원되었고 가마 장식도 꾸몄다. 이런 '끄놈'들은 고귀한 일들이 일어나는 언저리에서 살았다. 그들 중에는 아마 자신들이 고귀한 일들 주변에 있는 것을 공덕에 의한 것, 그리고 이 공덕이 자신들을 보호해 줄 것이라고 이해했을 수 있다. 그들은 사회의 다른 구성원들처럼 자신의 업보 소멸을 도모하는데 참여하고 있다고 여겼다. 이를 위해서라면 사원에서 신들을 섬기는 사제를 돕는 것보다 더 나은 일이 무엇이 있겠는가?

우리는 최근의 캄보디아 사람들 생활을 토대로 유추하거나 혹은 부조, 신상, 유물 및 명문 연구를 통해서 잠정적인 결론을 내릴 수 있다. 그러나 캄보디아 역사에서 대부분 그랬듯이 우리는 농민들의 목소리를 들어본 적이 없으면서도 마치 그들이 이야기했던 것처럼 기록한다. 그들은 무엇이라고 말했을까? 다음 질문 없이는 이를 상상하기 어렵다. 그들은 누구에게 말을 했을까? 물론 그들끼리는 대부분의 캄보디아 농민들처럼 거리낌 없고 평등했다. 그러나 외부인 앞에서는 좀처럼 위험을 감수하려 하지 않았다. 어떤 학자들은 농민들이 윗사람들에게 깍듯이 복종하는 것을 보고 캄보디아 전통 사회가 본질적으로 조화롭다고 주장하기도 한다. 그러나 캄보디아 역사는 반란과 내전으로 점철되었으며, 1970년 이후의 사태들은 캄보디아 농민들이 태생적으로 수동적이라는 주장에 대한 의구심을 갖게 한다. 농민들의 목소리가 부재하기에, 끊임없이 되풀이되는 폭동의 정당성을 입증하는 것만큼 조화의 정당성을 입증하는 것 역시 어렵다. 대부분의 경우에는 두 가지 모두에 충분한 이유가 있었다.

하지만 엉꼬 시대 이전의 캄보디아는 물론이고 심지어 엉꼬 시대도 통합된 전제국가는 아니었던 것 같다. 그 당시 캄보디아는 정치와 통제에 대해 다소 전제적인 언어를 공통적으로 사용한 공국(公國)들의 집단이고 연속체였다. 때로 여성인 공국의 통치자들도 스스로를 전제군주라고 여겼기 때문에, 서로 경쟁 관계에 있는 독립적인 정치체였다. 그러나 마이클 뷔커리는 크마에 명문에 대한 연구를 통해 8세기 내내 (캄보디아로부터 조공이 없었기 때문에 중국 문헌 자료가 침묵하고 있는 시기) 캄보디아는 정치적으로 더욱 일관성 있는 과정을 갖추게 되었다는 것을 설득력 있게 주장했다. 정치적 통합을 위해서는 인구 증가, 습식 벼농사 기술의 확대, 지방 권력 형태의 변화 그리고 전쟁에서 승리와 장기간의 평화 유지 같은 혜택이 필요했다. 캄보디아의 구심점이 지속적으로 북으로 이동함에 따라 오늘날 엉꼬 주변부인 아는뜰보레아 지역은 메콩 상류를 따라 위치한 썸보 그리고 그 밖의 다른 지역의 공국들과 관련하여 중요성이 커졌다. 엉꼬 이전 시대 명문은 메콩 강변과 남부 똔레삽 기슭 중 특별히 오늘날 프놈뻰의 남쪽과 끄러쩨ㅎ 근처인 메콩 상류 기슭에 있는 거주지들에 많이 분포하는데, 이를 통해 이곳들이 당시의 인구 밀집지였음을 알 수 있다. 이러한 인구 분포는 엉꼬 시대와는 달리 오히려 20세기 캄보디아와 더 유사하다.

꽤 최근까지도 학자들은 작은 왕국들의 집합을 '쩬라'라는 이름으로 통합하려고 시도했는데, 이는 중국인들에 의해 그 왕국들 중 하나에 붙여진 이름으로 19세기 베트남에 의해 캄보디아 국가명으로 보전되었다. 중국인들은 사실, 두 '쩬라'를 구분했는데, 하나는 메콩 삼각주와 연관되었고(그래서 "물 쩬라"로 알려졌다) 다른 하나("땅 쩬라")는 메콩 상류의 어디쯤 위치한 것이 분명한데, 오늘날 라오스 남쪽의 '왙푸(Wat Ph'u)' 근처인 듯하다. 중국인들은 조공을 바치는 소위 미개 국가의 중요성을 과장하는 걸 싫어하지 않았다. 19세기와 20세기 유럽 학자들은 아마도 중세 유럽이나 식민 이전 아프리카의 다양한 왕국들이 가진 특성을 애써 무시한 채, '쩬라'를 '푸넌'을 잇는 중앙집권화된 계승국으로 보기로 '결정'했다. 그리고 이들 '강력한' 왕국들 중 가장 초기 왕국에서부터 '엉꼬'의 중앙집권화된 왕국까지 말끔한 연속성을 만들었다.[31]

하지만 끌로드 자끄는 짧고 설득력 있는 논문에서 이런 해석의 유용함을 무색하게 만들었다.

> 명문은 크마에 땅에 여러 작은 왕국들과 공국들이 있었다는 증거를 제시한다. 아직까지 어떤 근거인지는 알 수 없지만 중국인들이 '푸넌'과 '쩬라'라고 부르는 나라들이 그 작은 나라들 중 하나였고, 아마도 그 둘이 가장 중요한 나라였던 것 같다. 몇몇 군주가 꾸려가고 때로는 여러 공국을 모아 다소 큰 왕국을 이끌었던 것 같다. 그러나 이런 상황은 모든 정황으로 볼 때 일시적이었던 것으로 보인다.[32]

그렇다 해도 7, 8세기가 되면, 캄보디아 연안 교역 국가나 동남아시아 지역의 푸넌 같은 나라들은 쇠퇴했거나, 통치 조직을 내륙 깊숙이 옮겼음이 분명한데, 이는 캄보디아의 경우 '쩬라'라는 이름의 집합체로 알려졌다. 이들 신생 왕국들은, 자급 농업과 교역보다는, 주로 대규모 습식 벼농사와 인력 동원으로 부를 창출했다. 오늘날까지 건축, 조각, 그리고 명문으로 남아 있는 인도에서 유래한 관념들이 사회를 형성하고 다스리는 데 중요한 역할을 한 것 같다. 아마도 이 계급적 관념이 다소간의 무력으로 잉여 농산물을 착취하는 것을 정당화하는 데 유용했기 때문이었을 것이다. 몇몇 학자들 중 뷔커리와 조나단(Jonathan Friedman)의 탁월한 연구에 따르면, 국가 형성 과정에서 제례의식들은 시간이 흐름에 따라 부(富)와 연결되었을 것이고, 부는 초자연적 능력과 결부되었을 것이다.[33] 그렇다 해도 남아 있는 문서들만으로 이 과정을 재구성하는 것은 불가능하다. 캄보디아 역사의 흐름에 있어서 중요한 점은 7, 8

세기의 지리적, 경제적 이동이 14, 15세기에는 재개되었다는 것이다. 7, 8세기의 첫 번째 변화가 9, 10세기 엉꼬 형성과 연관되었다면, 14, 15세기의 두 번째 변화는 오늘날의 프놈뻰 지역에 중심을 둔 소박하고 평범하지만 좀 더 외부 지향적인 국가 설립과 연관되었다.

3

엉꼬의 왕권과 사회

    학자들은 캄보디아 역사에서 통상 802년-1431년까지를 엉꼬 시대로 본다. 그러나 이 연도들이 엉꼬 시대의 시작이나 끝을 말하는 것은 아니다. 우리가 엉꼬(이 명칭은 '도시'라는 뜻의 산스크리트 단어 "나가라 nagara"에서 유래했다)로 알고 있는 국가가 9세기에 나타난 캄보디아 북서부에는 수백 년 동안 '크마에'를 사용하는 사람들이 살고 있었다. 더 나아가 15세기에 도시 대부분이 버려졌을 때도 이 지역에 여전히 사람들이 살고 있었고 1570년경에는 잠시 다시 왕도(王都)가 되기도 했다. 더 중요한 점은 크마에들이 이 도시의 중심 사원 중 하나인 엉꼬 왓(도시-사원)을 버리고 떠난 적이 한 번도 없었을지 모른다는 것이다. 왜냐하면 이 사원에는 15세기부터 19세기까지 각 세기(century)의 특성을 가진 불상들이 안치되어 있고, 사원 벽에는 1747년까지 명문을 새긴 흔적이 있다.[1] 1850년대 프랑스 선교사들과 탐험가들이 엉꼬 유적군(complex)들이 '발견'되었을 때 엉꼬 왓 담장 안에는 수백 명의 세습 노예들이 시중들고 있는 번창한 불교 사원이 있었다.

802년과 1431년이라는 두 해는 캄보디아의 위대한 시기의 시작과 끝을 구분해주는 중요한 해다. 이 육백 년 동안 여러 명문에 스스로를 "깜뿌쩨야떼ㅎ"라고 명시한 캄보디아는 당시 동남아시아 최강의 왕국이었고, 현재 버마와 말레이시아뿐 아니라 서쪽으로는 나중에 타이 왕국이 되는 지역에서까지 방문객과 공물이 들어왔다.

엉꼬 역사를 위한 사료들

이 시기 동안 체계적인 통치는 드물었고 비교적 짧았다. 더욱이 모든 캄보디아 왕들을 전제 군주로 분류하기에는 이 시대의 사회적 여건들에 대해 아는 것이 너무 적다. 우리가 아는 한, 업적이 거의 또는 전혀 없는 왕도덜 있지만, 어떤 왕들은 명문, 사원, 조상(彫像) 그리고 공공사업을 성과로 남기기도 했다. 여러 단계의 행정체계를 갖추고 중앙집권적으로 통치한 왕들도 다수 있었지만, 단지 몇백 명의 추종자들만 거느렸던 것으로 보이는 왕들도 있었다. L. P. 브릭스(Briggs), 조루주 세데스, 끌로드 자끄(Claude Jacques)가 연구했던 왕의 계보들에서 드러난 한 가지 사실은, 이 왕들이 다양한 계층의 사람들을 다스렸다는 것이다.[2] 기록에 나타나는 최고층(왕, 왕실)에서 보면 '엉꼬' 시대를 일반화하여 파악하기는 쉽지만, 전체를 관통하여 이해하기는 어렵다. 산스크리트어로 쓰인 시(詩)에서 볼 수 있는 캄보디아 시인들의 재능을 포함하여 예술 양식, 전달 매체와 동기(motifs)들을 살펴본다면, 우리는 왜 어떤 시대는 진보/퇴보했는지 정확히 말하긴 어려워도, 어쨌든 그들의 진보와 발전 그리고 퇴보에 관해 이야기할 수는 있다. 반면 아래에서 보면 그 시대와 아주 최근 시대 사이에 있는 연속성에 대해 일반화하기는 쉽지만, 여전히 자료 빈곤으로 어려움이 있다.

확실히 사료는 중요한 문제이다. 산스크리트나 크마에로 쓰여진 명문들과 관련된 사료들에 대해서는 2장에서 언급했다. 그러나 이 문헌들이 가진 편견이 어떻게 엉꼬 시대 캄보디아 사회상을 왜곡시키는지 살펴보는 것은 중요하다. 산스크리트 시들은 왕의 위엄을 선포한다. 크마에 명문은 기소된 사법적 분쟁들, 노예 등록 내용을 상세하게 보여준다. 우리는 왕들의 공식적인 생애를 확인하기 위해 흩어진 명문들을 사용할 수도 있다. 특히 사원의 보물과 인원 목록을 제공하는 흩어져 있는 여러 명문들을 통해 그 당시 물질문화의 한 측면을 엿볼 수 있다. 그러나 이것은 마치 미국의 역사를 부고(訃告), 유서, 증서, 독립기념일 연설문 등의 자료들로만 재구성하는 것에 비유할 수 있을 것이다.

물론 이런 종류의 문헌들에는 몇 가지 예외를 제외하면 날짜가 꼼꼼하게 기록되어 있어서 잊혀진 엉꼬의 연대기, 특별히 이를 통치한 군주들에 대한 연대기 틀을 재구성할 수 있었다. 그래도 연대별 재구성 작업은 절대 쉽지 않았다. 초기 동남아시아 역사와 관련한 가장 위대한 연구자였던 프랑스 대학자 조루주 세데스(1886-1968)의 연구 대부분이 이에 집중되어 있었다. 세데스는 명문에 근거하지 않은 내용들에 대한 섣부른 추측은 배제하고, 그가 집대성한 캄보디아 명문 자료집과 관련된 다양한 과제를 후학들에게 남겼다.[3]

날짜가 명시된 명문들은 시간적 근거가 분명하다. 어떤 건물은 완전히 사라지기도 했지만, 그 건축물의 일부였던 명문들은 장소적 근거를 확실하게 보여준다. 아주 드문 예외를 제외하고, 이들 명문이 캄보디아 지방 거주민의 상세한 생활상을 기록하고 있다거나 혹은 왕국의 수도 엉꼬나 다른 지역에서 시행되던 정치적 변화에 대해 명확히 언급하는 것이 아님은 당연하다. 그 대신 주로 비범한 사건들 —인간과 신들 사이에 체결된 계약— 을 '위'에서부터 관찰한 것은 운문으로, '아래'로부터 관찰되는 것은 산문으로 기록하고 있다. 이 명문들이 우리에게 알려주는 '역사'는 어떤 면에서 동남아시아 본토의 풍경 위로, 이곳저곳에서 수백 개의 횃불이 때에 따라 타오르거나 꺼지는 것에 비길 수 있다. 횃불 한 개가 타오를 때 우리는 그 주변을 둘러보고 역사적 사실 중 아주 일부나마 세부 사항을 알아낼 수 있다. 어떤 사원은 아무개에 의해 모월 모시에 이러저러한 인도 신에게 봉헌되었다. 그 사원에 딸린 노예의 수와 그들의 이름과 성별이 기록되어 있으며, 걸을 수 있는지 여부로 구분된 아이들까지 명시되었다. 사원 부지는 동쪽으로 개울까지 뻗어 있고, 남쪽으로는 작은 동산까지, 서쪽과 북쪽으로는 어떤 표지물까지 뻗었는데 … 여기까지만 보여주고 횃불이 꺼져버렸다. 우리는 이 사원이 그 시대의 상황에 어떻게 부합하는지, 후원자가 공식적인 지위를 누렸는지 혹은 이 사원이 몇 달 아니면 몇 세기 동안 사용되었는지 등에 대해서는 잘 모른다. 어떤 명문에 의하면 후손들이 조상을 기리기 위해 유적지로 돌아가 사원을 복원했으며, 또 어떤 사원들은 개인 후원자가 살아있는 동안만 유지된 듯하다.

캄보디아 역사 연구를 위해 우리가 가진 다른 사료들은 사원 그 자체 그리고 사원 내의 조상과 부조(浮彫)들 그리고 캄보디아 전역에서 발굴된 엉꼬 시대 유물들이다. 이것들은 캄보디아 지배층의 종교의 변화와 위계, 특정 인도 신화의 인기 그리고 이것들이 지배층의 선입관을 반영하는 방식들에 대해 상당히 많은 것을 알려준다. 이들은 또한 치맛단, 머리 모양, 장신구의 유행에 대해서도 알려준다. 이것들은 예술 사조의 연대를 정리하는 데 유용하다. 부조는 무기, 갑옷, 전투 전술에 대한 정보도 제공한다. 13세기에 건립된 사원산(寺院山: temple-mountain)인 바이욘 사원의 부조는 캄보디아인의 생활상에 대해 상세하게 알려주는 풍부한 자료이다.

끌로드 자끄(Claude Jacques), 서기 9세기 캄보디아 명문

그래서 증서, 부고장, 연설 외에도 우리는 대부분 신화적 인물로 분장한 엉꼬 사람들을 보여주는 활인극과 그들의 일상 생활 모습을 보여주는 부조를 가지고 연구할 수 있다. 우리가 가진 사료에는 사회 전체적인 모습을 보여주는 것이나 어떤 의미에서는 사회 저변에서 올라온 자료들, 즉 세금, 토지 소유권, 인생 이야기, 민간 신앙들에 대해 상세하게 알려주는 자료 등은 빠져있다.

쩨이붸악라만 2세와 엉꼬의 건립

802년에는 무슨 일이 일어났는가? 현재 타이 남동부에서 발견된 1,050년에 새겨진 스독껵톰 명문은 지난 수년 동안 캄보디아 연대기와 종교 역사에 대한 중요한 사료였지만, 최근 일부 학자들은 이 명문에 담긴 '주장'에 의문을 제기했다. 이 명문에 의하면 802년 우리가 쩨이붸악라만 2세라고 부르는 군주가 나중에 엉꼬 유적군이 된 곳의 북쪽에 있는 꿀렌산에 와서 "보편 군주(universal monarch)"로 등극하는 예식에 참석했다고 한다.[4] 명문이 특별히 중요하게 생각하는 의식인 '신왕(神王)'으로 번역되는 산스크리트 단어 '데봐라자(devaraja)' 의식이 거행되었는데, 이는 의심할 바 없이 군주와 시바 신을 연결시키는 제례의식이었다. 이 의식에 앞서 캄보디아 남동부에 있는 바프놈의 제사터에서 쩨이붸악라만에 의해 거행된 "상서로운 주술 의식"이 몇 년 일찍 치러졌음이 분명하다.[5]

쩨이붸악라만 2세와 아들인 쩨이붸악라만 3세는 자신에 관한 명문을 하나도 남기지 않았는데, 이것이 학자들에게는 엉꼬 왕조의 창건자로서 이들의 중요성이 과장된 것이라고 주장하는 근거가 된다. 스독 꺽 톰 명문은 이백 년 이상 '데바라자' 의식을 집전한 사제 가문을 주로 다룬다. 명문이 제공하는 상세한 전기는 매우 유용하다. 쩨이붸악라만 2세는 재위에 있는 동안에 시기를 달리하여 캄보디아의 다섯 지역에 거주했음이 명백하다. 그는 남동부의 바프놈 근처에서 메콩 상류 연안의 분지인 썸보 근처로 이동했다. 그 후 아는뜰보레아를 점령하기 위해 서쪽으로 이동했다가, 똔레삽 북쪽과 동쪽으로 가서 한 도시를 통치하며 여러 작은 벽돌 사원 건축을 지휘했던 것 같다.

쩨이붸악라만은 이들 지역에서 무엇을 했을까? 후대의 다른 많은 왕들보다 그에 대해 알려진 것이 훨씬 많다는 사실에도 불구하고 여전히 모호한 점들이 있다. 그는 누구이고, 어디에서 왔는가? 끌로드 자끄는 한 논문에서 쩨이붸악라만이 770년, 스무 살 남짓에 자바라 불리는 지역(섬 이름일 수도 있고, 수마트라의 한 왕국이나 또는 아예 다른 장소일 수도 있음)에서 돌아왔음을 설득력 있게 논증했다.[6] 바프놈 지역에서 발견된 10세기 명문에 따르면 그가 처음에 한 일은 "자바가 거룩한 캄보디아를 통치하지 못하도록" 의식을 거행한 것이다. 우리는 이 의식이 무엇과 관련되었는지 또는 왜 쩨이붸악라만 2세가 부득이 이때 그런 방식으로 독립을 선포했는지 알 수 없다. 세데스는 이 의식이 확실히 꿀렌 산에서 거행된 것보다 먼저 치러졌ㅈ지만, 쩨이붸악라만이 그 후 삼십 년 동안 캄보디아의 많은 지역을 거치며 이동했기에 그곳들에서 행해진 여러 제례의식 중 하나일 수도 있다고 지적했다.

참고문헌들은 감질나고 불완전하다. 바프놈에서 거행된 의식은 자바로부터 유래된 것일까, 아니면 쩨이붸악라만 2세를 푸넌의 조상신들과 연결시켜 주는 것일까? 이 의식은 두 세기 후에 다른 내용을 담고 있던 명문이 주된 관심사로 다룰 정도로 상당히 중요했다. 1940년까지 바프놈이 제사의식 장소로 계속해서 중요한 역할을 했다면 두 번째 설명이 그럴듯하지만, 이를 뒷받침할 증거는 부족하다.

자끄, 마이클 뷔커리 그리고 올리버 월터스(Oliver Wolters)는 쩨이붸악라만의 초기 생애에 대해 연구했다.[7] 그 연구를 통해 우리는 그의 생애 초기가 여러차례의 군사작전과 결혼, 토지 공여를 통한 동맹관계 형성으로 점철되었고, 지방의 토호들은 자신을 보편군주라고 주장하는 이 새로운 이주민도 부분적이나마 그들의 충성 대상으로 인정하였음을 알 수 있다. 연대를 알 수 없는 한 명문에 의하면 쩨이붸악라만 2세 왕국의 경계가 "중국, 참파, 바다"에 이르고 서쪽으로는 "카다몸과 망고의 땅"으로 기록된 곳까지 이른 것으로 보인다.[8]

엉꼬 지역을 깜뿌쩨야떼ㅎ로 동화시키는 데는 20년 이상 걸렸다. 이 기간을 기록한 명문은 없으며, 사원들도 규모가 작거나 소멸하기 쉬운 재료들로 지어진 듯하다. 비록 남겨진 기록물은 없지만, 이 시대에 국가와 왕권이라는 개념이 캄보디아인들 관점에서 형성되고 힘을 얻어간다는 점에서는 아주 결정적인 시대였다. '국가 개념'과 '캄보디아인'이라는 두 용어는 조심해서 사용해야 한다. '국가 개념'은 구성원들이 자신들을 외부자들과 대비하기 위해 어떤 이름(깜뿌쩨야떼ㅎ, Kambuja-desa)을 갖는다는 것 이상의 의미는 아니었을 것이다. '캄보디아인'은 시바가 다른 신들과 맺는 위계적 관계와 비슷하게, '보편' 군주와 충성 관계를 맺은 내부자들이라는 의미였다. 두 개념 모두 자바로부터 들어온 것으로 추정되지만, 캄보디아인들은 인도의 국정 운영 자료들을 통해 이 개념들을 알고 있었고, 그 당시 이미 캄보디아에 거주했다고 알려진 브라만들에게는 익숙했던 것이었다.

이렇게 추정할 수 있는 증거는 쩨이붸악라만이 죽은 후 한참 뒤에 새겨진 명문에 나온다. 그러나 월터스, 뷔커리, 자끄는 그가 왕이 되기 전에 캄보디아 전역을 돌아다니며 이질적이었던 지역들을 결합시켜 일종의 자기 의식적 공동체를 만들었다고 확신을 가지고 주장한다. 그의 통치 시기에 대한 사료가 불명료한 탓에 쩨이붸악라만 2세가 이 과업에 성공적이었는지 (아니면 심지어 이 과업을 염두에 두고 있었는지도) 의심의 여지가 있다. 하지만 후대 왕들이 쩨이붸악라만을 왕국의 창건자이자 이 지역에 살았던 과거의 조상들이 이루지 못했던 방식으로 캄보디아를 보는 특정한 관점을 제시한 사람으로 존경했다는 것은 분명하다. 쩨이붸악라만 2세는 또한 매우 실용적인 왕이었다. 캄보디아 사람들은 항상 조상 혹은 '네악따' 숭배를 특정 장소와 연관지어 매우 중요하게 생각했다. 쩨이붸악라만 2세는 마지막으로 정착한 하리하랄라이(오늘날 롤루어ㅎ 지역)를 캄보디아의 왕도로 삼았다. 후대 왕들은 그를 일종의 건국 조상신(네악따)으로 숭배했으며, 그런 종류의 네악따가 최근까지 캄보디아 모든 마을에 있었다.

'데봐라자' 의식이 어떤 면에서 왕이 신 혹은 신왕(神王)이 '되는' 의식 절차라고 말하는 것을 더 이상 지지할 수 없다 할지라도, 대부분의 캄보디아 왕들과 시바 신 사이에 의례적, 이데올로기적 연관성이 있다는 증거는 많다. 비록 이 의식이 스독껵톰 명문 저자와 후대의 많은 학자들이 주장하는 것만큼 중요하지 않았다 할지라도 말이다. 이 의식은 결정적인 의식이었다기보다는 다양한 왕실 의식 중 '하나'였다. 헤르만 쿨케(Hermann Kulke)는 이 의식이 '데봐라자' 혹은 신들의 왕인 시바의 조상(彫像)을 가지고 엉꼬 거리 ─그리고 축제 때는 다른 왕국의 중심지─ 를 행진하는 것이었다고 주장한다. 이것은 쩨이붸악라만 2세가 캄보디아를 자바로부터 해방시켰던 엉꼬 시대 초기에 행해졌던 제례의식을 기념하는 것일 수도 있다. 그러나 그와 의견을 달리하는 학자들도 있다.[9]

예악싸오붸악라만과 그의 후계자들

쩨이붸악라만 2세의 아들 쩨이붸악라만 3세는 어린 나이에 왕위에 올랐고, 코끼리를 사냥했으며 '현명하게' 통치하고 877년에 사망했다.[10] 이 정보를 제공하는 저자는 결국 '데봐라자' 의식의 연속성에 특별한 관심을 가졌다. 이는 스독 꺽 톰 명문이 (오해에 근거하여) '데봐라자' 의식을 후원하는 통치자가 캄보디아의 적법하고 유일한 통치자라고 추정했기 때문이었다. 이는 특별히 10세기 중반 이후에 그렇게 되었던 것 같다. 그러나 하리하랄라이에서 처음으로 사원들과 명문들의 체계적인 건축 계획을 처음으로 착수한 쩨이붸악라만 3세의 후계자가 선왕(先王)에 대해 단 한 번 살짝 언급했다는 것과 자신의 정통성을 (쩨이붸악라만 3세의 친모가 아닌) 쩨이붸악라만 2세 왕후(王后)의 친척들 중에서 전혀 알려진 것이 없는 한 쌍의 '왕들'에게서 찾았다는 것이 흥미롭다. 추측하건대 이것은 쩨이붸악라만의 왕위 찬탈 훨씬 이전으로 그의 족보를 확장하여, 엉꼬 이전 시대의 통치자들과 자신을 연결시키는 방법이었을 것이다.

사실 언뜨레악붸악라만(재위, 877-89)이 바로 그 주인공으로, 그는 왕위를 찬탈했고, 이것이 그의 족보가 뒤죽박죽이 된 이유일 것이다. 예술사학자인 필립 스턴(Philippe Stern)이 1930년대에 언급했듯이 그의 치세는 왕의 세 가지 행동 양상으로 특징되는 치세들 중에서 첫 번째

치세였기에 중요하다.[11]

첫 번째 시기는 그의 백성들과 땅에 있는 물의 신들을 기념하여 수로 사업을 후원한 것이었다. 언뜨레악붸악라만의 재위 기간에 빗물을 가두기 위한 커다란 저수지가 하리하랄라이에 건설되었다. 이 저수지는 '언뜨레악따다까'라는 이름으로 알려졌고, 300헥타 규모였다. 한 명문에 따르면 언뜨레악붸악라만이 왕위에 오르자, "닷새 안에 저수지를 파기 시작할 것이다"라고 서약했다.[12] 이 저수지의 또 다른 목적은 사람들의 마음 속에 호수로 둘러싸인 신들의 신화적 고향인 메루산과 관련된 지리적 특성을 재현하여 왕의 권력과 신들과의 결속 정도를 드러내려는 것이었다. 산이 많은 북부 인도의 이 신화가 물이 많은 캄보디아로 옮겨졌기에 모순된 것이 없는 것은 아니다. 이는 미합중국의 많은 대학 도시들에 있는 고딕 스타일 탑들도 마찬가지다.

두 번째 시기는 군주가 부모와 조상에게 경의를 표하기 위해 일반적인 신의 형상으로 자기 조상(彫像)을 만들어 설치한 것이다. 언뜨레악붸악라만은 부모(뿐만 아니라 모친의 부모들과 쩨이붸악라만 2세와 왕후를 포함한 여러 선조들을 모두 시바신 부부의 화신[化身]으로 묘사했다)의 조상을 오늘날 '쁘레아ㅎ 꼬(신성한 소)'라고 알려진 회반죽을 발라 치장한 전탑 양식의 사원단지에 세우도록 후원했다.

이 매력적인 사원은 879년에 완공되었고, 현재 캄보디아 건축에서 롤루어ㅎ 양식으로 불리는 첫 시도였다.[13] 이 양식에서 여러 겹의 동심(同心) 해자(垓字)와 외벽으로 사원을 둘러싸는 구조를 포함한 후대에 중요하게 여겨지는 몇 가지 특징들이 처음으로 나타났다. 조각의 정교함과 꽃무늬 장식의 탁월함은 이런 솜씨들이 이전에 나무를 조각하면서 발달했음을 나타낸다. 후대 사원들과 비교하면 그리 크지 않았지만 언뜨레악붸악라만의 쁘레아ㅎ꼬와 그의 '사원-산'인 바꽁 유적은 구상과 외관 면에서 이전에 세워진 어떤 사원보다 훨씬 웅장하다. 이를 통해 종교적 관념이 발전했다는 것과 사회 동원이 이루어졌음을 추측할 수 있지만 이에 대한 증거는 부족하다.

쁘레아ㅎ 꼬의 명문은 (건너기 힘든 대양 같은 전장에서 주군[主君]은 오만한 적군의 머리로 길을 만드시고, 주군의 군대가 그 위로 지나가도록 하셨다) 언뜨레악붸악라만은 불특정한 여러 도전자들을 제압함으로 우주적 군주가 되었음을 알려준다. 이 명문에 의하면 "조물주인 인드라는 너무 많은 왕을 만드는 데 지쳐 이 왕을 만들고 언뜨레악붸악라만(문자적 의미는 '인드라의 수호를 받는')이라는 이름을 붙여 삼계(三界)가 유례없이 기뻐하도록 하였다"고 한다.[14]

롤루어ㅎ에서 멀리 떨어진 명문들은 언뜨레악붸악라만이 짧은 기간 일지언정 타이 북동쪽과 메콩 삼각주 지역을 호령했음을 보여준다. 그의 스승들 중 한 명(쩨이붸악라만 2세의 사촌)을 기리기 위해 새긴 한 명문은 미사여구를 부연한다.

> 친히 정복하신 전 세계의 통치자로 메루산 기슭에 자리를 잡으신 그분은 때때로 멀리 있는 태양보다 더 변함이 없으셨다.
> 중국, 참파, 그리고 예악붸아트빕(오늘날의 자바를 의미하는 것으로 추정됨-역자)의 으스대는 왕들보다 높은 그분의 통치는 마치 자스민 꽃다발로 만든 흠 없는 화관 같았다.[15]

화려한 미사여구로 가득한 왕에 대한 진술은 왕이 닮기를 바라는 전통적인 신의 속성으로 한정된다. 솜씨 좋은 시인의 덕목은 왕의 이러한 속성을 은유와 직유 그리고 언어유희로 잘 포장하여 우아하게 칭송하는 것이었다. 시가 왕을 마치 신인 것처럼 묘사하는 방식이라면, 사원은 신들이 사는 세상을 거울처럼 반영한 도표와 그림이었다. 이런 측면에서 사원은 피안에 대한 언어유희 혹은 말장난, 그리고 거울에 비친 이미지로도 볼 수 있다.

필립 스턴이 밝혔듯이 언뜨레악붸악라만 치세의 마지막 시기는 사원-산을 건립하는 것이었다. 이 사원-산이 지금은 '바꽁'으로 알려져 있고, 계단식 피라미드 형태를 취하고 있다. 저수지나 '쁘레아흐 꼬'와는 달리, '바꽁'은 왕 자신을 위한 것으로, 왕의 사후에 석관(石棺)으로 쓰려고 했다. 세데스는 쩨이붸악라만 2세를 시작으로 13명의 엉꼬 시대 왕들이 사원-산을 건립했을 것으로 추정했다.[16] 이 사원-산들이 모두 남아 있지 않고, 또 남은 것들도 다르게 해석될 수 있다. 첫째, 사원-산들은 신화 속 우주의 중심인 히말라야 북쪽에 솟아있는 메루산을 복제하려고 계획되었다. 메루산처럼 이 사원-산들은 신들과 왕을 포함하여 세상을 떠나 천상으로 올라간 고귀한 이들의 거처였으며, 또한 왕들의 유골(遺骨)을 보관하는 무덤이기도 했다. 어떤 경우, 특히 엉꼬 왈의 경우에는 천문대이기도 했다.[17]

'바꽁'은 최초로 벽돌이 아니라 석재를 주로 사용하여 지은 캄보디아 사원이었다. 또한 8세기에 지어진 억윰(Ak Yum) 사원을 제외한다면 첫 번째 피라미드식 사원이다. 이 사원은 1930년대 프랑스 고고학자들에 의해 재건되었으나 거의 모든 부조들이 사라졌다.

언뜨레악붸악라만의 아들로 889년부터 약 910년까지 재위한 예악싸오붸악라만은 중요한 왕이다. 그의 명문과 건축물들에 의하면 선왕의 치적보다 더 많은 일을 하고 싶어 했고, 캄보디아를 왕도 주변으로 집중시키려 했다. '엉꼬의 도시'는 1500년경 버려질 때까지 그의 이름을 따라 '예악싸오테야보레아'로 불렸다.

예악싸오붸악라만의 첫 번째 공적은 '백 개'의 암자를 후원하여, 암자마다 왕실이 제공하는 여행객을 위한 객사와 일련의 이용 규칙을 마련하게 한 것으로 보인다.[18] 암자에 관련된 거의 동일한 12개의 명문이 발견되었다. 두 개는 롤루어ㅎ 근처에서 발견되었고, 나머지 여섯 개는 예악싸오붸악라만이 모계를 통해 이 지역과 엉꼬 이전 시대부터 이어진 가계의 연관성을 주장하는 캄보디아 남동부에서 발견되었다. 명문의 확산은 깜뿌쩨야떼ㅎ(라는 나라)가 머릿속에만 있는 것이 아니라 명약관화한 개념이 되었음을 시사한다.

이로부터 오래지 않아, 예악싸오붸악라만이 지금은 롤레이로 알려진 네 개의 벽돌 사원을 지어 부모를 기렸는데, 이 사원은 선왕이 만든 저수지 한가운데 만든 섬 위에 지은 것이었다. 그는 저수지 북동쪽 모퉁이에 —캄보디아의 종교적 사고에서 방향을 중시했던 때[19]— 북서쪽을 향해 16킬로미터 떨어진 지역을 향하는 돋아 올린 대로를 건설했고, 이곳에 수도를 건설하려는 계획을 세웠다. 이 지역에 오늘날의 엉꼬 유적군이 들어서 있다.

예악싸오붸악라만이 엉꼬 지역을 선택한 것은 원래 이곳에 있던 자연 언덕 꼭대기에 자신의 사원-산을 지으려는 계획 때문이었던 것 같다. 그에게 가능했던 선택지 중 하나(프놈 끄라옴)는 똔레 삽에서 너무 가까웠고, 다른 하나(프놈 복)는 너무 멀었다.[20] 어찌 되었든, 그는 두 언덕 위에 작은 사원을 지었고, 오늘날 프놈 바카엥으로 알려졌지만 당시에는 '프놈 껀달'("중앙 산")이라 불렸던 언덕 위에 자신을 위한 주 사원을 엉꼬 유적군의 중심부 근처에 지었다.

스독꺽톰 명문은 예야싸오볘악라만이 "왕도 스레이예야싸오테야보레아를 건설하고, 하리하랄라이에서 이 도시로 데와라자를 모셔 온 후 프놈 껀달(중앙 산)을 세웠다"고 전한다.[21] 예야싸오테야보레아가 프놈 바카엥이라고 밝혀진 것은 1930년대 이후였다. 이는 구상과 실행에 있어서 선왕의 유적 중 그 무엇보다 웅장했다. 장 필리오자(Jean Filliozat)는 이 유적의 상징을 상세하게 연구했다. 그는 기단(基壇), 조상(彫像), 탑 그리고 계단의 수를 독립적으로 그리고 집합적으로 읽을 때, 여러 종류의 수 특히 33과 108과 관계 있음을 밝혔는데, 이는 인도 종교로부터 받은 형이상학적 의미를 담고 있다. 어떤 경우 이 유적을 방문한 순례자들이 그들 눈에 보이는 탑의 수를 세어봄으로 이 함의를 알아차리기도 했다.[22]

예야싸오볘악라만은 프놈 바카엥 동쪽에 예야싸오테락따다까라는 저수지를 팠는데, 길이가 6.5킬로미터, 폭은 3킬로미터 정도였다. 이 저수지 남쪽 편을 따라 시바, 비슈누 그리고 부처를 모시는 종파를 위해 지어준 사원들이 있었다. 왕국 전역의 다른 곳에는 천연 언덕 위에 사원을 짓도록 명령했는데, 그중 가장 빼어난 쁘레아ㅎ 뷔히어 사원은 오늘날 타이 국경 근처 절벽 꼭대기에 위치한다.[23]

이런 행적들은 예야싸오볘악라만이 선대 왕들보다 훨씬 많은 인력을 동원할 수 있었음을 시사한다. 명문들에 따르면 그는 코스모폴리탄적인 군주로서 인도 문명의 위대함을 알고 있었으며, 다른 종교적 믿음에 대해 관대했다고 한다. 그렇지만 대부분의 사료들은 정치적 행적이나 동맹 혹은 그의 독특한 이념들에 대해 거의 언급하지 않는다. 우리가 조금 엿볼 수 있는 개혁 조치로는, 예야싸오볘악라만의 법전 속에 벌금은 개인의 지불 능력에 따라 징수되었다는 증거와 세금은 왕국 전체에서 효과적으로 현물로 징수되었다는 내용이 있다. 그러나 명문 내용의 대부분은 그의 위대함을 선포하는 것이었다. 예를 들어, "그분은 사자-인간이었다. 그분은 위대한 발톱으로 적을 찢어버리셨다. 그분의 치아(齒牙)는 그의 정책이었고(his teeth were his policies), 그분의 눈은 베다(Veda)였다. 그분의 영광은 사방으로 퍼져나가는 포효였다. 그분은 덕으로 자신의 명성을 쌓았다."[24] 여느 산스크리트 시들처럼 이중적인 의미를 갖는 단어들이 의도적으로 많이 사용되었다. 예를 들어 "그의 눈은 베다(Veda)였다"*는 구절은 '보다'라는 동사와 '거룩한 가르침'이라는 명사의 유사성으로 언어유희를 한 것이다. 이러한 이중 의미는 앞에서 보았듯이 엉꼬 시대의 시구(詩句)뿐 아니라 사원 건축에서도 많이 나타난다.

예악싸오붸악라만은 910년 경에 죽었다. 그의 왕위는 두 아들에게 차례로 계승되었지만, 그들에 대해서 알려진 바는 거의 없다. 921년 예악싸오붸악라만의 왕비 중 한 명의 형제가 엉꼬 북쪽 100킬로미터 떨어진 척박한 지역인 '꼬께'에 경쟁 도시를 세웠다. 이 경쟁자는 얼마 되지 않아 저수지를 파고, 사원-산 건립을 시작하는 등 왕처럼 행동했다. 엉꼬를 통치하던 왕이 928년에 예악싸오테야보레아에서 죽자, 꼬께 통치자는 자신을 쩨이붸악라만 4세 왕으로 자칭했다. 오늘날 쁘라산 톰이라 불리는 사원-산 건축은 930년까지 계속되었다. 사원 자체는 약 18미터 높이에, 직경이 약 5미터(유실된 것을 볼 때 금속으로 만들었거나 혹은 금속 상자 안에 모셨을 것)로 추정되는 링가를 모셨는데, 사실 이 사원은 캄보디아에 건립된 사원들 중 엉꼬 왓을 제외하고는 가장 높았다.[25] 쩨이붸악라만 4세의 명문은 이 건축이 선대 왕들의 건축물을 능가하는 것이라고 자랑스럽게 적고 있다.

* 그의 정책은 강력했고, 그의 눈은 '신성한 지식'에 이끌려 온 세상을 두루 살폈다는 의미

우리는 그의 엄청난 자존감의 근거가 무엇인지, 추종자들은 어떤 사람들이었는지 혹은 그가 왜 예약싸오테야보레아를 떠나 이 지역으로 천도했는지 알 수 없다. 쩨이붸악라만 4세의 지나친 주장이 공허하거나 과장된 것일 수 있다 하더라도, 강압이나 설득을 통해 꼬께의 수많은 사람들을 지배하며 이십 년간 상당히 호화롭게 살았다는 것은 확실하다. 이곳에는 짧은 시기 동안 40여 개의 사원이 건립되었다. 그의 영향력은 지금의 타이 북동부 지역까지 미쳐서, 그곳에 꼬께 양식의 사원이 아직 여러 개 남아있다. 942년에 그가 죽자 아들 중 한 명이 잠깐 통치했고, 944년에 그의 조카(그는 외가 쪽으로, 예약싸오붸악라만의 조카이기도 하다) 한 명이 리어쩬뜨레악붸악라만 2세라는 이름으로 예약싸오테야보레아로 돌아갔다. 후대 명문 기록에 의하면 이 왕은 "오랫동안 버려졌던 거룩한 도시, 예약싸오테야보레아를 재건했으며, 마치 인드라의 궁전처럼 반짝이는 황금으로 꾸민 집과 보석으로 찬란한 궁전을 세워 화려함과 황홀함을 드러나게 했다."[26]

리어쩬뜨레악붸악라만의 통치에 대해서는 알려진 것이 거의 없지만, 호수 한가운데 선조를 기리는 사원을 건립하는 등 예약싸오붸악라만이 시행한 과정을 모방한 것을 알 수 있다. 이는 그가 자신의 왕조를 시작하거나 꼬께에 있었던 쩨이붸악라만의 짧았던 왕조를 자신과 연관시키기보다는, 엉꼬 궁정으로 되돌아가려 했다는 것을 보여준다. 리어쩬뜨레악붸악라만의 지휘 아래 두 개의 우아한 사원—산인 메본과 쁘라에룹이 특히 북쪽의 다른 수많은 사원들과 함께 건축되었다. 참파와의 성공적인 전쟁 기간을 제외하면 그의 통치 기간은 평화로웠던 것으로 보이며, 이는 거의 백 년 가까이 지속되는 엉꼬 시대 번영기의 도래를 알렸다. 리어쩬뜨레악붸악라만의 명문에 적힌 산스크리트의 문학적 세련미가 번영기의 한 측면을 보여준다. 한 예로 쁘라에룹의 비석은 300개 가까운 싯구로 리어쩬뜨레악붸악라만의 족보와 그의 학식 그리고 왕으로서의 치적을 칭송한다.[27] 그의 치세의 또 다른 측면은 크마에 왕국의 교역이 서쪽, 즉 지금의 타이 북동쪽으로 확장되었다는 것이다. 세 번째 측면은 불교에 대한 공식적 관용이었다. 리어쩬뜨레악붸악라만은 불교를 공부한 것으로 여겨지며, 그의 치세동안 공공사업을 담당하는 대신(minister)은 빼어난 불교 신자였던 것으로 보인다.

968년에 리어쩬뜨레악붸악라만이 죽자 아들인 쩨이붸악라만 5세가 어린 나이에 뒤를 이었는데, 몇 년간 친척과 고관들의 섭정이 있었던 것으로 보인다. 섭정들과 그의 가족들은 오늘날까지 전해 내려오는 세련된 명문들에 대부분 기록되어 있다. 엉꼬 지역 안에서 가장 사랑스러운 사원 중 하나로 오늘날 번띠어이 스레이로 알려진 사원은, 나중에 쩨이붸악라만의 스승이 되는 고관에 의해 왕의 치세 초기에 봉헌되었다.[28] 이 섬세하고 작은 규모의 사원은 붉은 사암으로 축조되었는데, 엉꼬 유적군에서 북쪽으로 약 16킬로미터 떨어진 이곳이 한때 중요한 도심 역할을 했다는 증거가 있다. 1916년 프랑스 조사단이 처음 찾았을 때 이 사원은 울창한 숲으로 덮여 있었다.

쩨이붸악라만 5세는 부친과 궁내의 많은 브라만들처럼 시바 교인이었지만, 불교에 관대했으며 통치 기간 중 불교 연구가 번성했다. 이 시기의 것으로 껌뽕짬에 있는 시토 사원의 유려한 명문은 혼합주의적 불교식 사고가 어떻게 시바교의 요소와 융합했는지를 보여주었다. 이 융합 방식에 대해 19세기 학자인 에밀 세나(Emile Senart)는 다음과 같이 기록했다. "두 종교는 어디를 가더라도 가능하면 사람들의 관습을 어지럽히지 않으려고 하고, 둘 사이의 큰 차이조차 표면적인 유사성으로 덮어 가리려고 노력하는 방식으로 융합되었다."²⁹⁾ 그러나 명문들은 쩨이붸악라만 5세 역할을 일개 사원-산 건축자로 폄하한다. 그 자신의 따까에우 사원은 미완성으로 보인다.

1001년에 쩨이붸악라만 5세의 사망은 격동과 파멸의 도래를 알렸다. 1003년경에는 출신을 알 수 없는 왕이 엉꼬를 통치하였지만, 왕국의 다른 지역까지는 권력이 미치지 못했다. 북쪽에서는 쏘리야붸악라만이라 자칭하였고, 나중에 쏘리야붸악라만 1세가 되는 이 왕자가 여러 명문에 언급되었다.³⁰⁾

일부 학자들은 이 왕들이 캄보디아 혈통이 아니라고 주장한다. 하지만 마이클 뷔커리가 최근에 밝혀낸 바에 따르면 쏘리야붸악라만은 왕국의 동북지역에 근거를 둔 캄보디아 지배계층 가문의 일원이었음이 거의 확실하다.³¹⁾ 11세기 첫 10년 동안 정권을 잡기 위해 쏘리야붸악라만이 사용한 계획이 두 세기 전 쩨이붸악라만 2세가 따랐던 계획과 아주 흡사하다는 점이 흥미롭다. 이 과정에는 동맹 결성 뿐 아니라 산발적인 전쟁도 포함되었다. 왕위를 노리는 자는 무력으로 안되면 결혼이나 회유를 통해 동맹을 맺어 지역 세력을 약화시키거나 매수할 수 있었다. 뷔커리에 따르면 쏘리야붸악라만은 엉꼬에서 정부를 주도했던 사제 가문 중에서 강력한 동맹이 있었고, 그 당시 명문들은 그가 몇 년 동안 인구가 다소 줄어든 수도를 향해 서쪽으로 천천히 이동했음을 보여주었다. 당시 명문들을 보면 동맹관계가 복잡했던 것 같다.

한 명문에 의하면 쏘리야붸악라만은 "다른 왕들에 둘러싸인 왕"과의 마지막 전투에서 승리했다. 그의 집권에서 한 가지 새로운 요소는 겉보기에는 불교 신자가 아니었지만 불교를 후원했다는 사실이다. 어떤 적대적인 명문에는 그가 집권했을 때, 뷔레아흐, 혹은 신상을 파괴했다는 증거가 있지만,[32] 이 혐의의 의미는 불분명하다. 만일 쏘리야붸악라만이 불교 신자였다면 단지 순수하고 단순한 우상 파괴를 의미하는 것일 수 있다. 이는 그와 협력하기를 주저했거나 협력할 의지가 없는 이들이 후원했던 특정 종교기관을 불법화하는 것과 연관되었을 가능성이 크다. 또 다른 명문에 따르면 왕이 자신의 통치 기간 동안 지배계층 중에서 엄청난 부를 쌓음으로써 이후에 정치적 위협이 될 것이 확실한 이들을 계획적으로 파멸시켰다.

예약싸오테야보레아 도착 이후 쏘리야붸악라만이 실시한 첫 번째 행적 중 하나는 새로 건설된 왕국에서 '덤붜라잇'이라 불리는 4천 명의 관리들이 공개적으로 충성 서약하도록 한 것이다. 유일하게 남아 있는 서약문은 장황한 명문 하나에 남아 있는데 관료들이 왕에게 충성을 바칠 것을 서약하며 첨언하길,

> 만일 여기 있는 저희가 길이 통치하실 폐하에게 한 서약을 지키지 않는다면 왕명으로 저희에게 어떠한 형벌이라도 내려주시길 간청하옵니다. 만일 저희가 이 서약을 지키지 않으려고 숨는다면 … 해와 달이 사라지지 않는 한 32계의 지옥으로 환생할 것이옵니다.[33]

서약은 이를 지키는 이들에게는 "군주에게 헌신하는 사람들에 대한 보상으로" 그들의 식솔들에게 음식을 내려줄 뿐만 아니라 종교 기관을 하사하여 운영할 수 있도록 간청하며 끝맺는다. 다시 말해 왕과 충성 관계로 연결된 '덤붜라잇'은 충성의 대가로 다소라도 지배권이 미치는 지역에서 발생한 잉여 생산물을 취할 권리를 보상으로 받았다. 서약을 통해 왕권이 강화되었음을 알 수 있고, 토지 지배와 관련하여 왕이 임

명한 지배계층이 새롭게 (혹은 재)구성되었음을 알 수 있다.

사실, 쏘리야붸악라만의 치세 특징 중 하나는 여러 가지 측면에서 왕권이 강화되었다는 것인데, 관료 권력이 왕의 권위에 필적하거나 능가했던 시기에 이루어졌다. 쏘리야붸악라만은 새로운 종교 기관들로 똔레삽의 서쪽 끝을 지배함으로 엉꼬가 통치하는 영토를 넓혀나갔다. 서쪽으로 더 멀리 진출하여 오늘날 타이 중부의 롭부리에 중심을 둔 상좌불교국인 로보(Louvo) 왕국을 병합했다. 또한 엉꼬의 관개 사업도 확장하였는데 이는 그의 정책들이 도시 인구를 증가시켰기 때문인 듯하다.

쏘리야붸악라만의 통치 하에서는 거의 분리되지 않았던 사제와 관료의 실무와 기능이 제도화되었다. 정부 지원의 종교기관들은 세입과 보조금의 통로가 되었는데 어떤 식이었는지는 모호하지만, 아마도 왕 주변의 사제-관료 가문들의 권력과 연결되었을 것이다.

그의 정권은 도시화를 추구했다. 프랑스 학자 앙리 메스트리에 뒤 부르(Henri Mestrier du Bourg)에 의하면, 삼대에 걸친 선대 왕들의 치세 동안 명문에 포함된 대략 스무 개의 지명이 접미사 '보레아', 즉 '도시'(참조. 싱가포르 = "사자 도시")로 끝나는 반면, 쏘리야붸악라만 치세에서는 그 수가 마흔일곱 개로 급증한다. 이는 그가 체계적으로 관리되지 못했던 시골 지역에서 사람들을 모아 결집하는 방식으로 권력을 획득했다는 또 다른 증거이다. 비록 일부 '보레아'가 지역을 기반으로 하는 지배계급의 특권을 강화하기 위한 단지 이름뿐인 도시였다 하더라도, 도시화에 대한 증거는 쏘리야붸악라만 치세에 대해 알고 있는 다른 사안들과 일치한다.[34]

쏘리야붸악라만이 왕위에 있는 동안 지역과 해상 교역 상인들의 활동이 더욱 활발해졌다는 증거도 있다. 그의 통치 시기 명문들에는 상인 집단들에 대한 언급이 더욱 빈번했다. 그런데 캄보디아 역사를 통틀어 이들 대다수는 참파인, 중국인, 베트남인 등 민족적으로는 외부인이었던 듯하다. 여느 때처럼 외국 무역은 밀림 지역에서 나는 야생 품목을 천이나 도자기와 같은 문명화된 물품과 교환하는 것을 포함한다. 케네스 홀이 밝힌 바에 따르면 이 시기 캄보디아 사람들은 토지, 쌀, 물소 그리고 노예와 같은 상품들도 외국에서 들어온 수공예품이나 이국적 물건들과 거래했다. 이 경제활동은 일관된 가치 단위나 공식 화폐 없이 일어났으며, 중기까지 지속되었다는 점은 매우 흥미롭다.[35]

쏘리야붸악라만의 치세에는 사람들을 예악싸오테야보레아에 집중시키기 위해 전례없는 관료적이고 강압적인 수단을 동원했다. 이 전술의 성공은 후대 왕들에게 농사꾼들을 일년 내내 일하도록 강제함으로 왕국이 조직화되고 확장될 수 있다는 것을 보여주었다. 전에는 일모작으로도 일반 백성들이 먹고살기에 충분했지만, 체제(사제, 왕, 관료 그리고 군인)를 유지하기 위해서는 충분하지 않았다.

이런 식으로 권력을 확장한 쏘리야붸악라만은 강탈자로서의 이권을 만끽했다. 그는 통치 초기에 지난 궁정 때부터 있었던 추종자들에게 둘러싸이기보다는 자신이 신뢰하는 신하들을 자유롭게 선발하고 보상했다. 무엇보다 새 관료들은 그들의 후임자들이 무시했을 수 있는 시골 지역의 관할 주민들(clients)에게 아직 빚*이 있었기에, 새 관료들과 더불어 나라를 다스린다는 것은 지역 문제에 더 관심을 기울인다는 것을 의미했을 것이다.

---

* 여기서 빚이란 경제적 채무가 아니라, 캄보디아를 비롯한 동남아시아에 만연한 사회관계망 형태인 후견인(patron)-추종자(client) 관계에서 후견인의 의무를 아직 더 해야 한다는 의미이다.

9세기 쁘레아ㅎ 꼬 사원의 수호신. 사진 Walter Veit

쏘리야붸악라만의 후계자인 우떼예악뜬치약붸악라만 2세(재위 1050-66)는 시바 신봉자였다. 그는 영향력 있는 꾸루의 조력 하에 '데봐라자' 의식에 대한 관심을 부활시켰고, 통치와 연관된 링가(남근상)를 모실 거대한 사원-산을 짓는 풍습을 부활시켜 부뿌언을 건설했다. 그의 후계자가 새긴 명문은 다음과 같이 적고 있다.

> 쫌뿌트빕*한가운데 솟아있는 신들의 거처인 황금산을 보시고, 임금께서 이를 본 따 도시 한가운데에 황금산을 만드셨다. 이 산 정상에 있는 광채로 빛나는 황금사원 안에 임금께서 금으로 만든 시바-링가를 모셨다.[36]

엉꼬 시기 왕권

엉꼬에서 절정에 이르렀던 캄보디아의 왕권을 이해하는 세 가지 방법이 있다. 첫 번째는 시바와 왕의 관계를 연구하는 것이다. 폴 뮈스는 1933년에 쓴 탁월한 논문에서, 전통 동남아시아에서 시바의 인기는 그가 과거부터 이미 지신(地神)과 조상신(祖上神)**으로서 역할하고 있었다는 믿음에 기인한다. 처음에는 땅에서 '우연히' 돌출된 암석 형태에서

---

* 힌두교, 불교, 자이나교의 우주관에서 속세, 즉 인간이 사는 섬을 일컬음
** 저자는 지신과 조상신을 분리해서 언급하는데, 여기서의 조상신은 네악따를 직역한 것으로 보인다. 하지만 실제로 네악따 신앙은 조상신이 포함될 때도 있지만, 주로 토착령을 의미한다. 이 단원에서 언급하는 조상은 영어 원문으로 ancestor라고 쓰고 있지만, 조상보다는 네악따를 의미하는 것으로 이해하는 것이 더 적절해 보인다. 왜냐하면 캄보디아 사람들은 땅에서 우연히 돌출된 것을 신성하게 여겨 네악따로 섬기는데, 수직으로 솟은 바위 뿐 아니라 개미집도 그 크기가 보통 이상으로 크면 네악따로 숭배의 대상이 되기도 한다.

시작되어, 후에 조상을 상징하는 남근 모양으로 의도적으로 조각되었고, 그 이후에는 통치자와 특정 지역의 조상을 상징하게 되었다.[37] 이런 의미에서 시바는 지배권 안에 있는 지역에 비를 내려 땅을 비옥하게 하는 책임을 맡은 조상신을 가시적 형태로 표현한 것이었다. 캄보디아 왕권의 이런 측면(동남아시아의 다른 곳, 특히 베트남에서도 발견됨)은 시골 지역에 1960년대까지 남아 있었다. 시바와 배우자인 우마에게는 물소와 사람을 제물로 바쳤는데 이 신들이 땅 밑에 있는 것들을 신성하게 만든다고 여겼기 때문이다. 흥미롭게도 이런 측면에서 볼 때 캄보디아 왕권은 농사의 수호신으로서, 전통적인 인도의 '라자'보다 중국의 황제와 훨씬 비슷하다.

캄보디아 왕의 역할은 단순히 비를 오게 하거나 모든 조상들이 만족스럽게 지내도록 하는 것에 그치지 않았다. 캄보디아 왕권을 바라보는 두 번째 방법은 전투, 정력, 시, 소유물, 의식(儀式) 등 다방면에서 왕의 위엄과 우월함을 반복적인 의례를 통해 백성들이 직접 눈으로 볼 수 있게 하는 것이다. 이런 측면으로 보면, 왕은 지신(地神)이나 사제가 아니라 인도 서사시의 영웅이었다. 이는 캄보디아에 있는 산스크리트어 명문 대부분이 취하는 관점으로, 왕은 지상 혹은 조상의 힘과 연결되었다기보다, 하늘, 태양, 인드라, 비슈누, 그리고 라마와 관련된 덕목의 화신이자 천상과 연결된 행위자로 칭송되었다. (각각의 왕은 많은 왕들 중에서 한 명이 아니라 가장 위대한 이로 여겨졌기 때문에) 살아있는 지존자인 왕에 대해 시인들은 은유적으로 표현하기를, 사회가 조직되는 중심축에 비유했다. 왕을 중심축으로 이 사회는 바깥과 아래를 향해 확장되었는데, 먼저 왕의 측근 계급을 통해 그 다음은 자유민, 벼농사를 짓는 마을 주민 그리고 노예의 순으로 뻗어 나가는 것으로 비유되었다. 왕은 실용적인 면에서는 아무 도움이 되지 않는 초인이었으나, 공덕과 권능으로 사회의 최고 자리를 차지한 영웅이었다.

엉꼬 지배계급의 일원들에게, 군주다움의 재현은 적어도 두 가지 목적이 있었다. 첫째는 왕과 왕국을 위한 복을 얻기 위해 신과 같은 행위를 보여주려는 것이다(예를 들어, 메루산을 모방해 사원-산을 건설하는 것이나 적의 무리를 물리치는 것). 둘째는 의례를 정확히 거행(특히 시간을 엄수하는 것)하는 것으로 정확한 의례가 그 효력에 결정적이었다. 이 맥락에서 '상징'이란 단어는 다소 공허하다. 왕은 제례의식의 효력을 믿었으며, 참모들도 그랬다. 의례는 군주다움이 발현되는 수단이라고 스스로도 믿었다.

왕권을 바라보는 세 번째 방법은 캄보디아인들의 일상적인 삶을 통해서이다. 캄보디아인들의 일상적인 삶에 대해서는 산스크리트 명문들보다 크마에 명문들이 훨씬 유용하다. 언뜻 보면 엉꼬 사회가 자동적으로 다층 체계를 형성한 듯 보이지만, 명문들에 의하면 언급된 모든 사회 구성원들이 서로 얽힌 관계망 속에서 다양한 책임과 기대를 가지고 있었음을 보여준다. 이런 방식으로 볼 때 왕은 많은 후궁을 거느린 사람, 후원자(patron) 그리고 이름을 부여하는 자로서 그들 모두와 가장 밀접하게 얽혀 있었다. 엉꼬 시기 왕권에 대한 이안 마벨(Ian Mabbett)의 사려 깊은 연구는 왕이 해야 할 일, 승인하고 알아야 할 일들의 범위를 보여 준다.[38] 왕의 업무에는 고위직 신하들에게 직위와 문장(紋章)을 하사하며, 수많은 종교기관에 토지와 노예를 하사하고, 관개시설을 건설하거나 관리하는 것, 사원을 건축하고 장식하며 관리자를 채용하는 일들과 아울러 수도의 동쪽으로는 참파와 북쪽과 서쪽으로는 다양한 조공국들과의 외교 업무 등도 왕의 일이었다. 왕은 또한 최종 사법기관 역할도 했다. 겉보기에 애매한 토지 소유권 분쟁이 종종 사법 체계를 통해 왕에게까지 도달한 사례를 보여주는 명문들도 있다. 최종 사법기구 역할은 왕권의 한 요소로서 1960년대까지 지속되었다.[39]

동시에 명문들은 별로 언급하지 않지만 왕은 살아남기 위해 정치 전략가여야 했다. 마벨이 지적했듯이 많은 산스크리트 명문들은 왕의 통찰력이 라마와 닮았다거나, 인도 정치 문헌에 대한 지식이 있다고 칭송한다. 정치 교범으로써 이 학술적인 글들은 분명 캄보디아 왕들에게 많은 책략의 방도를 제공했지만, 일상적인 인사결정, 언쟁과 결정과 같은 영역에서 명문들은 거의 도움이 되지 못한다. 엉꼬 시대의 궁정의 '정취(flavor)'에 대해서는 알 길이 없다.

크마에 명문들은 캄보디아 사회의 다른 층위, 즉 자유민과 노예에 대해서 알려주고 있어서 약간 도움이 되지만, 이 역시 단지 명문에서 묘사되거나 회상되거나 기리는 특정 순간에 한정될 뿐이다. Y. 봉거트(Bongert)와 A. 차크라바르티(Chakravarti)의 선행 연구를 토대로 한 마벨의 엉꼬 노예들에 대한 연구는, 우리가 노예라고 부르는 이들에 해당하는 범주가 황당하리만큼 복잡하다는 것과 그들에게 부과된 임무가 말도 안 되게 많았음을 보여준다.[40] 2장에서 제시되었듯이 노예와 관련한 용어들을 통시적으로 정리하거나, 명문 전체에서 이를 분류하는 것은 아직 불가능하다. 예를 들어 노예들을 소유한 노예들, 왕족과 혼인한 노예들 그리고 다른 이들에 의해 노예처럼 처분된 자유민들의 경우가 그렇다. 후대로부터 거슬러 조사해보면, 엉꼬 대부분의 사람들은 소유물(objects)이라기보다는 백성(subjects) 또는 자유민이라는 인상을 받는다. 백성들은 다른 사람들에게 자신을 팔 권한을 가진 후견인의 처분에 달려 있었고, 많은 경우에 그들도 자신들보다 더 낮은 사람을 처분했다. 명문에도 노예들을 거래 품목으로 기록했다.

이 사람들은 확실히 위대한 사람들로 한때 엉꼬를 건설했다고 여겨졌다. 바이요안의 부조는 엉꼬 시대의 캄보디아 사람들의 도구, 의복 그리고 주택은 프랑스 보호령에 이르기까지 큰 변화가 없었음을 보여준다. 부조는 또한 그들의 가축, 놀이, 시장에서의 상거래, 그리고 광대, 무속인, 고행자 및 행상인들을 묘사하고 있다. 그렇다 해도 그들의 믿음이나 서로가 주고받았던 이야기들을 재구성할 만큼 많은 정보가 있는 것은 아니다. 엉꼬 시대까지 거슬러 올라가는 대중 문학은 없다. 저수지, 사원, 돌과 청동으로 만든 조상, 연장, 도자기 등 그들이 만든 물건들을 통해 알 수 있는 것 외에는, 문헌 자료의 부재로 엉꼬 시대 일반인들의 삶을 파악하기란 어렵다.

엉꼬의 노예들은 주인에 대해 어떻게 생각했을까? 주인은 모범이 되었을까, 미움받았을까, 피하고 싶었을까 아니면 존경받았을까? 인도의 사상, 신들과 어휘들이 사회 또는 개인의 마음속에 얼마나 깊이 파고들었을까? 사람들은 확실히 산스크리트보다는 크마에를 더 많이 읽고 쓸 수 있었지만, 두 언어 모두 어떻게 교육이 이루어졌는지에 대해서는 알려진 바 없다. 왜 그런지 유추해보면, 지배계급 사이에서 인도 문화(와 때때로 방문하는 인도 방문객의 지식)에 친숙한 사람이 나타났지만, 지배계층 이외의 시골과 같은 다른 사회 계층에게는 인도 문화가 아주 얕게 퍼져 있었다. 19세기가 되어서야 조상신들이 힌두 이름을 가지게 되면서, 힌두 신상들이 조상신으로 여겨지게 되었다.

이미 보았듯이 캄보디아의 인도 모방은 카스트제도를 들여오기 바로 직전에 멈췄다. 하지만 마뷀이 또 다른 통찰력 있는 논문에서 보여주

* Varṇa: 색[色]이란 뜻의 산스크리트, 카스트를 의미

듯이 바르나(Varna)*명명법을 사용하는 일련의 의식 순서에는 왕의 후원 목록 일부사 포함되어 있었다. 왜냐하면 왕이 때때로 자기나 동맹자의 신하에게 카스트 지위를 하사했기 때문이다.[41] 왕조의 초기를 제외하고 캄보디아 왕은 대부분의 중국 황제들처럼 후원과 상호 의무 이행의 네트워크*를 궁전 바깥으로 확장함으로 통치할 수 있었다. 이 네트워크는 먼저 측근과 가족들을 통해 시작해서 확장되다가, 왕국의 변방으로 갈수록 점점 더 지방 토호들에 의지하게 되었다. 엉꼬로부터 멀리에 사는 주민들은 20세기 초에도 그러했듯이 왕의 이름조차 거의 알지 못했을 것이다. 20세기 초 베트남 남부의 캄보디아 주민들을 대상으로 조사했던 프랑스 민족지학자들이 남긴 기록이 증거가 될 수 있을 것이다.

> 전에는 수로가 없었고, 길도 없었다. 단지 호랑이, 코끼리 그리고 야생 물소가 사는 정글만 있을 뿐이었다. 감히 마을 밖으로 나가려는 사람은 없었다.
> 이런 이유로 왕도에 가본 사람이 거의 없었다. 만일 누군가 통나무배를 장대로 밀어 왕도에 가보았다면, 다른 이들이 그에게 물었을 것이다. "임금님은 어떻게 생겼소? 보통 사람들처럼 생겼소?" 그러면 그 여행자는 무지한 사람들이 질문하는 것을 보고 이렇게 답했을 것이다. "임금님은 우아하고, 아름다운 모습이고, 먼지나 땀 자국도 없어! 흉터도 하나도 없고 …" 그러나 대개는 그렇게 말하는 사람도 왕을 본 적이 없었음이 틀림없다.[42]

* 후견인-추종자 관계를 의미한다.

엉꼬 왓

　11세기의 마지막 몇 해가 캄보디아에서는 혼란과 분열의 시기였다. 어떤 때는 둘 심지어 세 명의 군주가 최고 통치자 자리를 두고 다투었다. 그래도 세기의 마지막에는 백 년 이상 지속되었던 새로운 왕조가 엉꼬를 통치하기 시작했다. 이 왕조의 첫 두 왕, 즉 쩨이붸악라만 6세와 그의 형제 토라닌뜨레악붸악라만 1세에 대해서는 별로 알려진 것이 없지만, 그들의 조카이며 엉꼬 왓을 건설했던 쏘리야붸악라만 2세는 예악싸오붸악라만 2세와 토라닌뜨레악붸악라만 1세와 같은 통일 군주였다. 만일 그의 명문을 신뢰한다면 그는 왕위를 다투던 다른 왕자와의 전투에서 승리하여, 젊은 나이에 권력을 잡았다. "전장에 망망대해처럼 펼쳐진 자기 군사들에게서 튀어나와 적(敵) 왕의 코끼리 머리에 뛰어올라 그를 죽이니, 마치 가루다가 산비탈에서 뱀을 죽이는 듯했다."[43]

　쏘리야붸악라만 2세는 1060년대에 우뻬예악뜬치야붸악라만 2세가 사망한 이후 통일된 캄보디아 왕국을 통치한 첫 번째 왕이었다. 혈연관계는 아니었던 것 같지만, 쏘리야붸악라만 1세와 유사한 점이 많았다. 두 왕 모두 분열과 무질서의 시기를 거쳐 권력을 잡았다. 예악싸오테야보레아를 장악한 후 그들은 강력한 행정 정책과 실용적인 왕권 그리고 통제할 수 있는 영토와 인적 자원을 확장하는 정책을 취했다. 쏘리야붸악라만 2세는 동으로는(아마 중국의 지지 하에) 베트남과 참파와 전쟁을 치렀는데, 주로 서쪽의 속국 지역에서 모집한 용병들을 이용했으며, 베트남 원정에는 참파 출신을 활용했다. 그는 엉꼬 시대 최초로 중국과 외교 관계를 맺었고, 통치 기간 중 피마이와 프놈 룽을 포함해 현재의 타이 북동쪽 지역에 몇 개의 인상적인 사원을 건축했다. 또한 그는 쏘리야붸악라만 1세처럼 종교적인 측면에서 자신을 전임 통치자와 분리시키려 했다. 쏘리야붸악라만 1세는 불교 장려를 실천했던 반면, 같은 이름을 딴 그는 캄보디아 왕으로서는 드물게 비슈누에 대한 헌신을 보여주는 방법을 선택했다. 두 경우 모두 혁신적이거나 개인적 정책들이 자신을 정당화하기 위한 일련의 조치들과 함께 진행되었다. 이러한 조치란 두 왕들을 '왈 푸와 같은 선-엉꼬 시대의 순례지', '선왕들과 결부된 구루들' 그리고 '그들이 전복시켰던 통치자들의 통치 시기까지 거슬러 확장된 예술 양식'과 연결시키는 것이었다.

쏘리야붸악라만 2세의 비슈누에 대한 헌신은 엉꼬 왈으로 불리는 사원 건축으로 이어졌는데, 이 사원은 엉꼬의 유적 가운데 가장 거대하고, 가장 아름다우며, 분명 가장 신비로운 건축물로 사원이자 무덤이며 천문대 역할을 했다.[44] 사원 면적은 200헥타르에 이른다. 이 건축은 쏘리야붸악라만 2세 통치 초기에 시작되어 사망 때(약 1150년 경)까지도 완성되지 못했다. 이전의 사원-산인 바뿌언 이후 거의 한 세기가 지난 시점이었다. 최근에 밝혀진 놀라운 증거에 의하면 사라진 지 오래된 중앙탑의 비슈누 조각상은 1131년 7월에 봉헌되었는데, 이 해는 아마 쏘리야붸악라만의 33세 생일로, 인도 종교에서 중요한 우주적 의미가 있는 수이다.

이 사원의 무엇이 그토록 신비로운가? 이는 예약싸오테야보레아에 있는 주요 건축물 중 유일하게 서쪽을 향하고 있다. 아울러 이 사원의 바깥쪽 회랑 벽면을 따라 1.6km 이상 새겨진 부조는 북서쪽에서 시작하여 시계 반대 방향으로 이어진다. 부조를 읽거나 사원 주변을 도는 관행적 방식은 산스크리트 용어로 '쁘라사뷔약'이라 알려진, 부조나 사원을 오른쪽에 두고 시계 방향으로 도는 방식이었다. 반대 방향인 서쪽은 명백한 기상학적인 이유로 보통 죽은 이들과 연관되었다('서쪽'을 뜻하는 현대 크마에 단어는 "지는" 혹은 "가라앉는"이란 뜻으로도 쓰인다). 그래서 어떤 프랑스 학자들은 엉꼬 왙은 다른 사원들과 다르게 원래 무덤이었다고 주장한다.[45]

1940년 세데스가 엉꼬 왙은 왕의 후원으로 건립된 15개의 다른 유적들처럼, 사원인 동시에 무덤으로 여겨진다는 주장이 나올 때까지 학술지 상에서 논쟁이 치열했다. 그는 다른 사원의 보물 중 일부를 보관하는 석관이었을 석조 용기들을 언급했다. 세데스는 엉꼬 왙의 특이한 방향이 쏘리야붸악라만의 수호신이며 서쪽과 자주 연관되었던 비슈누를 기념하는 것일 수 있다고 주장했다. 엉꼬 왙은 엉꼬에서 비슈누에게 봉헌된 것으로 알려진 유일한 사원이다. 사실 12세기에 인도 아대륙에서 비슈누파는 다른 인기 있는 종교들과 혼합되어 활발하게 부흥했다. 앞선 인도 종교의 첫 번째 부흥이 그랬듯이 두 번째 부흥도 엉꼬에 반향을 남긴 것으로 보인다.

1940년과 1970년 사이 엉꼬 왙에 대한 학문적 연구는 미미했다. 학자들과 관광객들은 부조의 예술성(대부분은 라마의 용맹함에 관한 것이다), 섬세하면서도 압도적인 사원의 비례 그리고 평범한 캄보디아인들의 상상력을 사로잡는 사원의 모습에 감탄하는 것으로 만족했다. 그러나 1970년대 중반, 엘리너 모론(Eleanor Moron)이 사원의 수치들을 자세하게 연구하기 시작했고, 사원을 설계한 지식인이 사원을 암호화했던 방식을 해독할 열쇠가 그 수치들 안에 있다고 확신했다.[46] 엉꼬에서 사용된 캄보디아식 측량 단위인 '헡'이 대략 0.4미터라고 확정한 뒤, 모론은 예를 들어, 서쪽 입구(자체의 수상 가교[架橋]가 딸린 유일한 입구)와 중앙탑 사이의 거리 같이 사원의 의미 있는 수치에 몇 헡이 사용되었

11세기 사원 톰마논(Thommanon) 사원의 떼봐다(thevoda, 천사) 부조. 작가의 사진

는지 묻기 시작했다. 거리는 1,728헐이었고, 이 축의 다른 세 구성 요소가 각각 1,296과 867 그리고 439헐으로 측정되었다. 이에 모론은 이 수치들은 인도 사상의 네 시대, 즉 '유가'와 관련이 있다고 주장했다. 이 중 첫 번째는 '크리타 유가'로 필경 황금시대를 뜻하며, 1,728,000년 동안 지속되었다. 다음 세 시대는 각각 1,296,000년, 864,000년 그리고 432,000년 동안 지속되었다. 그러므로 첫 번째 시대는 마지막 네 번째 시대보다 네 배가 길고, 두 번째 시대는 세 배, 세 번째 시대는 두 배가 길었다. 마지막 시대는 오늘날 우리가 살고 있는 '칼리 유가'이다. 사람들은 이 시대의 마지막에 우주가 파괴되고, 브라흐마가 다시 창조할 것이다. 그리고 이전과 같이 또 다른 황금시대가 시작될 것이라고 믿었다.

네 시대의 길이가 정확하게 엉꼬 왈의 동서축을 가로지는 특정한 거리들과 연관되었다는 사실은, 이 사원의 암호가 사실 시간과 공간 측면에서 해석될 수 있는 일종의 언어유희라는 것을 의미한다. 어떤 사람이 사원에 들어와 가로지르는 거리는 정확히 네 시대와 일치하며, 방문자는 중앙탑에 안치된 비슈누 상을 향한 길을 따라 은유적으로 그 시대의 삶을 살아간다. 죽음의 방향인 서쪽에서 앞으로 나아가며 방문객은 서쪽 입구과 멀어져 중앙탑을 향해 가는데 이는 마치 방문객이 시간을 거슬러 올라가, 인도인들 시간 관념 속에서 시간이 시작되는 순간으로 향해가는 것을 의미했다.

모론은 엉꼬 왈에서 가장 빈번하게 나타나는 열 가지 거리(distance)의 천문학적 상관관계를 발견했다. 그녀와 함께 연구했던 천문학자들은 사원 위치가 해가 뜰 때 사원 서쪽 입구 문이 북동쪽의 작은 언덕인 '프놈복'과 정렬되도록 설정되었다는 사실을 발견했다. 더 나아가 하지에는 "관측자가 … 서쪽 입구 바로 앞에 서면 엉꼬 왈 중앙탑 바로 위로 해가 떠오르는 것을 볼 수 있었다."⁴⁷⁾ 이날, 즉 6월 21일은 인도 천문학자들에게 태양력의 시작이고 비슈누의 신봉자이자 "태양의 보호를 받는"이라는 뜻의 '쏘리야뷔악라만'이라는 이름을 가진 왕에게 봉헌되었다.

공간적 관계를 우주적 시간 개념으로 꼭 끼워맞췄다는 것과 엉꼬의 모든 수치의 놀라운 정확성과 대칭성이 합쳐져, 사원 자체가 암호화된 종교 문헌이라는 개념을 확증한다. 이 암호는 전문가가 한 차원에서 다른 차원으로 통로를 따라 이동하면서 하나씩 풀려나간다. 통로의 길이에 반영된 수치에 따라 벽으로 구분된 엉꼬 왇의 각 차원들이 가지는 의미의 복합성에 대해 지식인들은 알고 있었고, 이를 도처에 활용하여 사원을 건축했다. 그러나 사회 하층부 사람들은 그 의미를 몰랐을 것이다. 그럼에도 가장 가난했던 노예들조차 땅 위로, 반짝이는 해자의 수면 위로, 이 사원을 지은 사람들이 사는 초가집 위로, 60미터나 우뚝 솟아있는 금빛 탑들이 있는 이 사원을 보면 어리둥절한 동시에 기뻐했을 것이다.

쏘리야뷔악라만 2세가 1150년까지 베트남 정벌을 이끌었지만, 그의 사망 시점은 알려지지 않았다. 사실 1145-1182년 사이의 명문은 거의 없어서 후대 사료를 바탕으로 재구성되어야 한다. 쏘리야뷔악라만의 후임자는 조카로 추정되는데, 그는 쿠데타로 추정되는 미심쩍은 정황 속에서 왕위를 차지했던 것 같다. 새로운 왕 토라닌뜨레악뷔악라만 2세는 독실한 불교 신자로 보이지만, 예악싸오테야보레아에서는 한 번도 왕으로 군림한 적이 없을 가능성이 있다. 예악싸오뷔악라만 2세의 치세를 언급하는 쩨이뷔악라만 7세의 한 명문은 1150년경에 예악싸오뷔악라만 2세가 토라닌뜨레악뷔악라만의 뒤를 이었다고 한다. 명문에서 예악싸오뷔악라만은 북동쪽에서 일어났던 비밀스러운 반란을 진압한 업적을 인정받고 있다. 명문에 따르면 이 반란을 주도한 사람들은 외국인이 아니며 지배계층 일원도 아니었다. 번띠어이 츠마 사원의 부조에서 그들은 동물의 머리를 가진 사람들로 묘사되었다.[48] 이 반란은 1970년대의 공산주의자들의 반란처럼, 예상하지 못했던 사건임에 틀림없으며, 사회의 억압받는 계층과 '숲속 사람들'이 난공불락이라고 알려진 지배계층에 저항했던 것으로 보인다.[49]

불안한 상황은 1160년대까지 지속되었다. 예약싸오붸악라만은 부하들 중 한 명에게 암살당했으며, 암살자는 스스로를 왕이라고 선언했다. 또한 이때 속국이었던 (노꼬스레이)로보가 중국에 사절단을 보낸 것으

Vishnu에게 헌정된 12세기 사원 Angkor Wat. 세계에서 가장 큰 종교 건축물이며, 1953년부터 캄보디아 국기에 5번 연속으로 사용되었다. 사진 Roger M. Smith

로 보아 최소한 엉꼬로부터 어느 정도 독립적이었음을 알 수 있다. 명문의 부재와 통치자들의 의심스러운 정통성은 이 시기에 급속한 변화가 있었을 것이라는 생각을 강하게 들게 한다

아마도 B. P. 그로슬리에(Groslier)가 주장했듯이 쏘리야붸악라만 2세의 치세 기간부터 왕국의 수리 시설은 이미 불안정해지기 시작했다.[50] 가물 때는 일 년에 한 번, 충분한 비가 내리면 두 번의 수확을 가능하게 해주었던 저수지와 수로 체계는 엉꼬의 벼농사 중심 경제의 기초였으며, 대략 60만 명으로 추정되는 거대한 인구가 밀도가 높지 않게 한 도시에 집중되는 것을 가능하게 했다.[51] 11세기 중반에는 이 수리 체계의 효용이 최대치에 다다랐다. 그로슬리에는 이에 대해 100년 후 엉꼬 왈의 수리 시설의 용량이 이전의 사원-산 주변의 시설에 비해 훨씬 작았기 때문이었을 것으로 추측한다. 그로슬리에는 이어서, 쏘리야붸악라만 2세 통치 기간에 캄보디아 역사상 처음으로 엉꼬에서 상당히 떨어진 벵 미얼리어와 껌뽕 스와이에 수리 시설을 기반으로 한 도시들이 건설되었다고 주장한다. 이 건설은 오랫동안 유지되었던 엉꼬 지역의 수자원이 한계에 이르렀기 때문이었을 것이다. 하지만 최근 연구 결과에 따르면 수자원의 한계가 13세기에 최악에 다다랐을 가능성이 높다. 물은 꿀렌 언덕으로부터 남으로 흘러 똔레삽 북쪽 기슭까지 이어지는 낮은 구릉을 따라 흐르는 작은 개울들의 연결망을 통해 들어왔다. 물의 수요가 증가하자 개울들은 수원지 쪽으로 점점 더 가까이 이동했다. 이 과정은 개울들이 엉꼬 평원을 비옥하게 하던 영양분을 감소시켰다.

평원의 기울기가 아주 완만했기에, 건기에는 운하가 거의 흐르지 않았을 것이고, 특히 불안정한 정치적 상황이나 전쟁 혹은 전염병 상황은 이 운하를 관리하던 노동력의 축소를 가져왔다. 다른 학자들과 마찬가

지로 그로슬리에는 물 흐름의 정체 증가가 동남아시아 본토의 말라리아 발생과 일치하며, 수자원 붕괴 과정을 더 가속시켰을 것으로 추정한다.[52] 대개 그렇듯이 우리는 엉꼬의 상황을 알려주는 전반적인 진술이나 해당 시기의 인구 규모나 구성, 특정 시기의 수로 체계 그리고 특정 왕과 생산적 농업 생활 사이의 관계 유무에 대해 알려주는 믿을 만한 통계자료를 갖고 있지 않다.

엉꼬를 특징짓는 수자원 관리, 곡물 생산, 사제집단, 그리고 사원들 사이의 긴밀한 관계는 고대 이집트의 사회 조직과 다소 닮았으며, 어떤 점에서는 중세 과테말라의 마야 문명과도 유사하다.[53] 세 경우 모두 잉여 곡물(밀, 쌀, 옥수수 등)은 지배 이데올로기를 틀어 쥔 사제(사원의 후원자이며 왕의 고문)들과 국가의 이익을 위해 징발되었다. 사원들에 의해 생산된 쌀과 기타 생산물들은 엉꼬 경제의 토대를 마련했으며, 이는 임산물과 광물을 다른 나라들과 거래하여 얻은 이익으로 강화되었다. 마이클 커우(Michael Coe)에 의하면 "토지, 쌀, 소금, 밀랍 그리고 꿀 등 모든 것에 세금이 부과된 듯하다. … 세금은 노예, 물소, 코끼리 그리고 특별히 옷감 등 … 어떤 종류의 물품으로도 납부할 수 있었다".[54] 엉꼬의 경제는 유망한 연구 분야이다. 경제에 관심 있는 학자들은 앞선 시기에 대한 뷔커리의 연구뿐 아니라 시드니대학을 중심으로 진행 중인 'Greater Angkor project'에 의해 수집된 자료를 토대로 삼을 수도 있다.[55]

4
쩨이붸악라만 7세 그리고 13세기의 위기

쏘리야붸악라만 2세가 죽은 1150년경부터 쩨이붸악라만 7세가 즉위식을 한 1182년까지의 명문 중에서 날짜까지 표시된 것은 단 하나뿐이다. 우리가 이 시대에 대해 알고 있는 대부분은 쩨이붸악라만의 명령으로 새겨진 명문을 통해서 설러진 것들로, 그의 세계관을 비롯하여 초년 시절에 대해 백성들로 하여금 믿기를 바랬던 내용이 반영되어 있다. 그는 적법한 절차로 왕이 된 것이 아니었기 때문에 캄보디아에서 왕조를 새롭게 시작한 많은 왕들이 그렇듯이 초년 시절의 이야기가 제대로 기록되지 않은 것으로 보인다.

쩨이붸악라만 7세의 전기는 조르주 세데스에 의해 집대성되었다. 세데스는 그를 캄보디아 역사의 일탈이 아니라 절정이라고 보았다.[1] 쩨이붸악라만의 명문들이 말하는 견해는 여러 면에서 이전 시대의 것과 근본적인 차이를 보인다. 급진주의와 장엄함 덕분에 쩨이붸악라만 7세는 캄보디아 역사 기록의 대부분을 차지하는 경향이 있었는데, 이는 특히 1930년대 세데스의 연구 이후 더욱 두드러졌다. 이제 살펴보겠지만 그의 통치는 신비와 모순으로 가득했다. 최근에는 쩨이붸악라만을 이상화한 세데스의 전기에 의구심을 갖는 학자들도 있다.

쩨이붸악라만은 이른바 마히하라보레아(Mahiharapura) 가문이었다. 그는 쏘리야붸악라만 2세의 사촌이자 토라닌뜨레악붸악라만 왕자의 아들로 보인다. 토라닌뜨레악붸악라만은 왕위에 잠시 올랐던 사람이며 열렬한 불교 신자였음이 확실하다. 그러나 그로슬리에는 첫 번째 주장에 의문을 던지는데, 그것은 제대로 된 문서 기록이 거의 없다는 것과 그렇게 되면 쩨이붸악라만이 왕위 계승 서열상 직계에 놓인다는 것이다. 이것이 옳다면 우리가 알고 있는 쩨이붸악라만의 일생에 관한 사실들은 더욱 이해하기 어려워진다.[2)]

쩨이붸악라만은 젊은 시절 예악싸오붸악라만의 궁정에서 직책을 맡았던 것 같다. 1166년에서 1177년까지 쩨이붸악라만은 엉꼬에서 멀리 떨어진 껌뽕스와이의 바깐*사원 부근과 참파에 살았던 것으로 보인다. 끌로드 자끄는 바깐 사원 인근을 쩨이예악뜬치약보레아라고 보았다. 그의 통치기에 제작된 다른 두상들에 비해 비교적 이른 시기에 만들어졌음이 분명한 두상이 껌뽕스와이의 바깐에서 발견되었다. 이 두상은 1958년에 발견되었다.[3)] 이 도시는 엉꼬의 부속 도시였을까 아니면 라이벌이었을까? 쩨이붸악라만은 예악싸오붸악라만에 이어 왕위에 오른 찬탈자와 어떤 관계였을까? 그보다 더 중요한 것은 동쪽의 참파와는 어떤 관계였을까? 명확한 답을 얻기 어렵겠지만 이런 질문들을 던질 때 비

---

* 바깐은 영어 원문에는 쁘레아ㅎ칸(Preah Khan)이라고 적혀 있다. 바깐은 오늘날로 치면 껌뽕톰 도에 위치하고 있는데, 사원이 있는 지역명을 따서 프랑스어로 '껌뽕스와이의 쁘레아ㅎ 칸'이라고 불러서 엉꼬에 있는 쁘레아ㅎ 칸과 혼동할 여지가 있다. 데이비드 챈들러는 프랑스 학자들의 사원명을 따라 이 책에서 쁘레아ㅎ 칸으로 적고 있는데, 여기서는 크마에 원문을 따라 바깐이라고 수정하여 명시했다.(이 주석은 영문판에는 없고, 크마에 판에만 있음)

로소 우리는 1178년 승계 이후 쩨이붸악라만의 통치기를 그의 초기 생애의 맥락과 캄보디아의 대외관계 틀 속에서 이해할 수 있다.

쩨이붸악라만 7세와 불교식 왕권

쩨이붸악라만은 평생을 대승불교(현재 동북아시아 대부분의 지역에서 따르고 있는 불교의 한 형태)의 가르침에 심취했던 것으로 보인다. 그는 어떤 왕보다 불교와 캄보디아식 왕권 개념을 통합하려고 애썼다. 그가 실행한 불교식 왕권은 엉꼬에서 수 세기 동안 지켜왔던 절충주의적인 힌두교 모델과 여러 면에서 달랐다. 이 왕권 개념이 1970년에 왕정이 일시적으로 폐지될 때까지 캄보디아 왕정 의례의 바탕이 되었다. 전통적인 도식에서 왕은 생전이든 사후든 특정 신과 특별한 관계를 맺고 있다고 여겼다. 그 특정 신은 대체로 시바였고 이따금 비슈누였으며, 가끔은 하레하락/하리하라라고 알려진 두 신의 복합체였다. 때때로 쩨이붸악라만은 자신의 사원을 이 특정 신에게 바치기도 했다. 왕들은 자신의 위엄이 신과의 특별한 관계에서 오는 것이라고 설명했으며, 백성들은 이 관계가 적절한 강우량과 관련이 있다고 여겼다.

캄보디아 사회는 계급제로 조직되어 있었고 왕국의 중심이 왕이라고 생각했기 때문에, 대부분의 캄보디아인은 동시대 중세 유럽인들과 마찬가지로 왕이 필요하다고 인식했을 것이다. 희귀한 명문과 저수지 건축 활동들을 보면 모든 왕은 백성의 복지에 신경을 썼던 것 같다. 하지만 백성에게는 왕이라는 존재가 언제나 웅장한 궁 안에 숨어 있어 자신들과는 동떨어진 신비에 싸인 존재였다. 그래서 백성들은 왕이 자신들을 책

쩨이붸악라만 7세의 사원-산인 바이욘안 사원의 탑. 서기 12세기
사진: 월터 베잇(Walter Veit)

임겨야 한다는 관념을 갖지 않았던 것 같다. 왕궁 안에서 친족들과 그 친족들에서 확장된 고관들과의 관계망 속에서, 왕은 궁정 안의 사람들이 왕이 베푸는 총애와 직위 또는 노예와 사치품을 소유할 권리를 달라고 졸라대는 체제의 지배자이자 희생자였다.

물론 불교식 왕권은 인도 전통에서 발전했지만(부처는 인도 왕자였다), 쩨이붸악라만 통치하에서 인도식 관념들은 여러 방식으로 변형되었다. 쩨이붸악라만은 더 이상 신을 추종하거나 죽어서 신에게로 돌아가려는 사람으로 보이지 않았다. 그 대신 불교의 가르침을 헌신적으로 따르며 공덕을 쌓는 선행을 실천함으로 자신과 왕국의 구원을 추구했다.[4]

그의 통치 기간에 이러한 왕권 개념이 어떻게 행사되었는지 살펴보기 전에, 그의 정책이 캄보디아 사회를 개혁하거나 브라만교와 노예제도, 왕정과 같은 힌두식 제도들을 폐지하는 데 목적을 둔 것이 전혀 아니었다는 점을 강조할 필요가 있다. 그의 보수성, 힌두교에 대한 지속적인 관용, 엘리트주의적 면모를 볼 때, 쩨이붸악라만은 누가 보더라도 12세기 왕이었다. 그렇지만 캄보디아라는 상황에서 볼 때 그는 혁명적인 왕이었다고 볼 수 있다.

엄밀히 말하면 힌두 왕과 불교 왕의 차이는, 힌두 왕이 아무도 듣지 않는 방백을 하는 것이라면, 불교 왕은 동원된 청중과 초대된 손님들에게 말하는 독백의 차이와 유사하다. 제례의식, 사원, 시, 결혼, 명문 등의 진술에 따르면, 힌두 왕의 통치는 그의 위엄, 통찰력, 신앙심을 보여주는 것에 집중되어 있다. 반면 불교 왕도 비슷하게 언급되지만 대부분은 자기 백성들이라는 구체적인 청중들에게 말하는 것이다. 이에 따라 백성들은 왕의 위대함을 구성하는 요소(수많은 추종자들이 언제나 그랬듯)

라기보다는 왕에게 연민의 대상, 즉 선행을 위한 청중이자 왕의 구원에 참여자가 되었다. 적어도 쩨이붸악라만 7세의 명문과 사원에서는 이렇게 말하는 것으로 나타나고 있다.

쩨이붸악라만 7세가 과거와의 단절을 선택한 이유는 무엇일까? 여러 학자들이 다양한 설명을 내놓고 있다. 그중에는 1167년 왕위를 찬탈하고 스스로 왕으로 선포한 자*를 향한 분노가 결합되어 엉꼬 궁정과 소원해진 것이라는 견해도 있다. 그가 건축물, 이데올로기, 왕권에 대한 '마스터 플랜'을 오랜 시간 연구하며 마음 속으로 숙고했으며, 어쩌면 학구적이고 야심찬 왕비의 영향을 받았을 가능성이 컸다는 견해도 있다. 이런 주장들이 유익하지만 쩨이붸악라만의 통치를 이해하기 위한 진정한 열쇠는 아니다. 진정한 열쇠는 1177년에 있었던 참파의 엉꼬 침략이다. 폴 뮈스와 장 부아슬리에(Jean Boisselier)의 주장을 따르면 쩨이붸악라만의 통치 전체는 엄청난 충격을 불러일으킨 이 사건에 대한 대응으로 볼 수 있다.[5]

쩨이붸악라만은 참파와 친밀한 관계였다. 1160년대 몇 년 동안 그곳에서 살았을지도 모른다. 예약싸오붸악라만 2세가 물러난 후에야 고향으로 돌아왔으니, 그가 엉꼬에 없었던 것은 캄보디아 궁정에서 소외당한 것과 연관되었을 가능성이 있다. 쩨이붸악라만의 명문 자체가 모호하기 때문에, 1177년 참파 침략의 서막 —그리고 쩨이붸악라만의 초기 이력에 대한 진실— 에서 유일하게 명백한 점은 이 시기에 자신이 내세울 만한 것이 거의 없음을 알았다는 것이다. 그런데 이 시기는 쩨이붸악라만에게 인격 형성기의 나이였음이 분명했고, 그 시기 중 얼마 동안은 모친의 고향인 엉꼬 동쪽 도시인 쩨이예약뜬치약보레아에서 보냈을 수

* 뜨레이푸붸악니어뜬치약붸악라만(Tribhuvanadityavarmann) 왕을 의미함

도 있다.⁶⁾

명문들에서는 전쟁 원인을 왕권에 대한 야심, 반역, 복수 —즉 라마야나의 세계— 때문이라고 기술하는 경향이 있어서, 우리로서는 참파가 침략한 이유를 정확히 판단하기 어렵다.⁷⁾ 다만 참파가 캄보디아를 침략하던 1177년에는 육로로 공격한 것이 분명하고, 1178년에는 수상으로 침공했던 것 같다. 참파가 침략한 이유는 전리품과 포로를 기대하였겠지만, 이전 전쟁에서 패배한 것에 대한 복수심도 분명히 있었을 것이다. 침략자들은 톤레삽 호수와 씨엄리업 강으로 쳐들어와 왕도인 예악싸오테야보레아를 기습 공격하여 "어떤 평화 제안에도 아랑곳하지 않고 강력한 함대로 도시를 강탈하고 왕을 죽였다."⁸⁾

1177년 침략 당시 쩨이붸악라만은 참파에 있었던 것 같다. 이듬해 그는 엉꼬의 참파에 대항하는 군사작전을 위해 크마에-참족 연합 지원군을 모아 전투에서 그들을 격퇴했다. 어떤 명문에 따르면 "일억 개의 화살로" 참파 왕을 죽인 사람은 캄보디아 왕자로 쩨이붸악라만이 아니었다. 침략 이후 쩨이붸악라만이 엉꼬에 도착했을 때 발견한 도시는 "불행의 바다에 빠져" 있었고 "범죄로 흉흉"했다. 그가 생각하기에 이러한 곤경 중 일부는 전임자들의 악한 통치에 따른 결과로 보였다. 그의 왕비에 의해 작성된 명문에 따른 또 다른 이유는 왕국 내 권력의 소분화 때문이었다. 그 명문에는 이렇게 쓰고 있다: "이전 통치 기간에는 여러 개의 파라솔*로 그늘이 만들어졌지만 나라가 극심한 열기에 시달렸다. 쩨이붸악라만 치하에서는 파라솔이 단 하나밖에 없었지만 나라는 놀랍게도 고통에서 구원되었다."⁹⁾

쩨이붸악라만 7세는 1182-83년에 왕위에 올랐다. 따라서 그의 즉위

---

* 왕과 귀족을 위한 그늘막 역할을 하는 큰 파라솔은 권력의 상징이기도 함.

는 전임 통치자 덕분이라기보다는, 명문이 말해주듯 날카로운 통찰력, 불교 신앙, 전투에서 얻은 승리 덕분이었다. 하지만 승리에서 권력을 잡기까지는 "많은 파라솔"과의 정치적 협상과 분쟁이 끝없이 계속되었음이 분명하다. 이후 30여 년에 걸쳐 (사망일은 알려져 있지 않다) 쩨이붸악라만은 자신의 개성과 사상을 왕국에 각인시켰다. 이후 1960년대에 노로덤 쎄이하누와 뽈뽓이 등장하기 전까지는 그 어떤 통치자도 그렇게 할 수 없었다. 그 두 인물처럼 쩨이붸악라만도 캄보디아를 탈바꿈시키고 싶었고, 스스로 자신을 그 변화의 도구로 인식했을 수 있다.

그의 치세 동안 대부분의 관심은 부처와 왕이라는 두 단어에 내재한 긴장에서 비롯한다. 그의 명문이 믿을 만하다면, 쩨이붸악라만은 왕권이라는 힌두교화된 체계와 그에 딸린 물질적 위엄을 이용하여, 지극히 겸허하게 자신과 백성을 고통에서 구하려 했다. 그는 왕국 전역에 도로를 깔았다. 이것은 폭동이나 침략에 군사적으로 빨리 대처하기 위함이었으며, 또한 자원이 풍부한 지역에 쉽게 접근하려는 목적도 있었다. 이 자원들은 엉꼬에 굴복한 참파의 항구 도시들을 거쳐 중국으로 수출되는 것들이었다. 쩨이붸악라만은 캄보디아 왕 중에서 가장 초(超) 세속적이었음이 거의 틀림없었다. 그런 그가 왕권을 전국적으로 확대했다는 것은 역설적으로 보이기도 한다. 그리하여 그에 대한 판단은 '한편으로는'과 '다른 한편으로는'의 패턴 속에 잘 드러난다.

예를 들어, 참파와의 전투가 묘사되어 있는 바이요안 유적의 부조 중 대부분에는 잔인한 장면이 생생하게 담겨 있다. 또한 쩨이붸악라만의 명문 중에는 불타는 복수심과 참파와 맞서 싸운 정치력을 칭송하는 것도 있다. 다른 한편으로 오늘날까지 전해 내려오는 두상은 그를 명상에 깊이 잠긴 금욕주의자로 묘사한다.[10] 이른바 그의 치료소 명문에 따르면 "그는 자기 자신의 병보다는 백성들의 아픔에 더 고통스러워했다. 사람들을 괴롭히는 육체적 통증이 그에게는 영적(spiritual) 고통이었으며, 그렇기 때문에 더욱더 마음이 저몄다"[11]고 했다. 하지만 다른 한편으로 그가 지시한 도로, 사원, '역참(쌀라덤낙)', 저수지, 치료소들이 그가 즉위한 1182-1183년 사이와 1210-1220년 사이에 급속도로 지어졌고 일부는 사후에 완성되었다. 사실 이런 건축 사업이 너무 많이 진행되어 완성도가 떨어지는 일이 잦았고, 통치가 끝날 즈음에는 엉꼬에서 사용할 사암과 석회암 공급이 바닥나기 시작했던 것 같다.[12] 여러 명문에 따르면 수십만 명의 일반 백성들은 (관념적인 차원에서) 자신을 고통에서 구원하기 위해 이 건축물들을 세우고 유지하는 일을 했다. 이것이 21세기 관점에는 모순처럼 보이지만 불교에서 말하는 고통을 단순히 육체적인 의미로만 생각해서는 안 된다. 그것은 분명 인생의 목적과 관련이 있으며, 특정 유형의 고통은 부처의 가르침에 도움이 될 수 있다는 생각과도 관련되었다.

쩨이붸악라만의 건축 계획이 급하게 진행된 이유는 무엇일까? 왕위에 올랐을 때 그는 60세 정도였던 것 같다. 건설 작업은 시간과의 싸움이었다. 명문에는 그가 무엇을 속죄하려는지 명확하게 드러나지 않지만, 건축 계획이 개인적인 구원 과정의 일부일 수 있었다. 재위 초반 몇 년에 대해 우리가 아는 것은 통치 후기에 쓰인 명문을 통해서다. 아마 그는 이 시기를 또 다른 참파의 공격을 막고 북서쪽의 반란을 진압하며, 또 최초로 예악싸오테야보레아를 성벽으로 둘러싸인 도시로 재건하는 것으로 보냈을 것이다. 대개가 그렇듯이 군사 작전의 뒤를 이어 대대적인 인구 이동이 발생했다. 1191년에 새겨진 쁘레아흐 칸 명문에 따르면 "그는 수많은 전사들에게 적국의 왕도(王都)를 휘황찬란한 궁궐과 함께 내주었다. 그는 자신의 숲에서 어슬렁거리는 짐승들에게 적의 숲을 내주었다. 전쟁 포로들에게는 자신의 숲을 내주어 관용과 정의를 드러내었다."

다른 캄보디아 왕의 경우에도 그렇지만, 쩨이붸악라만에게서 정치와 종교를 구분지으며, 세속 권력과 영적 권력, 자기 자신에 대한 이상과 왕국에 대한 이상을 명백하게 구분하는 것은 잘못된 일이다. 하지만 그를 과대한 권력욕에 심취한 사람이라고 일축하기 전에 상기할 만한 점이 있다. 그의 비전에 공감하거나 장점을 믿는 사람이 아무도 없었다면 그는 절대로 왕이 되지 못했을 것이다. 보잘것없는 지위에서 시작한 그가 권력을 유지할 수 있었을리 만무하다. 많은 고위 관리, 브라만, 열렬한 불교 신도들, 군인들은 왕국의 물리적 확장에서 얻을 이익을 내다보았을 것이다. 이 이익의 일부는 왕실의 보조를 받는 종교기관을 통해서, 다른 일부는 이전에는 적대적이었거나 무관심했던 사람들을 지배함으로써 얻을 수 있었을 것이다. 실제로 13세기 초 엉꼬는 현재의 타이와 라오스 남부는 물론 베트남 중부 해안 지역을 차지하고 있던 참파에서도 조공을 받고 있었다. 쩨이붸악라만 사원-산(바이요안)의 반쯤 미소짓는 사면상들에서 드러나는 온화한 권력의 모습은 (그들에게) 알려진 세계 구석구석까지 비추었다.

한편 마이클 뷔커리를 비롯한 몇몇 학자들이 주장한 것처럼, 쩨이붸악라만 7세 통치에 불만을 품은 일부 지배계층과 왕의 개종에 분개한 예전의 특권층 힌두교도들 사이에는 원한이 상당히 쌓여가고 있었음이 분명하다. 후대 왕(누구인지는 모르지만)은 크마에 사회의 이러한 불만 요소들을 선동하여, 쩨이붸악라만 사후 그의 대표적인 사원 여러 곳에서 불상이 훼파되도록 하는 원인을 촉발시켰다.[13]

쩨이붸악라만의 통치기를 면밀히 연구한 예술사학자 필립 스턴(Philippe Stern)은 쩨이붸악라만의 도상학과 건축 발전을 3단계로 보았다.[14] 이것은 스턴이 이전 시기 왕들에게서 발견한 건축의 3단계 —공공 사업 건축, 부모를 기리기 위한 사원 건축, 왕 자신의 사원 건축— 와도 일치한다.

이전의 왕들이 행한 공공사업은 앞에서 살펴보았듯이 저수지(바라이) 방식으로 이루어졌다. 도로와 다리 같은 프로젝트들도 건설되었지만 명문에는 거의 나타나지 않는다. 하지만 쩨이붸악라만의 프로그램은 과거와 결별했다. 따쁘롬의 기둥 명문에 소개된 통치 초기에 건립된 치료소들은 중요한 혁신이었다. 그중 네 곳은 엉꼬톰 관문 근처에 있다. 어떤 치료소들은 엉꼬 서쪽에서부터 지금의 타이 북동부와 라오스 중부처럼 북쪽으로 멀리 떨어진 곳에 건설되었다. 치료소였던 곳은 지금까지 20여 군데가 확인되었다. 따쁘롬 명문에 따르면 치료소들은 성인 인구 약 8만 명이 있는 838개 마을에 도움을 요청할 수 있었다. 치료소에서는 노동력을 비롯하여 치료소에 속한 직원들, 부양 가족을 포함해 거의 100명에게 줄 쌀을 제공해달라는 도움을 요청했다.[15] 치료소 석비에는 치료소 관리 및 그에 할당된 식량과 직원에 대한 내용이 상세하게 쓰여 있다.

쩨이붸악라만 7세의 두 번째 공공사업은 캄보디아의 주요 도로를 따라 약 16km 간격으로 배치된 '역참'이었다. 엉꼬와 참파의 수도 사이에 57개, 엉꼬와 타이 북동부 피마이의 불교 유적지 사이에 17개가 존재한다. 이 건물의 정확한 목적은 알려져 있지 않다.[16]

끝으로 쩨이붸악라만 자신의 저수지가 있었다. 그의 통치기에는 쩨이따다까, 현재는 북-바라이로 알려진 이 저수지는 예악싸오테야보레아 북동쪽에 위치했다.

이 혁신적인 건축물들은 쩨이붸악라만이 백성들을 구하려고 자신의 임무로 여긴 일에서 비롯되었다. 치료소 명문에는 이렇게 쓰여 있다.

> 세상의 선에 대한 깊은 동정심으로 가득 찬 왕이 맹세하길, "나는 이러한 선업으로 존재의 바다에서 허우적거리는 모든 존재를 건져내리라. 그리고 내 뒤를 잇는 선을 사랑하는 후세의 캄보디아 왕들은 … 아내들, 고관대작들, 친구들과 함께 더 이상 질병이 존재하지 않는 구원의 장소를 갖게 되리라."17)

쩨이붸악라만 7세의 사원들

쩨이붸악라만은 자신의 통치 제2기에 부모를 기리기 위한 사원들을 건립했다. 첫 번째는 현재 따쁘롬(할아버지[조상] 브라흐마)으로 알려진 사원으로 1186년에 헌정되었다. 이 사원에는 지혜의 여신이자 모든 붓다의 어머니로 비유되는 쁘랏냐빠라미따*의 모습을 한 쩨이붸악라만의 어머니를 숭배했다. 이 사원에는 쩨이붸악라만의 불교 스승 혹은 구루(현대 크마에로 끄루는 '교사'를 뜻한다)의 입상도 사원 안에 모셔져 있었는데, 600개 이상의 보좌신상들과 보살상들이 이 입상을 둘러싸고 있다. 불교 승려와 학자와 나란히 시바파와 비슈누파 은둔자에게도 사원 마당에 암자가 제공되었다는 사실에서 캄보디아 종교의 혼합주의가 엿보인다. 오늘날 따쁘롬의 외관으로는 원래 모습을 짐작하기 어렵다. 엉꼬의 다른 주요 사원과는 달리 한 번도 복원된 적이 없기 때문이다. 대

*반야바라밀다

신 숲의 처분에 전적으로 맡겨져 왔다.

쩨이붸악라만이 다음으로 지은 사원은 지금은 쁘레아흐 칸으로 알려진 사원이다. 사원의 명문에 따르면 캄보디아가 참파에게 중요한 승리를 거둔 현장에 지었다. 12세기 때의 이름 쩨이스레이('승리와 왕좌')에 이 사건이 드러난다고 할 수 있다. 예악싸오테야보레아에 대한 참파의 두 번째 침략으로 언급될 만큼 그 도시 아주 가까이에서 전투가 벌어졌는데도 이에 대한 다른 명문은 없다. 하지만 그로슬리에는 이 전투가 실제로 일어났다고 주장했고, 바이요안 사원의 부조에 묘사되어 있다는 견해를 폈다.[18]

1191년에 헌정된 쁘레아흐칸에는 쩨이붸악라만의 아버지인 토라닌뜨레악붸악라만의 입상이 모셔져 있는데, 붓다의 자비로운 측면을 표현하는 신인 록께스봐라(관음보살을 의미함)의 특징을 띠고 있다. 그 상징성은 적절한 것이었다. 대승불교적 개념에서 지혜(쁘랏냐)와 자비(까루나)의 결합으로 깨달음, 즉 붓다 자신을 의미하는 '깨달은 자'가 탄생하기 때문이다.[19] 쩨이붸악라만의 예술적 발전 과정에서, 이 단계에 록께스봐라가 점점 더 자주 등장한다. 쁘랏냐빠라미따(지혜), 붓다(깨달음), 록께스봐라(자비), 이 3요소는 통치 기간 전체를 관통하는 중심적인 종교 사상이었다. 예악싸오테야보레아(나중에 바이요안이 자리함)를 새로운 중심부로 두고 남동쪽과 북동쪽에 두 개의 사원이 배치된 것은 도상학적으로 세 사원들이 바이요안 사원 중심부에 서 있는 붓다 상(쩨이붸악라만의 사원산의 심장)과 함께, 즉 연민과 지혜가 붓다를 낳는다는 변증법에 따라 읽어야 함을 의미한다.

두 '부모 사원'의 명문이 알려주는 것은, 특히 인구 배치와 의무에 대한 통제라는 측면만이 아니다. 사원 안에 신상들을 안치하고 기부할 자격을 가진 직위에 있던 사람들의 실제 수를 파악하는 것에 캄보디아식 관료제가 얼마나 고도로 발전했는지를 보여준다. 따쁘롬에는 수천 명이 거주하고 있었다. 명문에서는 이렇게 진술하고 있다.

이곳에는 남자 400명, 대사제 18명, 그 밖에 사제 2,740명, 여자 무용수 61명을 포함한 보조원 2,232명, 거주권이 있는 이들을 포함해 모두 12,640명이 살고 있다. 그 밖에 버마인과 참파인 및 기타 지역 사람들 포함하여 신들에게 제사를 지내는 남녀 66,625명을 더해 총 79,265명이 살고 있다.[20]

12세기 바이요안 사원의 부조에 묘사된 참파와 크마에의 전투. 사진: Walter Veit

이와 유사하게 쁘레아흐 칸에 의존한 사람들 —다시 말해 쌀과 각종 지원을 제공할 의무를 지닌 사람들— 이 5,300개 이상의 마을에서 선정되었는데, 모두 10만여 명에 달했다. 계속되는 명문에는 이전에 사원 기부에 의존했던 남녀 숫자가 적혀있다. 13,500개의 마을에서 뽑힌 이들은 30만 명 이상에 달했다. 미루어 보건대 사원들에 음식과 옷 —두 가지 유형의 공물만 예로 들자면— 을 제공하기 위해 필요한 사회 기반 시설이 효율적이며 정교했던 것이 틀림없다.

명문에는 세 가지 흥미로운 점이 눈에 띈다. 하나는 외부인들(버마인과 참파인 및 기타 지역 사람들)이 현지인들과는 다른 방식으로 표현되었다. 그 이유는 그들이 귀족이나 사제 개인에게 혹은 종교기관에 종속되지 않은 전쟁 포로였기 때문일 것이다. 또 한 가지는 명문에 언급된 마을의 평균 규모가 피부양자를 포함하여 대략 200명 정도로 보이며, 이는 1960년대 캄보디아 벼농사 마을의 중간 규모이기도 하다. 마지막으로 명문이 가리키는 바에 따르면 사원들이 부처에게 봉헌되었고, 수천 명의 불교 승려들의 거처로 쓰였지만, 다양한 힌두교 종파와 관련된 입상을 모셨으며 사제들도 함께 살았다. 지금도 그렇듯이 궁정에 힌두 현자와 관료를 데리고 있었던 것을 보면, 이런 방식을 승인한 사람이 쩨이붸악라만 7세 자신이었던 것이 확실하다. 사실 그가 세운 사원에서 체계적인 종교 통합이 일어났다기보다는 그의 마음속에서 힌두교와 불교가 공존했다고 보는 것이 더 적절할 것이다.

한때 쩨이따다까 안에 있는 한 섬에 만들어진 보석 같은 사원인 니윽뽀안('뒤엉킨 뱀들')은 1191년에 완성된 것으로 보인다. 그 근거로 쁘레아흐칸의 명문에 다음과 같은 언급이 있다.

왕께서는 쩨이따다까를 각양각색의 보석, 금, 화관으로 장식된 행운의 거울처럼 배치하셨다. 쩨이따다까 중앙에는 아름다운 섬이 있고, 그 섬 정사방에 네 개로 분리된 연못이 있다. 이 섬에 닿은 이들은 죄를 씻어낼 수 있었으며, 이로써 그 섬은 존재의 바다(삼계)를 건널 수 있게 해주는 배의 역할을 했다.[21]

연꽃무늬로 지어진 벽으로 둘러싸인 이 섬은 불교에서 신성하게 여기는 히말라야 산맥에 있다고 하는 신화 속의 호수를 상징했다. 사원 주변이자 호수에는 괴물 석상 네 개가 큰 호수에서 작은 호수들로 물을 뿜어 냈다. 사원 자체는 수면 위로 몇 개의 계단이 있는 섬 중앙에 위치하였고, 록께스봐라의 이미지가 벽에 반복적인 돋을새김으로 깊게 조각된 것으로 보아 쁘레아ㅎ 칸과 마찬가지로 록께스봐라에게 봉헌된 것으로 보인다.

사원의 측면 네 곳에는 조각상들도 무리 지어 배치되어 있었다. 안타깝게도 이 중에서 록께스봐라의 현신인 발라하 말(馬)을 상징하는 조각상 하나만 확실하게 확인할 수 있다. 다른 두 조각상은 아마도 시바와 비슈누의 상징일 것이다. 장 브와슬리에는 벽 안에 있는 이 신들의 존재는 엉꼬의 이전 신들이 부처에게 복종함을 보여주는 정치적 선언으로 읽을 수 있다고 주장했다. 하지만 그 신들이 그래야 할 이유가 있을까? 뮈스의 뒤를 이어 브와슬리에도 캄보디아에서 시바교와 비쉬누교는 참파가 1177년에 엉꼬를 함락하고 점령했을 때 약화된 것으로 보인다고 주장했다. 게다가 아나와따쁘따 호수는 모든 불교도에게 신성했지만, 아소카 황제부터 시작된 전륜성왕이라 불리기도 하는 불교도 통치자들에게 특히 더 신성하게 여겨졌다. 전설에 따르면 아소카 황제는 마

법으로 호수의 물을 끌어와 자신의 정결과 능력을 고양할 수 있었다.[22]

쩨이붸악라만 7세가 사원 건축을 통해 신들의 세계를 지상에 구현하려고 했던 계획의 두 번째 단계에서 다수의 기존 건축물에 신상을 추가하도록 의뢰했던 것 같다. 특히 타이 북동부의 피마이 사원과 껌뽕스와이의 쁘레아ㅎ 칸(바깐)에서 이러한 정황이 두드러지게 나타난다.[23]

건물 초석의 전체적인 규모를 보면, 쩨이붸악라만 7세 통치하에서 도시화 경향 혹은 적어도 많은 사람들을 외곽 지역에서 모아 국가 체제 안으로 수용하려 했던 경향이 드러난다. 쩨이붸악라만 7세도 이전 통치자인 쏘리야붸악라만처럼 중앙집권 강화와 그에 연관한 관료주의적 국가 통치라는 이상에 강하게 끌렸던 것 같다. 추측하건대 이러한 생각은 그가 백성들을 불교로 개종시키는 것을 사명으로 인식하게 만들었을 가능성이 있으며, 외세의 위협에 신속하게 대응하기 위해 사람들을 조직화하는 것과도 연결되었을 것이다.

두 번째 단계에서 양식의 혁신이 나타난다. 이 혁신은 쁘레아ㅎ 스뚱이라는 작은 사원에서 반복적으로 나타나는 다면 탑들에서 시작되었다. 엉꼬 톰 도시의 입구 문에서 정점에 이르고, 바이요안 사원에서 내려다보고 있는 수백 개의 얼굴들, 엉꼬 역사상 최초로 보이는 도시 전체를 둘러싼 석벽, 도시로 통하는 입구 바깥에 있는 거인이 늘어선 진입로에서 극치에 이른다.

이 건축물들은 정치적으로 해석할 수 있으며 종교적으로도 해석할 수 있다. 뮈스의 뒤를 이어 브와슬리에는 엉꼬톰의 벽 구조물을 마지노 요새에 비교하며, 참파의 어떠한 침략도 막을 수 있는 방어 시설 역할을 했을 것이라고 주장했다. 동시에 이 벽은 메루산, 즉 쩨이붸악라만의 사원-산 바이요안을 둘러싼 산맥을 상징한다고 말할 수 있다.

쩨이붸악라만은 1191년에 참파의 수도를 점령한 후 남은 통치 기간 동안 예악싸오테야보레아에서 지낸 것 같다. 이 시점에 그의 건축물들은 부실한 솜씨로 급하게 지어진 양상을 보이기 시작할 뿐 아니라 이데올로기의 변화도 감지된다. 예를 들어 바이요안이 될 사원은 1190년대에, 그리고 아마 13세기에도, 여러 군데에서 급격한 변형이 일어났다.[24]

쩨이붸악라만 통치 말기의 한 명문에서는 이 도시를 그의 신부로 묘사한다. "훌륭한 가문의 여식이며 열정으로 달아오른 예악싸오테야보레아는 분과 보석으로 치장을 하고 … 없는 것이 없는 축제가 진행되는 가운데 왕의 보호 아래 넓게 펼쳐진 연단 아래에서 그와 혼인했다."[25] 명문은 이어서 이 혼인 목적이 "우주 전체에 행복을 가져다 주기" 위함이었다고 한다.

도시 중앙에 있는 바이요안 사원의 명칭은 19세기에 프랑스인들이 엉꼬 건축물들에 붙였던 이름이다.[26] 이 사원에는 4면이 한 조를 이루는 거대한 얼굴들이 수백 개 있으며, 당시 사람들의 일상생활과 참파족과의 전쟁, 인도 신들의 특정한 행위를 그린 부조는 사람들의 눈을 뗄 수 없게 만든다. 한때 이 사원에는 수천 개의 상들이 보관되어 있었다. 가장 중요한 상은 1930년대에 발견된 나가(naga)라고 불리는 거대한 뱀 한 마리가 커다란 머리를 펼쳐 부처를 보호하는 불상이었다. 아마도 쩨이붸악라만 7세 사후 이 불상은 우상 파괴자들에 의해 원래 있었던 영예로운 자리에서 끌어 내려져 수직갱도에 내동댕이쳐진 것으로 보인다.

사원의 상징적 의미와 사원 정면으로 이어지는 진입로 ―아소(아수라)와 떼봐다(천사)들이 거대한 뱀 두 마리의 몸통을 잡고 줄다리기하고 있는― 가 무엇을 뜻하는지에 대해서는 많은 논란이 있었다. 어떤 학자들은 이 진입로가 인도의 전설인 '우유 바다 휘젓기'를 재현하는 것이라고 말한다. 어떤 학자들은 이것을 뮈스의 견해에 동조하여 사람들을 인간계에서 신계로 인도하는 무지개라고 보았다. 또 다른 측면에서 아수라는 참파 사람을, 떼바다는 캄보디아 사람을 상징한다. 이러한 관점에서라면 도시와 쩨이붸악라만이 행한 대부분의 작업을 변증법적으로 인지하고 싶은 유혹이 느껴진다. 예를 들어 우리가 살펴본 것처럼 록께스봐라(자비/아버지)와 쁘랏냐빠라미따(지혜/어머니)가 부처(깨달음: 지혜와 자비의 자식으로 여겨진다), 즉 쩨이붸악라만 7세 자신을 낳는다는 것이다. 우리는 앞에서 하리하라를 숭배하는 모습에서, 그리고 각각 물/달/어둠과 땅/태양/밝음 각각에 결부된 신들에 대한 캄보디아인의 대중적 사고 속의 대립과 통합에서 이러한 사고방식과 접한 적이 있다. 이와 유사하게 바이요안과 번띠어이 츠마의 진입로와 부조에서 연출된 캄보디아인들과 참파인들의 투쟁이 불교로 개종한 캄보디아라는 신생아를 탄생시킨 것으로 볼 수 있다. 즉 캄보디아에서 붓다가 참파의 힌두신들을 이겼다는 것이다. 이 논증이 바이요안의 '메시지'였을 것이다. 수많은 이미지가 바이요안에 안치되어 있으므로 브와슬리에는 이 사원을 "신들이 사는 도시의 집회소(assembly hall)"라고 불렀다.[27] 이 메시지 또한 시민들의 모임으로 해석할 수 있으며, 사원 전체를 뒤덮은 반쯤 미소짓는 사면상 역시 그렇게 읽을 수 있다. 엉꼬 예술이 흔히 그렇듯, 좀처럼 잊히지 않는 이 얼굴들이 단지 한 가지 과업을 수행하는 한 종류의 신만을 대표하는 것으로 해석한다면 편협하고 부정확하다고 할 수 있다. 예컨대 어떤 측면에서는 다면상들이 붓다와 그의 가르침의 수호자 역할을 하는 것으로 볼 수 있다. 또 다르게는 네 방향을 동시에 보고 있는 다면상들이 왕국을 두루 살피는 당시의 문관과 무관을 상징한다고 볼 수도 있을 것 같다. 이것이 군왕의 모습으로 나타난 브라흐마를 표현한 것이라고 주장한 브와슬리에는 다면상이 쓰고 있는 작은 왕관이 입구 진입로에 있는 참파 아수라가 쓴 관과 닮았음을 주목했다. 하지만 완벽하게 설득력을 갖춘 해석은 아직 없다.28)

번띠어이 츠마에서도 발견되는 바이욘안 유적의 또 다른 놀라운 특징은, 사원에 조각된 부조가 라마야나에 나오는 사건들이나 역사상의 사건과 일치하거나 유사한 문학 작품들이 아니라, 캄보디아의 역사적 사건들을 묘사하고 있다는 점이다.29) 바이요안과 번띠어이 츠마의 부조에 묘사된 전투 장면은 12세기에 사용했던 무기들을 가지고 싸우고 있다는 것을 확인할 수 있다. 다른 부조 판에도 일반 백성들이 물건을 사고 팔고, 먹고, 노름하며, 아이를 키우고, 과일을 따며, 아픈 사람을 치료하고, 걷거나 소달구지를 타고 여행하는 모습이 담겨 있다. 부조에서 묘사된 전통, 공예품, 의상 등은 거의 모두 식민지 시대 말에도 캄보디아 시골 지역에서 여전히 찾아볼 수 있었다. 쩨이붸악라만의 명문에는 평범한 사람들의 목소리가 빠져있다. 하지만 이들의 목소리는 마침내 자기가 사는 나라의 백성으로서 부조 여기저기로 옮겨가, 이례적으로 자유롭게 왕의 사원을 장식하고 있는데, 이전에는 전혀 없었던 일이었다.

쩨이붸악라만의 성격, 통치, 이상에 대해서는 모호한 점이 너무 많아서, 그의 치세 때 새겨진 명문이 더 이상 발견되지 않는 한, 그는 우리에게 신비로운 존재로 남을 것이다. 그 신비함은 일면 13세기와 14세기의 캄보디아를 특징짓는 광범위한 사회적, 이데올로기적 변화 때문이었을 수 있고, 또 다른 일면은 쩨이붸악라만과 측근들이 행사한 권력 때문이었을 수도 있다.

모호함의 또 다른 근원을 추적해 보면 쩨이붸악라만의 사원과 명문에서 보이는 '압도적인 의지'와 '지극한 연민'의 불안한 공존에서, 그리고 쩨이붸악라만 7세의 눈에는 참파의 침략으로 파괴된 것으로 보이는 엉꼬라는 '물질 세계(니윽 뽀안의 발라하 마상[馬像]으로 상징되는)를 변화시키려는 목표를 향한 구체적 계획'과 '세상사로부터의 초연함'의 불안한 공존에서 찾을 수 있다. 세 번째 미스터리는 건축물과 명문 모두에 나타나는 '침묵'이다. 쩨이붸악라만 통치기에 이어 나타난 이 현상은 쇠퇴기에서 시작된 것으로 보인다. 이후의 명문에는 그에 대한 언급이 거의 없으므로 이례적인 침묵이 쩨이붸악라만의 탓인지 알 수 있는 방법이 없다. 이전 명문에서 매우 자주 강조되었던 연속성의 패턴은 그의 통치 동안 심하게 깨지거나 손상된 것 같다.

상좌불교와 13세기의 위기

13세기 캄보디아에서 가장 큰 영향을 끼친 변화는 캄보디아 사람들 대다수가 불교의 한 종파인 상좌불교로 개종한 것이다.[30] 쩨이붸악라만 7세가 집단 개종에 어떤 역할을 했는지, 그가 이 현상에 어떻게 대응했는지 판단하기란 불가능하다. 개인적인 관점에서 그의 통치 역사는 표면적으로는 한 인간이 대승불교라는 이상을 실현하려는 의지를 아시아 일부 지역 백성에게 강제하고, 사원을 통해 그곳의 풍경에 구현해놓은 이야기처럼 보이기도 한다. 쩨이붸악라만의 통치는 이른바 '해방'이라는 명목으로 통치 이데올로기가 위로부터 강압된 것으로 보인다. 우연인지 모르겠지만 민주깜뿌찌어 정권의 이데올로기가 구현된 방식과 유사하다. 뽈뽇처럼 쩨이붸악라만 7세도 캄보디아 지배계층을 계급의 적으로 여겼는지, 아니면 그가 예악싸오테야보레아에 사는 사람들보다 "산(山)

족"을 선호했는지 모를 일이다. 하지만 과거와의 선택적 단절, 이웃 나라와의 전쟁, 건축 계획의 웅대함, 강압에 의한 것으로 보이는 새 종교로의 개종 등은 모두 1970년대와 아주 유사하다. 흥미롭게도 민주깜뿌찌어가 엉꼬 시기를 콕 집어 칭찬한 유일한 특징은 전면적인 인력 동원이었다. 쩨이붸악라만 7세 외에 이것을 실행한 왕은 거의 없었기 때문이다.

어떤 저술가들은 캄보디아의 상좌불교 개종을 몽고가 중국을 침략한 이후 동남아시아에 일어난 격변과 연관지었다. 또 어떤 이들은 이미 상좌불교도였던 몬-타이어를 쓰는 사람들의 영향력이 엉꼬 사람들에게 점점 커지고 있었다는 증거로 보았다. 우리는 이 과정에서 몬어를 쓰는 시암 일부 지역과 버마 및 실론(현재의 스리랑카)에서 온 탁발 포교자들이 중요한 역할을 했다. 캄보디아 순례자들도 상좌불교를 배우고 성직자 자격을 얻기 위해 실론에 갔다는 것을 알고 있다. 또 변화의 동인이 무엇이었는지 일부 알고 있지만, 급속하고 광범위하게 개종이 일어난 이유를 판단하기는 어렵다. 어떤 학자들은 상좌불교 종파가 브라만교나 대승불교와 달리 평민들을 겨냥하고 있었다고 주장한다. L. P. 브릭스[31]가 발전시킨 조금 더 그럴듯한 설명에 따르면, 크마에와 몬어를 쓰는 타이 중부 평원에 사는 주민들의 교류가 점점 증가한 것이 반세기 정도에 걸쳐 훨씬 동쪽에 사는 크마에를 쓰는 사람들의 개종으로 이어졌다. 다른 종파에 비해 어떤 면이 그토록 더 매력적이었는지, 사회의 어떤 부류가 가장 빨리 이 종파에 끌렸는지에 대해서는 알 방법이 없다. 1296-97년에 엉꼬 제국을 방문한 중국 사신 주달관(周達觀)이 상좌불교는 물론 브라만교와 시바교도 여전히 공인된 종교의 위상을 가지고 있었다고 기록한 것을 보면, 어쨌든 개종이 결코 전체적으로 일어난 일은 아니었다.[32]

다시 말해, 13세기는 연대 추정이 가능한 명문이라는 면에서 엉꼬 시대 중에서 가장 기록이 적었던 시기로, 엉꼬가 심각한 종교적 격변 혹은 연이은 격변들로 얼룩진 시기였다. 여기에는 정치적 원인들과 영향들이 있었다.

쩨이붸악라만 7세의 통치 말기와 후계자인 언드레악붸악라만 2세(1200-70년)의 통치 시기는 잘 알려져 있지 않다. 우리가 아는 것은 언드레악붸악라만이 쩨이붸악라만처럼 불교도였고, 전임자의 몇몇 사업을 확장했다는 것이다. 바이요안 유적에서 발견된 명문에서는 쩨이붸악라만의 생애 말기에 대해서는 거의 언급하지 않는다. 하지만 그가 사망한 시기에 도시 네 모퉁이에 모두 새겨진 것으로 보이는 명문들은 쩨이붸악라만의 참파와 베트남과의 전쟁에 대해 참고할 만한 유용한 자료들이다. 세데스에 따르면 이 명문들은 서툰 산스크리트어로 적혀있다. 마치 일꾼들이 왕의 사망 소식을 접하자마자 끌을 내려놓은 것처럼 어떤 명문은(바이요안의 몇몇 부조처럼) 미완성으로 남아 있다.[33]

엉꼬 이후의 예술을 다른 시각에서 연구한 애슐리 톰슨(Ashley Thompson)은 다음과 같이 말했다.

> 각 성소 입구 위의 성화에서 식물, 동물, 인간이 어우러지며 신의 존재를 알리던 모습이 사라졌다. 멋진 피조물들과 강력한 신들의 이미지가 더 이상 풍경화에 나타나지 않는다 … 신의 관능과 위엄이 사실상 사라진 것이다.[34]

캄보디아와 동남아시아 역사에서 중요한 시기에 대해 기록한 정보가 부족하다. 13세기는 이 지역 전체가 위기를 맞은 시기였다. 급격한 변화, 인구의 대대적 이동, 외세의 침략, 무역 패턴의 변화, 새로운 종교의 등장, 권력 균형의 변화가 일어났다.[35] 본토에서 일어난 주요 변화는, 국가의 후원을 받고 계급제를 심화하던 힌두 종교가 힘을 잃고, 상좌불교가 확산되었다. 장기적으로 이 변화는 적지 않은 파문을 몰고 왔다. 캄보디아와 타이의 궁정에서는 브라만들이 의례를 거행하는 지위를 확보할 수 있었지만, 그 외에는 영향력이 줄어들었다. 이때까지 부조, 조각, 건축, 명문에 반영되었던 인도 문학과 신상의 풍부한 신화적, 문학적 토대는, 상좌불교 미학의 금욕적 요구 조건을 충족시키기 위해 눈에 띄게 줄어들었고 캄보디아 문학은 라마야나의 현지 버전처럼 불교식 가치로 가득 차게 되었다.

이 당시 외교 관계에서 캄보디아에 영향을 준 가장 중요한 두 가지 사건은, 현재는 타이 땅이 된 지역에 사는 주민에 대한 통제가 약해졌다는 것과, 몽골제국과 초기 명나라 치하의 동남아시아에서 중국의 상업 활동이 확장되었다는 것이다. 중앙 평원(타이의 수도 아유타야[Ayudhya]가 14세기에 건립된 곳)에서는 캄보디아의 문화적 영향력이 여전히 강하게 남아 있었지만, 그 밖의 지역에서는 정치적 지배력이 약화되었다. 예컨대 수코타이(Sukothai)와 로보(Louvo)처럼 엉꼬에 조공을 바치던 작은 나라들이 중국 왕실에 조공을 보내며 상징적으로 독립을 선포했다. 라오스와 남쪽에 있는 다른 소국들도 마찬가지였다. 엉꼬는 또다시 동쪽을 제외한 모든 방향에서 침략받기 쉬운 상태가 되었다. 동쪽의 참파는 세력이 약해져 더 이상 대비할 필요가 없었다. 실제로 13세기 말쯤 타이가 침략했는데, 주달관도 이에 대해 기록하고 있다.

주달관이 기록한 엉꼬 이야기, 1296-97년

중국 사신인 주달관은 1296-97년 사이 캄보디아에 머물렀다. 그가 남긴 이야기는 현재 우리가 가지고 있는 엉꼬의 일상과 생활 모습에 관한 가장 상세한 기록이다.[36] 그는 일반 백성을 문학작품에 등장시키지 않는 인도 전통에 구애받지 않았기 때문에, 그의 체험기에는 상황에 대한 상세한 묘사가 풍부하게 담겼다. 예를 들어 캄보디아인들이 목욕하고, 물건을 사고팔며, 열을 지어 행진하는 모습을 볼 수 있다. 우리 입장에서 볼 때 짧은 원고의 많은 부분을 '미개한' 생활을 자극적으로 폭로하는 데에 할애했다는 점은 유감이다. 사실 그의 기록은 엉꼬에 머무는 동안 기록 영화 ―또는 어쩌면 홈비디오― 를 보여주는 것 같다. 그런데 그가 만일 캄보디아 역사 기록에 공백이 많았다는 것을 알았더라면(혹은 관심을 가졌더라면), 그래서 우리의 호기심을 채워줄 장편영화 하나쯤 만들었더라면 얼마나 좋았을까!

그가 남긴 이야기는 번역된 원고로 40쪽이 되지 않으며 40개 장으로 구성된다. 각 장의 길이는 짧은 문단으로 된 것에서 몇 쪽에 이르는 것까지 다양하며 종교, 사법, 왕권, 농업 등에서부터 새, 식물, 목욕 풍습, 노예에 이르기까지 다양한 주제를 망라한다. 도구, 짐수레 끄는 동물, 시골 지방의 상거래를 비롯하여 주달관이 묘사한 13세기 캄보디아 사람들의 생활상 중 상당 부분은 오늘날에도 여전히 볼 수 있으며, 어떤 특징들 ―예컨대 노예제, 사치 금지법, 가책에 의한 심판― 은 19세기까지 변형된 형태로 지속되었다.

5개의 장에서는 종교, 노예, 축제, 농업, 왕의 행차를 다룬다. 주달관은 엉꼬에 세 가지 공식 종교가 있다는 것을 발견했다. 브라만교, 소승불교, 시바교로 보인다. 그에 따르면 브라만들은 주로 고위 관직을 맡고 있었지만, 그 외에는 별로 언급할 것이 없었는지, 다만 "그들의 교리가 어디서 왔는지 모르겠다. 그들에게는 학교나 서당 같은 장소가 없고 무슨 책으로 공부하는지도 알기 어렵다"고 적고 있다. 상좌불교 승려들은 짜우꼬우(chao ku)라는 타이어로 불렸는데, 오늘날 동남아시아 상좌불교의 승려들과 매우 유사하다. 주달관에 의한 상좌불교 승려들의 기록은 이렇다. "그들은 머리를 밀고 황색 옷을 입는다. "그들은 머리를 밀고 황색 옷감으로 만든 법복으로 몸을 감싸되 오른쪽 어깨는 드러낸다. 신체 하부에는 황색 치마를 입는다. 발은 맨발이다."

주달관에 따르면 불교 사원도 왕궁이나 고위 관리들 집처럼 기와를 올려 지붕을 만들 수 있지만 평민들은 초가 지붕을 만들어야 했다. 그는 상좌불교 사원인 왓(wats)의 소박함에 깊은 인상을 받았으며 (중국의 대승불교 사원과는 달리) 회반죽으로 만들어 금박을 입힌 부처상만 있을 뿐 "종이나 징, 깃발, 연단도 없다"고 기록했다. 마지막으로 그는 팜나무 잎으로 만든 종이에 글자를 새기는 방법을 설명했다. 이 방식은 20세기까지 지속되었으며 특히 종교와 역사 문헌을 작성하는 데 사용되었다.

주달관이 "도(Dao)의 추종자들"이라고 칭한 시바파 교도들이 사는 사원은 불교 사원보다 소박했다. "그들은 만들어진 상(像)에 제물을 바치지 않고, 중국의 지신(地神)을 위한 제단 같은 바윗덩어리에 제물을 바친다." 엉꼬를 버리고 수도를 옮긴 후 은둔적인 시바교의 중요성이 쇠

---

* 주달관의 한문 원문에는 시바교를 도학(Dao)이라고 번역하고 팔사유(八思惟, 영문 번역판에는 basiwei)라고 부른다고 적고 있다. 동국대 전자불전-문화컨텐츠연구소 번역, 진랍풍토기, 백산자료원(서울: 2007) pp. 44-45.

퇴하여 완전히 사라졌지만, 링가의 사용을 포함하여 인도화된 종교 의례들은 현대까지 계속되었고, 스스로 브라만이라 칭하는 관리들도 왕실 의례를 거행하고 천문력을 관장하는 임무를 맡아 캄보디아 궁정에서 계속 일하고 있다.

주달관에 의하면 엉꼬에 살았던 많은 사람들은 어떤 의미에서 노예였음이 명백해진다. 그는 이렇게 기록한다. "어떤 사람들은 노예를 백명 이상 거느렸다. 노예가 조금인 사람은 열 명에서 스무 명 정도였고, 노예가 없는 사람은 몹시 가난한 사람뿐이었다." 그는 일반적으로는 산에 사는 부족들을 잡아 노예로 삼았다고 하였는데, 이것은 식민시대까지 지속되었다. 사실 오랜 세월에 걸쳐 캄보디아 사회는 엉꼬 시대의 명문에 등장하는 그토록 많은 '야만인들'을 순차적으로 흡수하고 사회화하는 방식으로 스스로를 구축해 나간 것으로 보인다. 주달관의 기록을 보면 노예들은 몇몇 금지령에 의해 다른 사람들과 구별되었다. "그들은 집 아래에서만 앉고 자는 것이 허용되었다. 일을 수행할 때면 집 안으로 들어가는 것이 허락되었지만, 무릎을 꿇고 인사할 때처럼 손을 합장하고 바닥까지 머리를 숙이고야 앞으로 나아갈 수 있었다. 노예들은 자유민의 기본 인권을 전혀 누릴 수 없었으며 결혼조차 국가에서 인정받지 못했다. 남자 주인을 아버지, 여자 주인을 어머니라고 불러야 했으며, 종종 탈출을 시도했다. 그러다 잡힌 경우에는 문신이 새겨지거나 불구가 되고 사슬을 차야 했다.[37]

주달관은 1290년대의 궁정 사람들과 노예들에 대해 유용한 정보를 제공하지만, 노예나 엘리트가 아닌 평범한 사회 구성원들에 대해서는 명확하게 말하지 않는다. 이 범주에 들어가는 사람들은 분명히 노예를 '조금' 거느린 이들이었을 텐데, 리클레프(M. C. Ricklefs)[38]의 초창기 연구에 따르면 그들은 사적으로 토지를 소유한 사람들 그리고 지역과 국제무역에 적극적이었던 중국계 캄보디아인들이었다. 지배계층과 여러 종교의 종파들은 특권을 누렸던 반면, 노예들에게는 특별한 금지 조치가 적용되었다. 하지만, 그 사이에 있는 사람들 ―실제로 왕국을 번영시켰다고 할 수 있는 사람들― 에 대해서는 우리의 바람에 비해 알려진 것이 거의 없다.

그래도 주달관이 상세한 설명을 곁들일 때는 유용한 경우가 많았다. 11월 말에 벌어지는 자칭 새해 축제에 대한 내용이 그의 서사 솜씨를 드러내는 좋은 예다.

> 왕궁 앞에 커다란 무대가 설치된다. 천 명 이상 올라갈 수 있는 공간이다. 둥근 등과 꽃이 무대 곳곳에 달려 있다. 무대에서 60-90미터 떨어진 제방에는 탑을 만들 때 사용하는 건축용 비계 같은, 나무를 맞추거나 붙여서 만든 가판대 구조물들이 무대를 마주 보고 있다. 사람들은 이런 것들을 매일 밤 서너 개, 혹은 대여섯 개씩 세우고 그 꼭대기에서 폭죽을 터뜨리며 불꽃놀이를 한다. 모든 비용은 여러 지방 관료와 마을에서 가장 부자인 집에서 댄다. 밤이 되면 왕에게 나와서 구경하도록 청한다. 왕이 불꽃과 폭죽을 터뜨리면 100리[약 1.6킬로미터] 밖에서도 보인다. 폭죽은 투석기에서 던지는 돌덩이만큼 크고 소리도 도시 전체가 흔들릴 정도로 크다.

주달관이 목격한 것으로 추측되는 이 예식은, 똔레샵의 수위가 낮아지기 시작하고 농사력의 첫 절기가 시작되는 우기 끝 무렵에 행해진 것으로 보인다. 15세기에 프놈뻰으로 천도한 후 1970년에 왕정이 전복될 때까지 본엄뚝(노젖기 축제)이라는 명칭으로 치러진 이 예식은 명칭답게 불꽃놀이, 뱃놀이 등 왕의 후원으로 유명했다. 이 축제는 1993년의 왕정 복고와 함께 부활했다.

농업에 관해서 주달관은 일 년에 삼모작 혹은 사모작까지 가능했다고 기록했다. 민주깜뿌찌어 정권은 생산에 혁신을 일으키려고 이 기록을 이용했다. 엉꼬에서 다모작이 가능했던 것은 이 지역에 인력이 집중된 것, 비옥한 충적토, 수백 년에 걸쳐 완성된 물 저장 시스템이 있었기 때문인데, 국가 전역에 이 풍요로움이 적용되지는 않았을 것이다. 또 다른 요인은 똔레삽의 기묘하고 유용한 변화다. 주달관은 농업 주기와 유익한 똔레삽 수위의 관계에 대해 이렇게 말한다.

> 이 나라는 6개월 동안 비가 내리고 6개월 동안은 비가 전혀 내리지 않는다. 네 번째 달에서 아홉 번째 달까지 매일 비가 오는데 오후에 온다. 민물 바다인 똔레삽 가장자리의 수위표가 2-2.5m까지 올라가며 높은 나무들두 꼭대기만 빼고는 완전히 물에 잠긴다. 호숫가에 사는 가족들은 모두 언덕 너머 반대편으로 이주한다. 열 번째에서 세 번째 달까지는 비가 한 방울도 내리지 않는다. 아주 작은 배만 똔레삽을 건널 수 있다.

똔레삽의 '기적'은 이후 엉꼬에 갔던 많은 이들을 놀라게 했다. 물이 빠지면서 남긴 퇴적물들이 땅에 유용한 영양분을 제공했기 때문에, 많은 사람들을 먹여 살릴 수 있었다. 엉꼬가 버려진 후에도 호수는 전 세계에서 물고기가 가장 많이 잡히는 자연 어항으로 남았고, 대대로 캄보디아인에게는 가장 중요한 단백질 공급처였다.

당시의 농업 활동에 대한 주달관의 주장에 우리는 이렇게 질문할 수 있다. 예를 들어, 쌀의 잉여 생산량은 어떻게 처리되었나? 경작자들 대부분은 자유인이었나, 일종의 노예였는가? 엉꼬 지역의 농업방식은 왕국의 다른 지역과 확연히 달랐을까? 왕족들이 소유한 토지는 어느 정도였으며 불교 사원인 왇이 소유한 토지는 어느 정도였나? 이러한 '소유'가 의미하는 바는 무엇이었나?

이 질문에 답을 하지는 않지만, 우리는 그가 남겨준 것에 고맙게 생각해야 한다. 예컨대 시골의 시장 활동을 묘사한 것을 보면 오늘날 캄보디아 시골 시장에 대해 쓴 것이라고 할 수 있을 정도였다.

거래할 줄 아는 지방 사람들은 모두 여성이다. … 장은 매일 아침 여섯 시 정도부터 정오까지 열린다. 가판대 없이 땅바닥에 잡초를 엮은 돗자리 같은 걸 늘 깔던 자리에 깐다. 관리들에게 자릿세도 내야 하는 모양이다.

캄보디아와 중국의 교역을 살펴보면 이미 많은 중국인이 캄보디아에 정착하여 상업에 종사하고 있었다. 주달관에 따르면 13세기의 캄보디아 수출품은 푸년 시대부터 수출했던 것들인데, 20세기까지 캄보디아 수출품의 대부분을 차지했다. 가치는 높고 부피는 작은 것들로, 예컨대 코뿔소 뿔, 상아, 밀랍, 옻, 후추, 깃털, 카다몸 같은 것이었다. 수입품 중에는 종이, 금속 제품, 도자기, 실크, 고리버들 세공품 등이 있었다. 당시에는 정부가 보증하는 통화가 유통되지 않았던 것 같은데, 이 물품 대금이 어떻게 지불되었는지 주달관의 기록만으로는 정확히 알 수 없다. 주달관은 자신의 방문 기간 동안(언뜨레악붸악라만 3세, 1296-1308년 재위) 엉꼬를 통치하는 왕에게 매료되었다. 주달관이 보기에 이 왕은 이상한 방식으로 왕위에 올랐다.

새 왕은 옛 왕의 (쩨이붸악라만 8세의) 사위였다. 그의 아내는 장인의 사망 후 금으로 만든 검을 은밀히 훔쳐 그에게 주었다. 따라서 옛 왕의 친자는 승계권을 빼앗겼다. … 새 왕은 자신의 몸에 신성한 쇳조각을 집어넣었기에, 칼이나 화살 같은 것을 맞아도 상처를 입지 않았다. 이것에 의지하여 그는 과감히 왕궁 밖을 돌아다녔다.

언뜨레악붸악라만 통치 당시의 명문들은 중국 외교 사절단이 도착하기 직전에 일어난 사건들을 조심스럽게 언급하고 있다. 그중 한 명문은 쩨이붸악라만 8세의 '옛 시대'와 왕국 내의 '수많은 적'에 대해 이야기하고 있다. 또 다른 명문은 쩨이붸악라만 7세의 명문 정서를 반향하듯, 언뜨레악붸악라만이 우산 단 한 개로 나라에 그늘을 드리워준 반면에, 이전에는 "무수히 많은 우산" 아래에도 그늘이 전혀 존재하지 않았다고 전한다.[39]

주달관이 기록으로 알게 된 것은 아니지만, 사실 쩨이붸악라만 8세와 언뜨레악붸악라만 3세 통치 시기는 캄보디아 역사에서 매우 급격한 변화가 일어난 격동기다. 쩨이붸악라만 8세 치하인 1285년, 마지막 석조 사원인 멩꼴리어가 엉꼬 지역에 세워졌다. 이 사원은 고위 관료가 지어 시바에게 봉헌한 것이다. 사원의 명문에서 언급하는 '우산 단 한 개'란 쩨이붸악라만의 편협한 힌두교였을 것이다. 언뜨레악붸악라만 3세가 브라만은 물론 상좌불교 지원에도 주의를 기울였다는 것을 볼 때, 그의 비폭력적인 쿠데타에 종교적인 이유가 있지 않았을까 추측해 볼 수 있다.

주달관의 다른 이야기에서도 그렇지만 왕의 행렬과 식민지 시대 때 기록된 유사한 행렬들을 비교해 보면 흥미롭다.[40] 당시 왕의 행렬을 쩨이하누의 대관식 행렬이나, 기록이 보존된 20세기에 있었던 왕의 행렬들과 비교하면, 캄보디아 의례 생활과 행사에서 보이는 계급에 따른 배치가 엉꼬 시대와 거의 다르지 않았다는 것이 명백해진다.

> 왕이 나올 때마다 모든 군사가 왕 앞에 도열했으며 깃발을 든 사람들, 음악가, 북 치는 사람들이 그의 뒤를 따랐다. 분견대 한 조가 삼백에서 오백 명의 궁녀로 구성됐다. 꽃무늬 옷을 입고 땋아 올린 머리에 꽃장식을 했으며 낮인데도 불을 켠 커다란 초를 들고 있었다. 그들은 왕궁에서 갖고 온 금과 은으로 된 그릇들과 이국적이고 비범한 모양으로 정교하게 장식된, 나로서는 목적을 알 수 없는 도구들도 들고 있었다. … 궁녀들이 창과 방패를 들고 왕궁 경호원으로 분한 또 다른 조도 있었다. … 모든 신하, 관료, 왕의 친족들은 코끼리를 타고 맨 앞에서 행진했다. 셀 수 없이 많은 그들의 빨간 파라솔이 멀리서도 눈에 들어왔다. … 코끼리 위에 서 있는 왕이 느지막이 나왔다. 손에는 금으로 된 검이 들려 있었고 그가 탄 코끼리의 상아는 금으로 싸여 있었다. 왕의 파라솔은 손잡이가 금으로 만들어지고 금세공으로 장식된 흰색 파라솔이었는데, 스무 개가 넘었다.

이어서 주달관은 자신이 언뜨레악붸악라만 왕을 매일 알현했다고 언급한 후, 거만한 논평으로 이야기를 마무리한다. "우리가 이로부터 알 수 있는 것은, 이 나라가 야만인의 나라지만 그들이 자신들에게 최고 통치자가 있다는 사실을 경험에서 알고 있다는 점이다."

5

엉꼬 시대 이후의 캄보디아

　주달관의 엉꼬 제국 방문 시기와 1550-1560년대에 짠(Chan) 국왕이 몇몇 사원들을 복원한 때가 캄보디아 역사에서 가장 기록이 적은 시기이다. 그 사이 캄보디아 경제, 외교 관계와 언어 그리고 확증하기는 어렵지만, 캄보디아 사회의 구조와 가치관 및 효율에서 주요하면서도 영구적인 변화가 있었다. 그렇지만 이 변화를 증명할 동시대의 기록들이 거의 없다. 많은 변화가 이미 일어난 이후인 1550년대에서야 신뢰할 만한 단서들이 많아졌다.
　이 시기의 첫 수십 년에 대한 증거는 대부분 중국 기록에 의존하고 있다. 왜냐하면 14세기 중반부터 16세기 초까지 캄보디아에는 돌에 새겨진 명문이 거의 없었기 때문이다. 실제로 서기 1300년 이전까지 천 개가 넘는 명문들 목록이 있지만, 그 이후에 새겨진 명문은 백 개가 되지 않는다. 그 외 다른 기록으로는 참파에서 나온 명문 하나와 타이 명문들 몇 개가 있다. 그리고 17세기에 기록된 타이의 연대기들 중 하나가 단편적이지만 정치와 사회적인 사건들에 대해 다소 정확한 정보를 담고 있다. 이 시기를 다룬 것으로 여겨지는 캄보디아 연대기들은 민간전승과 타이의 오랜 전통으로부터 비롯된 것으로 보이는데, 이 자료들을 확증할 다른 출처들이 없다.[1]

엉꼬에서 프놈뺀으로의 이동

중국 자료들은 매우 중요하다. 14-5세기에 캄보디아에서 지리와 행정 중심이 남쪽으로 이동한 것과, 원나라와 명나라 초기에 중국이 동남아시아와 해상무역을 급속히 확대한 것에는 모종의 연관이 있다는 마이클 뷔커리와 올리버 월터스의 주장에 설득력이 있다. 캄보디아는 1371-1432년 사이에 명나라 황실에 21회의 조공 사절단을 보냈다. 이 수는 엉꼬 제국 전 기간 동안 보낸 것보다 많은 것이다. 이 사절 중 몇 번은 순전히 관례에 따른 것일 수 있지만, 더 근본적으로는 무역, 무역 알선 그리고 타이의 약탈을 막기 위한 중국의 지원을 요청한 것이었음이 분명하다. 조공 사절단의 횟수와 그에 부합하는 중국의 대우는 캄보디아가 이 시기에 여전히 왕성하고 강력했음을 보여준다. 아울러 캄보디아 지배계층은 브라만교에 입각한 관료체제와 종교적 기초는 소홀히 하면서도 중국과의 교역 기회를 통해 이익을 얻으려는 데는 열심이었음을 보여준다. 그들의 생각과 행동에 이러한 변화가, 왜 그리고 어떻게 일어났는지를 정확히 아는 것은 불가능하다. 하지만 월터스가 "우리는 14-5세기에 엉꼬 제국의 쇠퇴가 괴멸적인 규모로 발생했을 것이라고 섣부르게 단정 지었던 것 같다"[2]고 언급했듯이, 이 변화를 엉꼬 제국의 쇠퇴와 연관지어서는 안 된다고 주장하는 학자들도 많다. 실제로 이 시기 동안 지금의 캄보디아 국경 내의 통치자들은 서쪽의 신생국으로 번성한 아유타야 왕국과 자원이나 무역에서 경쟁이 가능할 정도였다. 최근 연구에 따르면 이 시기 엉꼬 지역은 여전히 인구가 밀집되어 있었고, 사원들도 여러 개 복원되었다. 캄보디아는 중국에게 자국의 중요성을 지속적으로 주지시켰으며, 17세기까지는 때로 아유타야를 침략하여 패배시키기도 했다.

그동안 저술가들이 '변화나 전환'이라는 표현이 더 적절한 상황에서도 '쇠퇴와 붕괴'라는 용어를 주로 사용했다. 아마도 이 명백한 전환의 시기에 엉꼬 시기에 있었던 활동(석재 사원 건축, 장엄한 명문 작업, 관개 확대 사업)들이 거의 진행되지 않았기 때문인 것 같다. 하지만, 먼저 쇠퇴라는 주장으로는 캄보디아가 이후에도 계속 세력을 유지했던 것에 대해 설명할 수 없다. 게다가 이 용어는 이를테면 주달관이 1296년에 알현했던 상좌불교의 군주보다 쩨이붸악라만 7세가 어떤 면에서는 더 전형적인 캄보디아의 왕이라는 편견을 갖게 한다. 일부 저술가들은 1560년대 이전에는 한 번도 없었던 역사적 사건(왕도였던 엉꼬 지역을 포기한 것)이 국가적인 활력의 쇠퇴와 대규모 인구 유실과 연관되었다고 추정해왔다. 인구 감소에 대해서는 논쟁이 진행 중이지만, 인구 감소로 엉꼬 지역의 관개 사업을 유지하는 것이 불가능하게 되었을지 모른다. 그러자 유속이 느려 정체된 물은 말라리아 모기 번식처가 되었을 것이고, 이는 다시 인구 유실을 가져오는 악순환에 빠졌을 수 있다. 더욱이 어떤 학자들은 상좌불교가 어느 면에서는 엉꼬 지역의 유대감을 전복시켰다고 주장했지만, 아유타야와 버마의 버강(Bagan)에서는 정치에 활력을 불어넣기도 했다. 이 종파의 평화로운 성격이 전쟁에서 패배 원인으로 자주 거론되었지만, 이것은 캄보디아가 많은 전쟁에서 거둔 승리와 같은 종교를 가진 타이와의 전쟁에서도 승리한 것에 대해서는 설명하지 못한다.

이 증거들에서 드러나는 것은 캄보디아가 엉꼬 지역을 완전히 포기하기 전에 이미 애슐리 톰슨이 말한 중간기로 접어들었다는 것이다. 명문들, 석재 사원, 힌두교 성향의 왕족, 대규모 수리 사업 등의 네 가지 전통으로 특징지을 수 있는 엉꼬 시대의 유산들은 지배계층과 일반 대중의 상좌불교로의 개종 이후 얼마 못 가 중단되었든지, 또는 사라졌거나 방향 전환이 이루어졌다. 상좌불교로의 개종은 쩨이뷔악라만 7세가 죽은 지 얼마 후 일어났을 것으로 여겨진다. 이러한 사회적 변화들이 오로지 또는 주로 새로 들어온 종교 교리와 내용으로부터 비롯된 것이라고 보는 것은 지나친 단견이다. 캄보디아의 사회적 변화는 상좌불교 왕국인 아유타야의 부상과 1860년대까지 지속된 시암과 캄보디아 왕실 간의 얽힘이 더 크게 관련되었을 가능성이 있다. 이주민들, 사고 체계, 문자 및 제도 등은 엉꼬 제국에서 아유타야가 있는 서쪽으로 이동했던 것들이 수정 변형되어 캄보디아로 다시 돌아왔다. 이것이야말로 18세기 이후 캄보디아의 진정한 쇠퇴를 보여주는 일면이다. 타이가 엉꼬 제국을 잇따라 침략하자 온 가족으로 구성된 전쟁 포로가 유민이 되어 서부지방을 휩쓸었다. 그중에서도 1431년에 발생한 침략이 가장 타격이 컸다. 이러한 과정이 계속되자 백성들과 기관들은 남쪽의 프놈뻰 —이후 600년 동안 캄보디아의 수도가 되는— 인근으로 이주하였다.[3]

프놈뻰은 메콩강과 똔레쌉(쌉 강)이 만나는 지점에 위치하여 새로운 수도로 최적지였다. 두 강이 만나는 짝또목의 요새화된 도시는, 크마에들이 많이 사는 메콩강 삼각주를 통해 들어오는 중국산 제품부터, 도자기와 말린 생선, 똔레샵에서 잡은 생선 젓갈 무역 뿐만 아니라 라오스로부터 내려오는 강을 통한 무역까지 통제하기 용이했다. 무역 왕국이 되기로 한 결정이 언제, 어떻게, 그리고 왜 이루어졌는지는 알 수 없지만, 일단 결정되고 나자 수도를 프놈뻰에 두는 것은 경제적인 측면에서 일리가 있었다.

천도[遷都]는 새 수도가 되는 지역과 국왕 개인에게 일시적인 이익을 주는 것 같았다. 하지만 그 이익은 엉꼬 지역 인근에 정착해 살던 사람들과 서부의 메남 분지에 힘을 쏟았던 사람들의 희생을 담보로 한 것이었다. 이러한 이익은 지배계층과 추종자들을 위한 것이지, 농민들을 위한 것은 아니었기 때문이다. 캄보디아 남동부의 지배계층들은 아유타야와 멀리 떨어져 있다는 이유로 자신들이 중국과 직접 교역하여 이익을 취해온 것으로 보인다. 남동부의 지배계층들은 오랫동안 자리 잡고 있던 토호들의 지원에 의존할 수 있었던 것 같다. 한때 이 지역은 푸넌의 중심지였지만 엉꼬 제국의 공문서에서는 거의 무시되던 곳이었다.

하지만 이것은 단지 추정일 뿐이다. 프놈뻰 건설 신화에는 강을 따라 하류로 떠내려온 불상을 한 노파(뻰 할머니)가 발견하여 뻰 산(프놈뻰)을 쌓았다는 이야기가 있는데, 이 신화는 현대 크마에 말로 두 강이 교차하는 곳이라는 의미의 짝또목(사면, 네 방향—이는 바이요안 사원의 도식에 대한 흥미로운 반향)이라는 이름으로 도시가 형성되고 난 후에 만들어진 것이 분명해 보인다.[4]

이 새로운 도시의 교역에서 노련한 외국 무역상들의 역할이 얼마나 컸는지는 평가하기 어렵지만, 영향력 있는 인물 중에는 참파나 인도네시아의 여러 섬에서 온 말레이어 사용자들도 있었을 것으로 짐작된다. 이는 그들이 캄보디아 언어에 남긴 껌뽕(정박지), 프사(시장) 등과 같은 말레이어 단어들 외에도 몇 가지 관직 이름과 행정 용어를 통해서 드러난다. 말레이에서 유래한 유산은 이보다 깊어서 연구가 더 필요한데, 17세기 캄보디아 강 유역에 대한 유럽인들의 기록과 정치가 조직된 방법

등은 이 시기와 그 이후 말라야 강변에서 나온 기록들과 매우 유사하다.[5] 당시에 프놈뻰에서 활동한 외국인들에는 중국인들도 있었다. 이들은 13세기부터 엉꼬 지역과 빈번하게 무역하였고, 1540년에는 프놈뻰에만 3천여 명이 살고 있었다. 중국과 말레이 무역상의 후손들은 캄보디아 지배 계층과 결혼한 것으로 보이는데, 특히 중국인들은 이후에도 결혼 관계를 확대하여 왕과 신하들과의 관계를 돈독하게 유지하면서 상업적 이익을 꾀했다.

15세기 후반까지 지속된 무거운 세금과 강제 노역, 사제계급의 우위에 기반을 둔 엉꼬 제국의 사회 조직과 관료체계 및 경제적 우선순위는 더 이상 견고하거나 적절하지 않았다. 부분적으로 외국과의 교역에 기반한 새로운 조직 형태, 새로운 거주 유형, 경제에 있어서 새로운 우선순위가 더 시의적절한 것이 되었다.

당시 캄보디아에서 진행된 변화 몇 가지는 앞에서 언급했다. 변화에 이바지했던 다른 요소들은 프놈뻰(과 근처의 다른 수도들*)과 아유타야 양쪽 모두에 영향을 주었던 것으로, 경쟁 요인이라고 불릴 수 있을 것 같다. 두 나라 모두 새로 건립된 교역 왕국으로 엉꼬의 사고방식에 존경심은 가질지라도 그다지 얽매이지는 않았다. 1400년대까지 아유타야와 캄보디아 같은 도시들은 브라만교적인 과거를 본받기보다는 서로를 경쟁 상대로 삼았다. 16세기 말까지 프놈뻰(또는 롱벡이나 우동)과 아유타야는 정치적으로 분리되었다기보다 하나의 혼종 문화에 참여하고 있다고 여겼다. 즉 가부장적이고 촌락 중심적인 지도력의 잔재(이는 남중국의 산악지역에 기원하고 있는 부족인 타이족의 조상들에게로 거슬러 올라감) 뿐만 아니라 힌두교적인 왕권(이는 엉꼬 제국으로 거슬러 올라

---

* 롱벡으로 수도를 옮기기 전에 프놈뻰 인근에서 수도를 여기저기 여러 번 옮겼다.

감)과 상좌불교에 기반한 전제 군주적 영향(이는 거의 천 년간 상좌불교를 실천했던 드봐라봐띠(Dvaravati)의 몬 왕국으로 거슬러 올라감)과 같은 요소들이 뒤섞인 것이다. 14세기와 15세기까지 두 왕국의 공용어는 아마 크마에였을 것이다. 두 나라 모두 불교 승가, 즉 승단에는 하층민도 접근할 수 있었다. 두 나라는 전쟁과 이주와 종교를 주고받으며 접촉을 지속했다. 이를 통해 신생국 타이와 크마에 왕국은 서로 뒤섞이며 발전해 나갔는데, 이것이 그들이 선조들과 다른 점이었다.

그러나 이러한 혼종 융합이 평화롭게만 이루어진 것은 아니었다. 두 왕국은 정치적 힘을 영토와 자원보다는 인력 통제라는 측면에서 평가했으며, 이러한 힘(과 공물)을 왕실의 공로와 위신의 증거로 해석했다. 타이 사람들과 크마에 사람들은 넓게는 전쟁을 피해 달아난 이들과 포로를 통해서도 서로 배웠을 것이다. 14세기와 19세기 사이에 캄보디아와 타이는 빈번하게 전쟁을 치렀다. 이 전쟁은 대체로 메콩강 서쪽에서 벌어졌는데, 침략군이 주둔하거나 지나가는 지역들은 피폐하게 되었다. 침략은 한 쪽이 쇠약해지는 틈을 타서 일어났다. 예를 들어 1570년대에 버마 군대가 아유타야를 약탈한 후, 캄보디아는 시암을 향해 몇 차례 원정을 벌였다. 침략 루트는 톤레삽 강변을 따라 이어졌는데, 이에 따라 예약싸오테야보레아 지역은 무방비 상태의 많은 사람들을 위한 거주지로는 적합하지 않게 되었을 것이다.

15-6세기의 캄보디아

우리가 거의 알지 못하는 15-16세기의 담화 역사는 실질적인 역사를 이해하는 데 도움이 되지 않는다. 엉꼬 지역의 친타이 정권은 15세기 중엽 프놈뻰에 충성하는 세력에 의해 전복된 것으로 보인다. 이것은 타이가 마지막으로 옛 수도인 엉꼬를 공격한 후 거의 20년 만이었다. 이 기간 동안 여러 왕들이 프놈뻰에서 권력을 잡았는데, 연대기에 적힌 이름과 날짜는 지어낸 것으로 보인다.

연대기를 보면 15세기 말, 새로운 통치자들이 아유타야와 남동부 지방에 뿌리를 내린 관리들이나 족장들과 관계를 갱신하고 공식화할 때 갈등이 일어났음을 알 수 있다. 연대기는 과거에 노예였던 이가 이 세력 중 일부를 이끌었다고 언급했고, 다소 훗날의 유럽인들의 기록에 따르면 새 왕은 친척인 군주를 퇴위시킨 후 왕위에 올랐다고 한다.[6] 이후 사건에서 중요한 것은 폐위된 왕 짠이 아유타야로 임시로 피신했다가 군대를 이끌고 돌아와 찬탈자를 축출했다는 것이다. 타이의 지원을 받은 그의 복권은 많은 캄보디아 왕들이 따르는 선례가 되었다.

그가 왕국의 동부지역에서 온 세력에게 축출되었다는 것은 사실이다. 1620년대부터 동부의 반체제 지역들은 종종 베트남의 지원에 의존했다. 크마에 연대기를 따르면 1630년대에 한 캄보디아 왕은 베트남 공주와 결혼하여 메콩 삼각주에 베트남이 세관 초소를 세울 수 있도록 허락했다. 당시에 메콩 삼각주 지역은 캄보디아인들이 다수를 이루는 곳이었지만, 행정권이 미치지는 않았다.[7] 그 이후 2백 년에 걸쳐 베트남 이민자들이 이 지역(지금도 많은 사람들이 캄보디아 아래쪽이라는 아랫 나라는 의미로 '깜뿌찌어 끄라옴'[아래, 밑]이라고 부름)으로 몰려들었다. 1953년에 독립했을 때, 베트남 남부지역에는 40만 명 이상의 캄보디아인들이 10배나 많은 베트남인들과 함께 살고 있었다. 크마에 주민들은 독특한 문화를 발전시켰다. 쏜쩬, 썬싼, 이엉 싸리, 썽응옥탄 등과 같은 20세기 캄보디아 정치 지도자들은 이 지역에서 소수민으로 태어나고 자란 사람들이었다. 동서 양편에 있는 강대국들의 존재로 캄보디아 궁정에서는 친타이파와 친베트남파가 대립했으며, 동시에 각 지역에 있는 양 세력들도 대립하게 되었다. 1680년대에 이미 심각했던[8] 파벌주의는 1860년대까지 지속되었고, 이후 민주 깜뿌찌어 정권에서 뽈뽇과 그의 동료들이 동부지역 간부들을 "몸은 캄보디아 사람이지만, 마음은 베트남 사람"이라고 기소하면서 새롭게 부활했다.[9]

캄보디아를 최초로 언급한 유럽인은 『수마 오리엔딸』(*Suma Oriental*, 1512-1515년에 작성됨)의 작가 토미 삐리스(Tome Pires)일 것이다. 그는 왕국의 통치자가 "아무에게도 복종하지 않는" 호전적인 곳이었다고 묘사했고, 그곳에서 나는 산물이 매우 풍부했음을 암시하기도 했다.[10] 하지만 그는 들은 것에만 의존하여 글을 썼을 뿐이다. 실제로 캄보디아에 처음으로 발을 디딘 유럽인은 짠 국왕 말기인 1556년 롱벡에 도착한 포르투갈 선교사 가스빠 다 끄루즈(Gaspar da Cruz)였다. 그는 한 사람도 개종시키지 못한 것에 실망하고 1년 만에 떠났는데, 자신의 실패를 미신과 불교 승려들에 대한 충성심 탓으로 돌렸다. 끄루즈는 캄보디아인들의 연대 의식에 대해 받은 깊은 인상을 흥미로운 기록으로 남기고 있다.

그들은 국왕의 승인 없이는 스스로 아무것도 하려고 하지 않을 뿐만 아니라 새로운 것을 받아들이는 것도 꺼리기 때문에, 왕의 허락이 없으면 기독교로 개종하는 사람을 만들 수 없다. 어떤 독자들은 왕 몰래 그들이 개종할 수 있지 않겠냐고 말할 수 있겠지만, 그에 대해 답한다면 이 나라 사람들은 왕이 모르게 일어나는 일은 아무것도 없다는 것을 당연하게 여긴다. 그리고 누구든지 왕에게 이야기하기엔 너무나 하찮은 일일지라도, 왕에게 가져갈 만한 새로운 소식을 찾기만 하면, 그에게 이야기할 기회를 만든다. 그러하기에 왕의 선의 없이는 아무것도 할 수 없다.

건강한 남자의 1/3이 승가에 소속되어 있는데, 그의 추산에 따르면 수십만 명에 이르고, 정치와 경제에 명백한 영향을 미치고 있다고 기술하였다. 승려들은 사람들의 절대적인 존경을 받았으며, 끄루즈가 보기에 그들은,

> 지나치게 젠체하지만 공허하다. 그들은 신처럼 추앙받는데, 그들 내에서도 낮은 이가 높은 이를 신처럼 숭배하기도 한다. 그들에게 기도를 바치기도 하고, 그들 앞에 엎드려 절하기도 한다. 그들은 일반인들로부터 공경과 숭배가 동반된 견고한 신뢰를 받는다. 그렇기에 어떤 일에서도 승가와 다른 의견을 내는 사람은 없다. 내가 강론할 때 종종 일어났던 일인데, 많은 사람들이 내 주변을 둘러싸며 경청했고, 내가 하는 이야기에 매우 만족했다. 그런데 승려들 중 한 사람이 다가와서 "당신의 말은 참으로 좋군요, 하지만 우리 것은 더 좋답니다"라고 말하면, 그들은 나만 홀로 남겨두고 모두 떠나버렸다.[11]

끄루즈가 인용한 상속 재산의 부재는 일상생활에 대한 왕실의 간섭을 보여주는 생생한 예이다. 집의 주인이 죽자 끄루즈는 "이 집에 있던 모든 것은 왕에게로 귀속되기에, 부인과 아이들은 숨길 수 있는 것은 모두 숨겼다가 새로운 삶을 찾기 시작했다"고 언급한다. 다른 말로 하면, 백성들에게 재산은 물론 지위, 토지, 사회적 직위 모두 왕의 성은이 있어야만 유지할 수 있었다. 이 살아있는 절대권력은 지배계층에 비해 군

주제라는 병든 제도에 큰 힘을 주었던 것으로 보인다. 끄루즈가 언급한 이러한 제도의 결과, 부유한 가문들이 군주에 반하는 지속적인 연합을 강화하기란 이론적으로 불가능했다. 왕이 한 세대의 재산을 단번에 몰수해버리는 조치는 지배계층을 신뢰하지 않았음을 시사한다.

끄루즈는 엉꼬에 대해 전혀 언급하지 않았다. 하지만 그 이후인 1599년 포르투갈 작가 지에고 도 꼬오또(Diego do Couto)는 40여 년 전인 1550년 또는 1551년에 캄보디아 왕이 코끼리를 사냥하다가 우연히 폐허를 발견했다고 적고 있다. 이 이야기는 다른 자료들에서는 확인되지 않지만, 1560년대로 날짜가 명시된 명문 몇 개가 발견되면서 그 왕의 엉꼬 재발견 일시가 정확하다는 것이 드러났다. 다만 왕의 이 발견은 사냥이 아닌 군사훈련을 하다가 일어난 일이었다. 왜냐하면 엉꼬 지역은 캄보디아가 시암을 침략하기 위한 병참 기지였기 때문이다.

> 꼬오또는 "그 왕이 폐허가 있다는 보고를 받고, 그곳으로 가서 외벽의 넓이와 높이를 살펴본 후, 안쪽을 조사하기 위해 사람들에게 '덤불을 자르고 불을 질러 태워버리라'고 명령했다"고 적고 있다. 왕은 5-6천 명의 사람들이 며칠에 걸쳐 그 일을 마치는 동안 그곳에 머물렀다. 그리고 모든 것이 조심스럽게 정리되자 왕은 안으로 들어가서 … 이 장엄한 건축물들에 대한 감탄을 연발했다.[12]

꼬오또는 이 왕이 자신의 궁정을 엉꼬로 옮기기로 결정했다고 덧붙였다. 엉꼬 왓에서 발견된 두 개의 명문은 이 사원의 일부가 1577-1578년에 왕실의 후원으로 복구되었음을 보여준다. 이 명문들 외에 1583년에 프놈바카엥에서 새겨진 두 개의 명문은 왕의 젊은 아들을 기리는 것이었다. 아마도 왕은 야심 차고 더 인기 있는 동생의 쿠데타를 지연시키키 위해 1584년에 퇴위할 예정이었던 것 같다.[13] 실제로 프놈바케엥의 명문들은 이 왕이 더 이상 왕실의 적들에게 고통당하지 않기를 바라는 내용을 언급함으로 왕실 내분에 대해 말하고 있다. 하지만 이 구절은 캄보디아의 지배계층이 1570년대 내내 싸워야 했던 타이 왕실을 언급하는 것일 가능성도 충분히 있다.

실제로 끄루즈가 명백한 불교 교리에 입각한 이념적 결속에 대해 언급하고 있고, 여러 개의 명문에 불교가 전성기를 이루었다는 기록이 있다. 1560-90년까지의 시기는 캄보디아 군대가 타이의 쇠약(부분적으로 버마의 아유타야 약탈로 인한)을 틈타 타이를 여러 차례 공격했던 격동의 시기였다. 유럽인들에 따르면 캄보디아 왕은 내외적인 위협에 대한 걱정으로 가톨릭 선교사에 대한 태도를 바꿔, 그들이 설교하는 것을 허락하고, 이 유럽인들이 얼마 전에 식민화한 말라카와 마닐라의 기지들에 군사 원조의 대가로 쌀을 선물로 보냈다(결코 도착하지 않았다). 이에 앞서 왕이 타이와 동맹을 맺으려 했거나, 적어도 불가침 조약을 체결하려고 시도했던 것만은 분명하다.

대외관계에서의 모순된 활동의 급증은 궁정이 불안정했음을 의미한다. 이는 국왕이 취한 부산한 움직임과 조기 퇴위, 1587년(이때는 캄보디아 남동부에서 발견된 명문에서 확인됨[14]) 롱벡 포위 공격에 실패했던 타이와의 평화유지에 대한 국왕의 무관심 또는 무능력 등에서 드러난다. 이어진 캄보디아의 외교적 조치를 살펴볼 때, 16세기의 이러한 움직임은 강력한 무장을 갖춘 더 인기 있는 친척들의 존재에도 불구하고, 그리고 아유타야와 놀랍도록 강력한 북쪽 라오국(Lao states)들의 위협에 직면하고 있었음에도, 국왕이 권력을 유지하기 위한 노력의 일환으로 보인다.

1593년 롱벡에 대한 타이의 새로운 군사작전 태세를 맞은 캄보디아 왕은 도움을 구하기 위해 해외로 눈을 돌릴 수밖에 없었다. 그는 필리핀의 스페인 총독에게 도움을 요청하며, 충분한 지원이 있다면 기독교로 개종하겠다는 약속까지 했다. 그러나 이 서약이 실행되기 전 왕과 어린 아들은 북쪽의 남부 라오스로 피신하였고, 다른 아들이 롱벡의 방어를 맡게 되었는데, 1594년에 타이에 점령되었다.

　17세기 내내 캄보디아 군사력은 타이의 군사력만큼 강력했으며, 같은 기간에 유럽의 무역업자들은 아유타야만큼이나 캄보디아에도 관심이 있었다. 타이와 캄보디아의 사료와 캄보디아 전설은 롱벡에서의 패배를 역사의 전환점으로 해석하면서, 캄보디아의 쇠퇴기와 때때로 타이가 패권을 행사하는 시대가 도래했음을 알리고 있다. 유럽의 소식통이 전하는 이 사건의 진실에는 미묘한 차이가 있지만, 뚜렷하게 구분되지 않은 국경선 양편에서 (캄보디아인에게) 충격적인 사건이 일어났다는 믿음은 여전히 강하다.

　1860년대 프랑스 학자에 의해 부분적이지만 처음으로 출판된 '신성한 소와 신성한 보석(쁘레아흐꼬, 쁘레아흐까에우)'에 대한 유명한 전설은 이 사건을 이해하는 데 도움이 되기에, 자세히 살펴볼 가치가 있다.[15] 전설에 따르면 롱벡의 성채는 너무 거대해서 어떤 말도 그 둘레를 전속력으로 달려 한 바퀴를 돌 수 없었다고 한다. 성채 안에는 두 개의 거대한 상(像)이 있었는데, 하나는 신성한 소이고, 다른 하나는 신성한 보석이었다. 이 상들의 볼록한 부분에는 "주문을 배울 수 있는 금으로 된 성스러운 책들과 세상의 어떤 것도 배울 수 있는 책들이 있었다. 시암의 왕은 이 상들을 갖고 싶어 군사를 일으켜 캄보디아 왕과 싸우러 왔다."

　이 전설은 연대기에 기록된 한 사건과 관련이 있다. 롱벡의 방어를 위해 대나무로 쌓은 울타리 안으로 타이는 포탄이 아닌 은화를 넣고 대포를 쏘았다. 타이인들이 후퇴하자 캄보디아인들은 이 은화를 줍기 위해 울타리를 잘라냈다. 그리고 다음 해에 타이가 다시 도시를 침략하기 위해 돌아왔을 때는 아무 방비책이 없었다. 타이가 승리한 후 그들은 이 두 상(像)을 시암으로 가져갔다. 전설에 따르면, 그들은 두 상의 불룩한 부분을 가른 후,

> 거기에 숨겨져 있던 책들을 보고, 그 내용을 공부할 수 있었다. 이 때문에 타이인들은 캄보디아인보다 지식이 우월해졌고, 이런 이유로 캄보디아인은 다른 나라와 달리 무지하게 되었으며, 필요한 일을 할 사람이 부족하게 되었다.

롱벡의 함락과 관련있다고 하지만, 사실 이 전설은 엉꼬 제국의 장기적인 붕괴와도 연관되었을 것이고, 아마도 (역사 기록에 이 전설이 등장한) 19세기까지의 시암과 캄보디아 사이에 벌어졌던 관계와도 연관되었을 것이다. 이 전설을 롱벡보다 엉꼬의 멸망과 연관지으려는 이유는 '그 전설의 은유'와 '무슨 일이 일어났는지 우리가 알고 있는 것'(쩨이붸악라만 7세의 죽음과 15세기 타이의 침략 사이에 캄보디아 '왕권을 상징하는 물건들'[regalia, 이하 영문으로 표기]*, 문서, 관습 및 학식 있는 사람들이 엉꼬에서 아유타야로 서서히 이동한 것) 사이의 유사성에서 비롯된 것 같다. 난딘*을 형상화한 것이 분명한 쁘레아흐 꼬 상(像)은 캄보디아

---

* regalia는 왕권을 상징하는 물건들을 의미한다. 조선에서는 옥새나 일월오봉도 등이 이에 해당한다. 캄보디아의 regalia에는 성스러운 검, 활 및 국왕이 즉위식 때 단 한 번 사용하는 몇몇 물건 등이 포함된다.
* 난디라고도 불리는 시바신이 타고 다니는 소

에 남아있는 인도의 유산에 대한 은유이다. 거칠게 묘사된 쁘레아ㅎ 까에우는 불상을 통해 구현된 불교의 정통성에 대한 은유이다. 그 한 예로 뷔엥짠에 있던 쁘레아ㅎ 까에우라는 불상은 1820년대에 타이가 가져가 방콕에 있는 같은 이름의 사원에 모셨는데, 복제품이 프놈뻰의 일명 '실버 파고다'에 안치되어 있다. 캄보디아에서 시암으로의 문학적 기량의 침투와 17세기 이후 확장해가는 타이의 힘이 이 전설의 소재였는데, 이는 한센병에 걸린 왕(leper king)의 전설처럼, 은유적 틀에 반쯤 가려진 실제 사건에 대한 집합적 기억을 담은 것일 수 있다. 캄보디아 학자 앙 쭐리언은 이 전설에 대해 그것은 "일부만 역사적 사실이고, 대부분은 전설이지만 무엇보다 전체적으로 일관성이 있다"고 했다.[16]

다시 말해, 이 신화는 무분별한 행위(동전 좇는 행위)로 이전에는 강력했던 나라가 신성한 물건을 빼앗기면서 타이에 비해 약해졌다는 것을 설명하는 데 이용되었을 수 있다.

16세기 말에 벌어졌던 롱뷕 침략은 유럽의 자료들에 잘 기술되어 있다. 이 시기는 필리핀에서 온 두 탐험가 블라스 루이즈(Blas Ruiz)와 디에고 데 벨로소(Diego de Veloso)가 주도한 캄보디아에 대한 스페인 제국주의의 침략으로 점철되었다.[17] 이들의 업적은 캄보디아 역사에 남아 있던 세 가지 중요한 화제를 부각시킨다. 첫 번째는 이전에도 그랬듯이 외부에서 온 방문자들이 늘어놓는 아첨과 약속에 대해 국왕이 민감하게 반응했다는 것이었다. 두 스페인 사람은 관료직에 임명되는 명예를 얻었고, 다스릴 지역(sruk)과 공주를 부인으로 하사받았다. 두 번째 화제는 총기, 특히 해군 대포의 도입으로 발생한 급격한 전쟁의 변화였는데, 이는 그 후에 캄보디아에서 전개된 모든 전쟁에서 중요한 역할을 하였다. 왜냐하면 그들은 신기술의 대가였기 때문에 루이즈와 벨로소는

100명도 안 되는 사람들로 동시대에 스페인 사람들이 아메리카에서 그랬던 것처럼 현지 주민들을 공포에 떨게 할 수 있었다.

세 번째 화제는 16세기 말 캄보디아 왕과 신하들이 외부 세계와 얽히게 되었다는 것인데, 이는 롱벡과 프놈뻰에 거주하는 수많은 외국인 무역상을 통해 알 수 있다. 유럽의 저술가들은 이들과 롱벡의 외국인 거주 구역의 중요성을 강조했다. 여기에는 중국, 일본, 아랍, 스페인, 포르투갈뿐만 아니라 인도네시아 군도의 상인들을 위해 구분된 거주 구역도 포함되었다. 17세기에 들어서자 네덜란드와 영국 무역상들도 일시적으로 합류했다.[18] 이 상인들은 그들의 동포들뿐만 아니라 국왕의 측근 관료들과 왕가의 도움을 받았다. 네덜란드 자료에 따르면 17세기 무역상들은 새로운 수도인 우동에서, 그들을 위해 지정된 특별구역에 거주해야 했고, 샤반다(shabandar, 항만관리소장)라고 불리는 정해진 대표단들을 통해 캄보디아 정부와 거래하였다. 이러한 양상은 중국에서 비롯된 것 같은데 시암에서도 적용되었다. 소위 캄보디아 '쇠퇴'기 때도 롱벡에서 거주지 구분이 시행되었다는 것은 왕국이 결코 죽지 않았음을 보여주는 것이었다.

스페인 선교사 산 안또니오(San Antonio) 또한 16세기의 마지막 몇 해에 대한 기록을 남겼는데, 루이즈와 벨로소의 모험에 대해서도 썼다. 그의 설명은 종종 이 시기에 대한 명료한 빛을 던져 주었지만 때로는 유치하기도 했는데, 단적인 예로 캄보디아 기술에 대한 현지인들의 불신을 반영하여 엉꼬 사원 건설이 유대인 덕분이라고 기술하고 있다.[19] 그는 또한 스페인은 종교적이고 상업적인 이유로 캄보디아 왕국을 식민지화해야 한다고 확신하고 있었다. 이런 이유에서인지 그는 ―1860년대 프랑스 방문자들이 그랬던 것처럼― 캄보디아 자원들의 가치를 과대평가하였다. 그가 가졌던 풍요로움에 대한 인상은, 당시 육상 통신 수단의 부재로 캄보디아에 대한 조사가 비교적 부유하고 인구가 많았던 프놈뻰 북부의 메콩강 유역으로 제한되었기 때문으로 보인다. 이 지역은 400년 후 쟝 델리베(Jean Delvert)가 조사했을 때도 캄보디아에서 가장 풍요로운 지역 중 하나였다.[20] 산 안또니오가 본 상품들로는 금, 은, 보석, 비단, 면포, 향, 수지(진액), 상아, 쌀, 과일, 코끼리, 물소, 코뿔소 등이었다. 코뿔소는 뿔과 가죽, 피, 이빨 등이 특별히 심장 질환을 비롯한 다양한 질병에 유효한 해독제로 사용되어 귀하게 여겨졌다. 중국인들에게는 코뿔소 부산물이 최음제로 효과가 있다는 믿음이 있었다. 산 안또니오는 캄보디아가, 유럽에 거의 알려지지 않아 마치 엘도라도와 같은 곳으로 여겨지는 라오스로 들어가는 관문이기 때문에 풍요롭다고 강조했다. 그는 캄보디아의 풍요로움에 대해 신성한 소와 신성한 보석에서 악당을 좀 변형시켜 마치 『헨젤과 그레텔』에서 뽑아왔음직한 문장으로 진술을 끝맺고 있다. "캄보디아에는 무척이나 값비싼 것들이 많이 있기에 왕이 (최근에) 라오스로 피신할 때, 가는 길을 따라 며칠 동안 금과 은과 동전들을 뿌리고 다녔다. 그리하여 시암 사람들이 그것을 줍느라 정신이 팔려 왕을 잡지 못했다."[21]

산 안또니오는 또한 캄보디아에는 오로지 두 계급, 즉 부자들과 가난한 자들만 있다고 기록했다.

> 캄보디아인들은 한 명의 왕만 인정한다. 그들 중에는 귀족과 평민이 있다 … 귀족들은 모두 여러 명의 아내를 거느렸는데, 아내의 수가 부유함의 척도이다. 높은 계급의 여성은 피부가 희고 예쁘다. 평민들은 피부가 갈색이다. 평민 여성들은 남편이 전쟁터에 가있는 동안 경작

지에서 일한다 … 귀족들은 비단과 고급 면과 얇은 천으로 된 옷을 입고, 여행할 때는 가마꾼들이 어깨에 메는 가마를 타고 다니는 반면, 평민들은 수레를 타거나 물소나 말을 타고 여행한다. 그들은 바다와 육지에서 취한 모든 물품 가치의 1/10을 주요 관리와 왕에게 바친다.

주달관의 기록에 따르면 비상인-중산계층인 노예 소유주들은 그다지 중요하지 않은 것으로 보이지만, 법조문과 적어도 하나의 연대기에 이런 계급이 계속 존재하고 있었다는 증거가 있다.[22] 캄보디아 사회에서 이 계층의 대부분은 외국 무역상과 반(半) 도시화된 지역에 사는 측근들의 차지가 되었을 가능성이 크다. 반면 크마에 족 사람들은 주로 벼농사꾼, 관리, 승가 구성원, 주요 농산물 수집상이었다. 산 안토니오는 승가를 호기심으로 대하기보다는 경멸했던 것으로 보인다.

캄보디아 역사에서 종종 그러했듯이, 농민들은 기록에 빠져있다. 우리는 기록을 통해 그 당시 방문객들이 보았던 왕, 권력 집단, 해외 무역상들과 노예들을 엿볼 수 있다. 포구에서 내륙까지 마을들은 경제적 관계, 세금 그리고 승가에 의해 제공되는 사회적 이동성에 의해 무역 자본들과 연결되어 있었다. 시골 사람들은 그들 나름의 삶을 살았다. 적어도 이 사람들이 없다고 가정하면, 캄보디아의 왕권과 제반 기관들은 시들어 빠진 나무에 불과했을 것이다. 그러나 이 주요 행위자는 역사 기록에 나타나지 않을뿐더러, 그들의 목소리도 실려 있지 않다.

17세기 초 해양 왕국이 된 캄보디아의 지배계층은 풍요로움을 누렸다. 이러한 번영은 대다수가 유럽의 무역상들과 중국인들, 그리고 수마트라와 술라웨시에서 활동하는 말레이족에 의한 해상무역 활동에 의한 것이었다. 일본과 유럽(네덜란드, 영국, 포르투갈 등) 방문자들이 이 시기에 대한 기록들을 남겨, 캄보디아 연대기를 확증하고 보완하는 데 유용한 자료가 되었다. 이들은 궁정에서의 파벌주의와 그들 간의 음모에 연루되기도 했다.

이 시기는 1640년대에 캄보디아 국왕이 말레이인과 결혼하고 이슬람으로 개종하면서 절정에 달했다.[23] 그는 연대기에서 "(다른) 종교를 선택한 왕"으로 알려져 있다. 1642년 네덜란드 해군이 수도에 거주하던 자국 교민들의 피살에 복수하기 위해 프놈뻰을 공격했지만 격퇴당했다. 1650년대에 왕위를 다투던 왕자들은 이슬람 군주를 타도하기 위해 베트남에 군사 지원을 요청하였다. 베트남 군대가 들어오자 이를 지원하기 위해 동부 캄보디아에서 현지 병사들이 모집되었다. 그런데 이 일은 19세기와 1970년대 베트남의 침략 때에도 반복되었다. 오랜 전쟁 끝에 캄보디아 왕이 붙잡혀 우리에 갇힌 채 베트남으로 끌려갔다. 일부 소식통은 국왕이 베트남에서 살해되었다고 주장하는 반면, 다른 소식통은 병을 얻어 사망했다고 전한다.

17세기 후반에는 국제무역이 쇠퇴했다. 베트남과 청나라 건국으로 중국 남부에서 이주해 온 중국 상인들에 의해 통제되는 해변 정착촌이 캄보디아가 바다로 접근하는 것을 가로막았다. 새로 이주한 사람들은 사이공을 접근성이 좋은 중요한 무역 중심지로 변화시켰다. 그러자 프놈뻰은 낙후되었고, 18세기까지 캄보디아는 유럽의 지도에서 거의 빈공간이 되었다. 1690년대에 일본과 중국 무역상들은 캄보디아가 급격한 쇠퇴를 겪었다고 보고했다. 그들 중 한 상인은 이렇게 썼다.

캄보디아는 가난한 나라로써, 정부와 군대도 제대로 조직되어 있지 않다. 부자는 거의 없을 것이다. 그들은 비단실도 생산하지 않는다.

그들의 주요 생산물은 소량의 사슴 가죽, 질 낮은 갈색 설탕, 나무 진액 정도이다.[24]

17세기 캄보디아의 가치

17세기 캄보디아 사회가 '불변성'이 가장 잘 드러나는 시기로 이해할 수 있다는 주장은 틀린 것이다. 그것은 여러 면에서 19세기와 달랐다. 19세기의 캄보디아가 해외 열강들에게 굴욕적이었다면, 17세기 동안은 비교적 독립적이었다. 19세기 캄보디아가 시암과 베트남이라는 두 강대국이 내정을 주도하는 바람에 외부 세계와 고립되어 있었다면, 17세기 캄보디아는 1680년대까지 여러 나라와 자유롭게 무역했다. 인도 힌두교 라마야나 신화의 캄보디아식 변형인 '리엄께'와 '엉꼬 왈'을 비롯한 여러 다른 명문들에 나타난 캄보디아 지배계층의 문학 전통은 19세기보다 17세기에 훨씬 활기를 띠었다.

싸붸로ㅎ 뻐으는 이러한 변화가 한편으로는 타이의 영향이기도 하지만, 그보다는 "17세기부터 점진적으로 퇴조했던 가치들"이라고 불렀던 것에 더 큰 원인이 있다고 보았다.[25] 『리엄께』를 읽을 때 1880년대에 만들어진 비현실적인 운문체 소설들 몇 가지와 함께 읽는다든지, 아드매르 르끌레르와 그레고리 미카엘리언(Gregory Mikaelian)에 의해 번역된 17세기 법조문들을 19세기 왕들에 의해 남겨져 여기저기 흩어진 종종 겁에 질린 문서들과 비교해 보면, 그녀의 의견에 공감하는 것이 어렵지 않다. 비록 그녀가 언급한 가치들은 지배계층에서 나왔지만 뻐으는 이 쇠퇴로 말미암아 전통적 가치의 집단적 수용이 변화된 것이라고 보았다.

그녀는 이러한 가치들을 불교의 우주관('세 가지 세계'를 의미하는 뜨라이 품으로 알려진 긴 교훈시에 기술되어 있음)과 연관된 것으로 보았다. 특히 이 가치들은 구전 형태의 불교적 가르침인 '쯔밥'이라고 불리는 규례들의 '금언 모음집'에 기술되어 있고, 최근까지도 캄보디아 어린 학생들은 쯔밥을 읽고 암기하였다. 다시 말해서 그녀는 17세기의 캄보디아를 규범을 따르는 나라로 보았는데, 그 후에 이 규범은 약화되었거나 남용되거나 아니면 잊혀 버렸다.

이러한 가치들은 사람들의 올바른 태도에 대해 기술한다. 이 태도는 한편으로는 사회적 지위와 밀접하게 관련되어 있으며, 다른 이들과 관계 맺는 방식을 좌우한다. 물론 모든 사람은 여러 가지 사회적 지위를 갖는다. 어떤 이들보다는 연장자이지만 누군가보다는 어리며, 어떤 이들보다는 부자이지만 또 어떤 이들보다는 가난하며, 누군가보다는 현명하지만 또 다른 어떤 사람들보다는 어리석기도 한 존재이다. 천한 사람이라도 노인은 존중받아야 하며, 어린 승려도 마찬가지이다. 적어도 이론상으로는 국왕도 농민 출신 승려에게 경의를 표해야 한다. 대체로 누군가의 후견인은 다른 누군가의 추종자이기도 하다.

쯔밥(법규, 법을 의미. 규범 또는 가례와 같이 관습에 따른 도덕을 의미하기도 함)은 몇 가지 규범적 관계를 강조하는데, 그중에서 가장 중요한 것은 부모나 교사와의 관계일 것이다. 쯔밥에 따르면 권위자들은 암기해야 할 내용을 전달할 뿐 토론은 허용되지 않는다. 전통적인 캄보디아 사회의 많은 관계들처럼 학생에 대한 교사의 관계는 일방적이다.[26]

부모와 마찬가지로 교사는 일방적으로 말하고 전달하며 명령하는 반면, 학생은 자식들이 그러하듯 듣고 받아들이며 복종한다. 지식 전달 과정에서 학생들의 무지가 줄어든다는 것 외에는 아무런 변화가 일어나지 않는다. 지식이란 전에는 학생이었던 선생을 통해 세대를 거쳐서 전달되는 것이다. 만일 지식 전달이 거의 또는 전혀 진보를 수반하지 않는다면, 식민지 이전의 동남아시아에 진보라는 개념이 널리 퍼져 있지도, 잘 알려져 있지도 않았음을 상기해야 한다. 캄보디아인들은 사람들 간의 관계에서 지켜야할 규범을 적절히 준수하면서 불교적 이념을 공유하는 것이 사회를 일관성 있게 유지하는 길이라고 믿었다. 그중에서도 첫 번째는 올바른 언어와 적절한 행동에 대한 것이었다. 크마에 언어는 동남아시아의 다른 언어들처럼(아마도 자바 언어가 가장 적절한 예일 것이다) 서로 대화할 때 붙이는 대명사를 통해 상대방과 자신의 위계 관계를 드러내며, (왕족이나 승려들을 묘사할 때 사용하는) 높임말에서는 흔히 사용하지 않는 명사나 동사를 사용하여 상하 관계를 드러낸다. 혈연관계가 없는 친한 친구(친척 간에는 대개 가족 중심적인 대명사가 사용됨) 사이를 제외한 전통적인 크마에들 간에는 명쾌하게 '너'와나 '나'를 지칭하는 단어들을 거의 사용하지 않는다. 대신 상대방과의 관계에 따라서 말하는 사람의 지위를 강조하는 단어들이 사용된다. 그러므로 상대방을 부를 때도 부르는 자와 불리는 자의 위계에 따라 다른 단어들이 사용될 수 있는데, 이는 '나' 또는 다른 인칭대명사들도 마찬가지다.[27]

    캄보디아 사상가들은 우주에도 위계가 있는 것으로 보았는데, 사람들은 '중간계'에 살았다. 이는 많은 문화권에서 익숙한 개념이었고, 지구 상에서의 행위는 우리보다 상층계나 하부계를 지나갔던 영웅들에 의해 어느 정도 규정되어 왔다는 추론도 익숙한 개념이었다. 합리적이며 과학적인 사고방식에 익숙한 우리에게 캄보디아식 세계관은 숙명론에 빠지거나, 신비주의에 빠지게 한다. 하지만 싸볘로ㅎ뻐으같은 학자들이나 리엄께(라마의 영광)를 지은 시인들에게 이러한 세계관은 도덕성이나 미학적 측면에서 불평할 것이 거의 없는 것처럼 보인다.[28] 한 사회의 사상가들이 초현실적이거나 특출나게 아름다운 대안적 세상에 열정적으로 헌신하는 믿음과 그 사회가 가진 일상적인 위험도 사이에는 상관관계가 있는 것 같다. 즉 이는 리엄께가 본질적으로 사회에서 도피하기 위한 장치라는 것을 시사한다. 반면 리엄께의 저자들과 대다수의 청취자들은 이 시가 당시 사회를 이해하기 위한 탁월한 방법이라고 이야기할 수 있다.

평등주의적 이상과 계급 전쟁이라는 개념은, 21세기에는 말도 안 되는 걸로 보이는 위계적 사회에 대한 우리의 연민을 조금씩 약화시켰을 것이다. 우리는 사회를 전쟁 중이거나 평화로운 것으로 생각하는데, 이것은 이해 관계의 차이로 다른 사회들이 맞부딪히면서 생기는 것이다. 17세기 캄보디아에는 사회라는 말이 전혀 없었다. '썽꿈(사회)'이란 단어는 1930년대에 빨리어와 타이어에서 유래한 것 같다. 캄보디아 사람들은 자신을, 왕과 신하의 관계 속에서 또는 상대적으로 공덕의 많고 적음이란 측면에서 생각하기를 선호했다. 아울러 그들은 스스로를 시대와 공간과는 관계없이 농부, 비천한 사람, 불교도, 크마에 사용자라는 것에서 비롯된 동일한 이상을 공유하는 사람들로 규정하기를 선호했다.

17세기 캄보디아의 사상계로 들어가는 탁월한 방법은 『리엄께』 자체를 보는 것이다. 지금까지 남아 있는 버전은 인도 원본과 관련한 사건들을 일부 담고 있고, 대부분은 상좌불교의 사고방식과 크마에에 맞도록 변형되었다. 비록 등장인물이 인도의 브라만식 세계 ―동남아시아에서 멀리 떨어진 반쯤은 신화적인 왕국이기도 한 곳― 에 살고 있다는 것이 분명히 드러나지만, 그들의 행동과 언어 및 이상은 캄보디아인들과 상당히 일치한다. 이 캄보디아인들은 모여서 『리엄께』 서사시를 들었고, 무용수들과 낭송자들이 악단의 연주에 따라 펼치는 연극을 보기도 한다. 이는 유럽의 중세 및 르네상스 화가들이 그리스와 성서의 인물들이 유럽 옷을 입은 것으로 묘사하는 것과 유사하다.

리엄께의 줄거리는 쉽게 요약할 수 있다. 자신이 승계하려던 왕국에서 불명예스럽게 쫓겨난 리엄 왕자는 아내 세이다와 남동생 레악 왕자와 함께 숲속을 여행하며 온갖 모험을 한다. 어느 날 랑까라는 도시를

사진. 라마야나의 재현, 받덤벙, 1966, 자끄 니뽀트(Jacques Nepote)

다스리는 사악한 왕자인 리업이 세이다를 납치한다. 리엄은 원숭이 왕자인 하누만의 도움으로 아내를 되찾기 위해 랑까를 공격하여 전투에서 연승을 거둔다. 크마에 버전 이야기는 여기서 중단된다. 줄거리 하나만 놓고 보면 리엄께가 캄보디아 사람들의 상상력을 어떻게 그렇게 오랫동안 장악할 수 있었는지 이해하기 어렵다. 리엄께의 언어는 종종 간결하고, 행동의 전개는 때로 모호하기도 하다. 이것은 그 시가 (낭송구와 함께) 마임에 적합한 아주 간략한 에피소드들의 시리즈로 전달되었거나, 무용수들의 무용이나 가죽으로 만든 그림자 인형극에 적합하도록 변형되었기 때문일 가능성도 있다.

현대에 와서 이 서사시의 에피소드들은 종종 궁중 무용수들에 의해 재현되었으며, 시골에서는 최근까지 마을 축제의 한 부분으로 공연되었다.[29] 인쇄본과 다소 차이가 있는 '완창본'은 1969년에 씨엄리업에서 녹음되었다.[30]

리엄께가 캄보디아인들을 사로잡은 것은 고상함과 친밀함이 잘 어우러졌기 때문일 것이다. 리엄께의 주제인 선과 악의 갈등은 많은 서사 문학의 주제이다. 리엄께 서사시의 주제는 어떤 측면에서는 상좌불교적 가치에 대한 천명이고, 다른 측면에서는 계급 질서와 현 체제에 대한 방어를 위한 선언이며, 세 번째 측면에서는 야생(숲)과 문명에 대한 대조이다. 어떤 의미에서 이 시는 마치 "연대기"라는 자바의 단어 바바드(babad)가 "숲을 밀어버리다"라는 의미에서 파생된 것처럼, 그 자체로는 문명화 행위이다.[31] 이 시에서 선함과 세 명의 영웅들은 공덕 행위와 고상함과 연결된다. 악한 등장인물은 예측할 수 없고, 열광적이며, 혼란스럽다.[32] 그 대비는 결코 기계적이지 않고 오히려 그 시의 사려 깊은 섬세한 전개 속에서 잘 드러난다. 예를 들어 숲의 야만적인 지배자인 꼬깐은 상스럽고 자기 멋대로지만, 리엄 왕자에 대한 존경이 공로로 인정되어 구원을 받는다. 반면 과도한 열정의 노예가 된 랑까의 왕자인 리업은 매우 위엄 있고, 때로는 리엄 왕자와 세이다 공주만큼 고상하다.

혁명 이전의 캄보디아에서 리엄께의 역할은 자바나 발리에서 '와양'이라 불리는 그림자 인형극 역할과 유사하다. 많은 캄보디아 사람들이 이 서사시와 마주칠 때 자신들이 일상생활에서 놓치고 있던 것 같은 완전성과 균형을 발견했던 것 같다. 우리가 목도할 수 있듯이 선과 악은 전쟁 중이며, 때로는 악이 승리하기도 한다. 하지만 이 시에서 그 둘은 미사여구로 가득한 시구(詩句)를 거의 동일한 분량으로 나눠 가지며 끊임없이 균형을 이루고 있다. 현재까지 남아 있는 시구의 주요 등장인물은 결코 죽지 않는다. 아마도 선과 악은 서로를 규정하기 위해서라도 살아남아야 하기 때문일 것이다. 와양에 재현된 많은 시들이 그러하듯이 리엄께도 그 이야기가 변화와 굴곡이 없다는 의미에서 "아무것도 일어나지 않는다."[33] 이 시는 혁명적인 텍스트로서는 무익하고, 좁은 의미에서의 역사적 문헌으로도 무용지물이다. 역사 속에서 이 시가 해당하는 시간이나 장소를 특정할 수 없기 때문이다. 이 시를 낭독할 때 음율의 우아함과 엄밀성은 17세기 캄보디아 지식층들의 지성과 예술적으로 수준 높은 세련미를 엿볼 수 있게 한다. 그러므로 이를 지적 쇠퇴기와 연관 짓기는 어렵다.

17세기 사건들에 대해 우리가 알고 있는 것을 놓고 볼 때 이상과 현실의 간극은 시에서 표현된 것처럼 넓고 깊다. 연대기들과 유럽의 자료들에 따르면 수도는 배후지들로부터 고립되었다. 왕가는 살육이 난무하며 음모가 횡행하고 불안했으며, 권력층의 파벌과 국가적 재난과 침략에 오랫동안 좌우되었음이 드러났다. 그러나 캄보디아의 지배계층이 유지되었다는 점과 해외 무역이 지속되었다는 점은, 당시에 실제로 일어났던 위기들이 영구적이라기보다는 주기적이었고, 군대의 이동 경로 밖에 있는 지역에는 거의 영향을 주지 않았다는 것을 보여준다.

1690년대에 새로운 캄보디아 법전이 공포되었을 때, 연로한 왕족 여성이 제공한 것으로 보이는 50개의 일화 모음집은 당시를 잘 드러내는 문헌이다.[34] 이들은 왕권 개념을 다루고 있고, 캄보디아 사회에서 왕족의 지위에 대해 기술하고 있으며, 그 당시 왕권의 강점과 약점을 보여주기도 한다. 왕의 가장 큰 힘은 불운한 백성들을 수탈할 권한을 가진 관직을 임명하거나 박탈할 수 있는 능력에서 나온 것으로 보인다. 왕에 대항한 범죄자는 재산이 몰수되었으며, 중범죄로 엄중하게 처리되었다. 예를 들면, 공주가 시녀에게 물고기를 구해 오라고 명령한 일화가 있다. 관리들이 한 어부를 만났는데, 값을 치르지 않고는 물고기를 가져갈 권리가 없다고 구시렁댔다. 관리들이 공주에게 물고기를 바치며 어부에 대해 보고하자 그는 모독죄로 벌금형을 받았다.

또 다른 일화는 사냥을 나간 왕이 수행원들과 떨어져 헤매다가, 평민들이 사용하는 언어로 왕에게 말을 건 물소 몰이꾼을 만났다는 이야기다. 왕은 그를 벌주는 대신 신하들에게 궁궐 밖에서 백성이 왕을 모독한 것은 처벌할 수 없다는 법을 지켰으므로 자신은 공덕을 쌓았다고 말했다. "만일 내가 혼자 있을 때 그 사람을 쏘았다면, 나는 금지된 일을 한 것이 될 것이다. 그러면 내가 죽은 후 지옥에 떨어질 것이고, 그렇다면 그 사람은 끝까지 내가 왕이었다는 것을 알지 못할 것이다." 13세기 주달관이 전하는 일화에 의하면 군주는 일반 백성들이 탄원할 수 있는 최후의 탄원처였다

주달관의 일화는 왕에 대한 일상적인 정보를 제공한다는 점에서 연

대기나 리엄께와는 차이가 있다. 주달관의 일화가 보여주는 캄보디아는 눈에 잘 띄지 않는 농부들에 의해 지탱되는 토대 위에 수천 여명의 남/녀 특권층으로 구성된 사회였다. 다채롭고 보수적이며 위계적으로 조직된 이 사회에서는 지위와 특권 그리고 신분에 합당한 행동이 매우 중요했다. 17세기 캄보디아에서 권력을 향유한다는 것이 얼마나 위험한 것인지 드러내 주는 일화도 있다. 반역에 대한 두려움으로 왕은 변덕스러운 인맥과 관계망을 가지고 통치했으며, 일순간에 일어나는 감정으로 통치하는 일도 많았다. 관리들은 총애를 받다가 하루아침에 나락으로 떨어지기도 했다. 예를 들어, 이 시대의 연대기 중에는 왕실 코끼리 조련사가 사냥에서 왕의 목숨을 구한 후 군무대신(짝끄리, chakri)에 임명되었다는 기록도 있다. 사회는 영구적으로 계급이 정해져 있었다. 변화는 가능했어도 예측하긴 거의 불가능했다.

캄보디아에서 베트남과 타이의 활동

외국, 특히 베트남의 간섭이 증가하자 불안감은 더욱 커졌다. '남진'을 통해 참파 왕국을 정복한 베트남은 1620년대에는 메콩강 삼각주로 식민지 개척자들을 불러들였다. 1626년에 베트남 남부의 응우옌 가(家) 대군들(overlords)은 북쪽의 레(Le) 왕조와 협력을 끊고, 남부지방을 독자적으로 통치하기 시작했다.[35] 비록 인구가 적었지만, 응우옌이 이 지역을 통제하게 되자 캄보디아의 남동쪽 국경선이 봉쇄되는 결과가 일어났다. 베트남의 침략은 장기적으로 세 가지 영향을 끼쳤다. 첫째, 사이공(캄보디아에서는 현재까지도 사이공을 쁘레이 노꼬[숲의 왕국]이라 부름)

점령은 캄보디아가 해상을 통해 외부 세계와 접촉하는데 매우 큰 타격을 입혔다. 특히 시암만을 따라 있는 작은 항구들은 18세기 초까지 중국과 중국계 베트남 상인들 및 베트남 군인들에게 장악되어 있었다.[36] 거의 200년 동안 지속된 캄보디아의 고립은 식민지 이전 동남아시아에서는 라오스를 제외하면 특이한 것이었다.

둘째, 응우옌의 통제가 제도화된 과정이 200년 이상 계속되어 캄보디아는 결국 상당한 영토를 상실했고, 이 지역에 사는 수천 명의 크마에계 주민들이 쫓겨났다. 이 과정은 캄보디아인들 사이에서 분노와 반베트남 정서를 유산으로 남겼다. 이러한 감정은 민주 깜뿌찌어의 붕괴를 촉진했고, 오늘날 많은 엘리트와 캄보디아 망명자들 사이에 여전히 남아 있다.

셋째, 응우옌의 메콩 삼각주 점령과 시암만에 대한 실효적 지배의 확대(18세기까지 지속)로 캄보디아는 두 강대국 사이에 끼어버리게 되었는데, 캄보디아의 수도는 아유타야나 방콕보다는 사이공에서 더 접근하기 쉬웠다.

베트남의 권력이 부상함으로 캄보디아 왕가와 지배계층이 친타이나 친베트남 파벌로 분열되는 부작용이 나타났다. 현재의 권력이 어느 강대국의 지지를 받느냐에 따라 적대 세력은 권력을 전복하기 위해 다른 강대국을 끌어들였다. 18, 19세기 캄보디아 역사는 베트남과 시암이 번갈아 가며 침략한 역사인데, 대개 침략 전후로 파괴적인 내전이 동반되었다. 중앙의 불안정은 지방까지 확대되었다. 왕권에 대한 충성은 비용이 많이 들었고 위험이 따랐지만, 회피하기는 쉬웠기 때문에 18세기 말까지 왕국 내 많은 지역들은 명목상으로만 우동(당시 수도)의 통제하에 있었다. 이러한 상황에서 외세의 침략에 대한 왕의 대응 능력이 떨어지는 것은 당연했다. 잦은 왕권 교체와 교통·통신의 어려움과 외국의 공격을 견뎌내야 하는 상황으로 인해, 지지자들을 보상하거나 반대자들을 처벌하는 것으로 유지되는 왕의 권한도 약화될 수밖에 없었다.

동시에 관료 엘리트들도 수도에서 연속성을 확실히 유지했던 것 같은데, 그들은 불교 승가와 함께 캄보디아 학문 전통의 후견인들이었다. 17세기 말과 18세기 초 엉꼬 지역에서 발견된 명문들은 중요한 관리들의 경력을 기록하고 있다. 관리들의 책임이 커지면서 서서히 부상(浮上)했는데, 이는 연대기에서 사건들이 들쭉날쭉한 순서로 기록된 것과는 극명한 대조를 이룬다.[37] 게다가 베트남과 타이의 기록은 18세기의 여러 시점에서 (이때 캄보디아는 이미 황폐해졌다고 주장하려고 할 때) 캄보디아 군대가 침략군을 격퇴했다는 것을 보여주고 있다. 극히 일부였지만 명목상으로 왕국 관료였던 몇몇 지역 지도자들은 위기 속에서 조력자들을 잘 무장시켜 외국 원정군을 괴롭히고 패퇴시킬 수 있었다는 것을 시사하는데, 이는 특히 방어하는 쪽이 게릴라 전에 능숙했을 때 가능했다.

그럼에도 연대기 기록은 18세기 말의 몇십 년이 캄보디아 역사상 가장 암울한 시기 중 하나라는 것을 보여준다. 왕조의 불안정, 외국의 침략 및 내전은 익숙한 것들이었지만, 이 시기에는 그것들이 거대한 규모로 밀어닥쳤다.

1750-60년대는 시암과 베트남의 침략이라는 면에서는 비교적 조용했지만, 왕실 내에서는 암살과 보복이 동반된 적대 세력 간의 쿠데타와 반격이 여러 차례 반복되었다. 1767년에 아유타야는 버마 군대의 손에 떨어졌다. 그러자 타이의 왕자와 신하들이 캄보디아로 피신하여, 자신들의 합법적인 왕국을 세우겠다고 위협했다. 이때 지역 공국의 왕이었

던 탁신은 시암의 왕권을 찬탈한 후 캄보디아에 대한 일련의 원정을 시작했다.[38] 그의 목적은 캄보디아에 타이의 패권을 재건하는 것과 이를 통해 자신이 쌓아놓은 공덕이 엄청나게 많다는 것을 보여주려는 데 있었다. 그는 또한 캄보디아 국왕에게 복수하려고 했는데, 연대기에 따르면 탁신이 "중국 상인의 아들이고 평민"이라는 이유로 —이것은 사실이었다— 캄보디아가 타이에 조공 보내기를 거부했기 때문이었다. 그리고 탁신이 자기 아들을 캄보디아 왕위에 앉히려 했다는 증거도 있다.

캄보디아에 대한 타이의 압박은 1770년대까지 이어졌다. 이때 응우옌은 위협적인 상황을 맞아 경황이 없었다. 왜냐하면 떠이선(Tay Son) 형제의 반란이 대중의 지지를 받아 베트남 전역으로 확대되어 체제를 전복시킬 수도 있었기 때문이었다. 북베트남이 약해진 것을 알고 타이 군대는 육상에서는 엉꼬를 통해 공격했고, 해상 원정군은 시암만을 따라 있는 작은 항구 여러 곳을 쑥대밭으로 만들었다. 이것은 한편으로는 그 지역의 중국 무역상들을 방콕 인근으로 유도하려는 목적이 있었고, 다른 한편으로는 과거 캄보디아가 타이의 새 수도인 '톤부리' 점령에 거의 성공할 뻔했던 원정에 이 해안지역의 중국 상인들이 자금을 댄 것에 대해 보복하려는 목적도 있었다. 1772년에 타이는 프놈뻰을 불살랐다. 7년 후 타이의 후견을 받은 당시 7살의 엥 왕자가 친타이 대신의 섭정하에 우동에서 캄보디아 국왕의 자리에 올랐다. 탁신이 1782년에 폐위되고, 당시에 캄보디아에서 전투 중이던 군무대신이 그를 이어 왕위에 올랐다. 훗날 서구에 라마 1세로 알려진 그는 오늘날까지 타이에서 입헌군주제 하에 계속 유지되고 있는 왕조를 세웠다.

1780년대 응우옌 가의 왕위 계승자는 떠이선을 피해 방콕으로 피신하였는데, 1802년 이 왕자가 베트남 전역에 대한 지배권을 되찾음으로 양국 간에 친선의 기틀을 제공하였다.

엥 왕자는 1790년에 방콕으로 피신했다가 4년 후 타이에 의해 왕으로 지명된 후 캄보디아로 송환되었다. 19세기 역사를 열었던 그의 통치는 6장에서 논의될 것이다. 그가 방콕에서 왕위에 올랐다는 사실은 타이에 대한 의존을 상징적으로 보여준다.

결론

엉꼬 시대 이후의 주요한 특징 두 가지는, 먼저 수도를 북서쪽 내륙의 벼농사 지역에서 프놈뻰 인근 무역이 발달한 강변으로 옮긴 것이고, 다른 하나는 캄보디아 내정에서 외세의 중요성이 커졌다는 것이다. 엉꼬 시대에 자급자족할 수 있었던 것은 엉꼬 제국의 기관에 내재한 활력과 융통성에 기인하는 것도 있지만, 군사적으로 적대 세력이 없었다는 것이 더 큰 이유였다. 실제로 이러한 기관의 상당수가 캄보디아와 타이에서 중기까지 유지되었지만, (이것이 이론적으로 가능했거나 문화적 보상이 있었다는 전제하에) 이 기관이 이때는 오히려 국내외의 압박에 직면한 관료들의 신속한 대응을 방해하는 역할을 했다.

자료가 부족하기 때문에 캄보디아 시골 주민들은 어떤 생각을 했는지, 그들이 역사의 다른 국면에서는 어떻게 대처했는지 비교하기란 불가능하다. 예를 들어 그들이 상좌불교도가 되는 것이 얼마나 큰 변화를 가져왔을까? 이 장에서 언급된 다른 변화 외에, 1500년 이후 지배계층과 경제가 상업화된 것이 일상적 삶에는 어떤 영향을 끼쳤을까? 유럽인들은 그들에게 어떤 영향을 끼쳤는가? 그리고 타이인이 아닌 캄보디아인이라는 점에서 언어적인 차이 외에 그들이 인식했던 서로에 대한 차이점은 무엇이었는가?

14세기와 19세기 초반 사이에는 몇 가지 중요한 변화가 있었다. 그중 가장 중요한 것은 사제계급의 영향력이 줄어든 것인데, 그동안 사제계급은 수백 년 동안 토지 소유, 노예 통제, 종교 행위, 교육 및 왕권에 깊이 연관되어 있었다. 또 다른 변화는 정확히 시기를 특정하긴 어렵지만, 중요한 사건들에 대한 왕실의 영향력이 쇠퇴했다는 점이다. 이는 엉꼬 시대의 상대적으로 약한 시기에 시작되었음에 틀림없다. 이와 동일하게 중요한 변화로는 (언제부터인지 확인하기가 더욱 어렵다) 캄보디아인들의 삶에 타이의 영향력이 광범위하고 명백하게 증가했다는 것이다. 싸붸로ㅎ뻐으는 특히 문학 양식에 대한 타이의 영향이 커지는 과정이 캄보디아 정체성에는 해로운 것으로 간주했지만, 당시 역사에서 그것의 중요성은 인정하고 있다.

뒤이어 온 또 다른 중요한 변화로는 베트남 사람들이 공식적인 차원에서 캄보디아인들의 삶에 개입하게 된 것인데, 이는 19세기와 20세기에 정점에 이른다. 하지만 18세기의 베트남 활동은 캄보디아를 외부 세계로부터 차단하는 효과를 가져왔다. 그것은 다른 동남아시아 국가들 특히 시암이 외부 세계를 향해 개방하는 바로 그 시점에 벌어진 일이었다.

마지막 변화는 왕권의 인기가 떨어졌다는 것이다. 엉꼬 제국 이후 모든 왕들 중 두엉 국왕(재위 1848-60)과 노로덤 쎄이하누 국왕만이 지속적인 지지를 얻었던 것으로 보인다. 1690년대 궁중 비사(秘史)에서 눈에 띄는 왕궁과 백성들의 간극이 그다음 세기에는 더욱 벌어졌던 것 같다. 하지만 이러한 쇠퇴는 캄보디아 역사에 제기된 많은 의문들과 마찬가지로 확인이 불가능하다. 엉꼬 제국 전성기 동안 국왕이 대중의 지지를 받고 있었다는 의견을 뒷받침하는 것은 국왕 자신의 말밖에는 없다. 백성들의 생각 속에서 국왕과 신하들은 라마야나 같은 역할을 맡고 있었지만, 그들이 했던 중점적인 역할은 오직 자신들의 견해에 따른 것이었다. 원래 자바의 식민지 이전 시기와 최근에는 19세기 발리에 해당하는 말이었던 클리포드 기어츠(Clifford Geertz)의 '극장 국가'라는 문구는 이 시기 캄보디아 궁정 생활을 묘사하는 데 조심스럽게 사용할 수 있을 것이다. 그렇지만 대부분의 캄보디아인들은 궁정 생활에 대해 잘 알지 못했으며 관심도 없었을 것이다. 다만 '극장식' 배치의 이국적 정취에 매료된 일부 학자들은 선호할 수도 있었다. 물론 캄보디아 사람들은 전쟁이나 기근 또는 고통의 시기보다는 안정기 동안에 의례를 치르는데 더 많은 시간과 비용을 지출했을 것이다.[39]

그러나 1750년과 1850년 사이 뒤이은 국왕들이 방어와 안정을 제공하는 데 실패함으로 농촌 백성들은 군주제의 타당성에 대해 서서히 의심하게 되었을지 모른다. 그러나 남아 있는 문헌들은 모호하고 결론이 명확하지 않다. 하지만 이미 보았듯이 두엉 왕과 쎄이하누 왕과 같이 인기 있는 군주가 등장했을 때는 그 어느 때보다 존경을 받았다. 어쨌든 농촌의 가난한 사람들은 평화롭게 농사지으며 살아가기 위해 필요한 보호를 제공할 수 있는 정치적 또는 후견 협약과 같은 대안적인 것들을 상상할 수 없었다. 그리하여 가난한 농민들은 쉽게 사그라질 말세주의적 반란에 쉽게 현혹되었다.

6

1794~1848 사이의 캄보디아 사회와 국제관계

　프랑스가 1863년 캄보디아를 보호령으로 삼으며 들어오기 반세기 전, 정치 지정학에 대한 캄보디아인들의 사고에는 한 나라가 그것을 둘러싼 지도상의 선으로 정의된다는 개념이 없었다.[1] 국가 지도는 거의 이용되지 않았고, 19세기 초에 현지(동남아) 사람이 그린 캄보디아 지도도 남아 있지 않은 것 같다.[2] 오히려 이곳에 사는 사람들에게 캄보디아는 크마에가 통용되는 지역을 의미하는 것이었고, 더 좁은 의미로는 지역 수장이 캄보디아 국왕에게서 행정관으로 왕의 직인이 찍힌 임명장을 받았던 곳을 의미하는 것이었다.

　캄보디아인들은 자기 나라를, 여러 관문이 있는 가상의 성벽에 둘러싸인 도시라고 생각했다. 한 연대기에 의하면 이 관문들은 메콩강 위쪽에 있는 썸보와 톤레삽 북쪽의 껌뽕 스와이, 북서쪽의 뽀쌋, 해안의 껌뽓, 메콩강 삼각주가 있는 베트남 국경 너머의 쩌우독(Châu Đốc)에 자리하고 있다.[3] 외국 군대가 이 관문들을 통해 캄보디아로 공격해 들어오는 것은 당연한 것이었다. 거대한 C자 모양을 이루는 관문들이 둘러싼 영토는 현재 캄보디아 영토의 절반에 해당한다(침략군이 안남산맥을 넘어올 일이 없었기에 동쪽에는 관문이 없었다).

이 가상의 성벽 안에 크기와 중요도 차이가 있는 다양한 지방들이 자리 잡고 있었다. 지방 간의 경계는 모호했지만, 뽀쌈이나 껌뽕 스와이와 같은 지방들은 천 제곱킬로미터가 넘는 크기에 걸쳐 있었고, 꺼흐 쏘뜬이나 르뷔어 아엠 같이 작은 지방은 메콩강 가운데 있는 섬 또는 강을 따라 좁은 폭으로 이어진 경작지였다.

사회와 경제

당시의 인구 규모와 구성에 대해 남아 있는 자료가 거의 없다. 1830년대 캄보디아의 종주국이었던 베트남이 인구조사를 했는데, 이때는 캄보디아 인구를 줄여서 기록했다.[4] 1860년대에 프랑스 식민 행정부는 대충 모아놓은 세금 기록부를 토대로 캄보디아 인구를 백만 명이 조금 안 되는 것으로 추정하였다.[5] 이런 자료들은 1840년대 캄보디아를 이루는 가상 관문들 안쪽의 지역에 대략 75만 명 정도가 살고 있었다는 것을 보여준다. 하지만 가뭄이나 피난, 그리고 침략군들로 인구가 많이 줄었다는 기록이 많은 것을 보면 실제 인구는 더 적었을 것이다.

인구의 절대다수는 시골에 살고 있었다. 프놈뻰같은 가장 큰 도시의 인구도 2만 5천 명이 넘지 않았을 것이다.[6] 1850년대 말 왕도인 우동과 주변 촌락들 인구도 1만 명 남짓이었고, 1830년대 말 타이에 의해 재건된 크마에를 사용하는 도시인 받덤벙도 1839년에 3천여 명에 불과했다.[7] 1860년대 전까지 왕국에서 상대적으로 많은 인구가 밀집한 유일한 지역은 프놈뻰 남동쪽에 있는 바프놈과 바띠, 그리고 츨롱 남쪽의 메콩강 북쪽 유역이 전부였다. 상대적으로 부유한 이 지역들은 타이와 베트남의 침투로와 퇴로 바깥에 있는 경우가 현저히 많았다.

캄보디아에 사는 사람들 대부분은 벼 농사꾼, 승려, 공직에 종사하는 크마에들이었다. 상업과 산업은 소수 집단의 몫이었다. 예를 들어 장사, 정원관리, 해외무역 등은 중국인이나 그들의 후손이 차지했다.[8] 가축거래, 베짜기, 상업적 어업은 말레이군도(크마에로 자바인을 뜻하는 쪼위어)에서 이주한 소수의 무슬림이 하였지만, 대부분 짬족(族)으로 알려진 참파에서 이주한 사람들이 종사했다. 왕도에는 그 수가 얼마 되지 않지만 16, 7세기에 들어온 포르투갈 정착민 후손들이 왕실 통역관으로 일하거나 포병부대를 지휘하기도 했다.[9] 1830년대 이전에 캄보디아에 사는 베트남 사람들은 많지 않았던 것 같다. 정확한 통계는 없지만 프랑스가 들어오기 전까지, 왕국 내에는 소수의 다양한 집단들이 균형을 이루고 있었다. 그런데 프랑스 식민지배 동안 중국과 베트남 거주민 숫자가 크게 늘었다.[10]

끄로쩨흐, 뽀쌋, 껌뽕 스와이처럼 인구가 적은 가상의 관문 부근 지역에는 뽀아, 스띠엉, 섬라에 같은 소수 부족이 고립된 촌락에 살면서 임산물을 채집했다. 이러한 임산물들은 왕실 수입의 주요한 원천이었으며, 캄보디아에서 외국으로 나가는 상품 대다수를 차지했다.

당시의 동남아시아 여러 나라들 기준으로 볼 때 캄보디아는 가난한 나라였다. 버마나 라오스와 달리 값비싼 보석이나 귀금속 매장량이 매우 적었다. 시암과 달리 제조업, 무역, 상업도 발전하지 않았으며, 청동제품이나 도자기 그리고 소형화기(무기) 같은 완제품들도 모두 외국에서 들여왔다. 베트남과도 달라서 캄보디아의 운송시설은 열악했고, 국내 시장도 발달하지 않았다. 잉여농산물도 거의 없었기에 비축량이 매우 적었으며, 화폐는 왕궁이나 또는 소수 집단만 사용했다. 지방에서는 엉꼬 시대에도 그랬듯이 물물교환이 이루어졌는데 주로 여성들 몫이었다. 캄보디아는 자급형 경제로, 대다수가 벼농사에 시간 대부분을 보냈는데, 남성과 여성이 함께 어우러져 일했다. 토지 보유 규모가 작아, 고위 관료들도 몇 헥타르 이상 농경지를 가진 경우는 드물었다. 수확량이 매우 적었는데도 수확량 증가를 위한 관개시설이 없었다.

1834년에 베트남 민망(Minh Mạng) 황제에게 보낸 기록에 의하면, 캄보디아는 제대로 된 경작법을 알지 못하는 정말 미개한 나라였다. 그들은 곡괭이와 호미를 사용할 뿐 소를 사용하지 않았다. 그들은 하루에 두 끼 먹을 정도밖에 수확하지 못했고, 비상시를 대비하여 쌀을 어떻게 저장하는지 몰랐다.[11] 촌락 사람들은 논에 물을 대기 위해 적어도 쩐라 시대부터 해왔던 것 같이 뜨로빼앙이라 불리는 공동연못을 사용할 뿐, 엉꼬 문명의 특징이었던 댐과 운하는 존재하지 않았다. 이것은 먹여 살려야 할 인구가 적었기 때문이며, 다른 한편으로는 정부의 통치 체계가 너무 약했기 때문이었다. 농민들은 작물을 다양화하거나 남은 농산물을 시장에서 거래한다거나, 재산을 늘일 이유가 없었고 기술도 부족했다. 지역 간 왕래가 없었으며 1830년대까지 도로라고 할만한 것도 없었다. 게다가 강도들과 침략군 또는 지역 관료들의 부하들이 남은 농작물을 발견하는 즉시 빼앗아 가기 일쑤였다.

이 시기 대부분은 남베트남 행정당국이 프놈뻰의 중개항을 바깥 세계와 차단했기 때문에 해외무역이 제한되었다. 사실 1808년 이후 캄보디아를 방문하는 사람들은 베트남의 허가를 받아야 했다. 껌뽓과 같은 시암만의 항구들에서 해상무역이 이루어졌지만, 그것조차 캄보디아보

다는 베트남과 타이 경제와 더욱 밀접하게 통합되어 있었다.[12]

매년 적은 수의 배들이 무역을 위해 캄보디아 중부를 오갔다. 이들 중 1810년경 중국과 일본으로 향했던 두 척의 배에 적재한 화물 목록이 남아 있다.[13] 이 화물들은 상대적으로 적은 양의 상품 몇 가지였다. 이를테면 상아 300파운드, 후추 200파운드 등이 일본으로 수출되는 물품이었고, 중국으로 가는 물품에는 소량의 카다몸, 피혁, 깃털, 거북이 껍질, 향목 등이 포함되었다. 1820년대에는 상아, 고무나무 수지, 카다몸, 말린 생선, 코끼리 가죽 등이 부분적으로 조공 형식을 띠고 베트남에 수출되었다.

이는 모두 전통적으로 해오던 수출 품목이었다. 이것은 다른 목록들과 같이 17, 8세기에도 거래되던 품목들이었고, 중국 상인을 통한 일본과의 정크선 무역도 엉꼬 시대부터 유래한 것이었다.[14] 조공을 포함한 대외무역은 왕실 수입의 중요한 원천이었는데, 프놈뻰에 사는 중국인들과 왕의 측근들로 이루어진 특권층에게도 매우 중요한 일이었다. 그러나 이들을 제외한 대부분의 사람들에게 무역은 그다지 중요한 사안이 아니었다.

대다수의 캄보디아인들은 시골 촌락에 살았다. 적어도 19세기 초기까지 촌락들은 크게 세 가지 형태로 구분할 수 있다. 첫 번째는 말레이어로 선착장을 의미하는 꼼뽕(kompong)으로, 껌뽕 스와이, 껌뽕 싸옴과 같은 지역명에 나타난다.[15] 이런 지역들은 물을 따라 운항이 가능한 곳에 자리했고, 수백 명의 인구가 살 수 있었다. 그들 중에는 짜우봐이 스록이라 불리는 지역의 지도자와 그의 조력자들이 있는 경우가 많았다. 그리고 껌뽕은 대개 방책에 둘러싸여 있었다. 거주민 중에는 중국인, 중국계 캄보디아인, 말레이인, 짬족 등이 있었는데, 이런 소수민들은 껌뽕

껌뽕 스쁘의 벼 농사 마을. 1961년. 작가의 사진

의 일부를 구성하는 자기들 촌락을 따로 만드는 경향이 있었다. 껌뽕은 같은 수계권(水界圈)에 있는 다른 이들과 주변에서 벼농사를 짓는 촌락과 연결되었으며, 수도와 궁정과도 간접적으로 접촉이 있었다. 무역, 여행, 풍문, 침략 등을 통하여 껌뽕의 사람들은 다른 지역에서 일어나는 사건들에 대한 얼마간의 정보를 얻기도 했다.

두 번째 촌락 형태는, 이상적으로는 반원 형태로 껌뽕을 둘러싸고 있었다. 껌뽕보다 더 작고 가난한 벼농사를 짓는 촌락들이 많았으며, 인구는 크마에 족인 경우가 대부분이었다. 집들은 특별한 체계 없이 여기저기 흩어져 있었는데, 주로 불교 사원이나 촌락에 물을 공급해주는 저수지와 개울 근처인 경우가 많았다. 벼농사를 짓는 촌락들은 껌뽕과 바깥 세상에 불규칙하게 연결되어 있었다. 예를 들면 징집이나 식량을 공출하려는 관리들이 마을에 온다든지, 건기 동안 여행이 장려되는 불교 승려들이 머무는 절을 통해서였다. 또는 신년 축제나 각종 명절에 벌어지는 축제를 통해서라든지, 철이나 옷감, 소금을 얻기 위해 쌀이나 임산물을 껌뽕에 가서 바꾸는 거래 등을 통해서 촌락은 세상과 연결되었다.

캄보디아의 벼농사 촌락은 안정적이지 못했다. 왜냐하면 방어 수단이 부족했기 때문이고, 베트남의 벼농사 촌락과 달리 사람들을 특정한 장소에 정착하게 하는 제도화된 조상숭배 의식이 없었기 때문이었다. 위기 상황에 사람들이 숲으로 피신했다는 내용이 연대기에 가득하다. 평화로운 때 촌락 주민들의 삶은 농사일의 윤곽과 벼농사 주기에 따른 절기와 불교, 애니미즘 및 흔적만 남은 힌두교에 영향을 받은 의례에 따라서 이루어졌다.[16]

5장의 리엄께에 대한 논의에서 언급된 야생과 문명 간의 적대라는 주제는 19세기 문학에도 이어졌다. 캄보디아 북중부지방에 있는 왇바라이에서 나온 운문체 연대기는, 19세기 사건들을 연대기적으로 기술하면서 이 주제를 계속 다루고 있다. 이 연대기는 베트남의 점령과 내전의 혼란에 휩쓸린 한 관료 가문의 운명에 관한 이야기다. 그들이 숲으로 쫓겨나자 신분을 잃었다. 그들은 먼저 타이 군주가, 그리고 이어서 캄보디아 왕이 그 가족의 남성에게 칭호를 부여했을 때 비로소 다시 신분을 되찾을 수 있었다. 1856년 왇바라이의 수복을 축하하기 위해 작성된 이 연대기의 시들이 낭송되는 것을 들은 청중들은 이 시에서 언급된 사건 대부분을 사실로 인식했을 것이다. 연대기에 문학적 울림을 주는 것이 등장인물들의 삶의 방식인데, 그들은 리엄께와 불교 이데올로기가 부여한 패턴을 따르고 있다. 그들의 지위 회복은 왕의 복권과 함께 이루어졌다. 어떤 면에서 나쁜 업보(demerit)는 숲(야생), 공직 직함의 결여 및 추적이 불가능한 잘못된 행실과 연관된다고 여겨졌다.[17]

1800년대에 잘 알려진 이와 비슷한 가슴 아픈 캄보디아 민담이 있다. 엄마에게 버림받은 세 소녀가 숲으로 들어가 새로 변하여 숲과 들판의 경계 —밝혀진 바에 따르면 소녀들이 변신한 새들이 가장 빈번하게 발견되는 장소— 를 넘나들며 행복하게 살았다.[18] 19세기 캄보디아에서는 외국인들이나 군주들의 선의, 강수량과 열대기후 속에서의 건강 등, 지금은 당연하게 여기는 것들에 대한 지배력이 너무 불안정했다. 그리하여 시인들과 청중 모두 숲(야생) 바깥에서 살아가는 기술이라고 할 수 있는 '문명'을 매우 진지하게 받아들였다는 것은 이해할 만하다.[19]

촌락의 세 번째 형태는 현재 캄보디아 대부분을 차지하는 쁘레이라 불리는 숲(또는 야생, 자연)에 숨겨져 있다. 이곳의 사람들은 문맹이며 대개 불교 신자가 아니다. 이들은 크마에와 연관된 언어를 말하지만, 껌뽕이나 왕도가 강제로 충성을 강요하지 않았다면, 그렇게 할 아무런 이유가 없었다. 숲에 있는 촌락들은 노예를 확보하려는 목적 때문에 자주 습격을 받았다. 이 촌락들은 주민들이 수도와 외국에서 귀하게 여기는 임산 자원을 개발할 수 있었기 때문에 경제적으로 중요한 곳이었다. 하지만 그들의 정치적 충성심은 같은 언어를 구사하고, 비슷한 종교의례를 행하는 사람들이 살고 있는 숲속의 다른 촌락들에 있었다.

후견자(PATRONAGE)와 정부

19세기 초에 캄보디아 촌락들은 어떻게 통치되었는가? 몇몇 프랑스 저술가들에 따르면 그 당시 캄보디아에는 정부라고 할 만한 것이 없었다고 한다.[20] 외부인이나 국가와 연관되는 사람은 매우 드물었으며, 오히려 그들에게 적대적이었다. 촌락 안에서와 이웃 촌락 사이에 벌어지는 문제는 법률보다 조정으로 해결되었고, 그로 인해 몇 년 동안 해결되지 못하는 때도 있었다. 촌락 사람들은 절기 행사와 상급 관청과의 관계를 위해 농업기술, 문해 능력, 선행 및 공정성 등을 갖춘 노인에게 촌장 역할을 맡겼다. 세금은 쌀이나 부역 형식으로 필요에 따라 불규칙하게 징수되었다. 많은 관리와 측근들이 있는 껌뽕에서는 눈에 띄는 마을 정부가 있었지만, 19세기에 캄보디아의 어떤 촌락들도 당시 베트남처럼 촌락 원로들에 의해 공식적으로 구성된 협의기구가 운영되었다는 증거는 없다.[21]

벼농사를 짓는 촌락과 숲의 촌락들 사이는, 며칠 거리로 서로 떨어져 있었고, 가장 가까운 행정당국도 그러했다. 고립된 촌락 사람들은 자기들끼리 공유하는 생활과 전통에 머물러 있었다. 그들은 조상 대대로 전해 내려와 토착화된 종교 전통들로 정체성을 규정했고, 그들 역사 또한 이러한 관점으로 보았다. 들판을 지나면 나타나는 촌락 바깥의 숲은 야생동물과 말라리아모기, 그리고 죽은 이들의 영혼이 득실거리는 곳이었다. 촌락 사람들이 거의 다니지 않는 숲 너머에는 껌뽕과 수도와 왕궁이라는 세계가 있었다.

19세기 프랑스 저술가들은 종종 캄보디아 사회를 깎아내리면서(어떤 저술가는 캄보디아 기관들을 "벌레먹은 쓰레기"라고 언급했다)[22] 얼토당토않게 캄보디아 사회를 프랑스나 베트남의 '합리적'이며 중앙집권적인 사회와 비교하기도 했다. 이러한 경향은 타이의 농민 사회를 '느슨한 체계'라고 언급하는, 타이를 연구하는 일부 인류학자들 사이에서도 지속되었다.[23] 그들이 치밀한 사회 조직을 더 높게 평가했는지 여부와는 별개로, 이 언급은 적어도 19세기 타이와 캄보디아 시골 촌락들에는 가족과 승가라고 불리는 불교 승단 체계 이외에는 "견고하고 기능적으로 중요한 모임들"이나 자발적 협동조직이 없었다는 것을 알 수 있다는 면에서만 유용했다. 예를 들어 한 촌락이 방어(防禦) 또는 불교 축제를 위해서 사람들을 조직할 때는 필요에 따라 짧은 시간 안에, 그에 맞는 조직이 만들어졌다.

사회 조직이 공식화되지 않은 것이 분명한데도, 각 촌락과 가족 단위는 상당한 구조적 지속성을 갖추고 있었다. 이는 캄보디아 사람들은 자신에 대한 호칭을, 관계 맺는 상대방의 신분에 따라 다르게 부름으로써 스스로 위계를 드러냈다. 이 쌍방 관계는 위계의 체계로, 위로는 왕가와 승가에서 시작하여, 수도와 껌뽕의 여러 등급의 관료를 거쳐, 아래로는 마을의 토지 없는 채무 노예에서 변경지역에 사는 소수종족에 이르기까지 확장되었다. 대부분의 체계적인 사회 배열과 마찬가지로 이 체계 속에서 중요한 것은 자신이 체계 내에서 어떤 위치를 점하고 있느냐였다. 만일 누군가가 안정된 위치에 있다면 취약한 위치에 있는 사람들이 찾아와 '존경'을 나타내는 대신 '보호'를 요구했다. 어떤 의미에서 그 사회는 자기들 스스로 "한쪽으로 기운 우정"이라고 부르는 '보호'와 '봉사'의 맞교환으로 지탱되고 있었다.[24] 촌락이라는 상황에서 이 관계는 가족 내의 연장자나 좀 더 형편이 나은 가족 구성원과 지역 내 사원의 승려들과 도적의 우두머리들 또는 정부 관료들 그리고 이따금 나타나 추종자들에게 승리와 부를 약속했던 네악썰(holy men)과 이어졌던 것 같다.

후견과 추종 관계(patronage & clientship)는 사람들이 더 이상 식량을 직접 생산하지 않는 껌뽕과 수도에서 더 중요해지고 복잡해졌다. 후견인을 두는 것과 추종자들을 거느리는 것은 자신의 생존과 직결되었다. 권력과 가까이 있는 사람들은 가능한 많은 부하와 노예를 받아들였다. 대다수의 경우 남녀 불문한 추종자들은 후견인과 평생 일해서 갚아야 하는 채무계약을 맺었다. 19세기 캄보디아에 노예제도가 만연했다는 사실은, 추종자들이 다양한 이유로 자발적으로 '한쪽으로 기우는 우정' 관계로 들어간 것이 명백하다는 생각에 다소 의구심을 갖게 한다. 그러나 많은 사람이 약탈에서 자신을 보호하기 위해 후견인 또는 메(우두머리, 이 단어는 엄마를 뜻하기도 한다)의 종이 되었다는 것은 사실이다.

이러한 관계의 엄정함과 영속성에 대해서는 모두가 태어날 때부터 귀에 못이 박히도록 들었다. 캄보디아 격언과 교훈 문학은 개인의 무력함과 왜 모든 사람이 위계 관계를 있는 그대로 받아들이는 것이 중요한지에 대한 언급으로 가득 차 있다. 후견인-추종자 관계 공식에서 양자는 적어도 이론상으로는 자연스러운 관계일뿐 아니라 필요불가결한 것이라고 보았다. 이는 "옷이 몸을 보호해 주듯이 부자들은, 가난한 자를 보호해야 한다"는 캄보디아 속담에서도 잘 드러난다.[25]

사실 이러한 관계에 품격이 있는 경우는 거의 없었다. 동남아시아 전체에서 왕과 같은 후견인들은 자신들이 통제하는 영토와 사람들을 쥐어짰다. 캄보디아 민담에서도 짜우봐이 스록(지방관)들을 종종 호랑이, 악어, 독사로 비유할 만큼 공정한 이들은 거의 없었으며, 지방 관청은 적대적인 일만 하는 곳으로 여겨졌다. 적어도 한 스록(sruk, 한국의 군[郡]에 해당하는 행정단위)에서 새로운 짜우봐이 스록이 부임하면 닭싸움이 열렸다. 한쪽은 새로 도착한 짜우봐이 스록을 대표했고, 다른 쪽은 지방 백성들을 대표했다. 투계의 결과는 아마도 양측에게 권력의 균형이 이루어져야 함을 일깨워주었던 것 같다.[26]

왜 사람들은 이런 부당한 관계를 받아들였을까? 여기에는 불가항력적인 면이 있었다. 개인이 도주한다거나 저항을 조직하는 등의 대안은 거의 불가능했다. 후견인이 없는 사람은 만만하게 여겨졌고, 외국인과 같이 알려지지 않은 후견인을 두는 것은 가까운 후견인을 두는 것에 비해 더 위험했다. 비록 짜우바이 스록이 자기가 취할 수 있는 적은 물질적 이득을 편취할 수 있는 지위에 있다고 해도, 껌뽕에 사는 사람들과의 사회적 격차는 그리 크지 않았다. 예를 들어 부인들은 그 지방 출신이었다. 그는 소박한 집에 살며, 잎담배를 씹고, 절에서 하는 축제나 '네악따'라 불리는 지신(地神)을 달래는 제사를 지원했다. 이 짜우바이 스록들은 음식, 주술에 대한 믿음, 미신에 대한 강한 집착, 다른 짜우바이 스록들과 외부자들에 대한 불신을 추종자들과 공유하고 있었다. 아마도 짜우바이 스록들은 자신들이 지배하고 있다고 여기는 사람들 가운데 살았기 때문인지, 수도에 있는 행정당국보다 지역 문제에 더 잘 대응했을 것이다. 사실 모든 '불균등한 우정' 관계는 불안한 시기가 되면 얼마든지 재협상이 이루어질 수 있었다. 이러한 사실은 체제의 불안정성을 가중시켰으며, 촌락 주민들과 노예들의 눈에는 매력적으로 보였을 것이다.

대부분의 캄보디아 사람에게 종속과 지배의 변화하는 관계망은, 선택에 의한 것이든 강제로 부과된 것이든, 호의적이든 아니든, 그들의 경험과 사회적 기대의 한계를 의미했다. 반면에 왕에 대한 생각과 불교 승가에 관한 생각은 다른 형태를 취했고 다른 언어로 표현되었다. 비록 왕과 승가를, 관리들을 통해 백성들까지 이어지는 지역적, 영적 권위라는 가상의 연결고리 제일 꼭대기에 두는 것이 유용하지만, 백성들은 왕과 승가를 완전히 차원이 다른 별개 집단으로 보았다. 19세기 중반 캄보디아 불교 승가에 대해서는 거의 알려진 것이 없다. 그래서 흔히들 시암이나 버마의 승가와 같았을 것이라는 오류를 범하기 쉽다. 예를 들면, 승려들이나 승려였던 사람들이 1821년의 반베트남 봉기에 적극적이었지만, 캄보디아 승가가 왕실에 정치적 역할을 했다는 증거는 없다.[27] 대체로 승려들은 공덕을 쌓은 사람으로, 영적 후견의 원천과 문헌 문화의 후견자로 대중적인 존경을 받았다. 이들은 적어도 일시적일지라도 농업(생업)과 정치와 결혼을 포기했다는 이유로, 캄보디아 사람들의 생활에서 독특하고 신비한 위치를 차지하고 있었다.

왕에 대한 사람들의 생각은 경험보다는 신화에 근거한 경향이 있었다. 왕과 백성 간의 관계는 협약에 의한 것이 아니었고, 강제적이라 하기도 어려웠다. 서로 대면하는 경우는 거의 없었다. 19세기 초반 대부분은 선택에 의한 것이든 어쩔 수 없는 상황에 의한 것이든, 왕은 왕궁에 연금되어 있거나 시암이나 베트남에 유배되어 살았다. 왕에 대해 기록한 전통적이고 대중적인 문학의 영향력 때문에, 또한 왕을 전혀 볼 일이 없었기 때문에, 왕에 대한 시골 사람들의 견해는 지역민들이나 후견인들 또는 심지어 네악따(지신)에 대한 견해보다 모호했지만 더 우호적이었다. 왕은 대개 부처만큼이나 현실적이었으며 동시에 비현실적이기도 했다. 백성들은 라마야나에서 묘사한 왕의 의무를 받아들여 "왕은 신성하며, 자기를 희생하여 백성들을 보살펴야 한다"고 생각했을 것이다.[28] 백성들 대다수는 실제로 왕이 날씨에도 영향을 미칠 수 있다고 믿었다. 현자들이나 재판관들과 달리 그는 진정한 정의를 집행할 수 있었다. 농민들 사이에서는 오직 국왕만이 유일한 정치적 희망의 원천이었다. 이러한 생각은 식민지 시기와 그 이후까지 지속되었다.

물론 촌락 사람들의 생각 속에 국왕이 항상 또는 자주 등장하는 것은 아니었지만, 1794년 엥 국왕, 그보다 50년 후의 두엉 국왕, 그리고 1991년의 노로덤 쎄이하누 등은 수년간의 유배 후에 수도로 돌아왔을 때 대중들의 열렬한 환호를 받았다.

메콩강에서의 투망, 1988, 수백 년간 변하지 않고 남아있는 낚시법
사진 크리스틴 드럼몬드(Christine Drummond)

캄보디아 사회에는 촌락 사람들의 삶과 캄보디아 정치 결과에 영향을 미치는 여러 계층 집단이 있었다. (때로는 수도에서 때로는 짜우봐이 스록에 의해 임명된) 작은 지방 관리들과 그 측근들, (종교적 대변자이자 말세론적 지도자의 역할을 하며, 때로는 지방 수령의 반대편에 서기도 했던) '아짜'라 불렸던 환속한 승려들, 순회 장사꾼들과 풍각쟁이들, 중개자 역할을 할 수 있었던 부자들의 가난한 친척들 등이 이런 집단들에 포함된다고 할 수 있겠다. 불행하게도 지배 계층 중심의 연대기는 이런 부류의 사람들에 대해 거의 기록을 남기지 않았기 때문에 그들의 역할이 어느 정도였는지에 대해 간접적인 방법 말고는 평가하기 어렵다. 이를테면 1820년과 1841년에 많은 촌락이 가담했던, 베트남의 간섭에 대한 농촌 마을들의 저항이 단지 고위 관료 한 명의 권고만으로 이루어진 것 같지는 않다.

옥냐

반면 옥냐로 불렸던 고위급 관료들에 대한 역사 기록은 많이 남아 있다.[29] 짜우봐이 스록(지방관)과 국왕 주변의 관료들도 옥냐에 포함되었다. 특정 시기에 옥냐가 몇 명이었는지는 확실하지 않다. 1860년대와 1870년대에 프랑스 식민정부가 취합한 관리들 명단에는 차이와 모순이 가득하다. 이 목록에 언급된 관직명은 실제로 사용되지 않은 것이 많았고, 한 자료에 나타난 직함들이 다른 목록에는 없는 것도 있었다. 하지만 대략 19세기 전반에 걸쳐 수도와 지방을 통틀어 200여 명의 옥냐가 있었던 것 같다. 이 숫자는 1830년대에 캄보디아가 타이에게 등을 돌린 후 줄었던 것 같고, 1848년 두엉이 왕위에 오르면서 늘어난 것으로 보인다. 옥냐 200여 명이 사용할 수 있는 직함은 700여 개쯤 있었다. 일부 관직명은 국왕의 최고 자문관들과 대부분의 짜우봐이 스록들을 위해 매번 사용되었지만, 한 명 또는 몇 명을 위해 한시적으로 사용되다 없어진 것들도 있었다.

국왕이 공직자에게 지위를 하사했다는 사실을 제외하고 그들과 관련한 직함과 직무에 대해서는 모든 것이 유동적이었다. 때로 어떤 관직명에는 하나의 계급을 수반했다. 때로는 직무와 관련된 관직명이 붙기도 했는데, 예를 들면 왕실 코끼리 돌봄이, *regalia* 지킴이, 세금 징수관 등이 있다. 어떤 관직은 특정 지방(sruk)으로 제한되었고, 소피어라는 단어가 들어가는 직함은 종종 사법 관련 직무를 의미했다. 하지만 이런 규칙이 엄격하게 지켜진 것은 아니었다. 국왕은 사람에 따라 직무를 쉽게 주었으며 뺏기도 했다. 사람들은 빨리 높은 자리에 오르기도 했지만, 또 빨리 떨어지기도 했다. 예를 들면, 왕위 계승권자 집무실을 책임졌던

한 관리(오르기 매우 힘든 직위)가 1819년에는 외교 임무를 위해 방콕으로 파견되었다. 다른 예로, 왕실 곡물창고 재고 파악을 맡았던 관리가 1818년에는 밭덤벙에서 타이에 대항하는 군대를 지휘하기도 했다.

'옥냐'라는 명칭은 라따나(보석) 또는 위로짜나(광채)와 같이 팔리어나 산스크리트에서 파생한 두세 개의 명예로운 단어를 붙여서 쓰는 것이 일반적이다. 국왕은 의식을 열어 옥냐에게 공식 인장과 계급 표식물(층이 있는 우산들과 빈랑 용기, 관복 등을 포함)을 하사했다. 국왕에 대한 충성 서약을 중심에 두고 의도적으로 성대하게 치러진 이 의식은 적어도 800년간 거의 비슷한 형식으로 이어졌다. 당시에 옥냐는 정기적으로 국왕에게 진상을 올려야 했다. 프랑스 저술가들은 국왕과 옥냐 사이에 있었던 직함과 선물의 교환을 정부의 부패상으로 보았는데, 가장 값비싼 선물을 할 수 있는 유력자들만 그 직함을 얻었을 것이라는 이유 때문이었다. 이 견해는 일면 타당하지만, 거래에 도덕적인 부담은 거의 없었다. 하지만 어차피 유력자들의 힘을 무시할 수 없는 것은 확실했다. 옥냐들은 2년마다 왕궁 근처의 왕실 사원에 모여 '충성수(忠誠水)'를 마시며 국왕에 대한 충성 서약을 갱신했다. 이 충성수는 이론상으로는 왕국 전역의 개울에서 떠서 수도(왕도)로 가져온 것이라고 한다. 그리고 이 행사에 참석하지 않는 것은 반역으로 간주하였다.

일단 공직에 오르면 옥냐는 자기보다 높은 지위에 있는 사람의 껌랑(권력, 측근)에 속하게 되었다. 높은 지위의 인물이란 국왕의 자문관과 왕족 일원 또는 국왕 자신일 수도 있다. 이와 비슷한 체계는 시암에서도 시행되었다. 이러한 동맹 관계가 옥냐의 권력을 강화하기 위한 것인지 아니면 견제하기 위한 것인지는 여전히 의문이며, 두 가지 목적 모두를 위한 것일 수도 있다. 이 시기의 특정 지역, 관직, 혈연관계, 특별한 직무 간에 상호 연관성이 있었는지는 아직도 불분명하다. 19세기 초에 기록된 것으로 보이는 한 필사본 연대기에 따르면 어떤 지역에서 옥냐의 직위가 자손에게 승계되지 않았지만, 토지 소유는 다음 세대로 이어졌다.[30] 캄보디아에서 직위는 어떤 경우에도 상속되는 것이 아니었다. 이것은 국왕직도 마찬가지여서, 국왕이 죽으면 여러 명의 왕위 계승자 후보 중에서 선출하는 방식이었다. 비록 국왕의 측근이 속한 가문에게 높은 지위가 주어졌지만, 다소 간의 유동성이 옥냐 가문에도 적용되었다.

권력층이 큰 변화 없이 지속되었지만, 캄보디아의 정치에서 확실한 것은 거의 없었다. 이론적으로 옥냐의 생존은 국왕에게 달려 있었다. 1740년 타이의 포고문에서 아킨 라비바다나(Akin Rabibhadana)는 "국왕은 최고위층의 사람도 하층민으로 전락시킬 수 있었으며, 그 반대도 가능했다. 그의 명령은 하늘에서 떨어지는 도끼와 같았다"고 인용했다.[31] 하지만 실제로 국왕의 권력은 왕위에 오른 지 얼마나 되었는지와 미지불 부채가 얼마인지에 달려 있었다. 수도와 지방 간의 열악한 운송수단은 국왕의 권력에 걸림돌이 되었다.

볼모 기간을 끝내고 새롭게 치세를 시작하는 국왕은 종종 "하늘의 도끼"처럼 행동할 수 있었으며, 자신의 왕위 등극을 위해 충성했던 사람들로 옥냐 자리를 채웠다. 1840년에 두엉 국왕은 이러한 방식으로 추종자들에게 보상했다. 이는 짝끄리 왕조(1782-현재)와 베트남의 응우옌 왕조(1802-1945)의 첫 왕들이 취했던 방식이기도 했다. 반면 국왕의 힘이 약하거나 원로 공신들과 오랜 의무에 얽매여 있는 왕의 치세라면 옥냐들은 지방에 근거를 두는 경향이 있었다. 이 과정으로 인해 그들은 다소 독립적이 될 수 있었다.

불확실성은 캄보디아 사람들의 삶에 상존하는 위험이었다. 사람들은 모두 서로를 경계했다. 그가 모시는 왕과 자기 가족과 후견인에 대한 옥냐의 책무는 때로 겹치고, 또 서로 갈등을 빚었다. 다른 옥냐는 잠재적인 동맹인 동시에 적이었다. 옥냐들은 기존의 세력 균형을 활용한 동맹과 배신에 많은 공을 들여야 했다

1800년대 캄보디아는 중국과 베트남과 같은 관료 사회가 아니었다. 평화로운 시절에는 옥냐들의 공적 의무가 가벼웠다. 그는 후견인을 기다려야 했으며, 처리할 서류 업무는 거의 없었다. 여러 명의 옥냐가 왕궁을 위한 필수품을 요청하거나 방어를 위해 군대를 양성(당시 캄보디아에는 상비군이 없었다)해야 하는 일 등과 같은 다수의 과업을 맡기도 했다. 이는 아마도 한 관료에게 권력이 지나치게 집중되는 걸 막으려는 조치일 수 있었으며, 야심찬 옥냐가 이익을 위해 작당을 꾸미는 것을 방지할 제도적 장치가 없기 때문이었을 수도 있다.

그러나 이러한 표현은 옥냐에 대한 너무 일방적인 평가일 수 있다. 사실 어떤 옥냐들은 시인과 음악가들이었고, 또 어떤 이들은 불교와 예술을 아낌없이 지원하기도 했다. 연대기에서 일부 옥냐들은 유능하고 혁신적이며 용감한 것으로 등장한다. 국왕에 의한 총애의 불확실성과 도처에 만연한 경쟁자들, 그리고 추종자들을 신뢰할 수 없다는 점 등이 옥냐들의 적극적인 활동을 방해하거나 공적인 시선을 끄는 데 불리하게 작용했다. 당시 옥냐와 백성들은 그들이 공유하는 문화의 틀 속에 공포, 호의, 의무, 경멸로 결속되어 있었다. 이러한 시스템은 캄보디아 사람들 사이에서만 유효했다. 1830년대와 40년대에 베트남 사람들이 옥냐를 대리인으로 이용하려 했지만, 베트남 방식으로 캄보디아를 통치하는 것, 다시 말해 지역에 대한 관리, 지적도(地籍圖) 제작, 세금 수취, 자세한 보고서 작성 등과 같은 일들을 시킨다는 것이 불가능하다는 것

을 깨닫게 되었다.

일종의 내각을 이루는 국왕의 최측근 자문관 다섯 명을 제외하고, 가장 활동적이며 눈에 띄는 옥냐는 짜우봐이 스룩들이었다. 이들은 상당한 자유를 누리고, 무시할 수 없는 권력도 행사했다. 그들은 자기 관할지에서 세금을 징수할 권한이 있었기에 세금을 내고 남은 곡물들은 자기들이 취할 수 있었다. 그리고 전쟁과 공공사업을 위해 부역을 징발할 권한도 있었다. 실제로 짜우봐이 스룩들은, 19세기 말라야(Malaya) 강변 부족 추장들이 그랬듯이 소규모 사병을 거느리고 있었다. 인구가 많은 지방에서는 사병이 수천 명이 넘기도 했지만, 인구가 적은 곳에서는 지방관 개인 경호를 수행하는 정도였던 것 같다. 인력과 쌀에 대한 권한으로 짜우봐이 스룩들은 왕국의 힘의 균형을 좌우할 수 있었다. 실제로 이들은 지역의 이익과 이해관계에 따라 집단적이기보다는 개별적으로 행동했다. 그리하여 국왕은 어떤 짜우봐이 스룩은 신뢰할 수 있었지만, 다른 짜우봐이 스룩은 신뢰할 수 없었다. 어떤 짜우봐이는 침략군에게 우호적이었지만, 다른 이들은 적대적이었다.

어떤 짜우봐이 스룩들은 다른 이들보다 더 중요했다. 그들 중 다섯 명은 초원의 왕이라는 의미의 '스다잇 뜨란'이라고 불렸는데, 최고위직 옥냐 직위를 가지고 있었고, 여러 지방을 관할하는 책임을 부여받았다.[32] 이렇게 여러 지방을 한데 묶은 것을 '더이(땅)'라고 불렀다. 스다잇 뜨란이라는 말에 대한 19세기 참고자료는 프랑스 자료에 나타나는데, 사실 뜨란*이라는 단어는 의미가 분명하지 않다. 다섯 명의 고위 지방 수령들은 (자치령의) 총독 같은 역할을 수행한 것으로 보이며, 그 다

---

* 뜨란이란 크마에 단어의 문자적 의미는 낮은 풀이 자라는 작은 들판을 의미하는데, 저자는 다른 의미가 있을 것이라고 이해한 것 같다.

섯 '더이'에서 네악따에게 제사를 지내는 연례행사에서 국왕의 대리인 역할을 수행했던 것 같다. 이들은 다른 짜우봐이 스록들에겐 없었던 사형 집행권도 있었다. 기능적인 의미에서 그들의 역할은 국왕 주변의 다섯 자문관들과 비슷했다.

국왕의 측근 대신 다섯 명에는 최고 대신인 떼알라하*를 비롯하여, 그의 지휘를 받아 '법무', '국방', '해군과 대외무역' 및 '왕궁'을 책임지는 대신들이 있었다. 이 관리들은 자신의 세력을 유지했고, 특정 지방과 경제적·혈연으로 이어져 있었던 것 같다. 관할지에 대해 느슨하게 정의된 이들의 책임은 '스다잇 뜨란'과 짜우봐이 스록의 책임뿐 아니라 특정 지역을 '관할'하도록 지명된 왕가의 인물과도 그 책임이 겹치거나 확장되었다. 몇몇 연대기에 따르면 긴박한 때에 옥냐들은 자기 땅과 친척이 있는 고향으로 물러나기도 했다. 고위급 옥냐들이 지역에 결속되었더라도, 전쟁 때 모병관과 전쟁터의 장수로 임명받을 때 외에는 국왕 근처에서 시간을 보냈다. 이들의 성공은 국왕의 운명에 좌우되었다. 시골 지역민들에 대한 영향력은 그다지 분명하지 않다. 아마 왕궁 중심의 연대기들은 이들의 중요성을 과장했던 것 같다. 이는 베트남이 1830년대에 캄보디아 정부를 중앙집권적으로 재편하는 것을 도와줄 사람을 찾을 때도 마찬가지였다.

캄보디아 사회를 이루는 마지막 계층 집단은 촌락 사람들과 국왕 사이에 있는 왕가의 다른 구성원들로 이루어진다. 전통적으로 국왕은 여러 명의 후궁이 있었기 때문에, 왕가의 구성원이 수백 명에 이를 때도 있었지만, 19세기 들어 왕가의 연이은 죽음으로 그 수가 급격하게 줄어들었다. 형제가 없었던 엥 국왕은 다섯 아이들만 남기고 스무 살에 사

* 떼알라하는 '크녕쁘어(뱀의 등)' 또는 '아께아모하세나'라고도 불림(이 책 크마에 번역판 주)

망했다. 그중 장남인 짠 왕자가 6살의 나이로 왕위에 올랐다. 그로부터 30여 년 후 그는 아들 없이 딸만 네 명을 남기고 죽었다. 그의 다른 세 형제(네 번째 왕자는 어린시절 사망)는 1812년에 방콕으로 가서 예외적인 경우를 제외하고는 1835년 짠 국왕이 죽을 때까지 그곳에 머물렀다. 이는 짠 국왕의 집권기 동안에는 캄보디아에 남성 왕족이 짠 국왕뿐이었음을 의미한다. 이전과 이후에도 캄보디아 궁정 생활의 관행적 특징이었던 파벌주의와 자리다툼이 1830년대 후반 타이 지배 하의 시암과 캄보디아 지방의 무대 밖에서 벌어졌다.

    캄보디아 사회의 가장 정점에 있는 왕은 백성들과 멀리 떨어져 있었다. 학자들의 주장에 따르면 이러한 상황은 아시아의 모든 왕들에게 나타난 공통된 현상이라고 한다. 국왕은 하늘의 태양이 햇빛을 비추듯 주로 보이지 않는 모범으로써 다스려야 하며, 왕이 되기 위해 전생에 쌓아 놓은 넉넉한 '공덕과 권력'(이것은 서로 밀접히 연관되어 있고, 한 번 사용하면 사라지는 것으로 보았음)을 가진 사람으로 행동해야 했다. 동남아시아에서 왕권은 순전히 종교적이거나, 상징적인 중요성만 갖는다고 인도화 된 문헌들에 전해져오는데, 이것은 지나친 과장이다. 정치 행위와 종교 행위, 정치 기관과 종교 기관 사이의 경계는 뚜렷하지 않을뿐더러 특별히 중요한 것도 아니었다. 캄보디아 왕들은 일상생활에서 종교적이며 의례적인 역할에 관심을 기울이는 것만큼, 단순히 살아남는 것에도 노력을 기울였다. 비록 왕의 취약점과 타락에 대한 증거가 많았다고 해도, 이것 때문에 왕이 가진 종교적 중요성을 폄하하는 것은 옳지 않다. 왕은 필수불가결한 존재였다. '라마야나'에 의하면 왕이 없는 나라는 "비(rain)뿐 아니라 씨앗도 없으며, 재산뿐 아니라 아내도 없고, 희생 제사뿐만 아니라 축제도 할 수 없다"고 하였다.[33] 짧게나마 캄보디아에 왕이 없었던 1840-41년에 나온 옥냐의 경고는 이런 생각이 얼마나 깊이 뿌리 내리고 있는지를 보여준다. 오직 국왕만이 공직을 임명하고 칙령을 내리며, 계급과 직위에 걸맞는 표식품을 하사하는 것으로 관료층을 하나로 묶을 수 있었다. 어떤 캄보디아의 법에 따르면 인장이 없는 관리에게는 복종할 필요가 없다고 명시되어 있을 정도였다.[34]

(동남아시아의 다른 왕들처럼) 캄보디아 국왕은 관료 계층을 조직하는 것(촌락의 삶에는 지속적 영향력이 없는 행위) 외에도, 브라만교와 불교 및 정령신앙이 뒤섞인 제례의식을 주관했다. 이러한 의례가 농촌 사람들에게는 국왕이 가진 공덕의 크기와 그해 농사의 길흉을 예측하는 것으로, 수확의 성패와 밀접히 관련된 것으로 보였다. 이 의례에는 국왕의 조상들과 네악따에게 공경을 바치는 의식, 벼농사 주기를 시작하거나 끝내는 의식 및 불교력과 양력의 절기들을 표시하는 의식 등이 포함되었다. 여러 의식에서 국왕은 '바꾸'라고 불리는 소위 왕실 브라만들의 도움을 받았다. 그들은 *Regalia*인 성스러운 검, 활 및 국왕이 즉위 일에 단 한 번만 사용하는 몇 가지 물건들을 지키는 역할을 맡고 있었다. *Regalia*가 종교적인 것인지, 정치적인 것인지를 구분하는 것은 불가능했다. *Regalia*가 없어도 국왕은 직위를 임명하고, 군대를 일으키는 등 지배(rule)할 수는 있었지만, 군림(reign)할 수 없었다. 1840년대에 베트남은 타이로부터 유리한 평화협정을 약속받은 다음에야 그들이 가지고 있던 캄보디아의 *Regalia*를 돌려주었다. 이로 말미암아 두엉 국왕은 *Regalia* 없이는 국왕이 신격화되지 못한다는 것을 알게 되었다.

비록 이 기록이 과장되었을지 모르지만, 국왕의 권력은 옥냐들과 일반 백성들이 보기에 아직은 막강했다. 사회의 많은 부분에서, 국왕의 부재는 국왕이 있을 때보다 더욱 예민하게 느껴졌을 것이다.

캄보디아의 베트남과 시암과의 관계

이미 살펴보았듯이 엉꼬 시대 이후 캄보디아에서 가장 중요한 두 가지 특징 중 첫째는 나라의 중심이 엉꼬에서 프놈뻰으로 이동함으로 상업과 인구에 파급 효과가 생길 수밖에 없었다는 것과, 둘째는 타이와 베트남이 행사했던 역할의 변화라고 할 수 있다. 그리하여 19세기 캄보디아를 제대로 파악하기 위해서는 대외관계의 배경에 대한 이해가 필수적이다.

이 관계는 주로 베트남과 시암이라는 두 왕국과의 관계를 의미한다. 캄보디아의 대외관계는 두 강대국 사이의 대립 양상에 따라 달라졌다. 대립 관계는 상대편이 자기와 대등하거나 더 강하다는 것을 양국 궁정이 인정하지 않으려는 것에서 비롯되었다. 서로에 대한 견제는 오랜 전통이 있는 조공 외교라는 단어에 대한 거부감에서 비롯되는 측면도 있다. 조공 외교가 조공을 보내는 쪽과 받는 쪽 사이의 불평등을 강조하기 때문이다.

19세기 동남아시아 국가들에서 외교의 주요한 목적은 격식을 갖추고 선물을 교환하면서, 각국의 차별적 지위를 의례를 통해 드러내는 것에 있었다. 조공 교환에 대한 규칙은 이 교환이 일어나는 특정 체계에 기인한다. 타이와 베트남에는 각자의 체계가 있었으며 캄보디아는 이중의 체계를 모두 따라야 했다.

두 체계는 기원전 3세기에 시작된 이래 1800년대에도 여전히 실시되고 있는 중국과의 조공 외교 체계에서 유래했다.[35] 캄보디아의 관점에서 보면 타이의 다소 변형된 조공 체계는 베트남과 달리 지역의 의복과 생산물을 허용해 주었다는 점에서 좀 더 느슨하고 색다른 면이 있었다.

그러나 베트남은 중국의 체계를 완고하게 따랐다. 예를 들어, 1806년에 베트남 쟈롱(Gia Long) 황제는 캄보디아 국왕에게 보내는 선물을 선택할 때, 자신이 통치를 시작할 때 중국 황제에게 받았던 것들과 똑같은 것으로 했다. 그가 보낸 선물 중에는 황제의 칙령을 쓰기 위한 '금룡지(金龍紙)'나 중국의 관복같이 캄보디아에서는 전혀 쓸모없는 것들도 있었다. 훼(Hué)에서 우동(Udong)*으로 보내온 증정 인장들에는 낙타가 새겨져 있었는데, 캄보디아에는 아무 의미가 없는 것이었다. 사실 이 인장들은 중국 황실이 중앙아시아 속국들에게 보내는 것이었는데, 어쩌다가 베트남도 받게 된 것이었다. 캄보디아 역사 기록자가 이 동물을 '중국 사자'라고 언급하는 황당한 일도 있었다.36)

베트남 입장에서 본다면, 중국이 베트남보다 우위에 있듯이 베트남은 캄보디아보다는 우위에 있었다. 동시에 캄보디아는 베트남보다 아래에 있었고, 베트남은 중국 밑에 있었다. 다른 말로 하면, 베트남은 캄보디아에 대해서는 주인이 되고 중국에 대해서는 종이 되었다. 이러한 이중성의 부산물로, 훼가 우동에 보내는 하사품은 베이징에서 훼로 오는 것을 모방한 문명화된 물건이어야 했다. 반면 우동으로부터 훼가 받는 진상품은 중국이 베트남의 진상품을 그렇게 여겼듯 야만적인 진상품으로 취급했다.37)

조공 하사품에서 타이는 베트남에 비해 한결 융통성이 있었다. 19세기 짝끄리 왕조의 왕들이 캄보디아 왕들에게 보낸 선물은 받는 사람이 이해할 수 있었고 사용할 수도 있었다. 또한 타이는 조공 물품으로 무엇을 보내더라도 받아주었다. 어떤 때는 캄보디아가 후추를 보냈고, 또 어떤 때는 천연수지나 카다몸을 보내기도 했다. 다른 속국들이 방콕에

* 훼와 우동은 각각 당시의 베트남과 캄보디아 수도였다.

진상했던 금과 은으로 장식된 나무를 캄보디아가 보낸 적이 있다는 증거는 없다.[38]

이와 유사하게 짠 국왕(1797-1835)이 방콕과 훼에 보낸 사절단은 서로 다른 규칙을 따라야 했다. 방콕으로 가는 사절단은 규모가 더 크고 잦았지만 덜 공식적이었다. 두 나라와 외교를 맺는 방식의 차이는 타이와 베트남이 자기 스스로에 대해 가지는 위상, 즉 양국이 상대국을 대하는 태도와 캄보디아를 대하는 공식적인 태도의 차이에서 빚어졌다. 베트남 황제가 캄보디아를 베트남식으로 직접 통치하려고 했던 1830년대에, 이러한 차이는 캄보디아에게 잔혹하고 고통스러운 것이었다. 캄보디아 입장에서 본다면, 타이와 베트남의 조공 체계와 태도에서 문제가 되었던 것은, 양국의 체계와 요구가 달랐다는 것이 아니라, 그들의 생색내는 듯한 태도와 요구가 중복되고 값비싸다는 것이었다.

타이와 베트남 양국 간 공식 관계는 1820년대에 관계가 틀어질 때까지 매우 비공식적인 특성을 띠었다.[39] 이는 타이와 베트남의 힘과 위세가 거의 대등해서 양국이 서로를 인정하거나 간섭하기를 꺼렸기 때문이었다. 그들의 대(對) 캄보디아 관계에서 주도권 문제는 아직 일어나지 않았고, 양국이 캄보디아에 대해 취해왔던 역할도 상당히 일관되었다. 예를 들어 캄보디아인들의 야만성과 캄보디아 왕의 복종은 당연시되었으며, 우월한 양국이 캄보디아에 대한 문명화 사명을 수행하는 것도 당연한 결과였다. 양국의 왕들은 공식 서한에서 그들이 크마에 민족을 감독하는 것을 당연하다고 보았다. 타이의 한 외교문서에 의하면 "대국이 소국을 보살피는 것은 당연하다"고 적고 있다. 다른 문서를 보면 짠 국왕에 대해서는 "제멋대로 구는 어린아이"로, 캄보디아에서 타이와 베트남 사이의 정책 연합에 대해서는 "하나의 단위를 이루는 과일과 씨앗들"이라고 언급하고 있다.

　이러한 언사가 현실 정치를 직접적으로 보여주는 것은 아니지만, 연상되는 이미지는 남는다. 동남아시아에서 사용되던 일상 언어들처럼, 외교 서신의 언어도 위계와 가족 질서와 관련된 대명사를 사용하여 양국 간의 관계를 자녀 양육에 빗대어 묘사하는 경우가 많았다. 이런 도식에 의하면 타이와 베트남은 크마에의 '아버지'와 '어머니'가 되며, 캄보디아의 왕은 '자식'이나 '종'으로 묘사된다. 1860년대 한 프랑스 관료는 이러한 상황에 통찰력 있게 표현하기를 '시암은 캄보디아의 아버지이다. 시암의 왕이 캄보디아 왕의 이름을 하사하기 때문이다. 한편 베트남은 캄보디아의 어머니와 같다. 베트남의 통치자가 캄보디아의 공식 인장(옥새)을 수여하기 때문"이라고 했다.[40] 이유야 어떻든 타이와 베트남의 진술은 이후에 프랑스에 의한 진술과 마찬가지로, 캄보디아의 종속에 대한 일방적 선언에 이르게 된다. 이러한 가족 지향적인 이미지는 부당한 것이며 잘못된 비유이지만, 그 시대를 들여다보는 유용한 방법이었다. 이에 따르면 그 시대는 나약하지만 때로 반항적인 아이를 보호하다가, 부모 사이의 갈등이 점점 커져 다툼이 끊이지 않는 형국이었다.

　타이의 정치적 견해는 불교 용어들을 차용했고, 베트남은 중국식의 베트남 유교 전통에 따른 언어를 사용했다. 타이와 베트남이 캄보디아에 대해 가진 목적은 겉으로는 거의 드러나지 않았지만 서로 비슷했다. 응우옌 왕가처럼 타이 왕실도 국경을 따라서 세력을 넓히고, 자기 이미지를 보편 군주로 각인시키기를 열망했다. 아유타야에서 수 세기를 다스려 왔던 타이의 통치자들은 자기를 불교 후원자로 전륜성왕이라 불리는 차크라바르틴과 연결하고 싶어 했다. 이러한 양국의 야망은 영토 확장과 더 많은 사람을 자신들의 지배하에 두도록 이끌었다.

1810년 짠 국왕과 자문관들은 열강의 패권 다툼에 휘말렸는데, 이 게임을 전환시킬 가망이 거의 없었다. 패권 다툼에서 이길 기회는 전혀 없었으며 선택의 여지도 없었다. 베트남식 용어에 따르면 캄보디아는 울타리이자 완충 국가였고, 제국주의자들을 위한 쓰레기 투기장이었다. 타이에게 캄보디아는, 타이 왕실을 위해 카다몸과 전쟁을 위한 인력을 제공할 수 있는, 짜끄리 왕조의 공덕에 은혜를 입은 철부지이자 동료 불교 신자였다. 베트남 궁정이 캄보디아 땅에 들어와 국왕이 베트남의 우위를 인정하라고 요구했다. 반면에 타이 왕실은 캄보디아인들의 충성, 즉 섬김과 우애를 요구했다. 하지만 타이는 군대를 조직하는 방식으로 인해, 그리고 방콕과 프놈뻰의 거리로 인해 캄보디아를 보호해 줄 수 없었다. 베트남은 어느 정도 캄보디아를 보호해 주었지만, 이 조치로 인해 캄보디아는 한때나마 독립국 지위를 상실하기도 했다. 타이와 베트남은 종종 같은 것을 이루기 위해 서로 다른 방식을 취하였다. 양국 모두 특정 지방을 점령했고,* 캄보디아 지배자와 친척들을 볼모로 잡았으며, 옥냐의 독립성을 축소시켰다.

　짠 국왕과 자문관들에게 이 게임의 결과가 처음에는 분명하지 않았다. 그의 통치 초기 베트남과 맺은 동맹은 일단 타이의 압력을 피하고 보자는 의도였던 것 같다. 방콕과 우동 및 훼와의 서신 왕래는 긴 시간이 걸리는 일이라, 짠 국왕은 타이와 베트남에 각각 다른 이야기를 함으로써 몇 가지 사안에 대해서는 시간을 벌 수 있었다. 게다가 그의 통치 대부분의 기간에 자신이 보낸 사절단을 통하여 양국의 궁정과 의사소통 통로를 유지하고 있었다. 사실 짠 국왕은 치세 초기에 성공적으로 유지되던 균형 상태를 자신이 만들어 낸 것이었으며, 그래서 후견국들에 대

* 타이는 받덤벙 지역, 베트남은 메콩 델타를 점령했다.

한 자신의 교섭력이 실제보다 강하다는 착각에 빠졌을 가능성이 높다. 이러한 방식에서 그는 1950-60년대에 캄보디아를 통치했던 노로덤 쎄이하누(짠 동생의 증손자)와 많이 닮았다.

짠 국왕 시기에 타이와 베트남이 세력 균형을 이루어 움직이지 않는 것은 양국의 국익에 따른 선택이었다. 당시 캄보디아의 독립은 그들의 역량에 의한 것이라기보다는 타이와 베트남의 야망을 제한하는 것에 달려 있었기 때문에, 짠 국왕은 양국 사이에서 자신의 노선을 모호하게 하는 것이 이익이었다. 어떤 역사 기록은 이 부분에 대해 쟈롱 황제의 말을 인용하여 매우 분명하게 기록하고 있다.

> 황제가 말했다. "캄보디아는 작은 나라다. 우리는 캄보디아를 어린아이와 같이 다루어야 하며, 캄보디아의 엄마가 될 것이다. 캄보디아의 아버지는 시암이 될 것이다. 아이가 아버지와 문제가 생길 땐 엄마에게 안기어 그 아픔을 달랠 수 있으며, 아이가 엄마와 불편해지면 아버지의 지지를 기대하며 아버지에게 달려갈 수도 있다."[41]

이 게임을 짠 국왕 혼자 하는 것은 아니었다. 왕가 내 정적들은 시암의 국왕인 라마 3세에게 번갈아가며 충성심을 보이며 호시탐탐 기회를 노리고 있었는데, 이에 대해 라마 3세는 1840년대 초에 "캄보디아인들은 왕위 계승 문제로 끊임없이 다툰다. 이 싸움에서 진 사람들은 이웃 나라로 달려가 도움을 청한다. 그러면 이긴 자는 다른 나라의 힘을 빌려야만 한다"고 적었다.[42]

짠 국왕이 자유롭게 행동했다는 것은 착각이었다. 그는 자신의 후견국들 중 하나와 모든 정적들이 별다른 행동을 취하지 않을 때만, 그리고 상대적으로 적극적인 후견국이 군사 원조를 제공할 때만 왕좌를 지킬 수 있었다. 후견국 중 하나가 캄보디아에 온전히 주의를 기울이기 시작할 때 일어나는 연이은 파멸적인 사건을 짠 국왕으로서는 막을 길이 없었다. 1960년대의 쎄이하누 국왕이나 그보다 10년 뒤의 뽈뽇처럼 짠 국왕도 더 강한 세력이 시키는 대로 하는 수밖에 없었다. 짠 국왕의 시대는 더 불리했었는데, 그때는 캄보디아에 주의를 기울여 줄 (마오쩌둥이나 아세안[ASEAN] 또는 UN 등과 같은) 세계적인 지도자나 국제기구도 없었기 때문이다.

7

위기의 19세기

1970년대의 대참사를 제외하면 19세기 첫 60년은 캄보디아 역사에서 가장 암울한 시기이다. 타이와 베트남 군대가 번갈아 캄보디아에 대한 침략과 점령을 반복하면서 왕실 위기와 인구 변동을 겪어야 했다. 1840년대에는 나라가 사라지는 일도 있었다. 쩨이쩨악라만 7세의 총력화(totalizing) 이데올로기가 민주 깜뿌찌어의 이데올로기와 상응하는 면이 있듯이, 19세기의 첫 반세기는 외세의 간섭과 혼란 그리고 캄보디아 사람들이 당하는 고통이라는 측면에서 볼 때 1970년대와 닮은 점이 많다.

역사학자들에게는 다행스럽게도 타이, 캄보디아, 베트남에 참고할 자료가 많다. 하지만 이 자료들이 드러내는 기록은 불완전하다. 예를 들어 짠 국왕은 이 시기 대부분을 캄보디아 국왕으로 다스렸는데도, 지금 남아 있는 자료 중에서 짠 국왕의 언급을 인용한 경우는 거의 없으며, 직접 쓴 것도 남아 있는 것이 전혀 없다. 비유하면 연극에서 가장 중요한 인물의 대사가 하나도 없는 것이다. 이와 비슷하게 그 당시 타이의 외교 정책과 관련된 더 많은 정보를 찾으려 하면 타이 자료들 역시 종종 매우 단편적인 정보만 제공할 뿐이다.

이 시기는 타이가 지원하는 국왕 즉위식으로 시작하고 끝을 맺는다. 두 사건 사이, 특별히 1810년 이후 베트남과 시암의 침략이, 그리고 내부 반란과 왕실이 지원하는 침략자에 대한 항전이 번갈아 일어났다. 짠 국왕의 궁정은 이 항전을 지원함과 동시에 독립을 유지할 목적으로(겨우 명맥만 유지하는 것이라도) 타이와 베트남의 적대 관계를 이용하는 정책을 취했다. 이 시기의 정치사는 사리가 분명했어도, 정치가 초래한 사건들과 사람들의 동기를 제대로 파악하기란 어려운 일이다. 겉으로 드러나는 경향은 먼저 캄보디아가 타이의 통제에서 벗어나 베트남의 손아귀에 들어갔다가, 타이의 보호로 되돌아가는 식이다. 1840년대 초 얼마 동안은 캄보디아 영토의 대부분, 특히 수도권 지역이 마치 베트남에 속한 지방처럼 취급되기도 했다. 캄보디아가 이리저리 휩쓸리던 중에 일어난 세 가지 사건은 연구해 볼 만하다. 첫째, 1790년대 엥을 왕위에 앉히는 대가로 캄보디아의 서북지방을 타이가 병합한 것, 둘째, 1820년 캄보디아 남동쪽에서 발발한 말세론적인 반베트남 폭동, 셋째, 큰 손해를 초래한 타이 군대의 원정에 이은 1835년의 왕위 계승 위기이다. 이 사건들 각각은 캄보디아가 문제를 스스로 해결할 역량이 떨어지는 과정의 한 단계를 보여주는 것이다.

베트남의 통제

캄보디아 연대기에 1794년에 있었던 엥 국왕의 복권은 매우 중요한 사건으로 평가된다. 역사 기록에는 그가 방콕을 떠날 때 "하늘은 어두워지지 않았고, 비도 오지 않았으며, 정오에 하늘에서 마른번개가 쳤는데 그 소리는 마치 강력한 폭풍이 내는 소리와 같았다"고 하였다.[1] 그의 복권은 실제로 극적이었다. 그가 복권되기 전 15년 동안 캄보디아 왕좌는 완벽한 공백 상태였다. 타이에 의해 우동에서 '떼알라하'라 부르는 수석장관으로 임명받은 전직 관료 바엔은, 베트남과 캄보디아 영토 내에 있던 떠이선 정권과 싸우기 위해 군대를 모집하느라 여념이 없었다. 1794년에 타이 국왕 라마 1세는 그의 오랜 봉직에 어떤 형태로든 상급을 내려야겠다고 생각했다.

그런데 라마 1세가 주기로 한 보상은 자신이 가진 것이 아니라, 받덤벙과 모하노꼬(위대한 도시라는 의미로 엉꼬 유적지들이 있는 곳, 현재의 씨엄리업)라는 크고 비옥한 지방을 주는 것이었다. 바엔은 1780년대 한 동안, 이 지역에 대한 통제권을 쥐고 있었으며, 그를 따르는 추종자들도 있었던 것 같다. 바엔에게 두 지방을 하사할 때 라마 1세는 이곳을 시암으로 병합시키지 않았고 엥 국왕의 관할권에서도 제외시켰다. 1790년대와 19세기 대부분 동안 종주국이었던 타이는 바엔과 후계자들에게 캄보디아 엥 국왕에게는 노역을 제공할 의무가 없으며, 단지 때에 따라 방콕에만 조공(대부분 야생 카다몸)을 보내면 된다는 마음을 품고 있었던 것 같다.

(타이에 의한 받덤벙과 씨엄리업의) 할양에 대한 자세한 내용을 알기는 불가능하다. 관련 문서는 전혀 만들어지지 않았을 것이다. 사실 1860년대 타이 측 주장의 정보를 찾던 캄보디아 주재 프랑스 관리가 상관에게 보낸 보고서에, "시암은 그 할양에 대한 어떠한 문서도 제시할 수 없습니다. 엥 국왕의 손자인 현재 국왕 노로덤, 그의 관료들, 늙은 원로 자

문관들 그리고 여전히 살아있는 엥(국왕)의 미망인들 모두 그런 문서는 존재하지 않는다는 의견입니다."[2]

하지만 20세기 들어 캄보디아가 두 지방을 상실한 것은 타이와의 관계에 커다란 장애가 되었다. 시암은 1907년 프랑스의 압력으로 그 지방들을 포기했지만, 1941년부터 1946년까지 다시 그 지역을 합병했다. 하지만 1790년대 상황에서 라마 1세는 장기적인 계획을 가지고 이 할양을 추진한 것 같지는 않으며, 손자인 라마 4세가 "타이 왕국은 더 강하기 때문에 더 확장할 수 있었다"고 씀으로써 이 문제를 간결하게 표현했을 뿐이다.[3]

우동에 자신의 왕궁을 짓고, 1796년에 조공 사절단으로 방콕에 다녀온 엥 국왕은 1799년 초에 사망했다. 그의 통치는 평온한 듯 보였고, 캄보디아 역사에 대한 그의 공헌은 거의 우연에 의한 것이었다. 오랜 기간 왕이 없던 우동으로 돌아온 그는 캄보디아를 되살렸다. 네 아들의 아버지였던 그는 우동에서 프놈뻰으로 1970년까지 이어졌던, 그리고 1992년도에 다시 부활하게 되는 한 왕조를 세웠다. 후손들을 위해 편찬된 캄보디아 연대기에서 그가 높은 평가를 받는 이유는 다른 특별한 업적들보다 이 두 가지 공헌 때문일 것이다.

1806년 그의 아들 짠 왕자가 즉위하기까지 10년간은 거의 기록이 없다. 정확한 이유는 알 수 없지만 타이 궁정이 어느 시점에 이 젊은 국왕을 멀리하는 바람에, 대외적으로 친베트남 정책을 취하기 시작했던 것 같다. 타이 자료들은 이 젊은 국왕과 라마 1세 간의 불화를 암시하는데, 원인이 무엇이든 짠 국왕의 반타이적 성격은 오랜 통치 기간 동안 계속되는 화제였다.[4]

예를 들어, 그가 왕위에 오르자마자 방콕에 대한 복종은 유지하면서 베트남과의 조공 관계 강화를 서둘렀다. 베트남 황제의 말에 따르면 "두 나라의 종인 독립국"이 되는 것이었다.[5] 이 과정은 매우 복잡했다. 타이에 대한 짠 국왕의 적대감이 점점 커지면서 그는 특히 북서지방의 짜우 바이 스록(지방관)들을 멀리했다. 그가 자신의 측근 경호 부대를 캄보디아에 사는 베트남인들 중에서 뽑을 수 있도록 베트남 황제에게 요청했다는 사실을 보면, 일신상의 불안을 엿볼 수 있다. 방콕과의 소원한 관계는 1809년 라마 1세의 죽음으로 더욱 가속화되었다. 짠 국왕은 장례식(화장)에 참석하기를 거부했으며, 장례식에 참석한 두 명의 관료가 친타이 성향을 보이자, 이들을 처형했다.

1811-1812년에는 캄보디아 영토 내에 파견되어 있던 타이와 베트남 군대가 충돌했다. 타이는 짠 국왕과 의견을 달리하는 형제들을 지지했고, 베트남은 짠 국왕의 요청으로 그를 도왔다. 1811-1812년에 있었던 군사 행동이 어정쩡한 것이었음에도 짠의 세 형제 모두 방콕으로 도피했고, 짠 국왕은 남은 통치 기간 내내 친베트남 정책을 자유롭게 추진할 수 있었다. 짠 국왕이 방콕에 마지못해 바쳤던 충성에 비해, 베트남에 대한 의존도가 훨씬 커지자, 베트남의 그물망 같은 영향은 짠 국왕의 자유를 제한시켰다. 한 달에 두 번 짠 국왕과 측근들은 베트남 수도인 훼에서 보내온 베트남 관복을 입고, 1812년에 옮긴 수도인 프놈펜 근교의 베트남 사원을 방문하여, 베트남 황제 이름을 적은 명패에 절을 해야 했다. 그 이후 20년 이상 짠 국왕은 성공 여부가 점점 줄어드는 가운데 어느 정도라도 독립을 이루기 위해 분투했다.

상대적으로 베트남 통제가 느슨했던 초창기에 두드러진 세 가지 사건이 있었다. 첫 번째는 1816년에 캄보디아가 북서지방을 공격했으나 성공하지 못한 것, 두 번째는 1820년 즈음 베트남 남부에 캄보디아인 노동력을 동원하여 만든 빈떼(Vinh Te) 운하 건설, 세 번째는 그 직후 캄보디아 남동지방과 베트남 영역 내 캄보디아 인구가 많은 지역에서 일어난 반베트남 봉기였다.

실패로 끝난 1816년의 원정을 마지막으로 1970년대 이전까지 외국을 공격하는 군사작전이 없다가, 1970년대에 공식적으로 편재된 군대가 외국 군대를 공격하는 일이 다시 발생했다. 프놈뻰에 상주했던 베트남 당국은 짠 국왕에게 공격을 이끌었던 옥냐를 징계하라고 요구했다. 그것은 아마도 타이를 달래기 위한 이유일 수 있었고, 아니면 군사작전을 실패한 것에 대한 책임을 묻기 위한 것이었을 수도 있다. 이 관리(옥냐)는 사이공으로 끌려가 견책당하고 벌금형을 받았다. 그 이후 일어난 일련의 소소한 사건들은 짠 국왕이 베트남의 압력 앞에 얼마나 무기력했는지를 보여준다.

빈떼 운하는 이후 베트남의 캄보디아에 대한 착취의 상징이 되었다. 운하 건설에 뒤따랐던 폭동은 그 지방 사람들의 뿌리 깊은 반베트남 정서, 끈질기게 지속되는 말세론, 그리고 짠의 베트남에 대한 굴종의 모호함을 드러내 주었다.[6] 1817년에 사이공의 베트남 관료들은 수천 명의 베트남 사람들과 천여 명의 캄보디아 인부들을 동원하여 운하를 파게 하거나, 복구하도록 했다. 빈떼 운하는 시암만과 쩌우독(Châu Đốc) 요새를 잇는 것으로 약 40km에 달했다. 1850년대에 기록된 캄보디아 연대기에 의하면 운하 작업은 매우 힘들었다. "작업자들은 모둠별로 나누어 일했다. 베트남 사람 한 명이 각 모둠의 선두에 서고, 한 명은 중간에, 마지막 한 사람은 맨 뒤에서 행진했다. 베트남 사람들은 뒤에서 캄보디아 사람들을 재촉하기 위해 몽둥이를 휘둘렀다. 모두가 진흙을 뒤집어 쓴 채 녹초가 되었다."[7]

1820-21년의 다른 자료들에 의하면, 운하 건설에 대한 기록은 즉각적으로 반베트남 봉기에 대한 기록으로 이어진다. 두 사건의 인과관계는 봉기가 운하와 아주 가까운 곳에서 발발했다는 사실 때문에 더욱 확고해진다. 그 지역은 바프놈 지역으로, 캄보디아 남동부에 있는 작은 산인데, 8세기 말에 쩨이붸악라만 2세가 권좌에 올랐던 곳으로 알려져 있다. 19세기에 이 지역은 주요한 인구 밀집지역의 중심지였고, 종교적인 장소이기도 했다.[8] 바프놈 봉기는 한때 승려였던 '까에'가 주도했는데, 자신이 미래를 예측할 수 있는 신령한 사람이라고 주장했다. 전하는 바에 따르면 그는 주변에서 확고한 지지자들을 끌어모아, 정치적인 운동으로 전환시켰다. 바프놈 주변에서 시작하여 북쪽과 서쪽으로 이동하면서 추종자들을 모아 베트남 군의 주둔지를 공격했다. 어떤 기록에 의하면, 짠 국왕은 봉기 진압을 위해 캄보디아인과 베트남인이 섞인 군대를 파견하였다. 그러나 진압을 책임진 옥냐가 군대와 함께 탈영하여 베트남 군을 공격하는 바람에 실패했다. 하지만 사이공에서 순수하게 베트남 사람들로 구성된 군대를 보내어 껌뽕짬 부근에서 봉기를 진압했다. 봉기 지도자들은 사이공에서 처형당했고, 추종자들 중 일부는 프놈펜에서 참수되었다.

이 봉기에 대한 캄보디아와 베트남 기록들이 보여주는 차이는 '짠의 충성심이 어디를 향한 것인가'와 같은 흥미로운 질문을 유발한다. 짠 국왕은 까에가 프놈펜에서 승려였을 때부터 알고 있었을지 모른다. 베트남은 짠 국왕이 통치 마지막에 과도한 미신에 사로잡혔다고 파악했다. 어쨌든 짠 국왕은 초자연적인 힘을 가지고 있다고 신봉되었던 '한 명의 캄보디아 사람'에 대응하여 적극적으로 움직이지는 않은 것 같다. 짠 국왕의 시각이 어떠했든, 폭동에 대한 대응은 제한적이고 신중할 수밖에 없었다. 이와 유사한 일이 1884년에도 일어났다. 짠 국왕의 조카인 노로 덤 국왕이 프놈뻰에서 프랑스 보호 아래 있을 때 농촌 지역에서 한 옥 냐에 의해 촉발된 반프랑스 항쟁이 그것이다. 1950년대에 노로덤의 증 손자인 노로덤 쎄이하누 국왕도, 그리고 1970-75년의 쎄이하누를 이 은 정권도 이와 비슷한 문제에 맞닥뜨리는 상황이 반복해서 일어났다.[9]

이 봉기가 얼마나 큰 규모로 일어났는지, 그리고 군사와 영토 측면에 서 얼마나 위협적이었는지는 분명하지 않다. 우리는 베트남 사람들에 대한 암살 외에는 봉기 목적을 거의 알지 못한다. 베트남 기록들이 이 봉기의 중요성을 경시하는 것은 당연할 것이다. 반면, 캄보디아 측 연대 기는 봉기 규모와 시기 그리고 업적에 대해 과장하는 것 같다. 하지만 모든 자료가 일치하는 점이 있는데, 이 봉기는 짠과 옥냐들이 아닌 베트 남을 향한 것이었다는 점, 승려들과 환속한 이들 및 지역 관료들이 봉기 에 적극 가담했다는 점이다.

1850년대에 작성된 연대기는 캄보디아인들과 베트남 사람들 및 역사 에 대한 독자들의 생각을 강화하려는 경향이 있다. 베트남 사람들은 잔 인하게 묘사된 반면, "네악썰(공덕이 있는 사람들)"은 강하고, 캄보디아 인들은 동족을 대적해서 싸울 수 없는(또는 적어도 싸워서는 안 되는) 것 으로 묘사되고 있다. '공덕의 사람들'을 추종하는 사람들은 기도와 부적 으로 무적의 몸이 되지만, 살인을 저질러 불교 계율을 범하면서 그 힘을 상실하게 되었다는 기록을 보면, 불교적 성향이 짙게 배어 있다. 비폭력 으로만 유지되는 특별한 능력이 사라지자, 전직 승려들을 포함한 반란 자들은 모두 도륙되었다. 그들이 죽었을 때 "7일간 비가 밤낮을 가리지 않고 내렸다. 대수롭지 않은 이들뿐 아니라 유력자들도 도주하여 피신 처를 찾아야만 했다. 차가운 공기로 모두가 떨었다. 언제 해가 지고, 뜨

캄보디아 풍경, 2006년.
사진 Tom Chandler

는지 아무도 알 길이 없었다. 온 나라가 슬픔에 잠겼다."[10]

주요한 출처에도 나타나듯이 19세기 캄보디아인들의 일상적인 삶에는 위협과 신체적인 위험과 시도 때도 없이 일어나는 폭력적인 분위기가 만연했기에 굳이 과장할 필요조차 없었다. 이 시기의 자료(기록)들은 고문, 처형, 습격, 학살, 마을 방화, 주민들의 강제 이주 등과 같은 언급들로 가득하다. 이 시기의 전쟁은 규모로 볼 때 나라 전체가 아니라 국지적으로 일어난 것이었으며, 천여 명에 달하는 원정대는 20세기 기준으로 볼 때는 작은 규모였다. 동시에 침략자들과 방어자들은 그들이 들어가는 마을을 파괴했다. 만나는 사람이면 누구든지 죽이거나 쫓아냈으며, 그들이 지나간 곳이면 모두 폐허로 만들었다. 극소수의 포로들만 잡히거나 목숨을 부지했다. 아드매르 르끌레르에 의해 번역된 17세기 캄보디아 법은 "원정대는 단지 삼일간의 식량만 필요하다. 왜냐하면 약탈해도 되는 반란 동조자들이 사흘 길을 가기 전에 반드시 있을 것으로 사료되기 때문"이라고 적고 있다.[11] 1970년대 캄보디아를 절망에 빠뜨렸던 내전과 나란히 놓고 볼 때 양측의 행태는 명백하다.

짠 국왕 자신은 이 시기의 수수께끼 중 하나다. 그에 대해서는 소심하다는 사실 빼고는 알려진 것이 거의 없다. 1822년에 작성된 베트남 기록에 의하면 그는 늘 아파서 왕궁 안에 머물렀다.[12] 1834년 베트남 황제는 짠 국왕이 죽기 직전에 그에게 "싱그러운 바람이나 새들의 지저귀는 소리가 그를 아픔에서 벗어나도록 해줄 수 있었다"고 쓰고 있다.[13] 동시에 짠 국왕은 군사작전에 상당한 자율권을 갖고 있었다. 1820년대 내내 그는 방콕과의 연락망을 열어놓고 있었다. 조공 사절이 매년 방콕을 방문했으며, 짠 국왕은 이 기회를 이용하여 타이의 의중을 알아보기 위해 타이에게 정보를 제공하였고, 형제들과도 접촉을 유지했던 것 같다.

두 왕국의 관계는 1820년대 말에 깨어졌다. 1824-25년에 뷔엥짠 부근에서 발생한 반타이 반란을 베트남이 지원했기 때문이다. 아울러 1830년대에 훼의 민망 황제와 방콕의 라마 3세는 아버지들과 달리 서로에게 빚진 것이 없었기에, 강경한 대외정책을 거리낌 없이 진행할 수 있었다는 사실도 양국 관계가 파탄 난 주요 원인이었다. 양국의 대외 영향력 확장은 캄보디아 궁정에 갈등을 불러일으켰다. 민망 황제는 캄보디아 총독으로 파견된 레반주옛(Lê Văn Duyệt)을 의심했다. 황제는 그가 남 베트남의 분리주의에 연루되었다고 믿었는데, 이것은 사실로 드러났다.[14]

타이는 1830-31년에 캄보디아 서부로 시험 삼아 군 탐사대를 보냈다. 하지만 라마 3세는 1832년 주옛이 죽을 때까지 성공의 기회를 잡지 못했다. 민망 황제가 총독의 측근을 자신에게 충성스러운 관리들로 교체하려 하자, 주옛의 양자는 사이공을 중심으로 전면적인 반란을 일으켰다.

반란 소식이 라마 3세에게 전해지자, 그는 원정대를 꾸리기로 했다. 그는 이 원정을 통해 얻을 수 있는 이익들을 예상하고 있었다. 그는 뷔엥짠의 폭동과 타이에 조공을 바치는 라오스의 다른 지역들에 군대가 묶여버린 민망 황제를 곤혹스럽게 만들 수 있었다. 더 나아가 라마 3세는 베트남 남부에 새로운 조공국을 세워 타이와 타이 출신 화교들의 상업적 이익을 확대하여, 사이공/쩌런(Chợ Lớn)과 중국 남부 간의 무역으로부터 직접적인 이익을 취할 계획이었다. 왜냐하면 베트남의 중국인 상인들이 반란을 지지했으며, 이것을 방콕에 알려주었기 때문이다. 타이 국왕은 캄보디아의 많은 옥냐들이 짠의 두 형제인 엄과 두엉(셋째는 1825년 방콕에서 죽었다)의 귀환을 환영할 것이라는 캄보디아에서 온 보고를 받고 감동했을 것이다. 라마 3세의 말을 빌리면 "캄보디아 왕국을 회복하고, 무뢰배 베트남을 벌할" 때가 왔다.[15]

단기적으로 라마 3세의 군사 행동은 성공적이었다. 베트남은 빠르게 프놈뻰을 포기하면서, 짠을 베트남에 볼모로 데려갔다. 타이 장수 차오프라야(대략 경, Lord에 해당) 보딘(Bodin)은 수도를 차지했지만, 베트남 해안을 공격하기 위해 원정대로 보낸 수군들과의 교신이 어려워지자, 1834년 초 베트남이 공격을 감행하였고, 보딘은 철수해야 했다.[16]

엄과 두엉을 권력에 앉히려 했던 타이의 정치적 책략은, 두 사람이 지지를 얻어내지 못하자 실패로 돌아갔다. 보딘의 군대가 캄보디아로 들어왔던 전쟁 초기 대중들이 가지고 있었던 혼란스러움에 대한 한 연대기 기록을 보자.

백성들은 엄청나게 큰 규모의 군대를 보고 놀라 두려움에 떨었다. 군대의 수장이 그들에게 말했다. "두려워하지 마시오! 전하께서 당신들을 다스리기 위해 도착하셨소." 백성들은 이에 대해서 중얼거리기 시작했고, 프놈뻰의 짠 왕에게 알리기 위해 전령을 보냈다.[17]

보딘이 프놈뻰에서 철수할 때 4천여 명의 사람들이 끌려갔다. 지친 타이의 군대가 우동에 다다르자 천여 명이 탈출을 감행했다. 이들은 이후 두려움에 떨며 깊은 숲속을 떠돌았다.[18] 타이군의 대열이 북서쪽으로 움직이면서 그들은 흩어졌고, 이런 일이 일어나는 동안 사이공의 반란은 진압되었다.

1835-40, 캄보디아의 베트남화(化)

1834년 초에 짠 국왕이 엉망진창이 되어 버려진 수도에 돌아왔을 때, 그에 대한 베트남의 통제는 더욱 강화되었다. 타이에서의 육상 공격이 성공하자 민망 황제는, 베트남 남부와 서부 국경에 대해 캄보디아가 완충지대로서의 역할을 더 이상 기대할 수 없다는 것을 깨달았다. 반란을 진압한 후 민망 황제는 통제를 더욱 강화하는 조치를 취했다. 이 교화 작업을 이끌 사람으로 사이공에서 반란을 괴멸시킨 쯔엉민장(Trương Minh Giảng) 장군을 임명했다.

쯔엉민장은 짠 국왕과 관리들에게 노동력과 쌀, 그리고 병력을 베트남 군대에 제공할 것을 요구했다. 짠에게는 베트남이 필요했는데, 이는 물질적인 의미보다 암살과 반역으로부터의 보호를 기대했기 때문이었을 것이다. 캄보디아에 들어온 외부자들이 이후에도 그랬던 것처럼 쯔

쯔엉민장도 왕과 옥냐들에게 너무 많은 기대를 걸었던 것 같다. 1834년이 지나기 전 그는 다음과 같은 비관적인 보고를 훼에 보낸다.

> 우리는 캄보디아 관리들에게 그들의 과와 실에 따라 보상하거나 처벌하려고 했다. 우리는 왕에게 도와달라고 요청했지만 그는 주저했다. 상황을 파악한 후, 우리는 캄보디아 관리들이 할 줄 아는 것이라고는 뇌물을 주거나 받는 것뿐이라고 결론지었다. 매관매직이 성행했고, 명령을 수행하는 자는 하나도 없었다. 모두 자기만을 위해서 일했다. 우리가 병력을 모집하려고 할 때 왕도 전적으로 동의했지만, 관리들은 수많은 사람들을 감추기에 급급했다. 우리는 과업을 달성한 관리들의 목록을 모으기를 원했고, 관리들도 적극적으로 반겼지만, 이번에는 왕의 질투심 때문에 아무 의지를 보이지 않았다. 지난 4개월 동안 이루어진 것이라고는 하나도 없었다.[19]

쯔엉민장의 불만은 당연했다. 당시 (이미 보았듯이 캄보디아 역사의 대부분) 캄보디아 정치는 권력 분산, 재원 결핍, 매관매직 —누군가가 오랜 기간 권력을 독점하는 것을 막는 것— 으로 특징지을 수 있었다. 캄보디아인들이 베트남에 적극적으로 협력하지 않으려는 것은 쯔엉민장에게 모욕적이고, 더 나아가 불충한 것으로 여겨졌다. 하지만 민망 황제는 협력이 가능한 사람들과 함께 최선을 다할 것을 쯔엉민장에게 촉구했다.

한편 보딘은 군대를 시암족이 다스리는 북서쪽에 주둔시켰다. 1830년대에 타이는, 베트남에 대응해서 주민들의 지지를 끌어내기 위해, 받덤벙과 씨엠리업에 주둔하는 군대를 증편했고, 엄과 두엉을 모호한 행정적 통제하에 두었다. 이 조치는 캄보디아 남동쪽에서 강도 높게 진행되는 (캄보디아인들의 삶에 많은 면에서 영향을 끼쳤던) 베트남화 정책과 비견될 수 있었다. 이 정책은 1834년에 시작되어 민망 황제의 재위 마지막에 해당하는 1830년대 내내 타이의 침략 위협 속에서도 지속되었다.

짠 국왕은 베트남화(化)에 의한 첫 피해자 중 한 명이었다. 베트남 실록에 의하면 1834년 말까지 짠 국왕은 '마법사들'의 영향을 많이 받았는데, 이들은 뇌물을 받고 범죄자들을 감옥에서 풀어주라고 부추긴 것으로 의심된다.[20] 어떤 점에서 마법사들은 짠 국왕에게 이전 왕들이 해온 것처럼 행동을 요구한 것이지만, 왕에 대한 그들의 영향력이 쯔엉민 장을 자극하자 그는 마법사들을 체포하여 처형하였다. 자신에게는 목숨을 부지하기 위한 투쟁이, 그리고 자신과 국민에게 어느 정도의 독립을 제공하기 위한 노력이 끝날 때가 되었다. 1835년 초 짠 국왕은 한 달 가량 앓다가 폐허가 된 프놈펜 궁전 맞은편에 정박해놓은 왕실의 배 위에서 44세의 나이로 죽음을 맞이했다. 그는 거의 40년간 그럭저럭 캄보디아를 다스렸다.

짠 국왕의 죽음은 베트남에게 많은 문제를 안겼다. 왜냐하면 그에게는 아들이 없었고, 장녀인 빠엔 공주는 친타이 성향으로 의심되었기 때문이었다. 그의 죽음 직후 옥냐들은 베트남의 제안대로 둘째 딸인 메이 공주를 여왕으로 임명하는 것에 동의했다. 민망 황제는 그녀의 즉위식을 위해 특별히 지어진 홀에서 거행된 즉위식에 사이공의 베트남 관리 한 명을 보냈다. 베트남 황제가 있는 훼의 궁정에서 매번 하던 것을 따라, 메이와 자매들은 북쪽, 즉 그녀의 통치를 공식화하는 황제의 서신을 향해 섰고, 베트남 대표들과 다른 관리들은 남쪽을 향해 있었다.[21]

이 행사에서 전통적인 캄보디아 왕의 즉위식 모습은 찾아볼 수 없었다. 하지만 캄보디아인의 관점에서는 메이가 관직을 임명할 권한을 갖고 있으며, 칙령을 공포하고, 왕실 행사를 집행할 권한을 갖는다는 것만으로도 그녀가 여왕이 되었다는 것을 의미했다.²²⁾ 베트남은 그녀를 섭정을 위한 허울뿐인 지도자로 취급했기 때문에, 캄보디아 사람들이 여왕을 어떻게 생각했느냐는 중요한 것이 아니었다. 그들에게 중요한 것은 황제의 명으로 쯔엉민장이 시행할 준비가 되어 있는 행정 개혁이었다. 전에는 프놈뻰에 있던 베트남의 요새가 안남(安南)으로 불렸지만, 이제는 프놈뻰과 주변 지역이 '서쪽 관할 지역'을 의미하는 짠떠이(Trấn Tây)로 불리는 등 캄보디아의 모든 지방에 중국-베트남 식 이름이 붙여졌다. 인사, 급여, 군무 및 남은 곡물의 처분 같은 일상적인 행정 결정이 베트남의 손에 넘어갔고, 관료 16명, 서기 70명과 교육자 10명이 행정을 위한 핵심 기반을 마련하기 위해 프놈뻰으로 왔다. 하지만 1839-40년까지 노동력 동원 같은 모든 중요한 일들을 포함한 지방 행정은, 비록 베트남의 재가를 받아 임명되었어도, 여전히 왕명을 수행하는 옥냐들 수중에 있었다.

민망 황제가 추진했던 캄보디아의 베트남화 정책은 여러 양상을 띠었다. 그는 베트남인들을 이주시켜 이 지역을 식민화하기 위해, 그리고 백성들의 습관을 개혁하기 위해, 캄보디아 사람들을 훈련하고 무장시키려고 했다. 그는 군사적인 이유로 도량형을 통일하고, 군사 동원과 식량 배급을 위해 표준화를 시도했다. 베트남은 타이에 대항하려는 목적으로 성인 남성 인구를 파악하여 상비군을 조직했다. 그런데 징집에 문제가 발생했다. 많은 옥냐들이 자신의 추종자들에 대한 통제권을 단념하려 하지 않았기 때문이다. 베트남은 얼마 후 그들이 동원할 수 있는 병력은 짬족 용병뿐이라는 것을 깨닫게 되었다.

크마에 족은 행정에서 수많은 문제를 일으켰기에 민망 황제는 베트남인들을 이주시키려 했다. 그는 군 죄수들과 일반 죄수들을 감옥에 두는 것은 유익이 없기에, 캄보디아로 보내 그들과 함께 살면서 가르치는 것이 더 유익하고, 죄수들에게도 낫다는 근거로 이 정책을 합리화했다. 베트남의 죄수가 순진한 캄보디아 사람들보다 우수하다는 발상은 베트남의 "캄보디아 문명화 조치"의 다른 면모를 보여준다.[23]

1830년대 캄보디아에 대한 베트남의 정책은 프랑스가 실시한 "문명화 정책"(프랑스는 '문명화'를 위해 식민지 기간에 수많은 베트남 교육기관을 약화하거나 폐지함)의 전조가 되었다. 성대한 쯔엉민장의 추모식에서 황제는 이 정책의 기초를 잡았다.

> 캄보디아의 야만인들은 이제 짐의 자녀가 되었다. 그러니 너희들은 그들을 도와 우리의 관습을 가르쳐주어야 한다. 짐은 그 땅이 윤택하고 비옥하며, 쟁기를 끌 황소들도 많다고 들었다. 하지만 그 백성들은 발달된 농업기술을 갖추지 못하여, 소를 이용하기보다는 곡괭이와 괭이만을 이용하고 있다. 그들은 하루에 두 끼 먹을 정도만 벼를 재배하고, 남는 것이나 저장하는 것이 없다고 하는구나. 천이나, 비단, 오리와 돼지 같은 생필품들은 너무나 비싸다 … 이런 모든 결핍은 캄보디아인들의 게으름에서 비롯된다 … 그래서 다음과 같은 교지를 내리노니, 황소를 어떻게 사용하는지 가르쳐라. 쌀 생산을 어떻게 늘릴 수 있는지 가르쳐라. 뽕나무와 돼지, 오리를 키우는 법을 가르쳐라 … 그들은 베트남어로 말할 수 있도록 가르침을 받아야 한다. 우리의 옷 입는 방식과 식사 예절도 배워야 한다. 구식이거나 야만적인 관습을 간소화하거나 억제할 수 있다면 그리하라.[24]

황제는 쯔엉민장으로부터 사회 개혁을 실행하는 데 신중을 기하라는 조언을 새겨들었다. "좋은 생각을 서서히 확산시켜, 야만인들을 문명화된 백성들로 바꾸라."²⁵⁾ 속도는 중요한 것이 아니었다. "백성들의 마음을 얻어, 그들을 가르치기 위하여 우리는 더디더라도 이것을 실행하려고 한다."²⁶⁾ 그다음 추도식에서 황제는 이런 느린 과정조차 성공할 수 없을지 모른다는 것을 깨달았다. 왜냐하면 "야만인들의 관습이 우리 자신의 관습과 너무 달라서, 비록 우리가 그들의 영토를 모두 점령하더라도 변화시킬 수 있을지는 확실하지 않을 것 같다."²⁷⁾

1830년대 베트남의 서신에는 캄보디아 농업기술 개혁의 필요성이 반복되지만, 이런 개혁에 성공했다는 기록은 없다. 토지 소유와 세금 징수, 관개 작업을 수량화하고 체계화하기 위한 베트남의 노력은 결실을 얻지 못했다. 캄보디아인들은 베트남이 '부역 노동'과 '크마에 정체성의 뿌리를 뒤흔드는 문화 개조'를 끊임없이 요구한다는 인상을 받았다. 이런 요구 중 하나는 썸뽇(캄보디아식 치마) 대신 긴바지를 입으라는 명령과 머리를 짧게 자르지 말고 길게 기르라는 명령이었다. 베트남 기록에 나타난 또 다른 '야만적인' 캄보디아 관습들로는 겉옷을 옆 단도 (아오자이처럼) 틔우지 않고 입는 것, 허리에 간단하게 두르는 옷만 입는 것, 손으로 밥을 먹는 것, 서서 인사하지 않고 무릎을 꿇고 인사하는 것 등이다.²⁸⁾ 두 민족은 문화의 갈래 —19세기 동남아시아에서 사람들을 가장 첨예하게 규정했었던 것 중 하나— 에 있어서 서로 다른 편에 살고 있었다. 이 갈래는 1970년대에 처음으로는 론놀에 의해서, 그리고 나중에는 뽈뽇에 의해 잔혹하게 이용되었다.²⁹⁾

민망은 이념적 틀 속에서나마 캄보디아에 대해 더 알려고 했고, 백성들에게도 공정하려 했으며, 캄보디아인들의 삶의 질을 개선하려고 노력했다. 그가 명령을 잘 따른 캄보디아 관리들에게 포상했다는 기록이 여럿 남아 있다. 이 기록 중 하나를 보면, 그는 관리에게 캄보디아 역사에 관한 책을 보내달라고 요구했는데, 이는 캄보디아가 "1200년이 넘는 역사를 가졌음에도 우리는 이 나라가 언제 —베트남과 중국의 어떤 왕조 때— 시작되었는지 정확히 모르고 있다."[30] 그전에도 황제는 쯔엉민장에게 다음과 같은 캄보디아의 자세한 정보들을 보내 달라고 요청했다.

> 관습, 사람들, 농업 생산물. 짐은 이 백성들이 번성할 수 있을지, 캄보디아 군대를 훈련시킬 수 있을지 알고 싶구나. 짐은 야만적인 백성들이 베트남의 생활방식을 배웠는지, 그래서 그들이 행복한지 알고 싶구나.[31]

또 다른 기념식에서 민망 황제는 캄보디아의 짜우퐈이 스룩들을 프놈뻰에서 가까운 지방부터 베트남 사람들로 교체할 계획을 세웠다. 1839년 민망 황제는 옥냐들이 베트남 관직명보다 캄보디아 관직명을 계속 사용하고 있다는 얘기를 듣고 불쾌했다.

> [황제가 말하기를] 서쪽 관할지의 캄보디아 관리들은 모두 짐의 궁정에서 임명되었다. 그런데 서신과 대화를 통해 그들이 여전히 캄보디아 관직명을 사용한다고 들었다. 그들은 관직이 이 궁정에서 수여된 것에 대해 명예롭게 여겨야 한다. 그러므로 대화할 때 그들은 캄보디아 관직명이 아닌 베트남 관직명을 사용해야 한다.[32]

짠 국왕의 형제인 두엉은 타이의 통제 아래 받덤벙에서 수년간 살았다. 그런데 1837년에 일어난 애매한 사건 때문에 체포되어 사슬에 묶인 채 방콕으로 끌려갔다. 어떤 기록에 따르면 프놈뻰에서 베트남의 밀사가 그에게 왕위를 약속하며 수도로 내려올 것을 유혹했다고 한다. 두엉은 그들에게 애매모호하게 대답했는데, 이것이 오히려 타이와 베트남 모두에게 그가 자기들을 배신하려 한다고 의심하게 했다. 그 의심이란 짠 국왕이 겨우 유지하고 있던 다소 불안한 독립을 되찾으려고 두엉이 수도 주변의 옥냐들을 통해 추종자들을 결집시키려 한다는 것이었다.[33]

반면, 타이의 군사동원에 대한 염려와 베트남 개혁 조치의 더딘 진행에 대해 커가는 불안으로 베트남은 캄보디아에서 베트남식 행정 조직을 강화했다. 이러한 개혁 조치의 원인이자 결과로 1837-39년에 반베트남 봉기가 일어났다. 베트남 실록에 따르면 네 가지 개정된 정책(전략)이 있었다. 가장 혁신적인 것으로는 전국적으로 지방 행정구역을 새롭게 재편하고, 현지인 짜우바이 스록을 베트남 사람으로 대체하는 것이다. 이 직위를 위해(실행되지는 않았던 것 같다) 베트남 대신들은 "20여 명"의 하급 관료들을 찾으라고 보챘다. 하급 관료들의 자질로는 학업 성취도보다 농사 경험과 군사 지도자 자질이 더 중요한 고려 사항이었다. 두 번째 요소로는 더 많은 경작지를 개척하는 것, 더 많은 현지 군인을 양성하는 것, 더 많은 곡물을 저장하는 것으로, 이는 베트남 사람들과 용병들이 남 베트남에 의존하던 것을 줄이기 위한 시도로 이루어진 조치였다. 세 번째로는 "의사소통을 개선하기" 위해 캄보디아인들에게 베트남어를 가르치는 것이었다. 마지막으로 중국 이민자들과 베트남 죄수들을 캄보디아에 더 많이 이주시키는 것이었는데, 이는 쯔엉민장이 그 해 초 민망에게 보낸 문서에서 이 정책의 위험성에 대해 경고했음에도 그대로 진행되었다.

타이의 연대기는 이 개혁 조치를 기록하면서, 민망 황제가 캄보디아 사람들을 "새 베트남인"이라고 불렀다고 전하고 있다.[34] 베트남인들은 자신들이 캄보디아의 도량형, 복색, 머리 모양을 문명화하기 위해 취했던 조치들만큼이나 이번 개혁 조치도 해로울 것이 전혀 없다고 여겼다. 1840-41년 베트남에 반대하여 발발했던 봉기 원인은 이 개혁 중에서 짜우봐이 스록을 교체하려 했던 조치와 가장 관련이 깊을 것이다. 옥냐들은 베트남이 이렇게 자신들을 공격하자, 더 평등하고 미래지향적인 베트남의 통치를 수용하기보다는, 현 체제를 유지하기 위해 추종자들을 끌어모으는 편을 택했다. 이때 옥냐들이 추종자들을 쉽게 끌어모았다는 것은 주목할 만하다. 이와 대비되는 흥미로운 사례로는 1980년대 깜뿌찌어인민공화국에 대한 반대가 있다.[35]

1839년 12월 엄 왕자는 자기 형제가 수감된 이후 타이의 호의로 수천 명의 사람들과 함께 프놈뻰으로 돌아왔다. 그는 베트남이 자기를 왕좌에 앉히려 한다는 오해를 사실이라 확신하고 있었다. 그가 프놈뻰에 다다랐을 무렵 쯔엉민장이 그를 붙잡아 사이공과 훼로 압송시킴으로 왕위 경쟁에서 제거해 버렸다.[36]

1840년대 초 이 소식을 들은 타이는 받덤벙에 수비대를 설치하는 것으로 대응했다. 차오프라야 보딘이 엄 왕자의 압송 사태를 조사하기 위해 받덤벙에 도착했을 때, 그는 이 지방에 배속된 일단의 관리들과 함께 있었던 300여 명의 캄보디아인들 중 200여 명이 달아났다는 것을 알게 되었다. 현지 지원이 불확실하다는 것을 알게 된 그는 캄보디아에 대한 본격적인 침공 계획을 미루었다.[37]

1840년 9월과 10월에 일어난 반베트남 반란은 5월경 계획 단계에 있었다. 1836년 이래 간헐적인 봉기가 매해 일어나 캄보디아 상황이 악화되자, 민망 황제는 캄보디아에 대한 베트남 통제를 강화하였다. 민망 황제의 조치들 중 하나는 세금 징수를 개선하는 것이었다. 전통적으로 세금은 옥냐들이 거두었는데, 쌀과 천으로 내는 세금의 양으로는 캄보디아에 거주하는 베트남 군인들과 관리들을 유지하기에 항상 부족했다. 1840년 민망 황제는 캄보디아 경작지를 재조사하고, 강우량, 곡물창고, 관개 작업에 대해 꾸준히 기록할 것을 명하였다. 이는 캄보디아에서 일하는 베트남인들을 캄보디아 세금으로 유지하려는 의도였다. 그는 6년 간 비슷한 명령을 내렸지만, 이루어진 것은 거의 없었다.[38]

1840년 6월에 이르자 민망 황제의 인내는 한계에 달했다. 그는 메이 여왕과 자매들의 지위를 박탈하고 베트남의 하위 공직을 하사했다. 그와 함께 떼알라하를 포함한 가장 높은 직급의 옥냐 6명을 사이공으로 압송했다. 인구조사 기록을 조작하여 군역과 부역 의무가 있는 1만 5천여 명의 사람을 숨겨주었다는 죄목 때문이었다.[39] 이 압송은 비밀리에 진행되어 옥냐들의 추종자들은 그들이 죽은 것으로 생각했다. 그리고 이들의 실종이 봉기의 가장 중요한 원인 중 하나였다.

베트남이 캄보디아에서 통치 기반을 마련하는 데 실패한 것은, 적어도 초창기에 옥냐들을 통해 일하려 했던 것과 연관이 있었다. 옥냐들의 베트남에 대한 충성은 고작해야 시류에 따른 것일 뿐이었다. 그들이 일하는 방식은 공포, 오만, 후견, 지역 연고 및 친척과 관리들의 충성심에 기반한 것이었기 때문에, 베트남 당국에 대해서는 호의적이지도, 도움이 되지도 않는 것이었다. 대부분의 옥냐들은 베트남에서 가끔씩 오는 보수를 받는 것으로 충분히 만족하는 듯 보였다. 하지만 그들은 유교적인 공직자가 되려고 노력하는 모습을 보이지 않았다. 옥냐들과 일하면서 베트남은 목표를 거의 달성하지 못했다. 그리고 베트남의 조치들은 크게 볼 때 무간섭 정책 위에 이루어졌기에, 대부분의 옥냐들은 그에 저항할 이유가 없었다.

하지만 1840년 캄보디아에 대한 직접 통치를 시작함으로, 베트남의 의지를 관철하면서 조치를 취하는 상황이 되었다. 아무래도 이 상황이 봉기를 촉발시킨 것 같다. 타이의 침략이 임박한 가운데, 베트남의 경제적·군사적 관심이 옥냐의 이해와 일치한다는 것을 납득시키는데 실패하자, 베트남이 선택할 수 있는 것은 캄보디아를 포기하는 것 외에는 방법이 없었다. 민망 황제의 정책은 실패했다. 왜냐하면 (베트남의) 선의에 의해 진행되는 사회 개혁을 맞닥뜨린 '야만인들'이 비타협적이거나 배은망덕한 이유를 베트남으로서는 도무지 이해할 수 없었기 때문이었다. 1838년 캄보디아 백성들에 대한 명령에서 이러한 배은망덕의 부조리에 대해 강조하기를,

> 짐의 관대함에 감사하라! 파괴를 일삼는 타이로부터 너희들을 안전하게 지키기 위하여 황제의 군대가 수많은 비용을 지불하면서 캄보디아에 파견되었다. 너희들 가운데 주둔한 군대가 평화를 가져왔다. 모두가 알다시피 이 조치는 마치 캄보디아 백성들을 진흙탕 구덩이에서 꺼내어, 따뜻한 깃털 침대 위로 옮겨준 것과 같다. 생각이 있는 사람이라면 모두 베트남 궁정에 감사해야 할 것이다. 그런데 왜 저 백성들은 우리를 미워하고 반란자들을 신뢰하는가?[40]

상황은 1840년 9월 대규모로 봉기가 확대되면서 더 악화되었다. 동남쪽 지방을 중심으로 일어난 봉기는 혁명기 캄보디아 이전에 정치 행동으로 지속되고 발전된 드문 사례 중 하나였다. 또 다른 사례로는 1885-86년에 일어난 반프랑스 봉기와 '1916 사태'라 불리는 사건(8장과 9장에서 다룸) 등이 있다. 베트남의 문명화 정책으로 자존심이 상한 옥냐들은 수개월 동안 봉기에 대해 논의하였다. 서신들에 적힌 날짜들과 주소들 및 전반적인 내용들은 오늘날에도 알려졌지만, 서신 자체는 남아 있지 않

다.⁴¹⁾ 봉기는 타이의 침략과 지원에 대한 기대가 베트남의 도발과 맞물리면서 실행에 옮겨졌다. 베트남에서 새 황제가 즉위하던 1841년 초, 봉기 지도자들이 바랐던 타이의 지원과 공격은 좌절되었다. 베트남의 군사적 성공과 봉기군을 위한 병참 지원 실패가 동시에 일어났기 때문이었다. 1840년대 초반은 타이와 베트남이 일진일퇴를 거듭하며 벌인 전투와 협상으로 점철되다가, 점차 타이의 양보로 캄보디아에서의 권력 균형이 이루어졌다.

옥냐들 입장에서 볼 때 봉기의 즉각적인 원인은 베트남의 조치에 있었다. 옥냐들은 베트남의 조치가 캄보디아에서 왕정과 불교 및 공직 계급을 없애려는 것으로 보았다. 이러한 추론은 공주의 폐위와 베트남 관리들이 프놈뻰을 차지한 것에서 시작되었다. 이는 민망 황제가 캄보디아에 베트남의 세금 체계를 실행하려 했던 1840년 6월까지 지속되었다. 그로 인해 옥냐들은 과일과 채소와 같은 생산물에도 세금을 추가로 부과하고, 인구조사와 토지조사 및 수자원에 대한 보고를 새롭게 해야 했다.

문명화 프로그램으로 베트남은 일부 지방 관청의 캄보디아 관인을 회수하여 직위 표시가 없는 베트남 인장으로 대체하였다. 이때 지방 관리 한 명이 부패 혐의로 면직되었는데, 이 사건은 베트남이 모든 캄보디아 관리들을 체포할 것이라는 소문이 되어 옥냐들 사이에 퍼져나갔다.

절정은 베트남이 메이와 자매들을 프놈뻰에서 구금한 8월에 일어났다. 베트남은 술과 베트남 노래극 공연으로 여왕과 자매들의 마음을 누그러뜨린 후 측근 수행원들을 따라 배에 타도록 유인했다. 한 목격자의 증언에 따르면, "그들은 내내 웃고 떠들며 모두가 행복했다." 공주들은 베트남으로 압송되었고, 메이 여왕이 아버지에게서 물려받은 캄보디아의 *Regalia*도 가져갔다. 당시의 소문과 캄보디아 사람들에 대해 기록한 믿을 만한 베트남의 기록에 따르면, 이때 프놈뻰과 지방의 옥냐들은 떼 알라하 롱과 그의 협력자들 및 네 명의 공주들이 모두 죽었다고 생각했고, 다음은 자신들 차례라고 판단했다.

비록 그녀의 권위와 존재가 통제 아래 있었다고 해도, 캄보디아 사람들에게 왕실의 실종은 나라가 사라지는 것을 의미했다. *regalia*의 상실은 누군가가 상황을 더 악화시키는 것을 정당화할 수 있었다. 궁정에서 자기들보다 높은 후견인이 사라진 것, 조세 체계 개혁, 관인에 대한 무시와 옥냐들의 정책 수행의 자유에 대한 베트남의 공격이 옥냐들의 봉기를 재촉했다. 베트남이 생각하는 '합리적인' 조치가 비록 캄보디아에 이익이 되는 것일지 모르지만, 그것은 옥냐들의 정체성 근간과 그들의 사회에 대한 관념 모두를 뒤흔드는 것이었다. 상좌불교와 캄보디아 언어, 문화, 교육제도 등에 대한 베트남의 경멸이 옥냐들을 재촉하여 봉기를 일으키게 만들었다.

봉기 초창기에는 메콩강 동쪽에 집중되었지만, 곧 해안을 따라 리엠과 껌뽓 등과 같은 베트남인 거주지로, 이어서 베트남 남부 일부와 캄보디아인들이 많이 살고 있는 내륙의 요새화된 마을까지 확대되었다. 공주가 실종되었다는 소식이 결정적으로 봉기를 촉발시킨 것으로 보인다. 그리고 이 단계에서 반란자들의 목표는 메이 여왕과 볼모로 잡혀간 관리들로 상징되는 이전 체제의 회복이었다. 또 다른 뚜렷한 목표는 베트남 사람들을 죽이는 것이었다. 한 봉기 가담자가 쓰기를, "우리는 베트남 사람들을 죽여서 행복했다. 우리는 더 이상 그들을 두려워하지 않는다. 우리는 어떤 전투에서도 불교의 삼보 —붓다, 법, 승가— 를 잊지 않았다."[42]

베트남은 옥냐들이 봉기에 매우 협조적인 것에 놀랐으며, 타이의 영향이라고 비난했지만 확증하지는 못했다. 그들은 또한 봉기 우두머리가 단 한 명도 없다는 사실에 당황했다. 베트남 측은 봉기의 규모를 3만 명 정도로 추산했는데, 캄보디아 전역에서 봉기 가담자들은 수백 명 때로는 그보다 조금 큰 단위였다. 이들은 자기들이 익숙한 지역에서 활동했고, 신뢰했던 사람의 지휘를 따랐다. 게릴라 전투에 대응하는 것이 감당할 수 없을 만큼 힘든 일이라는 것을 1841년 베트남의 한 보고서는 다음과 같이 요약하고 있다.

> 봉기군들은 강둑의 전략 요충지를 따라 주둔지를 만들었다. 그들은 나타났다가 사라지기를 자유자재로 했다. 만일 우리 군대가 동쪽을 경계하고 있으면 봉기군은 서쪽으로 도주했다. 그들은 아주 깊은 정글 숲속과 우리 부대가 군사작전을 펼칠 수 없는 늪지에 힘을 집중하였다. 어떤 지역은 큰 풀들이 눈높이까지 자라고 있었고, 매우 덥고 먼지가 많았다. 그들은 마실 물을 굳이 찾지 않아도 하루 종일 행군할 수 있었다. 더 나아가 우리는 적들에 대해서 아는 것이 하나도 없었고, 안내인도 없었다.[43]

베트남 군은 이동과 보급을 위해, 매년 그 시기에는 물살을 거슬러야 한다는 어려움을 갖고 있었다.* 보고서에 따르면 베트남 궁정의 '관용' 정책에도 투항하는 이가 단 한 명도 없었던 반면, 캄보디아인들이 "들쥐와 생쥐들"처럼 도망가서 "모기떼"처럼 공격한다는 언급만 가득하다. 봉기 초기에 민망 황제(1841년 초 사고 이후에 사망)는 충성스런 군대와 지방의 관리들에 대한 보상을 미끼로 군사작전만 적절히 취하면 충

---

* 캄보디아에 있는 메콩강은 우기가 되면 수량이 너무 많아, 본류를 제외한 모든 지류들이 역류한다. 베트남은 우기 때면 역류하는 물을 따라 보급을 진행했지만, 건기에는 물을 거슬러야 했다는 의미이다.

분히 봉기를 진압할 수 있을 것으로 생각했다. 민망 황제는 봉기로 매우 신경이 예민해져서 "머리털이 다 곤두설" 지경이라고 쓰기도 했다.44) 그는 떼알라하 롱과 다른 볼모들에게 캄보디아에 있는 친척들과 추종자들에게 "자신들은 이제 더 이상 쓸모가 없고, 이런 가치 없는 후견인들에 대한 캄보디아인들의 충성심도 오해에 의한 것이니, 자신들에게 충성할 것을 포기하라"는 내용의 편지를 쓰라고 명령했다. 그리고 사기를 떨어뜨리고자 승려들과 마술사들을 프놈펜으로 들여보내는 것도 승인했다. 그의 통치 기간 마지막 몇 달에는 전선에서 오는 보고를 매주 받았고, 캄보디아 곡물과 과수원을 불태워 예비 조치를 취할 것을 명령했다. 민망 황제는 "캄보디아인들은 매우 멍청하니 그들을 위협해야 한다. 평범한 도덕적 권고는 아무 효력이 없다"45)고 단언했다.

민망 황제가 살아있었다면 다음 7년간 어떻게 했을지 판단하기란 불가능하다. 하지만 그의 죽음 이전에 봉기 가담자들의 기세가 꺾이기 시작했다는 것은 명백하다. 민망 황제가 캄보디아에서 승리하기 위해 수단과 방법을 가리지 않은 것에 비하면, 그를 이은 티에우찌(Thiệu Trị)는 캄보디아에 별 관심이 없었다.46) 새 황제는 통치를 시작하면서, 타이까지는 아니더라도, 베트남 궁정과 캄보디아인들 모두가 수용할 타결책을 찾기 시작했다. 그런데 어떤 단계에서 타이와 직접 협상해야 한다는 제안에 대해 그는 "잘못된 것이며 바보 같은 짓"이라며 무시했다. 티에우찌의 캄보디아에 대한 목표가 모호했다는 것과 아울러 먼 거리, 불신 그리고 전쟁에서의 기세 등으로 그 갈등은 1847년까지 이어졌다.

캄보디아 군대는 거의 보급을 받지 못했다. 1840년 말 반란에 가담한 한 옥냐는 타이에 다음과 같이 불평했다. "우리는 베트남과 더 이상 싸울 수 없다. 전쟁을 치를 군인뿐 아니라 총, 탄약 및 보급이 부족하다.

무기라고는 고작 칼과 석궁, 곤봉뿐이다. 더 전쟁을 지속할 수 없다."[47]

시암과 캄보디아 독립의 회복

베트남 궁정과 캄보디아에 있는 베트남 관리들이 자국의 내부 문제로 취급한 캄보디아 영토 내 베트남 사람들의 문제에 대한 해결책을 찾고 있을 때, 3만 5천 여명에 달하는 차오프라야 보딘의 원정군이 받덤벙 근처에 결집하여 뽀쌌에 있는 베트남 주둔지를 공격하여 패배시켰다. 보딘은 수도를 공격할 준비가 되어 있었지만, 보급 부족과 병사들에 대한 신뢰 부족으로 주저하고 있었다. 결국 그는 자신의 정치적 지위를 다질 목적으로 군사를 받덤벙으로 철수시켰다. 뽀쌌을 포위했을 때 반란에 가담한 18명의 옥냐들이 타이의 지원과 두엉 왕자를 방콕에서 돌려보내 줄 것을 탄원하는 서신을 보딘에게 보냈다.[48] 라마 3세에게 충성서약을 했던 옥냐들은 보급 부족을 호소하며, "캄보디아 사람들은 자신들의 정치적 상황이 베트남이 들어오기 전, 즉 19세기 초의 상황으로 돌아가기만 해도 만족할 것"이라고 단언했다.

보딘은 이 서신을 방콕에 보내면서, 두엉을 풀어줄 것과 정치적 지위를 회복시켜 주는 것이 낫겠다는 권고안을 추가했다. 1841년 1월 두엉은 타이인과 캄보디아인들로 구성된 자문관들과 지지자들에게 줄 선물을 가지고 받덤벙에 도착했다. 그는 자신의 지위를 알리는 표식품과 라마 3세가 하사한 왕실 의복을 가지고 왔다.[49] 어떤 자료에 의하면 보딘이 두엉을 풀어줄 것을 재촉한 것은 "만일 백성들을 돌보는 고위직 인물이 없다면, 일반 백성들이 안전할 수 없다"는 이유 때문이었다.[50] 그 자료에 따르면, 보딘은 옥냐들에게 두엉이 캄보디아를 다스리게 될 것을 약속함으로 그들을 통제하려는 의도를 가지고 있었다(보딘은 자신의 오합지졸 군인이 아닌 캄보디아인들이 베트남과 싸워주기를 간절히 원했다). 1840년대에 두엉은 보딘의 밀착 감시하에서 조종당하고 있었다. 두엉의 캄보디아 귀환과 그에 대한 라마 3세의 배려는 타이-캄보디아의 관계에 새로운 장을 열었으며, 이는 1863년 프랑스의 개입 전까지 지속되었다.

두엉이 자신의 신하가 될 사람들과 협의하고, 보딘은 이 새로온 이들이 타이의 보급을 축내는 것에 불평하는 동안, 티에우찌가 타이의 침략을 저지하고, 남 베트남의 반란지를 진정시켰다. 그는 베트남의 위신을 지킨다는 마음을 가지고 캄보디아에 대한 베트남의 정책을 이해하고 통제하려고 시도했다. 1841년 말 쯔엉민장이 엄 왕자를 재차 권좌에 올리려 시도했지만, 그의 이름으로 포고된 칙령은 아무 지지도 얻지 못했다. 이 시점에서 쯔엉민장이 캄보디아에서는 자신에게 유리한 정치적 균형을 회복할 기회가 더 이상 없다는 것을 깨달은 것 같다. 그는 엄 왕자와 공주들 그리고 도시의 6천여 명과 함께 베트남으로 철수했다. 베트남에 도착했을 때 그는 황제의 '정당한 소유'라고 스스로 언급했던 캄보디아를 '빼앗긴' 것에 대한 책임을 지겠다면서 훼에 편지를 쓰고, 독약을 마시고 죽었다.[51]

베트남이 실패했다고 해서 이것이 타이의 승리를 의미하는 것은 아니었다. 1843년까지 캄보디아는 차오프라야 보딘에게는 늪이었다. 그는 방콕에 서신을 보냈다. "우리가 캄보디아에 온 지 3년이 되었지만, 아무것도 이룬 것이 없다. 보급은 모자라고 백성들은 나뭇잎과 풀뿌리로 연명하기 위해 숲으로 달아난다. 우리 군대에서도 천여 명이 식량 부족으로 죽어갔다."[52] 1844년 그는 프놈뻰을 포기해야 했고, 우동 근처에서 군사들을 재결집하는 동안, 베트남은 프놈뻰에서 메이 공주를 캄보디아의 합법적인 여왕으로 재임명하였다. 보딘은 베트남의 이러한 군사 행동에 격노했다. 그리고 많은 옥냐들이 더 이상 타이를 지지하지 않을 것으로 보았다. 보딘은 방콕에 "캄보디아의 모든 지도자, 귀족, 지방 관리와 일반 백성들은 무지하고 어리석으며, 아둔하여 속기 쉬운 이들이다. 그들은 무엇이 옳고 무엇이 그른지 모른다"고 불평했다.[53]

이러한 어려움에도 베트남은 1845년 내내 우동 주변에 있는 타이 군대를 몰아내려고 시도했지만 결실을 얻지 못했다. 그해 말 타이와 베트남은 정전 협상을 시작했다. 협상에 진척이 있었던 것은, 티에우찌가 캄보디아에 대한 군사적 입장과 아버지가 했던 대캄보디아 정책을 기꺼이 포기하겠다는 것을 양측이 받아들였기 때문이다. 정치적인 상황이 타이에게 호의적이었음에도 군사적 교착 상황으로 그들은 느리게 움직였다. 두엉 왕자가 볼 때, 타이는 방콕에 충성을 다하는 노련하고 대중적인 통치자를 두었고, 그 지방의 충성스러운 관리들의 효율적인 네트워크를 통해 일하고 있었다. 하지만 베트남도 여전히 강력한 협상력을 가지고 있었다. 특히 그들은 여전히 캄보디아 *Regalia*를 가지고 있었는데, 이것이 없으면 두엉은 합법적으로 왕좌에 오를 수 없었다.

베트남은 체면을 살려주는 모양새를 요구했다. 캄보디아 관리가 수장이 되는 조공 사절단이 1846년 3월에 훼를 방문하여 캄보디아가 베트남에 대한 형식적인 복종을 선언해야 한다는 것이었다.[54] 1847년 6월 사절단장이 프놈뻰으로 돌아올 때, 베트남은 캄보디아 *Regalia*를 돌려줌과 아울러 볼모로 잡혀 있던 왕족들을 여러 명 풀어주었다. 그들 중에는 수년 동안 잡혀 있었던 사람도 있었다. 얼마 후, 베트남은 캄보디아에서 군대를 철수시켰다. 1811년 이후 처음으로 캄보디아 땅에서 베트남 관리들이 사라졌다.

두엉 국왕은 다음 몇 달 동안 타이의 도움으로 일련의 의식을 통해 수년간 실추된 왕권을 회복하였다. 그러나 이러한 의례 행위를 단순한 외교 의례로 치부하는 것에는 문제가 있다. 왜냐하면 그 당시 동남아시아 통치자들 대다수가 그랬듯이, 두엉 국왕도 자기의 생각, 의무, 행동에 있어서 종교적 요소와 정치적 요소를 분리하지 않았기 때문이다. 즉, 왕의 행동은 정치적 결과를 담고 있다고 여겼으며, 이 정치적 행위들은 군주의 공덕을 더하거나 덜 수 있다고 여겼기 때문이다.[55]

이 의식들 대부분은 상좌불교를 국교로 회복하는 것과 관련되었다. 이와 관련된 한 설명을 들어보자.

> 두엉은 프놈뺀에 베트남이 요새화한 것을 허물어 그 벽돌로 우동 근처에 있는 불교 사원 7군데를 짓거나 복구하는 데 사용했다. 파괴된 불상을 복원시키고, 새로운 불상들이 만들어졌다. 승려들은 절에서 살도록 했고, 백성들이 승려를 존경할 것을 장려했다.[56]

백성들은 두엉이 캄보디아로 돌아온 것과 불교가 회복된 것을 그가 애초부터 왕이 될 자격과 합법성 및 공덕이 있음을 증명하는 것으로 보았다. 1851년의 한 명문은 1840년대에 있었던 회복의 감동적인 효과에 대해 묘사하고 있다. "한 위대한 통치자가 있는데, 그의 이름은 두엉이다. 그는 왕의 도시(방콕)에서 캄보디아로 돌아와 우동의 성곽도시에 살고 있다. 왕은 공덕과 역량, 더할 나위 없는 지혜로 그의 적들을 제압하였고, 전쟁만 하던 세 나라가 곧 다시 친구가 되었다."[57]

1848년 4월의 한 경사스러운 날에, 우동에서 타이와 캄보디아의 브라만들이 두엉에게 기름을 부었고, 그는 52세에 캄보디아 왕좌에 올랐다. 12년에 걸친 그의 치세는 문화 부흥기로 볼 수 있다. 그의 치세 때 타이 정치 자문관들과 군대가 우동에 오랫동안 머물렀지만 왕국은 평화로웠다. 두엉은 옥냐 지위를 수여하는 것과 같은 정치적 결정을 비교적 자유롭게 내릴 수 있었다. 그의 통치에 대한 연대기는 이러한 회복된 면을 강조했다. 광범위한 기관과 관계들이 망라되었다. 연대기는 문자 개혁, 공공사업, 사치 금지법 및 새로운 왕실 칭호를 언급한다. 다른 자료들에 따르면 우리는 두엉이 뛰어난 시인이었으며, 새로운 법령 반포와 새로운 연대기 편집을 주도했다는 것을 알 수 있다.[58]

프랑스 지배 직전 캄보디아가 독립을 이루었던 짧은 기간에 대해서 회고했던 1880년대와 1930년대 연대기 작가들은 두엉의 치세기를 일종의 황금기로 간주했다. 두엉은 오랫동안 방콕에서 거의 포로와 같은 신세로 지냈기 때문에 비교적 신중했다. 그가 타이 왕들에게 보낸 서신을 보면, 라마 3세, 라마 4세(몽꿋왕)와 맺은 관계는 충실하며 굴욕적인 관계였다는 것이 잘 드러난다.[59] 그는 약간의 군사적 자유를 얻기 위한 바람으로 베트남과 관계를 개선하려는 어떤 시도도 하지 않았다. 그것은 1830년대에 있었던 선례가 위협적인 것이며, 이러한 관계 개선은 베트남에 대한 캄보디아의 의존을 더욱 강화시킬 것이라는 이유 때문이었을 것이다. 그 대신 1853년에 싱가포르에 있는 프랑스 영사를 통해 나폴레옹 3세 황제에게 선물과 함께 겸허한 충정을 보이며, 다소 서툰 방식으로 프랑스의 보호를 요구했다. 두엉은 우동 근처에서 활발하게 활동하고 있는 프랑스 가톨릭 선교사들을 통해서 진행했던 것 같다. 그의 선물에는 코끼리 상아 4개, 코뿔소 뿔 2개, 꽤 많은 양의 설탕과 흰 후추 등이 포함되어 있었다. 친선조약 초안을 가지고 두엉의 궁정으로 파견된 프랑스 외교사절은 타이에 의해 우동으로의 진입이 가로막혔고, 타이는 캄보디아 왕을 신속하게 굴복시켰다.

두엉이 프랑스에 도움을 요청한 것이 타이의 보호에서 벗어나려고 한 것은 아니었던 것 같다. 그것은 베트남으로부터 스스로를 방어하는 것만큼이나 실현이 불가능한 일이었을 것이다. 프랑스에 보내는 서신에서 그는, 마치 뽈뽓이 1970년대에 했던 것처럼, 캄보디아의 '전통적인 적들'에 대해 언급한다. 역설적이게도 1860년대 프랑스는 캄보디아에 대한 베트남의 영향력을 제거하고, 캄보디아에 대한 후견을 떠맡고는, 베트남 사람들의 캄보디아 이민을 장려하는 정책을 진행했다. 프랑스를 친구로 만들려 했던 두엉의 시도가 실패한 이후, 그는 자신에 대해 프랑스 선교사들에게 설명하기를 "내가 무엇을 할 수 있었겠는가? 두 주인은 그들의 한쪽 눈을 항상 나에게 고정시키고 있었다. 그들은 이웃한 나라들이고 프랑스는 멀리 있다."[60] 짧은 막간을 포함하여 50년 이상 지속된 이중적 의존성으로부터 캄보디아가 벗어나려면 많은 조건들이 변화되어야 했다는 것은 분명하다.

> # 8
>
> ## 프랑스 보호령 초기

프랑스가 캄보디아에서 패권을 잡은 시기를 어떻게 보아야 할지에 대해서는 다양한 관점이 있다. 그중 첫 번째는 단계별로 나누어, 프랑스 통제가 어떻게 확장되고 쇠퇴했는지를 추적하는 것이다. 두 번째는 시기뿐 아니라 이데올로기에 대해, 그리고 이 시기에 프랑스의 관점에서 정치, 경제, 교육 등이 어떻게 실행되었는지를 조사하는 것이다. 세 번째는 그 시기를 캄보디아 역사의 한 부분으로 다루면서 프랑스 보호기 전후와 연결지어 연구하는 것이다. 프랑스의 보호기가 지나간 지금에는 세 번째 관점이 가장 관심을 끈다. 원자료들에는 중대한 차이가 있으며, 왕실 연대기를 제외한 크마에로 된 유용한 원자료들이 거의 없지만, 이 단원에서는 가능하면 캄보디아인의 눈을 통해 프랑스 보호기를 보려고 시도한다.

한편 만일 우리가 식민지 시절을 프랑스 통제의 성쇠라는 측면(세 관점 중 첫 번째)에서 본다면 이 시기는 단계별로 쉽게 나눌 수 있다. 첫 번째 시기는 1863년 보호령 수립으로부터 1884년 전국적인 폭동이 발발하기까지 이어진다. 두 번째 시기는 1886년 폭동 진압 이후부터 1904년 노로덤 국왕의 사망까지이다. 그 해에 이복형제이며 프랑스에 좀 더 협조적인 씨소왓이 왕위에 올랐다. 세 번째 시기는 씨소왓의 통치기(1904-1927)를 거쳐 장남인 모니뷍(1927-1941)으로, 그리고 노로덤 쎄이하누의 즉위식까지 이어진다. 논란이 있지만 이 시기는 캄보디아 역사에서 유일하게 체계적인 식민지 시기였다. 왜냐하면 남은 식민지 기간(1941-1953) 동안 프랑스는 통제를 체계화하는 것보다는 권력을 유지하는 것에 급급했기 때문이다.

하지만 캄보디아인들 관점에서 본다면, 식민지 시대는 4개보다는 2개의 시기로 구분하는 것이 더 적합할 것이다. 두 시기는 1906년에 있었던 씨소왓의 즉위식을 기준으로 나눌 수 있겠다. 이 시점부터 캄보디아는 자치권을 박탈당했고 서구화가 도시에서 더욱 심화되었다. 1840년대의 캄보디아인이 1904년에 같은 장소를 방문하더라도 그리 낯설지 않았을 정도로 변화가 없었던 반면, 그 이후부터 1920년까지는 변화가 엄청났다. 그것은 이 시기에 프랑스 식민정부의 인도차이나에 대한 집중된 노력으로 특별히 지역 단위까지 조직되었기 때문이다.

하지만, 1940년대 말까지 물리적인 변화 또는 넓은 의미에서 프랑스의 존재가 캄보디아인들의 삶과 자급을 위한 농업, 가족생활, 불교 및 왕권과 같은 항구적인 제도에 해로운 영향을 끼친다고 생각한 사람들은 거의 없었을 것이다. 식민지 대부분의 시기를 특징짓는 정치적 안정은 프랑스가 왕의 후견이 되어 주었고, 왕이 승가를 지원한 덕분이라고 할 수 있다. 이러한 지원은 프랑스의 (적어도 정치적인) 목적에 따라 이 두 기관을 유지하려는 의도에서 나온 것이다. 이는 부분적으로 왕, 승려, 관리들은 혁신적인 행동을 한 전례가 없었기 때문이다. 또 다른 면에서는 1880년대 이후 프랑스가 백성들이 행정 당국에 이의를 제기하는 대중적 방법인 이단 사상과 폭동을 효과적으로 억눌렀기 때문이었다. 경제적 변화 측면에서 벼농사 기술의 괄목할 만한 발전은 대대로 곡창지대였던 왕국의 북서지방에 국한된 경향이 있었다. 쟝 델리베(Jean Delvert)가 보여주는 것처럼 다른 지역의 경우 대부분의 인구가 쩬라 시대부터 이어져 온 소규모 가족농업에 머무르는 경향이 있었다.[1)]

이러한 안정성 때문인지, 많은 프랑스 저술가들은 베트남인들에 비해 캄보디아에 호의적이었으며, 낭만적으로 묘사하는 경향이 있었다. 동시에 프랑스인들의 관점에서 볼 때 진행되는 일이 거의 없었기 때문에, 캄보디아인들을 '게으르고, 순종적인' 사람들이라며 얕보는 경향이 있었다. 특별히 20세기 식민지 시절에 대한 모호한 낭만주의가 프랑스어 자료들에 많이 나타난다. 캄보디아인들에 대한 진부한 표현들이 한 관리(또는 신문의 한 사건)로부터 후임자에게까지 인수인계가 되는 것처럼 이어졌다. 한편 1940년대 초까지 프랑스 지배자와 캄보디아의 전통적 기관들의 유효성에 대해 의문을 제기하는 크마에 자료는 단 하나도 없다.

이러한 이유로 일부 프랑스 저술가들은 이 시기를 "아무것도 일어나지 않았던" 시대라면서 건너뛰려는 경향이 있다. 하지만 이 시기에 일어났던 일들, 특히 1920년대의 경제적 붐 이후에 일어난 일들이 독립 이후 혁명기 직전의 캄보디아를 만들었다고 할 수 있을 만큼 영향이 지속되었다. 그러므로 이 시기를 아무것도 일어나지 않은 시대로 취급하여 건너뛰는 것은 오판이다. 하지만 많은 프랑스 저술가들이 언급하듯이 이 시기에 대다수 캄보디아인들의 삶은 일면 엉꼬의 "변화 없고, 신비로운" 캄보디아로 남아있었던 것 또한 사실이었다.

사진: 세 군왕 합장용 가마의 그림, 1866년, 빠리 국립 도서관 제공

캄보디아에서 프랑스의 태도를 정치, 경제, 사회 등의 분야로 나누려는 시도도 있는데, 이는 현실을 분리된 영역으로 나눌 수 있다는 잘못된 인상을 준다. 식민지 상황이라는 맥락에서 프랑스는 이 분야를 의미하는 단어들을 특별한 의미로 사용했다. 예를 들어 '정치'란 개방된 정치적 과정에 참여하는 것을 의미하는 것이 아니라 반대와 조작을 의미하는 것이었다. 식민지에서는 정치가 전혀 없는 것이 이상적이었다. '경제'란 예산, 세금, 수입, 다른 말로 관료적 통제 경제를 의미하는 것이었다. 아주 드물게 프랑스 저술가들이 캄보디아 경제, 특히 식민지가 주도하는 곡물 수출이나 공공사업과 관련하여 논할 때, 그들은 캄보디아의 필요와 역량이라는 측면보다는, 인도차이나의 다른 지역과 연결하여 기술했다. 1920년대까지 프랑스 관리들의 눈에 캄보디아는 프랑스의 '개혁 조치'(캄보디아인에게는 식민지 착취 정책)에 대한 대가로 수입을 만들어내는 쌀 생산 기계였다. 이는 정부의 본질 —'왕의 업무'라 불리는 "리엇쩨까"— 이 늘 그래왔듯이 농민들로부터 수익을 뽑아내는 일이라는 것을 의미한다. 프랑스에게 '사회'라는 말은 정치적 응집력을 더해주는 사람들 간의 연대와 관계를 의미하는 것이기보다는 일할 때 고분고분 말을 잘 듣는 가족들의 집합을 의미하는 것이었다.

방금 언급한 연대기적 관점과 분석적 관점은 식민지 시대를 검토하는 데 유용할 것이다. 왜냐하면 이 시기를 캄보디아 역사의 관점에서 보는 것은 연속성과 변화의 관점에서 보는 것을 의미하기 때문이다. 이 관점에서 볼 때, 캄보디아 사회와 지배 계층(엘리트)의 생각 변화는 (일견 변하지 않는 것처럼 보여도 사실은 변화하고 있는) 시골 마을의 삶만큼이나 중요하다.

프랑스 보호령의 확립

캄보디아에 대한 프랑스의 개입은 가톨릭 선교사들이 우동 근처에 살기 시작한 18세기부터 시작된다. 프랑스가 베트남에 간섭하기 시작한 1850년대 전까지 정치적인 개입은 아니었다. 1850년대 중반 두엉 국왕은 타이와 베트남 양국이 서로 대립하게 하려는 의도로 프랑스에 지원을 요청하여, 1856년에 협정 초안을 갖춘 프랑스 외교사절이 캄보디아 궁정과 접견하려고 했다. 이때 타이 정치 자문관들이 프랑스 외교단을 만나지 말라고 캄보디아 궁정에 압력을 행사하여 좌절되었다. 협정문 초안에는 1863년에 통과되어 실행된 몇 가지 조항들이 있었다. 예를 들면, 프랑스는 선박 제조를 위한 티크나무뿐만 아니라, 로마 가톨릭 선교사의 국내 이동 자유와 전도의 자유를 원했다.[2]

캄보디아에 대한 프랑스의 관심은 베트남에 대해 프랑스가 개입하기 시작한 것과 엉꼬에서 사원들이 발견되면서 더욱 커졌다. (프랑스 자연주의자인 앙리 무어[1826-61]가 두엉의 궁정을 방문한 후 씨엄리읍까지 여행하여 이곳에서 엉꼬의 잔해를 발견했다) 무어는 사후에 출판된 캄보디아 여행기에서, "캄보디아는 매우 부유하고 통치자들은 그들의 유산을 경시하고 있다"고 적고 있다.[3] 이 시기에 앙리 무어와 유럽의 방문자들에 대한 두엉 국왕의 개방적인 자세는 몬시뇰 쟝 끌로드 미슈(Jean Claude Miche)라는 프랑스 선교사에 대한 우정에서 비롯된 것이다. 우동 근처에 선교본부를 두었던 몬시뇰 쟝 미슈는 1856년에 외교 사절단을 적극 지원하였다. 미슈는 두엉 국왕이, 프랑스와의 외교가 타이의 지배와 베트남의 위협에서 벗어나는 데 유리할 것이라고 확신하도록 만들었다. 게다가 통치 마지막 2년에 두엉은 프랑스가 베트남까지 (식민지를)

확장하는 것을 보았는데, 그는 이를 200여 년 동안 베트남에 빼앗겼던 영토와 크마에를 사용하는 백성들을 되찾을 기회로 여겼다.[4]

당시에 사이공의 프랑스 행정당국은 베트남의 게릴라 전술과 파리의 불확실한 지원으로 난항에 빠져있었기에 캄보디아의 우호적인 제안에도 응답이 느릴 수밖에 없었다. 두엉 국왕이 1860년에 사망하고 캄보디아가 심각한 내분에 빠지는 바람에 이 문제는 더 지연되었다. 두엉 국왕의 후계자로 지목된 노로덤은 국왕이 살아있을 때부터 거의 우동을 장악하고 있었지만, 동부지방과 짬족 이교도들 사이에서는 인기가 없었다. 노로덤은 청년기 대부분을 타이 궁정에서 볼모로 지냈다. 통치가 불가능했던 그는 1861년에 캄보디아를 빠져나가 다음 해 말에 타이의 지원과 함께 돌아왔다. 하지만 왕실 *Regalia*가 타이에 남아있었기 때문에 그는 임시 국왕으로 돌아온 것이었다. 타이의 간섭에 대한 분노와 프랑스의 선물 약속에 넘어간 노로덤은 프랑스와 협상을 재개했다. 당시의 기록에 따르면 베트남 남부를 책임진 프랑스 제독은 "즉각적인 전투 없이 평화로운 정복을 모색했고, 캄보디아에 대해 꿈꾸기 시작했다"고 말했다.[5]

식민지 시대는 단 한 발의 총성도 없이 잠정적으로 시작되었다. 프랑스 해군 장교들로 구성된 대표단은 1863년 8월 노로덤과 우동에서 조약을 체결했다. 프랑스는 목재 양허 및 광물 탐사권을 얻는 대가로 노로덤을 보호해 주기로 약속했다. 노로덤은 타이 자문관들이 이 협정을 알 수 없도록 몇 개월간 비밀에 부쳤다. 그들이 이 조약을 알게 되어 방콕에 보고하자, 노로덤은 타이 왕에 대한 충성을 재빨리 확인하면서, "나는 내 생이 다할 때까지 타이 왕의 영광을 위하여 종복으로 남기를 원한다. 내 마음은 전혀 변함이 없다"고 타이 자문관들에게 말했다. 타이는 노로덤의 이러한 마음을 프랑스에는 비밀에 부쳤는데, 프랑스는 이러한 노로덤의 태도를 1864년 초 파리에서 프랑스와 캄보디아 사이의 신뢰관계 선언 이후에야 알게 되었다.[6]

노로덤이 타이와 비교해서 프랑스로부터 무엇을 원했는지는 분명치 않으나, 아마도 시간을 벌려고 했던 것 같다. 그가 취했던 행동은 삼촌인 짠 국왕이 택한 방법과 비슷한데, 달라진 것은 짠 국왕 때 베트남의 역할을 프랑스가 한다는 것 정도였다. 노로덤은 즉위식을 원했고, 1864년 중반에 타이와 프랑스는 즉위식을 공동으로 지원하기로 합의했다. 이 의식에서 의도되지 않았던 희극적 요소들이 몇몇 프랑스 사료들에 기록되어 있다. 타이와 프랑스 관리들은 관례, 의전, *regalia*를 두고 논쟁을 벌였으며, 노로덤은 전통적인 부자 관계의 이미지를 사용하여 양국 정부에 대한 의존을 선언했다. 캄보디아 왕의 칭호가 방콕에서 선택되어 전달된 것은 이번이 마지막이었고, 캄보디아 국왕이 양국 정부로부터 합법성을 인정받았음을 알린 것도 마지막이었다. 반면, 캄보디아 국왕이 유럽에서 온 왕관을 받은 것은 사상 처음이었다. 그다음으로 왕위에 오른 세 명의 왕도 이 선례를 따랐다. 이때부터 캄보디아에 대한 타이의 영향력이 줄어들기 시작하여 1867년 몽꿋(Mongkut) 국왕이 사망하자 더욱 빠르게 감소하였다.[7]

캄보디아가 프랑스 보호령이 된 것으로 왕조가 끝나는 것은 아니었다. 비록 1867년까지 프랑스 군대가 폭동 진압에 도움이 되었지만, 노로덤 즉위 초기를 어지럽혔던 말세론자들의 폭동까지 끝난 것은 아니었다. 폭동 중에서 가장 중요한 것은 승려 출신 뽀껌바오가 이끌었던 것으로, 그는 노로덤보다 자신이 왕이 되기 위한 자격에서 훨씬 낫다고 주장했다. 한 해 전인 1866년 노로덤은 왕궁을 프놈뻰으로 옮겼다. 19세기 초에 짠 국왕이 베트남의 압력으로 천도를 단행한 것처럼, 이번 천도는 프랑스의 압력에 의한 것이었다. 여기에는 서로 비슷한 전술적 이유가 있었는데, 프랑스의 경우에는 상업적 동기가 작용했다. 왜냐하면 프놈뻰은 내륙의 수도(우동)보다 사이공에서 접근하는데 용이했기 때문이다. 아울러 에르네 두다 드 라그레(E. Doudart de Lagrée, 1823-68) 사령관의 지휘 아래 진행된 메콩강 탐사 작업에서 강 북부지역을 조사한 결과가 나올 예정이었다. 이것은 프놈뻰을 중요한 상업 도시로 변화시키려는 프랑스의 꿈을 정당화하는 것이었다.[8)]

프랑스에게 1860년대와 1870년대는 영웅의 시기였다. 이는 일면 영예에 굶주리고 신분 상승을 열망하며, 그들이 스스로 만든 이국적인 환경에 매료된 젊은 해군 장교들이, 프랑스 정부를 장악하고 있었기 때문이기도 했다. 대체로 식민지에 대한 전권을 가진 개척자들 —두다 드 라그레, 프란시스 갸르니에(Francis Garnier), 쟝 무아(Jean Moura), 에티엔 에모니에(Etienne Aymonier) 등— 은 엄청난 에너지, 지적 성실성과 평범한 크마에 사람들에 대한 동정심을 가지고 있었다. 이들은 메콩강을 탐사했고, 캄보디아 역사를 번역했으며 명문을 해독했다. 그리고 수많은 캄보디아 조각품을 배에 실어 파리와 사이공에 있는 박물관뿐 아니라 프놈뻰으로 보냈다. 그들의 탐사를 통해 드러난 캄보디아가 이룬 먼 과거의 장엄함은, 그들이 당시에 파악했던 캄보디아 정부의 부패와 백성들의 무력함과는 강한 대조를 이루었다. 동시에 그레고르 뮐레(Gregor Muller)가 보여주었듯이 보호령 초기에는 파렴치한 프랑스 탐험가들이 넘쳐났는데, 이들은 기업가처럼 행세하며 왕실의 욕망과 프랑스 지배의 모호함을 이용하여 돈 벌 기회를 잡기에 혈안이었다.[9)]

1860년대와 1870년대에 프랑스의 캄보디아 통치 방식과 그 이전 거의 천년 남짓 앙꼬 제국이 다스려왔던 방식에는 거의 차이가 없었다. 두 통치 방식의 대부분에 정부란, 정부 관리들이 보호해주는 대가로 농민들은 쌀과 임산물과 노동력을 관리에게 제공하는, 신분 관계와 의무의 그물망을 의미하는 것이 틀림없었다. 관리들은 거둬들인 쌀과 임산물과 노동력에서 자신들이 사용할 일부를 제외하고 왕에게 바쳤다. 기업가들은(대개 중국인이고, 프랑스인도 더러 있었다) 상품을 판매하고 수출할 권리를 얻기 위해 왕에게 대가를 지불했다. 이러한 방식으로 착취할 수 있는 농민의 수는 왕에게 하사받은(돈을 주고 살 수도 있는) 지위에 달려 있었다. 이러한 체계 속에서 관리들은 충분한 돈과 상품으로 지위를 사거나 자신들의 지위를 유지함으로 지배 계층의 일원이 되려고 하였다.

프랑스 지배의 강화

프랑스가 보기에 노로덤은 독단적이고, 권위주의적인 방식으로 캄보디아를 다스렸다. 하지만 프랑스는 이를 대체할 방법을 제시하지 않았다. 노로덤은 통치하는 동안 건전한 통치라는 생각보다는 생존을 위해 긴요한 것으로 판단하는 것에 더욱 매달렸다. 1866-67년, 그리고 1870년대에 그의 지배(그리고 프랑스에 대한 암묵적 복종)에 반대한 폭동이 일어났다. 두 폭동 모두 큰 지지를 받았으며, 프랑스는 수습에 애를 먹었다. 이러한 사태에 대해 프랑스는 자책하기보다는 노로덤을 비난하면서 의붓형제인 씨소왓에게로 지지를 돌렸다. 씨소왓은 프랑스와 함께 군대를 이끌고 두 차례의 폭동을 진압했다.

프랑스의 압력에 이어, 또 다른 이복형제인 씨붜타가 반란을 일으키자, 노로덤은 1877년에 일련의 개혁 법안을 공포하는 데 동의했다. 이 법안들은 비록 실행된 적이 없지만, 더욱 광범위한 프랑스 지배의 전조이자 프랑스의 관심사를 보여주는 것으로 주목할 가치가 있다. 이 개혁안들은 토지 소유권에 대한 왕의 개입을 폐지하는 것과 옥냐의 수를 줄이는 것, 세금 징수의 합리화와 노예제도 폐지를 담고 있었다. 만약 이 법안들이 실행되었다면, 캄보디아 지배 계층의 권력 기반은 해체되었을 것이다. 1830년대의 민망 황제처럼 프랑스 역시 통치 방식이 마음에 들지 않았다. 캄보디아의 통치 방식은 합리적이고 중앙집중적인 통제를 원하는 프랑스의 계획에 방해가 되었다. 게다가 (프랑스) 제3공화국 관리들은 캄보디아의 노예제나 절대왕정 같은 제도를 받아들이지 않았다. 나폴레옹 3세와 측근들이 캄보디아를 낭만적으로 생각해 매료되었던 것에 반해, 식민지 관리들은 그렇게 바라보지 않았다.

1880년대 초 프랑스는 베트남에 대한 지배를 더욱 강화했다. 프랑스가 문제라고 보았던 것을 해결하기 위해 자신들의 의지를 캄보디아 궁정에 강제하는 것은 시간 문제였다. 프놈뻰의 '비합리적인' 통치 방식은 오래 지속되었으며 프랑스에게 너무 큰 비용을 요구하는 것이었다. 캄보디아인들은 프랑스의 보호를 위해 지불해야 하는 것의 중요성을 알지 못했다. 프랑스는 시간을 낭비하는 것 같아 조급해졌다. 캄보디아에서 돈이 될 만한 것에는 거의 손을 대지 않은 상태였다. 1860년대와 70년대에 캄보디아 사회에서 이국적이고 고풍스러워 보였던 것들이, 신세대인 민간인 관리들 눈에는 억압적으로 여겨졌다. 보호가 통제가 되어야 할 때가 왔다.

1884년에 프랑스는 캄보디아 통치를 위해 사용하는 행정 비용을 위해 노로덤의 동의를 얻어, 관세, 특히 수출품에 무거운 세금을 매기기로 했다. 노로덤은 프랑스 대통령에게 전신을 보내 프랑스의 압력에 항의했지만, 노로덤이 개혁에 저항하는 모습을 보이자, 씨소왙과 비밀리에 권력 교체 협상을 벌이던 코친차이나의 총독 샤를르 톰슨(Charles Thomson)에게 비난을 들어야 했다.[10)]

 몇 달 후 톰슨은 광범위한 개혁안이 들어있는 조약문을 가지고 배를 타고 사이공에서 프놈뻰으로 와 노로덤을 만났다. 프랑스의 지배를 확립해야 한다고 했던 이전 문서보다 더 나아간 내용이 개혁안에 포함되어 있었다. 어느 날 밤 10시 톰슨은 아무 공지 없이 군함을 타고 왕궁이 보이는 곳에 정박한 후 왕궁으로 들어갔다. 노로덤은 톰슨의 무장 경비병들에게 둘러싸인 채 그 조약문을 읽었다. 노로덤의 사망 후 최고 관료로 승진하게 되는, 당시에는 공손한 통역관이었던 썬 디업의 도움을 받아 국왕이 문서에 서명했다. 이 길만이 자신의 왕좌를 지킬 수 있었기 때문이었다. 썬 디업은 씨소왙의 음모를 알고 있었음에 틀림없다. 아마 그는 프랑스가 이 조항으로 인해 캄보디아 지배 계층의 반대에 맞닥뜨리면, 무효화 될 것이라고 생각했다. 실제로 그런 일이 한 번 있었다. 그럼에도 조약의 제2조항은 프랑스 지배의 실질적인 강화를 다음과 같이 명시하고 있었다: "캄보디아의 국왕은 프랑스 정부가 보호령의 성공을 위해 미래에 유용할 것으로 판단하는 행정, 사법, 재정, 무역에 대한 개혁 조치를 수용한다."[11)]

 이미 노로덤을 프랑스 꼭두각시로 보고 있던 지배 계층을 분노하게 한 것은 이 조항이 아니었다. 그들이 전복적(그리고 프랑스가 자기들의 개혁 프로그램에서 결정적인 것)이라고 보았던 조항들은 지방 도시에 프랑스인 관리들(주재관, résidents)을 배치하는 것과 노예제 폐지 및 토지 소유 제도화와 같은 것들이었다. 이 조항들은 측근들과 노동 착취 및 지배 계층의 이익을 위해 (땅이 아니라) 수확물에 매겨진 세금 위에 세워진, 전통적인 캄보디아 정치의 중심부를 강타했다. 캄보디아 지배 계층은 프랑스의 지배 아래에서 백성들을 통제하기보다, 행정을 담당하는 임금 공무원이 되어 있었다.

일부 프랑스 관리들은 캄보디아에서 그들이 노예제도라고 부르는 것을 이해하는 데 어려움을 겪었다. 그리고 노예제 폐지가 프랑스 내 야당의 주의를 다른 개혁 작업으로 돌려 진정시키려는 냉소적인 측면도 있었다. 그렇다 하더라도 캄보디아인의 입장에서 볼 때, 노예제 폐지는 소수의 프랑스 관리들을 지방으로 보내 캄보디아 관리들을 감시하게 하는 것보다 훨씬 결정적인 개혁이었음이 분명하다. 이 개혁이 없었다면 프랑스는 자신들이 평범한 백성들을 대리한다는 주장을 하지 못했을 것이다. 더 중요한 것은 인사권을 장악하고 끊임없이 적대적으로 나오는 캄보디아 지배 계층의 권력에 재갈을 물릴 방법도 없었다. 더 나아가 노예제를 폐지하지 않았다면, 프랑스가 추구했던 비전, 즉 시장 상황과 프랑스의 보호에서 오는 혜택에 대해 합리적으로 대응하는 자유로운 캄보디아 자작농을 만들겠다는 비전은 —아무리 잘못된 것이었더라도— 진전될 수 없었을 것이다.

주인과 하인의 관계를 끊는 것이 프랑스가 바라는 것이라고 말함으로써 캄보디아인들의 삶에 일일이 개입하는 것을 정당화할 수 있게 되었다. 프랑스는 이러한 개입을 통해 왕과 신하 사이, 그리고 신하들과 추종자들 사이를 효과적으로 갈라놓을 수 있었다. 19세기에 들어와 (한때나마 존재했던) 공동체적 전통이 사라진 캄보디아에 이런 식의 정부는 낯선 것이었다. 그럼에도 프랑스는 지역 관리들과 직접 접촉하는 방식을 채택하여 캄보디아도 베트남과 같은 행정체계를 갖출 수 있게 되기를 원했다.

　단기적으로 조약에 대한 캄보디아의 반응은 격렬했고, 프랑스는 희생을 치러야 했다. 1885년 초 여러 명의 지도자들이 주도하는 전국적인 폭동이 곳곳에서 발발했다.[12] 이 폭동은 한 해 반 동안 지속되었는데, 프랑스 인력이 인도차이나에 아직 많지 않았기 때문에 4천여 명의 프랑스와 베트남 군인들이 폭동에 발이 묶였다. 프랑스는 노로덤이 폭동을 지원하고 있다고 의심했기 때문에 국왕을 통해 일하기가 어려워졌다. 그리하여 씨소왇에 대한 의존이 커질 수밖에 없었다. 그러자 프랑스는 씨소왇이 지방에 친프랑스 관리를 임명할 수 있는 자유를 주어, 노로덤의 권한을 약화시키려 했다. 이는 씨소왇으로 하여금 노로덤이 살아있을 동안에도 왕좌를 보상으로 받을 수 있을 것이라는 기대를 갖게 만들었다. 하지만 저항이 진행되면서 프랑스는 반란자들을 진정시키기 위해서는 노로덤과 손을 잡아야 한다는 것을 알게 되었다. 1886년 7월 왕은 폭동 가담자들이 무기를 내려놓으면 프랑스가 캄보디아의 관습과 법을 존중할 것이라고 선포했다. 결국 프랑스는 이 폭동을 통해 매사에 조심해야 한다는 것을 알게 되었지만, 캄보디아 지배 방식의 효율화와 경제 장악이라는 목표는 바꾸지 않았다. 이때부터 프랑스는 왕이 아닌 프랑스에 충성을 바치는 캄보디아인 자문관들과 함께 왕을 에워싸기 시작했다. 이들은 대부분은 1870년대 프랑스인 밑에서 통역관으로 훈련받은 사람들이었다. 이들 중 가장 주목할 사람은 중국계 크마에 사람인 쭈언으로, 1940년대까지 캄보디아 정치에서 중요한 역할을 했다.

　노로덤의 연대기가 지적하는 바에 의하면, 폭동에서 문제가 된 이슈는 "캄보디아 백성들이 그들의 지도자들을 좋아했다"는 것이다. 왜냐하면 그들 외에는 선택지가 너무나 불확실했기 때문이다. 조약에 따라 캄보디아인들이 직접 자신들의 마을 지도자를 선출하기로 되어 있었던 것에 대해, 1930년대에 한 프랑스 저술가는 프랑스가 너무 서둘러서 "평등, 재산 및 선거권"을 부여했다고 비판했다.[13] 그는 "주인도 노예제 유지를 원했고, 노예들도 주인 아래 있기를 원했다"고 적고 있다. 실제로 백성들은 수 세기 동안 캄보디아에 영향을 발휘해왔던 후견인-추종자 관계를 고수하고 있었다.

전쟁 발발 가능성에 직면하자 프랑스는 개혁안을 철회했다. 1886년에 조약이 비준되었지만, 이 조항의 대부분은 노로덤이 사망한지 20여 년이 지나도록 효력을 발휘하지 못했다.

1970년대 초 일부 캄보디아 저술가들이 이 폭동이 프랑스에 대한 캄보디아인의 승리라고 과장하는 것이나, 노로덤을 프랑스 지배에 지혜롭게 반대한 용감한 애국지사로 추켜세우며, 이 사건을 캄보디아 민족주의의 분기점으로 보려는 견해는 문제가 있다. 이러한 주장들에 대한 증거는 모호하다. 노로덤은 자신의 이익, 특히 경제적 이익이 위태로울 때면 공격하였지만, 대개는 프랑스의 보호를 받아들였다. 그가 자기 백성을 소모품 이상으로 보았다는 증거는 거의 없으며, 확실히 1886년 이후 프랑스는 그를 더 이상 믿지 않았다. 프랑스는 노로덤 통치의 남은 기간 동안 그의 특권과 독립성을 줄이는 데 골몰했다. 노로덤과 폭동에 가담한 옥냐들이 캄보디아 민족에 대한 체계적인 이상이 있었다고 생각하는 것은 온당치 않다.

우리는 폭동에 대한 통찰을 통해 두 가지 중요한 교훈을 얻을 수 있다. 먼저 캄보디아에 대한 프랑스 개입에도 지역의 지배 계층은 여전히 상당한 규모의 게릴라 군대를 효율적으로 조직할 수 있었다. 이것은 1834년에 타이와 1841년에는 베트남에 대항하여 조직된 전례가 있었으며, 9장에서 논의될 다소 평화적인 1916 사건에서 다시 한번 재현되었다. 두 번째 교훈은 게릴라 군대가 인구 대다수의 지원을 받게 될 때 식민지 군대를 난관에 빠뜨릴 수 있다는 것이었다.

노로덤 통치의 그다음 10년 동안 프랑스의 통제는 거침없이 확대되어, "식민정책이 감정적인 것에서부터 … 더 이기적이고, 개인적인 정책으로까지" 확대되었다.[14] 노로덤 국왕이 여전히 '법을 제정하고 관리를 임명한다는 것'과 '(아편 독점과 도박 허가와 같은) 수입원을 장악하고, 관리들에게 선물을 요구하며, 자신에게 청구되는 비용 지불을 거부함으로 국가 경제를 통제하고 있다'는 사실이 프랑스의 앞길을 가로막고 있었다. 그러나 프랑스는 1892년에 직접세 징수를 직접 관할했으며, 2년 뒤에는 지방을 관할하는 프랑스 주재관이 10명이나 되었다. 사실 1890년대에는 인도차이나 전체에 대한 프랑스의 통합이 강화되었고, 폴 두메흐(Paul Doumer, 1897-1902)가 총독일 때 절정에 달했다.

캄보디아에서 프랑스는 식민지 통합 정책에 따라 정부의 세입 절차를 조정했고, 왕위 계승자로 노로덤의 자녀들보다 씨소왓을 선호했다. 프랑스 관리들은 노로덤의 통치 포기를 원했다. 또한 그들은 노로덤의 아들들이 가진 독립에 대한 열망 역시 두려워했다. 왜냐하면 반식민주의 선동 혐의로 1893년에 알제리로 유배된 왕자가 한 명 있었다. 국왕의 건강은 항상 좋지 않았는데, 프랑스가 화려하게 장식된 상자에 담아 무료로 제공한 아편에 중독되자 더욱 나빠졌다. 노로덤에 대한 프랑스 관리들의 인내심이 점점 바닥나고 그의 건강이 나빠지자 그들은 더욱 가혹해졌다. 캄보디아의 프랑스 식민주의자들은 부자가 될 수 있는데, 노로덤이 그 길을 가로막고 있다고 생각했다. 절정은 고등주재관(résident supérieur) 휴언 드 베흐니빌(Huynh de Verneville)이 캄보디아 국왕은 나라를 통치할 능력이 없다고 파리에 전신을 보낸 1897년에 찾아왔다. 베흐니빌은 행정 실행 권한을 달라고 요청했고, 파리 역시 같은 의견이었다. 주재관은 전에는 국왕의 권한이었던 칙령 공포, 관리 임명, 간접세 징수 등을 자유롭게 실행할 수 있게 되었다. 밀턴 오스본(Milton Osborne)이 지적한 것처럼, 이전에는 왕의 허락 여부를 눈치 보던 고위 관리들도 권력의 변화를 재빨리 알아차렸다.[15] 그해 말에 비록 왕이 옥새를 돌려받고, 베흐니빌이 물러났지만, 국왕의 자문은 형식적인 것이 되고 말았다. 새 고등주재관은 사이공과 파리 및 하노이에 있는 행정 당국을 통솔할 권한이 있었다. 노로덤과 프랑스 사이의 30년간 줄다리기에서 결국 프랑스가 이겼고, 그로 인해 캄보디아 왕실 또는 백성이 아닌 프랑스 식민주의자들의 이익만 보호받을 수 있게 되었다.

반면 프랑스 시민권자의 토지 구매 허가 등과 같이 오랫동안 보류 되어온 왕의 훈령은 프놈뻰에 부동산 열풍을 일으켰다. 우리가 아는 한에서 지방 개혁 효과는 그다지 크지 않았다. 1890년대에 프랑스 주재관들은 현지 관리들의 무관심, 부패, 소심함에 대해 공개적으로 불평을 늘어놓았다. 지방 관리 중에는 프랑스 상급자들에게 "우리 지방에 있는 마을 주민들은 행복합니다. 백성들은 이제까지의 조치에 대해서 단 한마디도 불평한 적이 없습니다"[16]라는 보고서를 올리는 사례도 있었지만, 지방 관리들은 당시에 어떠한 행동을 취해야 할지 민감했다. 캄보디아 농촌 지역은 프랑스 관리들이 불평한 것처럼 여전히 미지의 땅으로 남아 있었다. 주민이 몇 명인지, 그들이 무슨 생각을 하는지, 토지 소유자가 누구인지 전혀 몰랐다. 노예제도가 폐지되었어도 채무 노예(대개 평생 지속된다)는 여전히 만연해 있었다. 말세주의 지도자들은 때로 순진한 추종자들을 모아 반란을 일으켰으며, 건기에는 강도떼들이 농촌 지역을 자유롭게 돌아다녔다. 실제로 마을 단위에서는 어느 때보다 치안이 불안한 상황이었다.

하지만 많은 프랑스 고위 관리들은 여전히 '문명화' 사명과 캄보디아 궁정과의 관계를 합리화하려는 측면에서 자신들이 해야 할 역할이 있다고 여겼다. 역설적으로 농촌 지역에서 씨소왓은 노로덤보다 인기가 더 있었는데, 이는 백성들이 제례의식에서 그를 더 자주 보았기 때문이며, 노로덤의 통치가 대체로 탐욕스럽고 불공정했기 때문이었다. 사실 씨소왓은 1890년대의 발전을 긍정적으로 보았다. 1897년에 프랑스 관리들이 공식적으로 왕좌를 약속했지만, 노로덤 사망까지는 7년을 더 기다려야 했다.

노로덤의 통치 마지막 해는 가장 아끼는 아들인 유깐토 왕자가 가담한 사건으로 장식되었다. 유깐토가 프랑스에 있을 때 언론인들을 고용하여 프랑스의 캄보디아 지배가 부당함을 공직사회에 알리려 한 사건이었다. 그러나 파리 관리들은 이에 대해 주의를 기울이기는 커녕 오히려 그를 공격했다. 유깐토가 프랑스 사람들을 향해 "당신들이 캄보디아에서 부자가 되었을 때, 가난한 사람들이 생겨났다"[17]고 단언했던 비난은, 너무 열정적이고 광범위한 것일 수 있었겠지만 대체로 사실이었다.

파리의 관리들은 노로덤에게 전신을 보내 왕자가 사과하도록 설득할 것을 종용했다. 그러나 유깐토는 사과하기보다 기꺼이 유배지에 머물렀다. 유깐토가 1934년에 방콕에서 죽기까지 프랑스 식민 관리들은 그의 존재를 애써 무시하면서도 불안한 마음을 가지고 지켜보았다.

노로덤이 프랑스에 양도한 마지막 두 가지 특권은 자신의 측근 자문관 선임권과 프놈뻰에 있는 중국 상인들에 대한 도박업 허가권이었다. 프랑스는 조금씩 운신의 폭을 좁혀갔다. 오스본은 노로덤이 패배한 전투에 대해 언급했지만, 왕실 연대기(1930년대 씨소왓의 아들 모니봉 왕 동안에 편찬됨)의 마지막 페이지는 노로덤과 프랑스 사이의 대결에 대해 전혀 언급하지 않으며, 그의 통치가 마치 평화롭고 공식적인 결말을 향해 가고 있다는 인상을 남기고 있다.

씨소왓 통치 초기

그의 세대에 속한 수백만의 백성들이 그랬듯이 노로덤도 근대문명의 이기가 전혀 없던 시골 촌락과 다를 바 없는 곳에서 태어났다. 그러나 노로덤이 사망할 때 그곳은 전기와 수도시설의 혜택을 조금씩 받기 시작해 근대화가 어느 정도 진행된 도시가 되어 있었다. 캄보디아 근대화는 겉보기에는 매우 느리게 확대되었다. 국내 통신수단은 여전히 열악했고, (백성의 가장 큰 존경을 받은) 승려와 왕족과 관리들은 제도적 변화를 거부했다. 소위 캄보디아 사회의 근대화된 부분은 중국과 베트남 이주자들의 도움을 받은 프랑스인들이 장악하고 있었다. 근대주의자들은 인도차이나를 하나로 보는 관점에서 자본주의적 계산으로 세상을 바라보았지만, 전통적인 지배 계층은 그들의 지적 지평을 넓히거나 신념을 수정할 이유를 찾지 못했다.

하지만 노로덤의 죽음은 프랑스 개입과 캄보디아 군주제의 분기점이 되었다. 그의 사망 이후에 왕위에 오른 세 명의 캄보디아 왕은 프랑스가 낙점했다. 1945년 여름 몇 달을 제외하고 1953년까지 캄보디아인 고위 관리들은 프랑스에 종속적이며 형식적인 역할만 맡았을 뿐이며, 정부의 하급 관료들도 식민 권력을 위한 저임금 하인에 불과했다. 지휘 계통의 어느 곳에서도 솔선수범에 대한 보상이 따르지 않았다. 노로덤이 살아있는 동안 프랑스의 계획은 장벽에 부딪혔다. 1904년 이후 일부 기간을 제외하고, 캄보디아는 상대적으로 효율적인 수익 창출 기계가 되었다.

우리의 관점에서 파악하기 쉬워 보이는 장시간에 걸친 변화도 지방에서는 즉각 감지되는 것이 아니었다. 지방에 있는 프랑스 관리들은 과거의 후견 관습, 의존, 폭력, 숙명론, 부정부패 등이 거의 변함없이 매년 계속되는 것을 확인할 수 있었다. 직위는 여전히 거래되었고, 세금 명부도 조작되었으며, 쌀 수확량은 줄여서 보고되었다. 순진한 사람들은 여전히 마술사들과 협잡꾼들의 말에 쉽게 속아 넘어갔다. 1923년 말 스떵 뜨라엥에서 전직 승려가 "인간의 목소리를 가진 황금 개구리"를 가지고 있다고 주장하면서 추종자들을 모은 일도 있었다.[18] 도적떼가 만연해 있었고 가뭄도 잦았으며, 말라리아와 콜레라 같은 전염병도 자주 창궐했다. 수도와 지방의 차이는 20세기 초가 되자 더 뚜렷해졌다. 프놈뻰 개발 비용과 프랑스 관리들의 높은 임금을 위해, 지방 농민들이 오랫동안 노동과 수확물을 지불해야 하는 희생을 치렀다. 하지만 농촌 지역에서 이에 대해 분노의 목소리를 높이는 이는 없었다. 적어도 1950년대 초 반프랑스 게릴라와 그 이후의 공산당 핵심 인자들이 분노를 촉발시키기 전까지는.

1904년에 64세의 씨소왓이 형을 이어 왕위에 올랐다. 1870년대 이래 프랑스에 꾸준히 협력해 왔다. 그는 노로덤보다 더욱 열렬한 불교도였고, 일반 백성들에게 인기도 더 많았다. 백성 중에서는 노로덤 왕과 프랑스가 부과하는 세금을 내느니 차라리 씨소왓이 후원하는 불교 의식에 기부하며 지지를 드러냈다. 한 프랑스 저술가에 의하면, 씨소왓은 형을 굉장히 두려워하여 심지어 그가 죽었을 때 화장 예식에 참석하는 것도 거부했다. 연대기에 의하면 그의 통치 기간 중 첫 2년은 거의 종교 의례와 관료제 개편(왕궁을 위한 전기 기술자를 지명한다거나, 관료들에게 서양식 스타킹과 신발을 신도록 하는 등)에 전념하였다.[19] 또 다른 한편, 씨소왓은 자신을 방문한 관리들에게 지방에 아직도 노예제가 지속되고 있다고 프랑스 측이 주장하는 것에 대해 자신의 의견을 길게 늘어놓기도 했다.[20] 이 기간 동안 다른 왕들처럼 그 역시 풍작과 강우를 염원하는 의식을 지원했다. 씨소왓의 통치 기간 내내 프랑스인들은 노로돔에게 했던 것처럼 1년에 113킬로그램의 질 좋은 아편을 제공했다.[21]

그의 통치 첫 번째 단계는 1906년에 있었던 노로돔의 화장 예식과 그 직후에 있었던 즉위식에서 정점에 이른다. 이 의식은 캄보디아 역사상 처음으로 연대기(프랑스 자료에도)에 상세하게 묘사된다. 즉위식은 일주일가량 계속되었다. 흥미로운 특징 중 하나는 프랑스의 인도차이나 총녹이 씨소왓에게 직책을 주고, *Regalia*를 전달하는 임무를 맡았다. 또 다른 특징은 행사를 위해 왕궁에 소환된 짜우봐이 스록들이 왕에게 "모든 논, 밭, 물, 땅, 숲, 산, 위대한 도시, 깜뿌찌어 왕국의 신성한 경계"를 의탁한다고 엄숙하게 맹세한 것이었다.[22]

왕위에 오르자마자 씨소왓은 캄보디아를 떠나 (캄보디아) 왕립 무용단과 함께 마르세유의 식민지 박람회를 방문했다.[23] 그의 여행은 연대기에 (캄보디아 시문학에서 에피소드를 이야기하듯이) 면밀하게 기록되었을 뿐 아니라 동행했던 왕궁 관리에 의해서도 기록되었다. 싱가포르, 실론, 인도양을 가로지르는 씨소왓의 항해는 두 문서에 엄숙하게 기록되었으며, 이탈리아의 3층 건물과 "모래와 바위만"으로 이루어진 홍해의 해안선과 같이 멀리 있는 풍경도 유려한 짧은 글로 묘사되어 있다. 포트 사이드(Port Said)에서는 "남방의 생명의 주인이요, 살아있는 것들의 우두머리"에게 경의를 표하기 위해 사람들이 열광하며 몰려들었다. 마르세유에서 국왕이 연설했을 때 "그 자리에 참석한 모든 프랑스 사람들은 남녀 불문, 모두 큰 박수로 환호했다." 연대기와 관리의 다소 중복되는 기록은 프랑스 방문을 국왕이 결정했다는 인상을 준다. 하지만 사실 그의 방문은 프랑스 박람회 관리들이 (캄보디아) 왕립 무용단에게 식민지 박람회(the Colonial Exhibition)에서 공연해 달라고 요청하여 이루어진 마지못한 것이었다.24) 적어도 비공식적으로는, 프랑스인의 관점에서 볼 때 늙은 군주와 하렘의 방문은 이국적이고 충성스러우며, 다소 우스꽝스러운 작은 나라에 대해 그들이 이미 알고 있는 것들을 보여주는 것이었을 뿐이었다.25)

공화국 대통령을 방문하여 만찬을 나누고, 낭시(Nancy)를 여행하며 "유럽식의 7월 14일(프랑스혁명 기념일-옮긴이)"을 목격한 후 국왕은 캄보디아로 돌아왔다. 비록 연대기와 궁정 관리의 여행기는 실질적인 문제에 대한 논의를 언급하지 않았지만, 씨소왇의 파리 방문은 프랑코-타이 협상과 시기적으로 겹친다. 프랑코-타이 협상 이후 불과 몇 개월 되지 않아 시암이 캄보디아의 받덤벙과 씨엄리업을 반환하였다.26) 이 여행은 국내에 거의 알려지지 않았는데, 지방에서 올라온 프랑스어 보고서에 언급된 내용에 의하면 씨소왇이 프랑스를 방문한 것은 "그가 프랑스에 가서 캄보디아에 도박을 합법화하기로 서약했다는 소문이 있었다"는 것이었다.

받덤벙과 씨엄리업의 반환을 다루고 있는 씨소왇 연대기의 해당 내용은, 연대기 편집자가 프랑스와 마찬가지로 이 사건을 씨소왇 통치 중에서 가장 중요한 사건으로 여긴 것을 보여준다. 사실 타이가 이 지역(

받덤벙과 씨엄리업)을 점령하고 있던 상황에서 국왕이 반환받기 위해 한 일은 1906년에 고등주재관을 임명한 것 외에는 거의 없었다. 이 반환의 중요성은 7-800년 동안 캄보디아 왕조가 지속되었던 엉꼬, 특별히 엉꼬 왈의 중요성과 연결된 것이었다.27) 1909년에 신성한 불경인 삼장(Tripitaka)의 캄보디아 번역본이 엉꼬 왈에 있는 절에 보관되어 있었고, 그 이후 60여 년간 캄보디아 왕들은 이곳을 수시로 방문하여 종교의식을 지원하였다.

이미 알다시피 북서지방은 1794년에 타이의 지배하에 들어갔다. 타이가 씨소왈의 할아버지 엥 국왕이 우동을 지배하는 것을 허락하는 조건으로 이 지역을 타이에게 넘겨주었다는 것은 잘 알려진 사실이다. 그 이후 1830년대의 짧은 기간을 제외한 백여 년 동안 타이는 이 지역을 식민화하는 데(또는 인구를 줄이는데) 거의 아무 노력을 기울이지 않았다. 이 지역을 통치하기 위해 뽑은 사람들도 거의 크마에 사람이었다. 그들은 엉꼬 지역 사원들을 복원도, 손상도 하지 않고 그냥 방치하였다. 카다몸과 기타 임산물의 양에 따라 결정되는 두 지방의 수입이 특별히 높지는 않았다. 이 지역은 방콕에서 육로를 통해 방어하기보다 프놈펜에서 강을 따라 방어하기에 더 용이했다.28)

이러한 이유로 타이는 1906년에 받덤벙과 씨엄리업을 프랑스에게 양도했지만, 근본적으로는 국경을 따라 벌어지는 더 이상의 마찰을 피하기 위한 것이었다. 프랑스와 타이가 1907년 4월에 최종 협정에 조인하여, 그해 말 두 지방이 프랑스의 지배로 넘어왔다. 그러나 1909년까지 씨소왈 국왕이 이 지역을 방문하는 것은 허용되지 않았는데, 그 이유를 연대기에서는 분명히 밝히지 않고 있다.

하지만 왕과 백성들은 엉꼬의 회복을 매우 기뻐했다. 전통적으로 관

프놈뻰 왕궁 입구, 사진: 로저 스미스Roger Smith

리들이 왕에게 선물을 바치는 땅또 행사가 1907년 10월에 열렸는데, 두 지방의 반환을 "신께 감사하기" 위해 전국에서 수많은 인파가 모여들었고, 반환된 지방에 임명된 관리들도 왕에게 경의를 표하기 위해 프놈뻰으로 왔다.

그 이후 반세기 넘게 프랑스 학자들과 캄보디아 일꾼들이 엉꼬 지역 사원들의 복원을 위해 일했다. 오랫동안 지속된 복원 사업은 프랑스가 캄보디아에 남긴 가장 가치 있는 유산일 것이다. 특히 1920년대 받덤벙은 캄보디아에서 가장 잘 사는 지방으로 개발되어, 쌀 수출량의 대부분을 공급했다. 특이하게도 받덤벙은 캄보디아에서 가장 많은 지주들이 살고 있었으며, 다른 지역과 코친차이나의 크마에 사용자들이 가장 많이 이주하는 곳이기도 했다.29)

1909년까지 모든 주재소(résidences)에 타자기가 설치되었고, 거의 동시에 자동차도 전국적으로 운행되기 시작했다. 프랑스 행정당국의 두 가지 개선 사항은 의도하지 않은 여러 효과를 낳았다. 먼저 주재관들이 요청하고, 프놈뻰, 사이공, 하노이 그리고 파리에 있는 상급자들이 이용하는 보고서 양이 엄청나게 늘었다. 하부에서 올라온 보고서를 상부로 전달하거나, 상부 지침을 하부로 전달하는 양방향 업무를 책임지는 주재관들 업무가 전례 없이 많아지면서 그 일에 매달려야 했다. 그들은 자신들이 문명화하고 보호하고 있다고 여기는 사람들을 만날 일이, 사회적으로나 직업적으로 거의 없었다. 자동차로 인해 시찰은 더욱 빨라지고 피상적인 것이 되었다. 왜냐하면 주재관들과 보좌관들이 다닐 수 있는 길이 제한되었기 때문이다. 사실 1920년대와 그 이후 캄보디아에 대한 프랑스의 경제적이고 정치적인 통제가 눈에 띄게 강화되면서, 캄보디아인들의 삶의 다양한 층위로부터 프랑스 관리들이 철수했다는 것은 모순적이다. 이 시기에 농민들이 만날 수 있었던 정부 당국자는 극소수의 캄보디아 관리들과 (프랑스어 보고서를 작성할 수 있었기에 캄보디아 보호령의 관리가 된) 절대다수의 베트남 사람들이었다. 캄보디아인과 베트남인 사이의 불평등한 관계는, 특별히 2차 세계대전 이후 캄보디아 민족주의 전개에 큰 영향을 미치게 된다.

9
프랑스에 대한 캄보디아의 대응(1916-1945)

씨소왓 통치기 마지막 10년 동안 정치적으로 가장 주목할 두 가지 사건이 있다. 먼저는 소위 '1916 사건'이라 불리는 것, 다른 하나는 1925년 껌뽕츠낭에서 일어난 프랑스인 주재관 펠릭스 루이 바르데(Félix Louis Bardez)의 피살 사건이었다. 첫 번째 사건은 프랑스가 50년 이상 통치했는데도 캄보디아인들의 의사소통 방식과 사회 조직에 대해 얼마나 무지한지를 여실히 드러내는 사건이었다. 두 번째 사건은 식민정부에 커다란 충격을 안겨주었다. 식민지 기간에 일어난 유일한 프랑스인 피살 사건이었기 때문이다. 이런 이유로 식민지 이후 민족주의 성향의 캄보디아 작가들이 이 사건에 대해 과도하게 언급했다.

1916 사건

'1916 사건'을 이해하기 위해서는 프랑스 식민정부가 복잡하고 다양한 세금을 징수했다는 것을 먼저 언급해야 한다. 식민정부는 공공업무와 프랑스 관리들을 위한 급여 등을 충당하기 위한 목적으로 소금, 주류, 마약, 쌀을 비롯한 곡물과 수출입 상품에 세금을 매겼다. 그리고 정부가 지원하는 모든 서비스에 광범위한 수수료를 부과했다는 것을 기억할 필요가 있다. 부역 노동을 돈으로 대신할 수 없는 가난한 사람들에게 프랑스 식민당국은 90일간의 노역을 징발할 수 있었다. 쌀에 부과되는 세금을 내기 위해 농민들은 수확물을 팔아야 했으며, 농한기에도 일을 해야만 했다. 세수 기록이 거의 남아 있지 않고, 세금을 관할지역 사람들에게 골고루 지우려는 의도와 자신에게 돌아오는 몫을 늘이기 위해, 지방 관리들이 관할 내의 인구를 적게 보고하는 경향이 있었기 때문에 과세에는 어느 정도 융통성이 있었다.

제1차 세계대전 동안 프랑스는 전쟁으로 채무가 늘어나면서 인도차이나 전역의 현지인들에게 과세 부담을 확대했다. 현지 주민들은 추가로 세금을 납부했고, 해외로 파병 나갈 지원병을 모집해야 했으며, 특히 유한계급(아마도 중국 상인들)은 강제로 기부까지 해야 했다. 1915년 11월 말 프놈뺀 북동쪽 지역에서 300여 명의 농민들이 씨소왓 국왕에게 프랑스 식민정부가 부과하여 캄보디아 관료들이 걷고 있는 세금 부담을 줄여달라는 탄원을 위해 수도에 도착했다. 대표단을 만난 국왕은 일련의 조치가 취해질 것이라는 모호한 약속을 남기고 대표단에게 귀가를 명령했다.[1]

이 대치 상황에 대한 소식이 ―반왕조 정서가 팽배했던― 프놈뺀 동쪽 지역으로 퍼졌음이 분명하다. 대표단 수가 점점 늘어 때로는 3천 명이나 되는 농민들이 불만을 토로하기 위해 수도로 행진하여 왕궁 외곽으로 모여들었다. 이 시위 행렬을 보고한 프랑스 주재관들은 대표단 크기

뿐 아니라, "당황스러울만큼 빠른 속도로 행동을 취했다"는 사실에 매우 놀랐다고 기록하고 있다. 또 다른 보고서는 "전 인구가 참여했음"에도, 이 사건을 예측한 사람이 아무도 없었다고 언급했다. 프랑스 경찰은 1916년 초 몇 달 동안 농민 4만여 명이 탄원을 위해 프놈뻰을 방문했다고 추산했는데, 이들은 국왕이 마을로 돌아가라고 명령하고 나서야 비로소 고향으로 돌아갔다. 다른 보고서는 그 수를 최대 10만 명까지 추산하였다. 그해 말 지방에서 산발적으로 일어난 사건으로 6명이 사망했다. 이와 동시에 씨소왈은 동부지방을 자동차로 다니면서 농민들에게 집에 평화롭게 머물 것을 촉구했으며, 1916년에는 더 이상 노역이 없을 것이라고 약속했다.

장기적으로 '1916 사건'은 프랑스가 캄보디아를 다루는 방법이나, 캄보디아가 프랑스에 대응하는 방식에 별다른 영향을 미치지 못했다. 사실, 이 시위가 프랑스 보호령을 반대하는 것이었는지는 불분명하다. 프랑스 식민 당국자들은 탄원인들이 직접 국왕에게 정의를 호소했기 때문에 한 발 옆으로 물러난 상황이었다. 이 시위에서 특이한 것은 정체와 동기가 분명하지 않은 지방 지도자들이 시위를 조직했는데, 매우 빠르고 효율적으로 확산되었다는 점이다. 이 사건은 캄보디아 사람들이 지도력과 이념에 둔감하며, 게으르고 개인주의적이라는 프랑스가 만들어 놓은 신화를 뒤집는 것이었다. 이 대표단의 규모에 공포감을 느낀 한 프랑스 관리는 이 사건이 '독일 스파이'와 연결되었다고 비난했다. 어떤 이들은 이 사건을 왕정 반대에 대한 뿌리 깊은 증거라며, 1915년 초에 회람되던 선언문을 인용하기도 했다. 그 선언문은 "프랑스는 나쁜 사람들을 왕과 관리로 세우고, 좋은 사람들을 나쁜 사람 취급함으로 수년간 우리를 불행에 빠뜨렸다"고 언급했다.[2)]

흥미롭게도 '1916 사건'은 코친차이나에서 일어난 심각한 반프랑스 시위와 동시에 일어났다. 두 사건이 연결되었을 가능성이 일부 프랑스 관리들에 의해 제기되었지만, 캄보디아인들이 시위에서 떠나 잠잠해지는 속도를 볼 때, 이는 지역에서 일어나는 부당함을 해결하기 위한 시위였음을 보여준다.

프랑스 주재관 바르데가 살해되기 전 9년 동안, 프랑스는 캄보디아에 대한 통제를 더욱 강화하고 체계화했다. 이는 세금을 징수하는 기관들과 일상 행정업무 부서에 특별히 강하게 적용되었다. 이에 따라 나이 든 캄보디아 관리들은 '너무 많은 변화'가 일어나고 있다면서 불만을 터뜨렸다. 예를 들어, 1920년에 프랑스는 쌀에 대한 세금을 프놈뻰에서 파견한 관리들이 아닌 지방 관리들이 거두도록 조정했다. 1년 후 프랑스는 베트남 국경을 따라 있는 캄보디아 지방을 '쿰'*단위로 재조정하는 실험을 하다가 1년여 만에 포기했다. 1923년 프랑스는 감독 역할을 사법당국에까지 확대하여 그들의 통제 아래 두었다. 1924년부터는 사원(寺院)을 통한 교육을 확대했으며, 다양한 공공 건설 사업을 위해 부역을 동원하였다. 특히 국왕의 협조로 건설된 보꼬산 도로와 리조트는 죄수들을 동원하여 이루어졌다. 수많은 사람의 희생으로 건설된 이 리조트는 1925년에 문을 열었다. 캄보디아 최초의 정미소는 1917년에 열었는데, 전에는 도정 작업을 거치지 않은 벼를 배에 실어 사이공으로 날랐다. 1916-25년은 캄보디아에서 경기가 좋았던 시기 중 하나로, 특히 중국계 상인들과 프랑스인들에게 더 그랬다(다만 1918-19년에 걸친 1년은 예외였다. 이때는 수확량이 저조했고, 어떤 지방에는 가뭄이 들기도 했다).[3]

---

* 그전까지 지방은 카엔(도)-스록(군)-품(마을) 단위로 조직되어 있었는데, 프랑스가 '품'보다는 조금 크고 스록보다는 작은 규모의 '쿰'을 행정단위로 도입하려고 했다.

프랑스인과 캄보디아인 사이의 수입 차이는 극소수 관리들과 왕실 가문을 제외하고는 매우 컸다. 프랑스 관리들은 1년에 1만 2천 피아스터(piastres)를 급여로 받았다. 부인과 두 아이를 위한 세금 공제 후에 관리들은 30 피아스터를 세금으로 냈다. 비슷한 업무를 처리하는 캄보디아 관리들의 급여는 더 적었으며, 1930년대의 대공황 시기에는 처음으로 임금을 삭감당하기도 했다. 반면에 캄보디아 농부 1명은 급여는 없었고, 하루에 30센트 또는 1년에 90 피아스터를 벌거나, 또는 재배한 곡물을 팔아 1년에 40 피아스터 정도를 벌 수 있었다. 농민들은 지나치게 세금을 많이 내야 했는데, 1920년대에는 매년 12 피아스터 이상을 세금으로 냈다. 이들은 인두세도 내야 했고, 부역을 하거나 그 대신 현금을 내야 했으며, 수확한 쌀에 대해서도 일정 비율을 공출당했다. 반면에 농민들은 소금, 아편, 술을 높은 가격으로 사야 했으며, 가축을 도축하려면 도축세도 내야 했다.

그 대가로 농민들은 무엇을 받았을까? 프랑스의 입에 발린 말과는 반대로 그들이 받은 것은 거의 없었다. 지방에는 폭력과 무질서가 만연했어도, 프랑스의 지배에 직접적으로 도전하는 것이 아니었기 때문에, 프랑스 주재관들의 월례 보고서 정치면에 실리는 일은 거의 없었다. 하지만 대부분의 마을 주민들에게, 특별히 건기에 더욱 심해지는 도적 떼들의 지속적인 약탈은 프랑스가 주는 그 어떤 이익보다도 더 급박한 사안이었다.[4]

1930년대 이전, 프랑스는 캄보디아 교육을 위해 투자한 것이 거의 없었다. 1922년에 한 프랑스 관리가 정확하게 언급한 바에 의하면 교육의 외형에만 치중했다. 의료 서비스는 형편없었으며, 전기와 수도 공급도 프놈뻰을 벗어나면 없는 것과 같았다. 다른 말로 하면 프랑스 관리들은 캄보디아에서 거둬들인 돈을 자기들 입맛에 맞는 곳에만 지원했다. 그 대가로 프랑스는 캄보디아를 보호했지만, 독립의 가능성도 차단했다. 프랑스는 20세기가 오는 것을 막고, 19세기를 지속시키는 데 성공했다. 어떤 상황에서는 프랑스가 캄보디아에 현대화를 전해주는 역할을 해야 한다면서도, 수많은 프랑스의 기록들은 근대에 대한 두려움으로 가득하다. 프랑스가 당연히 해야 할 역할을 하지 않은 것은, 현대적 관념을 거부하는 캄보디아 사람들의 국민성 때문에 어쩔 수 없는 것이라고 변명하며 그 책임을 회피했다.

프랑스 식민당국이 가진 이러한 믿음은 캄보디아인들에 대한 직접적인 경험에 근거한 것이 전혀 아니었다. 그 시대에 프랑스 식민주의에 대한 가장 정확한 비판은, 보건 관리였던 앙드레 파네치에(André Pannetier)가 "프랑스인들의 크마에 언어 능력이 20세기 들어 점점 떨어진다"는 언급에서 잘 나타난다.[5] 반면 얄궂게도 캄보디아에서 일하겠다는 모험심과 환상이 점점 옅어지자, 캄보디아인들에 대해 묘사했던 프랑스 관료들의 진부한 표현들도 갈수록 모호해지고 비현실적으로 되어갔다. 이러한 변화는 1927년에 전임 총독이자 당시 프랑스 대통령이었던 폴 두메흐(Paul Doumer)가 마르세유에 있는 철도역과 도시 아래쪽을 연결하는 몇 개의 조각상을 공개하면서 절정에 이르렀다. 이들 중 하나는 "아시아에 있는 우리의 소유"라고 명명되었는데, 이는 엉꼬 시대로 추정되는 복장으로 치장한 반라의 10대 소녀가 긴 의자에 누워서 몸집이 더 작은 반라의 라오스와 베트남 소녀들을 기다리는 모습을 묘사한 것이었다. 인도차이나에서 가장 쉽게 그리고 가장 오래 프랑스의 보호령이 된 것을 보상이라도 하려고 했는지, 이 조각상은 캄보디아를 가장 큰 아이로 그리고 다른 두 아이(베트남과 라오스)로부터 찬사를 받고 있는 것으로 묘사했다. 이는 캄보디아가 주위 나라들로부터 찬사를 받고 있다는 생각이 이 조각가의 의식 뒤에도 있었던 것은 아닐까?[6)]

프랑스 주재관 바르데 피살 사건

1923년 말 쁘레이 벵의 프랑스 주재관으로 활기차고, 야심만만했던 펠릭스 루이 바르데는 세금 징수액이 낮은 원인이 "캄보디아 관리(직접 세금 걷는 일을 하는 관리)들의 전반적인 나태함, 관리 감독의 부족, 징수 절차의 단점들" 등 세 가지라고 보고했다.[7)] 1924년도 회기 동안 바르데는 그 지방의 세금 징수 절차를 개선하여, 18가지 항목에서 1923년보다 많은 세금을 거두었다. 그는 열심히 업무를 수행하여 시스템이 더 생산적이 될 수 있음을 직접 보여주었다. 실제로 수입이 가장 많이 늘어난 두 가지 세금 항목(벼 수확세와 중국인 인두세)은, 이 원기왕성한 주재관이 지역 관리들의 비리, 장부 조작과 허위 보고를 폭로해 버리자 그 즉시 증세가 가능했다.

쁘레이 벵에서 성과를 거둔 바르데는 상급자들의 주목을 끌었다. 1924년 말 그는 많은 선임자를 제치고, 오랫동안 도적 떼와 세수가 적은 것으로 골머리를 앓고 있던 껌뽕츠낭 주재관이 되었다. 보꼬산 리조트를 위해 추가 세금을 징수한다는 포고가 있던 즈음에 바르데가 도착했다. 바르데가 친구에게 시인했듯이 세금을 걷기는 어려웠고, 캄보디아 관리들이 보낸 영수증은 늦게 도착했다. 1925년 초에는 새로운 세금을 거두려 했던 관리가 지역 주민들에게 심하게 얻어맞는 일도 있었다. 4월 18일, '끄랑 라우' 마을에서 세금 납부를 거부했다는 보고에 화가

난 바르데가 통역 한 명과 캄보디아인 호위병 한 명을 데리고 마을을 방문했다.[8] 그는 체납자들을 마을회관에 모아 놓고, 그중 몇 명에게 수갑을 채운 후 감옥에 보내겠다고 협박했다. 그런데 이들은 3개월간의 체납에 대한 과태료 대상자들이 아니었다. 자기들을 죄수 취급하고 점심을 못 먹게 한 채 바르데가 혼자 밥 먹는 것을 본, 먹을 것도 잘 곳도 제대로 없는 군중들은 더 이상 참을 수 없었다.

혼란 속에서 20-30명의 사람들이 바르데와 그의 수행원들을 덮쳤다. 바르데와 통역자, 호위병은 모두 30분 만에 의자, 목책 기둥, 도끼자루, 호위병이 가지고 있던 총 개머리판에 맞아 죽고, 시신은 훼손되었다. 몇몇 목격자들에 의하면 살해에 가담한 사람들이 시신 주변에서 춤을 추었다고 한다. 그 직후 지역 지도자들(그들은 이후 재판에 한번도 소환되지 않았다)에 의해 선동된 7백여 명의 캄보디아 사람들(바르데의 이야기를 들어보겠다고 모인 군중)은 세금 감면을 요구하기 위해 껌뽕츠낭으로 행진을 시작했다. 하지만 몇 시간 만에 열기는 사그라들었고, 행진 가담자들은 목적지에 도착하기 전에 흩어졌거나 무장 군인들에 의해 해산되었다.

바르데의 살해 소식은 프놈뻰의 프랑스 사회를 충격에 빠뜨렸다. 왜냐하면 캄보디아 시골 사람들이 업무 수행 중인 프랑스 고위 관리를 살해한 것은 처음 있는 일이었기 때문이었다. 관리가 도둑떼나 하인에게 살해당한 적은 있었지만, 세금 징수 중에 그런 일은 한 번도 없었다. 이 선례는 명백히 극적인 일이었다. 왕실 내 협력자들을 통해 신속하게 움직인 프랑스는, 씨소왓이 맏아들인 모니뷩 왕자를 프랑스 정치고문과 함께 그 지역으로 보내 국왕의 우려를 전달하도록 했다. 이는 왕실 포고 형식을 취하여 마을 이름을 끄랑 라우에서 '데레찬'으로 바꾸었다.[9] 이 포고에 따라 마을 주민들은 향후 10년간 바르데가 피살된 날에 추도식을 거행해야 했다. 이 포고의 가장 핵심적인 것은 집단적 죄책을 주장한 것이었다. 이것은 바르데의 살해 혐의로 체포된 18명에 대한 재판에서 피고의 변호인단이 주장한 것이었는데, 검찰 측에 의해 기각되었다. 왜냐하면 이 살해를 정치적인 불만과 연결짓는 것은 위험하다고 판단했기 때문이다. 흥미롭게도 살인 혐의로 체포된 피의자 중 한 명은 1980년까지 생존해 있었는데, 한 인터뷰에서 그는 "마을 주민 모두"가 바르데와 그의 수행원들을 두들겨 팼다고 말했다.[10]

살인 피의자들에 대한 재판은 1925년 12월 프놈뻰에서 열렸다. 재판 소식은 언론에 대서특필되었고, 이는 인도차이나의 모든 곳에서 반식민 정서를 고양시키기에 적합한 사건이었다. 재판에서 검사는 피고인들이 마을 외부에서 강도질하려고 들어온 도적들이라는 것을 증명하려고 시도했다. 혼란 중에 바르데가 거둔 세금은 사라졌지만, 그의 지갑은 아무도 손대지 않았다. 더 중요한 것은 그의 일기가 검찰 측에 압류되어 정치적인 내용을 담고 있다는 이유로 기밀로 분류된 것이다. 일기장에 세금을 추가로 걷는 것에 대한 부정적인 견해가 기록되었을 수 있다고 한 친구들의 증언이 제출되었다. 바르데는 죽기 얼마 전 한 친구에게 "그 지방에는 새로 부과된 세금을 낼 만한 돈이 정말로 없다"고 말했다. 고위급 프랑스 관리가 피고 측 증인을 방해했다. 당시 피고 측 변호인이 마시는 차에 누군가가 독약을 탔고, 피고 측 속기사는 그녀의 전 고용인에 의해 강제로 사이공으로 업무 복귀를 해야 했다. 프랑스가 결코 드러내고 싶지 않았던 "캄보디아 농민들이 다루기 쉽다는 이유로 농민 1인당 부과된 세금이 인도차이나에서 가장 높은 액수였다는 사실"이 재판 과정에서 언급되었다.

바르데의 충격은 비슷한 사건이 식민지 시기에 단 한 차례도 일어나지 않았다는 점에서 다음에 논의될 1916년 사건과 1942년에 있었던 승려들의 시위와 유사하다. 이 사건으로 식민 통치 메커니즘과 캄보디아의 성격에 대한 프랑스의 신화가 허구였음이 드러났다. 바르데가 캄보디아에서 15년간 성실하게 일했는데도 여전히 크마에를 하지 못했다는 사실이 프랑스인과 캄보디아인들 사이의 거리감을 보여주는 하나의 실례였다. 언어를 모르는데 캄보디아 서민들이 무엇을 생각하는지 어떻게 정확히 판단할 수 있겠는가? 이것은 마치 식민지 시기 캄보디아인들의 삶은, 프랑스 사람들에게는 들리지도 보이지도 않는 암막 뒤에서 벌어진 것과 진배없었다. 이 시기에 대해 또 다른 프랑스 주재관이 쓴 글이 이 점을 예리하게 지적하고 있다. "캄보디아인들이 계속해서 보여주었던 변함없는 고요함은 그저 막연하고 표현되지 못한 감정을 감추려고 했던 것은 아닌지 의문을 가져 봄직하다. 우리는 그들의 진정한 본성을 알 수 없다."[11]

프랑스 주재관들은 사람들을 관리하기 위해 월급을 받는 것이지, 이해하기 위해 일하는 것은 아니라면서 자신들의 행동을 정당화할 수도 있다. 그들은 매월 산더미처럼 쌓인 서류를 처리해야 했고, 종종 결론이 나지 않을 것 같은 재판을 위해 몇 날 며칠을 보내야 했으며, 공공사업의 제반 사항도 감독해야 했다. 부역을 동원하여 이루어지는 끊임없는 공공사업들은 대개 도로를 닦는 것이었는데, 이는 캄보디아의 근대화라는 명목으로 프랑스의 주둔을 정당화하는 구실이었다.

민족주의의 시작

바르데 사건은 캄보디아 농민들이 역사 기록에 잠깐 나타나는 순간을 우리에게 보여준다. 1927년 이전 캄보디아에는 자국 언어인 크마에로 된 신문과 잡지가 없었다. 캄보디아 문학이 인쇄되었더라도 그것은 대부분 불교 경전이나 19세기 서사시들이었다. 크마에로 된 첫 번째 소설인 『똔레삽』은 첫 번째 자국어 신문인 '노꼬 왓(Nagara Vatta)'이 발행된 지 2년 후인 1938년에 출간되었다.[12] 이러한 사실은 캄보디아 교육을 위해 프랑스가 아무것도 하지 않았다는 것을 감안하면 그리 놀랄 일도 아니다. 이것은 인도차이나 베트남 지역에서 생산된 인쇄물의 양과 비교하면 극명하게 차이가 난다. 엉꼬 시대 이래 캄보디아에서의 문해력은 종교 경전에 관한 연구와 보급에 연관되었다. 식민지 시기 크마에 문해력은 전적으로 불교 승려들에게 달려 있었다. 사실, 1936년 이전에 단 하나뿐인 크마에 정기 간행물인 '깜뿌쩨야 쏘리야(캄보디아의 태양)'는 프랑스가 재정을 지원하는 불교협회 후원으로 매월 출간되었다. 아주 드문 예외를 제외하고, 잡지 내용은 민담이나 불교 경전 또는 왕실과 관련한 자료로 제한되었다. 크마에로 된 캄보디아 연대기 역사조차 인쇄본이 없었다.[13]

이런 이유들로 1930년대부터 나타난 상황에 대한 기술은 편향적이었다. 우리가 프랑스어로 된 소설과 공식 보고서와 신문만 가지고 캄보디아 역사를 재구성한다면, 캄보디아 사람 대다수는 사건들에서 소외되거나 단순하게 영향받는 존재로만 이해하게 될 수 있다. 씨소왓 왕과 아들인 씨소왓 모니봉(재위: 1927-1941)의 연대기 문서들도 도움이 되지 못한다. 왜냐하면 이 연대기들은 주로 국왕이 연루된 사건들에 대한 형식적 언급에 국한되기 때문이다(모니빙의 연대기는 1932년 시암에서의 쿠데타와 이탈리아-에티오피아 전쟁, 1940년에 있었던 프랑스의 독일에 대한 항복 같은 사건들을 약간씩 언급함). 역사 기록 특성상 기록에서 개인 목소리는 제거되었으며, 국왕의 말도 드물게 인용될 뿐이었다.[14] 식민지 시기의 지방 기록물들이 연구에는 적합하지 않았기 때문에, 2차 세계대전 이전 시기 캄보디아 사회 변화와 지적 변화가 어느 정도였으며 어떤 스타일로 변했는지 파악하기도 어렵고, 아울러 변화에 대한 프랑스의 주도권과 이에 대한 캄보디아 사람들의 대응에 대해서도 얼마나 파악할 수 있을지 가늠하기 어렵다. 논쟁의 여지가 있지만, 캄보디아에서 근대적 변화는 1950년대까지 농촌 지역에는 미치지 못했다. 하지만 1930년대 캄보디아 모습은 프랑스가 보호령을 시작했을 때는 물론이고, 심지어 20세기가 시작될 때와 비교해도 이미 많은 변화가 있었다.

  육상 교통에도 극적인 변화가 있었다. 1900년부터 1930년까지 캄보디아 전역에 9천여 킬로미터의 신작로와 자갈길이 노역으로 건설되었다. 게다가 1928년과 1932년 사이에는 프놈뻰과 받덤벙을 잇는 500킬로미터의 철도가 건설되었는데, 이후에는 타이 국경까지 이어졌다. 이러한 변화로 수천 명의 캄보디아 농촌 사람들이 버스를 이용해 빠르게 전국으로 이동할 수 있었으며, 프놈뻰과 지역 관청 방문이 더 쉽고 빈번해졌다. 이러한 발전으로 프랑스의 지역 경제 침투와 중국인의 시장 개척도 더욱 쉬워졌다. 캄보디아에서의 통상 개발, 특별히 쌀 수출과 고무 플랜테이션은 프랑스와 수출무역을 독점하던 중국 사업가들에게 이익이 되는 것이었고, 고무 농장에서 일하는 베트남 노동자들에게도 다소의 이익을 주었다. 윌리엄 윌모트(William E. Willmott)는 1920년대까지 1년에 2천 명 정도로 유지되던 중국인의 캄보디아 이민이 호경기 동안 5천 명으로 늘어났음을 보여주었다.15) 캄보디아 내 중국인은 1905년 170,000여 명에서 2차대전 시작 즈음에는 300,000명으로 늘어났다. 이민자들은 대체로 중국인과 중국계 캄보디아인들이 장악한 소규모 상업에 뛰어들었다. 플랜테이션을 위한 인력 모집으로 캄보디아에 온 많은 베트남인들은 도시에서 일하는 것을 더 좋아하여 도시로 몰려들었다. 동남아시아의 다른 식민지들이 대개 그랬던 것처럼 캄보디아 도시들도 외국 관료들과 이민자들, 기업가들이 북적대는 곳이 되었다. 이러한 변화로 캄보디아 지배 계층도 영향을 받았지만, 그들은 이 변화에 할 수 있는 것이 아무것도 없었고 할 의지도 없었다.

지배 계층 자체가 상대적으로 적었지만 중요성은 점점 커지고 있었다. 1930년에는 흥미로운 일이 일어났다. 철도의 첫 번째 구간이 운행을 시작한 후, 처음으로 두 명의 왕자와 장차 1940년대와 50년대에 장관이 될 4명의 캄보디아 학생이 사이공에 있는 프랑스계 중·고등학교를 졸업했다. 캄보디아의 첫 중·고등학교는 이보다 뒤인 1936년 씨소왈 국왕의 전 궁궐터에 그의 이름을 따서 지은 학교였다. 초등교육은 아직도 승가에서 실시하고 있었는데, 이는 프랑스가 재정을 조금 지원하여 운영하는 기존의 5천여 개 사찰학교들의 네트워크였다. 학생들은 이곳에서 예전 방식대로 전통적인 과목들을 공부했다.16)

이러한 발전은 1920년대 인도차이나 전역에 영향을 미친 경제 호황의 맥락에서 일어났다. 캄보디아에서 발전의 가장 큰 추종자는 쌀 수출 회사와 껌뽕짬 근처에 고무 농장을 새롭게 조성한 회사들이었다. 이 농장들이 캄보디아 농촌에는 경제적인 영향을 미치지 않았지만, 쌀 생산은 국제 수요를 따라가기 위해 가파르게 증가했다. 다양화된 세수로 마련된 자금들은 다양하고 광범위한 공공사업(프놈펜 미화사업, 지방 도시들의 전기 가설, 위에 언급된 도로 건설 및 해변 리조트나 산 정상의 호텔 건설)에 사용되었는데, 이는 프랑스가 막 시작한 관광 산업에 도움이 되었다. 이러한 상황에서 바르데 사건은 프랑스의 자아도취에 흠집만 살짝 냈을 뿐 큰 변화를 가져오진 못했다.

하지만 1930년대 세계 대공황으로 지역의 쌀 가격이 단위 피컬(picul, 약 68 킬로그램) 당 3 피아스터에서 1 피아스터로 폭락하면서, 발전 추세가 멈추거나 오히려 역전되었다. 프랑스 주재관들의 보고서를 유추한 바에 따르면 캄보디아 농민들의 대응은 쌀 수확을 줄이는 것(1928년부터 1933년까지 전국적으로 쌀 수확량이 1/3로 떨어짐)과 세금 연기와 감면을 요구하는 것, 그리고 말세론적인 종교(이웃한 코친차이나에서 최근에 시작된 까오다이교와 같은 혼합 종교)에서 위안을 찾는 것이었다.[17]

이 시기 베트남에서는 프랑스에 대항하는 반란이 여러 번 일어났지만, 캄보디아는 여전히 조용했다. 자체 보고에 의하면 프랑스 주재관들은 캄보디아 농민들을 추어올리며, 인도차이나에서 가장 높고, 가장 복잡한 조세 부담에 대해 캄보디아 농민들은 한결같이 '스토아 철학'으로 대응한다고 언급했다. 보고서 중 하나는 이 복종의 원인으로 캄보디아 사람들의 '권위에 대한 순종'에서 유래를 찾기도 했다. 그럼에도 같은 크마에를 희생시키는 농촌의 폭력 수위가, 1930년대 중반 경제 위기가 사그라들던 시기에 약간 줄어든 것을 빼고는 조금씩 높아졌다. 농촌 지역의 체납율이 1931년에 45%에 이르렀고, 총독에 의해 경감 조치가 승인된 다음 해에는 60%까지 치솟았다. 대부분의 캄보디아인들이 영세 자급농업으로 되돌아가자 프놈뻰 인구는 약간 늘었다. 1931년에 96,000명이었는데, 1936년에는 10만 명이 되었다. 실제로 이 시기부터 1970년대까지, 프놈뻰은 3개의 주거 지구로 나뉘었는데, 베트남인들과 짬족이 사는 북부지구, 중국인과 프랑스인들의 상업 중심구, 그리고 캄보디아인들이 사는 메콩강을 낀 지역인 남부지구와 왕궁 서쪽이었다.

세수를 늘리려는 노력으로 1931년 프랑스는 5년 전에 부왕을 승계한 모니뷩 국왕을 부추겨 지방을 순회하였는데, 그곳에서 지방 관리들이 모아 놓은 청중들에게 근면과 절제의 미덕을 권고했다. 반면 국왕 자신은 줄곧 사치스럽게 살았다. 그의 손자인 노로덤 쎄이하누가 훗날 회상하기를, 모니뷩 국왕은 공무를 거의 보지 않았으며, 왕비와 후궁들과 시간 보내는 것을 즐겼다고 한다.[18] 그가 가장 좋아했던 여인은 쌀롤 써의 누나였는데, 쌀롤 써는 1970년대에 캄보디아 공산당 서기였던 뽈뽓이라는 이름으로 등장했다. 대공황 중반에 프랑스는 모니뷩을 위해 새 궁전을 여러 채 지었다. 1932년 모니뷩은 전년도에 베트남에서 일어난 폭동의 영향을 조사하기 위해 인도차이나에 온 프랑스 식민지 장관 폴 레이누(Paul Reynaud)를 접견하였다. 이 방문은 순전히 형식적인 것으로 재정과 왕실 업무 및 예술을 관장하던 캄보디아의 유력 관리인 쭈언에 의해 주선된 것이었다. 씨소왈의 통치 이래 프랑스의 통제하에 캄보디아를 통치한 것은 쭈언이었다고 할 수 있다. 역설적이게도 고등교육을 받은 세 명의 손자 모두 캄보디아 공산당의 핵심 당원이 되었다.

1930년대 중반에 인도차이나 경제가 서서히 호전되자, 쌀 수출, 특별히 밭덤벙에서의 쌀 수출은 1년에 10만 톤에 이르렀고, 새로운 곡물, 특히 옥수수가 수출에 차지하는 비중이 늘어났다. 1930년대 말이 되자 캄보디아 사람들의 정부 행정에 대한 참여가 늘었는데, 특히 지방에서 더 두드러졌다. 그리고 이 중에서 많은 이들이 캄보디아 독립 이후에 관리가 되었다. 이때 실무 경험을 시작한 이들 중에 녁 쭈롱, 론놀, 씨소왈 쎄레마딱 등이 있었다. 정치적인 측면에서 프랑스는 트로츠키주의자들과 프랑스 인민전선 정부 내 공산당 지지자들 간의 갈등으로 일어난 코친차이나 소요가, 캄보디아까지 확대되지 않은 것에 안도했다. 늦은 감이 있지만 1935년에 프랑스 총독 방문에 맞추어 '각성'이라는 프랑스어로 된 온건한 선전용 전단지가 출판되었다.[19] '각성'이라는 단어는 자치권의 확대와 식민지 상황에 대한 자각의 의미보다, 경제 발전과 캄보디아인들의 행정 참여를 의미했다. 2차 대전 이후에 나타난 캄보디아의 민족주의 뿌리는 1930년대로 거슬러 올라가 찾을 수 있는데, 이는 처음에는 협조적이며 반듯한 예의를 갖춘 외관을 하고 있었다. 반면 프랑스는 자신들이 베트남에서 맞닥뜨렸던 일련의 혁명적 정치와 폭력 속에서 캄보디아의 민족주의 뿌리를 찾는 헛수고를 하고 있었다. 이 시기 10여 년에 대한 프랑스의 기밀 정치 보고서는 혁명적 활동에 대한 필수 항목에 '전무함'이라고 기록했고, 캄보디아 공산주의 운동의 뿌리를 찾으려 했던 후대의 캄보디아 역사가들도 이 시기에서는 아무것도 찾아내지 못했다.[20]

하지만 일련의 각성은 일어나고 있었다. 이는 주로 프놈뻰에 있는 캄보디아 지식인들, 특히 전 과목을 프랑스어로 수업하는 캄보디아 최초 고등학교인 씨소왓 칼리지(1936년 이후부터는 중·고등학교)에서 공부한 학생들 사이에서 일어나고 있었다. 1930년대 초반 학생들은 베트남계 학생들의 편애에 대해서 왕에게 탄원했다. 1937년까지 이 학교 졸업생 협회 회원은 500명이 넘었다.

이 협회가 캄보디아 최초로 만들어진 민간 조직이었다. 캄보디아에서 전문 영역에 따라 나타난 자발적인 협회들은 프랑스의 훼방으로 발전이 항상 더딜 수밖에 없었다. 수년 동안 프랑스는 캄보디아인들이 협회를 만들려는 어떠한 시도(예를 들면 1차 세계대전 참전용사협회와 까오다이교 신자협회 등)에도 반대하면서도, 캄보디아인들이 연대하기 싫어한다고 푸념을 늘어놓는 모순된 태도를 보였다. 사실 우리가 앞에서 보았듯이, 프랑스는 바르데 사건 이후 연대에 대한 두려움을 갖고 있었다. 행정상의 편의라는 목적을 위해 프랑스는 이론상으로는 한 사회를 수평적으로 보다는 수직적 질서로 다루기를 선호했다. 관료주의에 젖어 있던 대다수 프랑스 관료들은 지방에서 새롭게 벌어지는 개발 —개발을 지원하는 것이 개신교 선교사든 까오다든, 그 어떤 외부 단체가 됐든— 에 대해 회의적이었다. 만연한 가난, 열악한 건강상태, 현대식 교육의 부재를 특징으로 하는 현 체제를 변화시키기 위해, 프랑스 관료들은 거의 아무것도 하지 않았다.

씨소왓 중·고등학교, 불교협회, 그리고 1936년에 빳츤과 씀봐에 의해 설립된 노꼬 왓 신문사 등 세 기관이 1930년대 캄보디아인들의 자의식 형성에 가장 중요한 역할을 했다. 빳츤과 씀봐 30대인 두 사람은, 베트남 출신으로 프랑스에서 교육받은 젊은 캄보디아 판사인 썽응옥탄을 만나게 된다.[21] 세 사람은 차례로 불교협회와 밀접한 관련을 맺게 되는데, 썽응옥탄은 이후 협회 도서관장으로 임명된다. 이러한 이유로 그들은 캄보디아 승가의 지도자들, 지식인들과 접촉할 수 있었을 뿐 아니라, 프랑스 학자들과 관리들로 구성된 작은 모임에도 연결되었다. 이 모임은 불교협회 사무총장 수잔 카흐뻴(Suzanne Karpeles)이 주도하는 모임이었는데, 그녀는 상상력이 풍부하고 열정적인 사람으로 캄보디아가 지적으로 부흥하길 열망했다.

노꼬 왓의 편집 논조는 프랑스를 반대하지 않으면서도 캄보디아를 지지하는 것이었다. 이 신문은 캄보디아 내 공공 서비스를 베트남이 주도하는 것, 상업에 대한 중국의 지배, 교육받은 캄보디아인을 위한 적절한 일자리 부족 등에 대한 문제를 제기했다. 사설은 지방에 있는 중국 상인들의 고리대금업, 프랑스가 현대화된 교육제도의 도입을 미루고 있는 것, 캄보디아 농민들을 위한 신용 대출 부족, 캄보디아 공무원들의 저임금에 대해서도 비판했다. 이 신문은 또한 캄보디아와 베트남 사이의 거리를 더 넓히고자 했다. 한 사설은 히틀러의 영토 확장 야욕을 19세기 캄보디아에서 있었던 베트남의 영토 확장과 비교했다. 신문에서 반베트남 정서의 조짐이 서서히 커지기 시작했고, 이 정서는 독립 이후 1978-79년의 베트남 침공 때까지 모든 정권을 관통하는 공통된 이념이 되었다.

캄보디아의 역사적 상황이라는 측면에서 노꼬 왓의 중요함은 1863년 이래 처음으로, 프랑스와 잠들어 있던 피지배자들 사이에, 그리고 캄보디아 지도층 사이에 대화가 시작되도록 했다는 것이다. 1937년 초 신문 발행은 5천 부 이상으로 늘었다. 그렇지만 독자가 이보다 훨씬 많았음은 의심할 여지가 없었다.

이 신문의 독자는 누구였을까? 새로운 엘리트는 어떤 이들이었을까? 그들은 주로 하급 공무원으로 일하는 캄보디아의 젊은 남성들이었을 것으로 추정되는데, 이들은 프랑스식 교육 체제에서 적어도 얼마간이나마 교육받은 적이 있었다. 당연히 이들은 프놈뻰에 몰려 있었다. 1970년대 스러져 가던 크마에공화국 고위 관리 분쩐 몰은 이 시기를 회고하며, "이 신문은 캄보디아 국민의 각성을 사명으로 여겼다"고 썼다. 이러한 이미지는 썽응옥탄이 망명에서 돌아와 민족주의 신문인 '크마에 끄라옥'을 창간한 1950년대까지 이어진다. 노꼬 왓 신문이 중요했던 이유는 처음으로 수천 명의 캄보디아인들에게 바깥 세계에서 벌어지고 있는 일들을, 자국어로 읽을 기회를 제공했다는 것이었다.

그럼에도 교육 수준이라는 측면에서 정의된 신흥 캄보디아 엘리트는 매우 적었다. 1939년까지 씨소왓 중·고등학교 졸업생 수는 6명에 불과했고, 해외에 있는 고등 교육기관에서 수학하고 있는 캄보디아 사람도 10여 명뿐이었다. 정치의식과 업무 숙련도 사이의 격차는 독립 이후에도 계속되었는데, 이는 프랑스가 현지 교육 분야에 예산을 지원하지 않으려는 관행적 식민정책에 첫 번째 책임이 있다고 할 것이다.

1940년 6월 프랑스가 몰락하기 전까지 인도차이나 관리 중에서 프랑스의 아시아 지배가 지속되는 것에 공개적으로 의구심을 밝힌 관리는 한 명도 없었다. 예를 들어 캄보디아에서는 유권자를 확대하거나, 협의 기반이 아닌 대의제 정부를 도입하거나, 행정부에서 프랑스인들을 대체할 인재들을 체계적인 방법으로 훈련시키려는 어떠한 움직임도 없었다. 하지만 지방에서는 1930년대에 일련의 권력 이양이 일어나고 있었다. 프랑스인이 아닌 경험 있는 고위직 현지 관리들이 지역 예산과 정기 보고서를 작성하는 것이 용인되었다.[22] 이러한 상황에 대해 프랑스 관리들은 모순이라고 생각하지 않았다. 1939년에 프랑스 혁명 150주년을 축하하는 성대한 행사가 프놈펜의 레퓌블리크 광장에서 개최되었다.[23]

제2차 세계대전의 충격

제2차 세계대전 —더 정확하게는 1940년 6월과 1945년 10월 사이— 은 인도차이나 역사에서 중대한 분수령으로 보아야 한다. 이는 베트남에서 더욱 자명했다. 프랑스가 약해지면서 나온 캄보디아 식민정책과 이에 대한 캄보디아의 대응은 이전과 분명히 달라졌다. 1939년까지는 실현 불가능하고 거의 생각할 수 없었던 캄보디아 독립이, 1945년 말에는 시간 문제에 불과한 것이 되었다.

동남아시아 전역에서, 특별히 버마와 네덜란드령 동인도(현 인도네시아)에서도 비슷한 상황이 벌어졌다. 인도차이나에서 민족주의 발전이 달랐던 점은 2차 세계대전 거의 내내 프랑스가 이 지역에서 식민 지배권를 일상적으로 유지한 유일한 식민 권력이었다는 점이다. 프랑스는 식민 지배를 유지하기 위해 일본에게 많은 것을 양보했다. 1942-1945년까지 동남아시아의 다른 지역에서 일본은 (유럽 국가들이 뽑아놓은) 식민지 관리들을 투옥하고, 식민 지배를 반대한 진영에서 모집된 현지 지도자들을 내세워 통치했다. 이와 달리 인도차이나에서 프랑스는 민족주의 의식과 활동을 진정시키기 위해, 비밀경찰의 감시를 유지하는 한편 행정부를 현지인들에게 개방하고, 그들에게 일부 정책에 대한 자율권을 주었다. 캄보디아의 경우 이러한 자유화 조치와 이와 관련한 몇 가

1970년 프놈뻰 항공 사진, 크마에 공화국 정보부 제공

지 사건들이 엘리트 민족주의를 낳았다고 할 수 있다.[24]

이 사건 중에서 다섯 가지는 자세히 검토할 필요가 있다. 1940-41년 프랑스-시암 전쟁, 1941년 모니뷩의 손자 노로덤 쎄이하누의 즉위, 1942년 7월 승려 시위, 그 이후 로마자 표기법 도입에 따른 위기, 1945년 3월 9일 인도차이나 전역에서 프랑스 지배를 뒤엎은 일본의 쿠데타.

이 사건들은 1940년 7월부터 1945년 3월까지 프랑스 비시 정부의 쟝 드쿠(Jean Decoux)가 인도차이나 부제독이었을 때 일어났다.[25] 비시 통치는 다소 융통성이 있었지만, 제3공화국 정권들에 비하면 더 억압적이고 훨씬 이데올로기적이었다. 이것은 한편으로는 일본을 달래기 위해서, 그리고 친추축국, 즉 반연합군 노선을 따르려는 경향을 가진 그들 자신의 이념적 편향이기도 했지만, 다른 한편으로는 동남아시아에서 얼마 남지 않은 극소수의 군사력을 이용하여 통제해야 한다는 취약점을 잘 알았기 때문이기도 하다.

캄보디아에서의 융통성에 대한 예로는 현지 관리들의 급여를 인상하고 더 많은 권한을 부여한 것, 엉꼬 시대 특히 쩨이붸악라만 7세에 대한 이상화와 연결시켜 민족 정체성 강화를 장려한 것, 비시의 노선을 따라 청소년 예비군을 조직한 것을 들 수 있겠다. 이 조직을 통해 수천 명의 젊은 청년들은 가족 울타리를 벗어나 승가가 아닌 단체 회원이 되는 기회를 처음으로 가질 수 있었다.

이 정권은 억압적이기도 했다. 1940년 말 인도차이나 전역에서 선출직 기관(특별히 베트남 남부에서 중요했던)들이 폐지되었다. 1942년 승려 시위 이후 노꼬 왓이 폐간되었고, 30여 명의 캄보디아인들이 시위 직후 장기간 구금되었다. 이러한 조치는 1940년대와 50년대에 캄보디아 민족주의 운동을 이끌게 될 사람들에게 가장 강력한 충격이었다. 그렇지만 우리가 아는 한 그들의 영향력이 시골 지역에는 거의 미치지 못했다.

프랑스가 몇 년 동안 인도차이나에서 하려고 한 것은 전쟁이 끝날 때까지 버티는 것이었다. 그들은 추축국의 승리 이후 온전한 프랑스 제국이라는 정체성을 가지고 우뚝 설 수 있기를 바라고 있었다. 캄보디아와 베트남에서 이러한 희망을 불러일으키기 위해 과거에 좋았던 시절을 회상하거나 잔 다르크와 뜨릉 자매, 쩨이쩨악라만 7세와 같은 전쟁 영웅들을 소환하기도 했다. 캄보디아에서 프랑스는 군주제를 통해 일하기로 결정했지만, 반프랑스 파(派)는 전쟁 동안 점점 군주제 반대자가 되었고, 이후 캄보디아 정치에서 지속되는 파벌의 발판을 마련했다.

1940년 말에 벌어진 프랑스-타이 전쟁은 프랑스의 취약함을 알아차린 타이의 피분 송크람 친일 정부가, 20세기 초(1907년) 프랑스에 양보했던 캄보디아와 라오스 영토를 차지하려고 했기 때문에 일어났다. 이러한 행동은 그 시기 민족주의에 유행했던 고토 회복 염원에 따른 것이었다. 육상에서는 장비가 빈약한 프랑스 군대가 연이은 패배를 맛보아야 했다. 하지만 바다에서는 1941년 1월 프랑스 공군과 군함이 타이 함대에 대승을 거두었다.[26] 타이에게 더욱 당황스러운 일이 생길 것을 염려한 일본이 프랑스에게 협상을 강요했다. 도쿄 협상의 결과 밧덤벙과 씨엠리업 대부분 그리고 라오스 일부 —모두 합해서 6만 5천 평방미터가 조금 넘음— 가 타이에게 6백만 피아스터에 양도되었다.[27] 프랑스는 캄보디아를 위해 엉꼬 지역은 유지했지만, 굴욕적인 영토 상실에 마음이 상한 모니뷩 국왕은 남은 생애 몇 개월(1941년 4월 사망) 동안 프랑스 관리를 만나거나 프랑스어로 대화하기를 거부했다.

프랑스의 군사적 패배 직후 모니뷩의 죽음은 프랑스 관리들에게는 문제 거리였다.[28] 그럴리야 없겠지만 혹시라도 벌어질 수 있는 왕위 다툼을 염려했기 때문이었다. 1930년대 내내 모니뷩의 아들인 모니렛 왕자가 승계에 유리했지만, 프랑스 관리들은 노로덤의 손자이며 모니뷩의 딸과 결혼한 노로덤 쏘라므를 왕자에게 왕위 계승을 다퉈볼 것을 제안했다. 노로덤과 씨소왇 자손들 간의 경쟁이 이따금 수면에 드러나기도 했는데, 이는 많은 왕실 구성원들이 서로 다투는 것 말고는 할 일이 없었기 때문이었다. 타이와의 전쟁 이후 총독이 된 쟝 드쿠는 쏘라므를(Suramarit)의 아들이자 당시 사이공 소재 프랑스 중·고등학교 학생이던 노로덤 쎄이하누(1922년 생)를 선호했다. 모니렛보다 쎄이하누를 선호하는 표면상 이유는 왕가 내 노로덤 계열과 씨소왇 계열 간의 균열을 치유하기 위함이었다. 그러나 두 후보 중에서 쎄이하누가 더 유순하고 덜 독립적이라고 판단한 듯하다.

1941년 4월 왕위를 위해 돌아와 10월에 즉위한 수줍음 많은 젊은 청년은 60년 넘게 캄보디아 정치를 주도할 인물로는 보이지 않았다. 그는 부모와 소원해진 외동아들로, 그의 회고록에 따르면 어린 시절 외롭고 내성적이었다.[29] 비록 뛰어난 학생이었고, 재능 있는 음악가였지만 왕좌를 위한 훈련은 받아본 적이 없었다. 그는 통치 초기 몇 해에 프랑스 자문관들과 긴밀하게 일했다.

쎄이하누는 직무를 시작할 때 캄보디아 국민들에게 자신의 이미지를 강화하기 위해, 그리고 할아버지 말년의 은둔을 보상하고자 온건한 개혁을 시도했다. 쎄이하누는 프랑스가 왕을 위해 매년 선사해 왔던 아편 선물을 취소했고, 왕실 장관 쭈언도 은퇴할 것을 종용했다. 쎄이하누는 비시를 지지하는 청년 모임에 적극적이었다.[30] 프랑스 자문관들뿐만 아니라 1941년 8월, 8천 명의 일본 군대가 캄보디아에 주둔하게 되었다는 사실이 그의 운신의 폭을 제한했다. 일본이 어떤 의도를 가지고 있었는지는 아무도 몰랐다.

　프랑스 군대의 취약성과 1942년까지 동남아시아 전역에서 특정 반식민운동에 일본이 동조하고 있다는 증거가 지식인들의 주목을 끌었다. 지식인들 대다수는 승려이거나, 노꼬 왓이나 불교협회와 관련이 있었다. 1940년에서 1942년 사이 신문은 점점 친일본, 반 식민 노선을 취했다. 이 시기에 발행된 노꼬 왓 신문은 프랑스의 검열을 적어도 32번 받았고, 사설이 제재받은 것도 10번이었다. 이 중에 어떤 검열은 프랑스 측의 과잉 반응에 의한 것일 수도 있다. 캄보디아 민족주의의 초기 단계에서 일본 재정 지원에 대해서는 발표된 연구가 없지만, 일련의 공조가 있었음은 짐작해 볼 수 있다. 썽응옥탄과 동료들은 일본과의 공조를 적극 모색했다. 캄보디아 민족주의 세력과 프랑스 사이의 대결은 1942년 7월 승려 시위에서 절정에 이른다.[31]

　20세기 내내 프랑스는 캄보디아와 라오스 양국 불교 승단을 경계심을 가지고 지켜보았다. 특별히 이들이 주목한 것은 불교 승단이 식민 체계에 대안이 되는 가치 체계를 라오 사람들과 크마에 사람들에게 제공했다는 점이다. 타이처럼 캄보디아에서도 승단은 두 종파로 나뉘었는데, 다수파는 '모하니까이', 소수파는 왕실 지원을 받는 '톰마윳'이었다. 교리적 문제에 대한 차이는 없었지만, 의례상으로 몇 가지 절차를 달리하는 두 종단은 관할권 문제로 자주 부딪혔다. 톰마윳은 왕실과 지배계층에 연결되어 있었기에, 반군주제 사상을 갖고 있던 승려들은 자연히 모하니까이에 모여들 수밖에 없었.

　이들 중 하엠 찌우라는 승려는 프놈뻰 소재 고급 빨리어학교 교사였는데, 캄보디아 호위병 예닐곱 명에게 쿠데타에 대한 모호한 계획을 제안하는 반프랑스 음모에 연루되었다. 그는 친프랑스 호위병의 밀고로

1942년 7월 17일 동료 승려 한 명과 함께 체포되었다. 하엠 찌우는 승단에서 중요한 인물이었는데, 민간 당국이 그를 체포할 때 승가를 떠나는 의식을 허용하지 않고 체포하는 바람에, 동료 승려들은 모욕감을 느꼈다. 이 사건은 민족주의자였던 노꼬왈 파(派)에게 대중의 시선을 끌 기회를 제공했다. 이후 사흘 동안 민족주의자들은 일본과 비밀 회담을 열어 구속된 승려를 지지하는 반프랑스 시위를 지원하는 데 협력해달라고 요청했다. 썽응옥탄에 의하면 사이공에 있는 일본 당국(사이공 당국은 프놈뻰 당국에 대한 관할권이 있었다)이 7월 20일에 계획된 캄보디아인들의 시위를 지원하기로 합의했다.[32]

시위 당일 아침 천여 명(그중 절반은 승려)이 프놈뻰 주요 도로를 따라 행진하여 프랑스 고등주재관 쟝 드 랑스(Jean de Lens)의 사무실로 가서 하엠 찌우의 석방을 요구했다. 프랑스, 캄보디아, 베트남 경찰 요원들이 그들의 사진을 찍으며 시위대를 뒤따랐다. 이 행진을 열정적으로 주도했던 노꼬왈 편집장 빳츤은 프랑스 관리에게 탄원서를 제출하려고 프랑스 주재소에 들어갔다가 체포되었다. 다른 민간인 시위 가담자들도 며칠 동안 일제 검거가 되었는데, 그 중 빳츤은 즉심에 회부되었다. 그는 사형을 선고받았다가, 비시 정부에 의해 종신형으로 감형되었다. 이는 17년 전 바르데를 살해했던 사람들에게 내려진 것과 동일한 형량이었다. 썽응옥탄은 타이 관할 하의 밧덤벙으로 탈출하기 전까지 프놈뻰에 며칠간 숨어 지낸 것이 분명한데, 그는 훗날, 이 시위 계획에 관여한 것을 시인했다. 그는 1943년 초에 도쿄로 망명할 것을 제안받아 2년간 그곳에 머물며, 밧덤벙에 있는 민족주의 동지들에게 가끔 쓴 편지에서 외로움을 토로함과 동시에, 민족주의의 불꽃을 지켜나갈 것을 호소했으며, 일본의 신중한 협력이 계속될 것이라고 보증했다.

시위의 실패는 썽응옥탄과 동료들이 일본의 지원을 과대평가했고 프랑스 힘을 과소평가했다는 것을 주지시켰다. 프랑스는 어떤 경우라도 주도권을 유지하고 있음을 보여주고 싶어 했다. 이 시위와 하엠 찌우라는 이름은 '1916년 사건'과 '바르데 사건'과 같이, 캄보디아의 반식민주의 민간 전승 속으로 스며들었다가, 1945년 반프랑스 항쟁 동안, 그리고 1970년 반쎄이하누 쿠데타 이후 여러 분파들 사이에서 다시 부상했다. 1979년 베트남 침공 이후, 이전에는 모니븡 왕의 이름을 딴 프놈뻰의 한 도로가 하엠 찌우에게 헌정되었다가, 1992년에 이전 이름을 되찾았다. 한때 승려였던 그는 1943년 프랑스의 풀로 콩도흐(Poulo Condore) 섬의 유배 감옥에서 병사했다.[33] 단기적으로 이 시위로 얻은 것은 없었으며, 쎄이하누는 이 사건을 회고하며 '희비극'으로 일축해 버렸다. 그 당시 쎄이하누는 명백하게 프랑스 자문관들의 견해 —시위는 어리석고 정의롭지 않았다— 를 따랐음이 분명하다.

민족주의의 고양과 프랑스의 복귀

제2차 세계대전 마지막 3년은 캄보디아 역사에서 매우 중요하지만, 이에 관한 연구는 쉽지 않다. 왜냐하면 이 시기에 대한 프랑스 아카이브 대부분이 비공개된 상태이고, 쎄이하누의 미출판 연대기처럼 이 시기 프랑스 통제 아래에 있던 언론은 형식적이며 관료적이었기 때문이다. 민족주의자들은 침묵에 빠졌거나 받덤벙으로 도망쳤으며, 감옥에서 몇 년을 보내야 했다. 이런 이유로 1943년의 소위 로마자 표기법으로 인한 위기를 평가하기란 어려운 일이다.

1943년 신임 프랑스 주재관 조르주 구티에(Georges Gautier)는 중세 인도의 원형에서 유래된 캄보디아 47개 자모음 체계를 로마자로 대체하겠다고 발표했다. 음역화 작업은 저명한 고전 문헌학자인 조르주 세데스에 의해 진행되었다. 유용한 샘플은 그 체계가 구어 크마에의 소리를 꽤 잘 구현하고 있음을 보여주었다. 구티에와 동료들은 이 문자 개혁을 근대화의 한 단계로 여겼으며 의심할 바 없이 좋은 것으로 생각했다. 문자 개혁을 홍보하는 팜플렛에서 구티에는 "캄보디아 사람들이 세계를 바라보는 태도가 구시대적"이라고 공격하며, 크마에(캄보디아어)를 '잘못 맞춘 양복'에 비유했다.[34] 구티에는 로마자화 된 크마에에, (크마에보다) 더 합리적인 프랑스어 어휘들을 추가하면 캄보디아인들의 사고 체계를 개선할 수 있을 것으로 여겼다. 베트남어의 로마자화에 대해서는 외교적 침묵을 유지하되, 튀르키예어의 로마자화에 대한 예를 인용하며 구티에는 이 개혁의 가치에 대한 믿음을 드러냈다. 이러한 믿음은 캄보디아 사람들의 정신이 원시적이라는 그의 생각만큼이나 자명해 보였다.

하지만 많은 캄보디아인들, 특히 승가는 문자 개혁을 전통 학문과 캄보디아 사회에서 전통 교육을 받은 사람들이 누려왔던 높은 지위에 대한 공격으로 여겼다. 쎄이하누 국왕은 이 문제에 대해 한발 물러서 있겠다고 주장했지만, 이 개혁이 평범한 캄보디아 사람들의 삶에 그다지 굴욕적인 것은 아니었다. 이러한 반대를 무릅쓰고 프랑스는 1944-45년 사이에 정부 간행 문서와 학교에서 문자 개혁을 완강하게 추진했다. 하지만 종교 문서에는 로마자화 개혁이 적용되지 않았다. 그러나 프랑스가 1945년 3월 일본에게 밀려난 후 새롭게 구성된 캄보디아 독립 정부는 첫 번째 정부 조치 중 하나로 로마자화를 폐지했다. 그 이후 캄보디아에서 로마자화를 시도한 정권은 없었다.[35] 프랑스가 현 체제에 대한 명백한 개선으로 보았던 것을, 캄보디아인들은 캄보디아 문명 —엉꼬 시대부터 유래된 것으로 캄보디아인들이 믿고 있는— 의 본질적 성격에 대한 공격으로 간주했는데, 이런 일은 캄보디아 역사에서 자주 있었다. 실제로 이 개혁안을 폐지하는 법령은 캄보디아에서 로마자를 적용하는 것은 캄보디아 사회가 '역사, 미덕, 관습과 전통도 없는 사회'가 되는 것을 의미한다고 언급했다.[36]

1945년 3월 9일 인도차이나 전역에서 일본군이 프랑스 군대를 무장 해제시키고, 프랑스 관리들을 해임하자 로마자 표기법은 문자 그대로 죽은 글자가 되었다. 프랑스군의 무장 해제와 관리 해임은 이들의 무력 저항을 미연에 방지하려는 의도를 가지고 있었다. 이 조치는 또한 동남아시아 전역에서 그해 말에 벌어지게 될 연합군의 상륙에 대항하는 지역 무장 세력을 조직한다는 일본의 계획과도 부합했다. 3월 13일 일본의 공식적인 요구에 대한 응답으로 쎄이하누 국왕은 캄보디아 독립을 선포했고, 국명을 프랑스어 발음 캄보쥬(Cambodge)에서 크마에식 발음인 깜뿌찌어(Kampuchea)로 바꾸었다.[37] 쎄이하누의 포고는 프랑스-캄보디아 협정을 무효화하고, 캄보디아 독립을 선언하며 캄보디아가 일본에 협력할 것이라고 천명했다.

이 선언 두 주 후에, 프랑스인들이 프랑스에 살고 있는 모든 베트남 이민자를 죽이거나 수감했다는 유언비어가 퍼지자, 프놈뻰에 사는 베트남 거주민들이 프랑스 사람들에 대한 폭동을 일으켰다. 폭력 사태에 당황한 일본이 프랑스 편을 들어, 이들을 전쟁 기간 동안 보호하기 위해 수용소에 구금했다. 4월 초에 새롭게 증원된 캄보디아 군에게 행한 연설에서 쎄이하누는 불특정한 적에 대항하여 캄보디아를 방어하려는 일본에 프랑스 군대가 협력하지 않는다고 비난하며, 캄보디아인들에게 '각성'할 것을 촉구했다. 이 연설은 일본 정치고문으로 이 시기 왕궁에 배속된 타다카메(Tadakame) 중위의 견해를 반영한 것으로 보인다.[38]

이 시기에 독립을 향한 다른 조치들로는 그레고리안 태양력을 대신하여 불교식 음력을 다시 시행한 것, 정부 부처 이름을 프랑스어가 아닌 크마에로 바꾼 것 등이 있다. 독립은 당연히 상대적인 것이다. 일본은 캄보디아에 여전히 군대를 주둔시키고 있었다. 동시에 1945년 여름 —어떤 측면에서 1970년의 3월과 1975년 4월에도 그랬던 것처럼— 캄보디아의 한 지식인 분파가 왕정과 식민 (또는 신식민) 권력 사이에 개입했다.

이 시기는 캄보디아인들에게 정치적 지향을 가진 모임을 하는 것이 처음으로 장려되었을 뿐 아니라 애국주의 사상도 공개할 수 있었다. 7월 20일 쎄이하누는 1942년에 있었던 승려 시위를 기념하는 집회를 주재했다. 갓 출감한 빳츤과 4월에 도쿄에서 돌아온 썽응옥탄도 집회에 참석했다.[39] 국왕 외에 집회에 참석한 한 연사는 1860년대에 있었던 반군주제 반란과 1884-86년 폭동, 1916 사건, 바르데 사건 및 1942년 승려 시위를 인용하며, 캄보디아의 애국주의에 대한 장황한 연설로 군중들의 환심을 샀다. 이 연사는 그 사건들 중 캄보디아 군주가 '올바른 편'을 선택했던 것은 단 한 번, 1884-86년 폭동뿐이었다는 것을 언급하지 않았다. 그러나 이 연설은 쎄이하누에게 영향을 미쳐, 쎄이하누 통치기에 민족주의는 탄압의 대상이 되었다. 1940년대 말과 50년대, 민족주의 운동의 사례들이 캄보디아 공산주의자들과 민주당 같은 반군주제 진영에게 흘러 들어가 신화가 되었다.

전후 캄보디아 민족주의의 또 다른 가닥은 베트남의 혐오를 공식적으로 부추기는 것으로 조성되었다. 들뜨고 혼란스러운 그해 여름 베트남 남부에 살던 크마에와 베트남 거주민들 사이에 충돌이 일어났다. 동시에 쎄이하누는 프랑스가 다시 돌아올 때 대항하기 위해 공조 전략을 취한다는 사이공의 베트남 정권과 허울뿐인 동맹을 맺는 것 외에는 별다른 조치를 취하지 않았다. 이 시기에 쎄이하누의 마음을 읽기란 어려운 일이다. 하지만 1945년 8월 9-10일 캄보디아 청년 단체의 몇몇 열혈 단원들이 후원한 애매한 반군주제 쿠데타로 인해 빳츤과 썽응옥탄 같은 인물에 대한 국왕의 적개심이 더욱 커졌다.

프랑스에게 체포된 7명의 가담자 중, 다섯 명은 이후에 반프랑스 게릴라 운동에 적극 참여했으며, 세 명은 캄보디아 공산당의 선구자가 되었다. 쎄이하누의 연대기에 따르면 일본이 항복한 후 8월 끝자락에 있었던 민족주의자들의 시위에, 무장한 군인들과 다양한 청년 단체 회원들을 포함한 3만 명이 참여했다. 나흘 후 썽응옥탄의 주도로 시행된 국민투표에서 541,470표가 독립에 찬성했고, 반대표는 2표에 그쳤다. 관리들의 승인을 얻기 위해 국민투표 제안서가 회람된 것은 분명해 보이지만, 전국민을 대상으로 하는(full-scale) 국민투표가 실시되었다는 증거는 없다. 이 수치는 영국의 비호 아래 우선적으로 인도차이나 남부로 돌아오기 시작한 프랑스에 맞서 썽응옥탄이 협상력을 높이려는 시도에서 나온 것이었다. 9월 내내 썽응옥탄은 동료들에게 프랑스에 대항하기 위해 베트남과 동맹을 맺으라고 촉구했다. 그들 중 대다수는 썽응옥탄에 반대하며 베트남의 독립과는 별개로 캄보디아 독립을 쟁취하려고 했다. 어떤 이들은 썽응옥탄이 계속 권력을 쥐고 있는 것보다는 프랑스가 돌아오는 것이 더 낫다고 여겼다. 이러한 이유로 프랑스 관리들이 1945년 10월 12일 프놈뻰에서 썽응옥탄을 체포할 때 반대하는 사람이 하나도 없자, 그는 매우 놀랐다. 아침에 깜뿌찌어 총리로서 씨소왈 중·고등학

교의 재 개교식을 주재했던 썽응옥탄은 사이공 중앙교도소에서 점심을 먹어야 했다.[40]

썽응옥탄이 무대에서 사라지자(그는 6년 동안 망명생활 대부분을 프랑스에서 비교적 안락하게 보냈다), 쎄이하누 국왕은 프랑스와 협상을 시작했다. 프랑스는 1940-41년에 일본군에게 밀려나기 전과 같이 통제권을 행사할 준비가 된 것으로 보였다. 하지만 1946년 초 프랑스와 캄보디아 대표가 사인한 잠정 협정은, 프랑스가 통제를 완화하겠다는 것과 존재하지 않는 두 개의 연맹에 캄보디아가 회원으로 가입할 수 있게 하겠다는 막연한 약속을 명기한 문서였다. 그중 하나인 '인도차이나 연맹'은 최고위직에 현지인들의 참여를 다소 늘린 인도차이나에 지나지 않은 것으로 보인다. 또 다른 프랑코포니 연맹은, 프랑스 문명에 대한 공통된 경험을 토대로 프랑스 식민지였던 국민들로 구성된, 느슨하고 모호한 조직이었다. 이 합의는 캄보디아에 헌법과 정당 결성의 권리를 약속했지만, 재정이나 군사 및 외교 분야는 프랑스가 여전히 통제한다고 명시하였다. 다른 말로 1946년 초 프랑스는 1945년 여름의 일본을 대체한 것이었다. 하지만 프랑스는 이전의 구체제를 재구성하지 않았다.

10

독립

프랑스의 인도차이나 지배가 사실상 1945년 여름에 끝났다고 볼 수도 있지만, 1945년까지 이 지역을 관할했던 사람들을 대체하기 위해 드골 정부가 보낸 새로운 관리들은 그렇게 보지 않았다. 실제로 2차 세계대전 중 드골 망명 정부의 중요한 목표는 프랑스 제국 특히 인도차이나 회복이었다.

1945년 10월 프랑스는 캄보디아에서 일상적 업무라도 진행하려면 현지 엘리트들에게 유화적 자세를 취해야 했다. 1930년대에 프랑스인들은 이들의 각성을 칭송했는데, 그동안 애국자가 되어버린 현지 엘리트들이 프랑스 입장에서는 영리한 적으로 보였다. 그들 중 대다수는 1945년 여름을 프랑스의 치욕으로 보기보다는 캄보디아인들의 승리라고 생각했다. 그들은 캄보디아가 독립을 되찾아야 한다고 주장했다. 비록 다른 사람들에 비해 조용하게 있었지만, 독립이라는 대의에 주도적인 변화를 가져온 이는 국왕 노로덤 쎄이하누였다.

잠정 협정이 1946년 초에 체결되자 프랑스는 식민지를 정돈하기 시작했다. 프랑스는 1945년에 캄보디아 인물명과 사건명으로 명칭이 바뀐 프놈뻰의 도로명을 프랑스 영웅과 사건의 이름을 따서 다시 바꾸었다.[1] 그 다음 조치로 프랑스는 1945년 쎄이하누의 독립 선포와 1942년 승려들의 시위를 기념하는 국경일을 무효화시켰다. 세 번째 조치로 프랑스는 썽응옥탄을 일본에 협력한 혐의로 기소하여 반역죄로 재판에 회부했다. (그런데 프랑스는 일본에 대해 뒤늦게야 선전포고했다.)

정당의 발전

평상시와 다를 바 없는 분위기 속에서, 1946년 여름에 발효된 선거법은 캄보디아 엘리트들에게 예상치 못한 깊은 골을 만들었다. 캄보디아 역사상 처음으로 정당 설립이 허락되자, 세 개의 정당이 신속하게 창당되었다. 레디(V. M. Reddi)가 지적하듯이 모든 정당들은 "왕자들이 이끌었고, 그들 모두는 이웃 나라에 대한 공포를 공유하고 있었으며, 왕권에 대한 충성을 밝혔다."[2] 첫 번째, 세 번째 점들은 이상할 것이 없지만, '이웃 나라에 대한 공포'에 대해서는 설명이 필요하다.

1946-47년에 타이는 상대적으로 급진적인 시민 정부가 정권을 장악하고 있었다. 이들은 1944년 여름 피분 군사정부의 몰락 이후 캄보디아 국경을 따라 벌어진 반일 무장 투쟁에 자금을 지원했으며, 이후에는 반프랑스 게릴라 투쟁에도 재정을 지원하고 있었다. 1945년에 무장 투쟁 단체들은 크마에 에이싸락(자유 크마에)을 결성하고, 방콕에 망명 정부를 신속하게 수립했다. 이 기간에 타이는 1941년에 넘겨받은 캄보디아 북

서부 지역들에 대한 통제권을 계속 유지했다. 이 지역은 1945년 8월 쿠데타에 연루된 12명 중 4명뿐 아니라 분쩐몰처럼 승려 시위에 가담한 전력이 있으며, 프랑스의 식민지 복귀에 불만을 품은 이들에게 피난처를 제공했다. 프놈뻰에 새로 설립된 정당들은 타이가 캄보디아 정치에 개입하지 않을까 두려워했다. 하지만 이보다 더 두려운 것은 베트남 내에서 벌어지는 일이었다. 베트남 남부의 공산 게릴라들은 프랑스의 점령을 위협하고 있었으며, 북부의 공산주의 정부는 실질적으로 독립 상태였다.[3]

캄보디아 정치에서 주도적인 두 정당인 민주당과 자유당 간에는 커다란 차이가 있었다. 각 당의 지도자인 두 왕자 간의 차이는 캄보디아인들의 정치적 견해 차이를 그대로 반영한 것이었다. 유떼뵝 왕자(1912-1947)는 프랑스에서 10여 년간 고등교육을 마치고 프랑스인 부인과 막 돌아온 참이었다. 그는 프랑스에서 동경의 눈으로 보았던 민주주의가 캄보디아에서도 구현되기를 원했다. 그가 이끄는 민주당은 최대한 빠른 캄보디아 독립 협상을 촉구했다. 반대로 노른덴 왕자는 보수주의자였고, 캄보디아에서 가장 큰 대지주 중 한 사람이었다. 그는 캄보디아 정치가 국민을 위한 교육을 서서히 확대해 나가야 하고, 프랑스와의 의존 관계를 유지해야 한다고 믿었다. 이는 왕실 대다수의 견해이기도 했다. 민주당 인기에 부담을 느낀 프랑스는 자유당에 남몰래 재정을 지원했다. 세 번째 정당은 노로덤 몽따나 왕자가 당수였던 진보민주당이었는데, 세력이 미약하여 빠르게 사라졌다. 진보민주당은 자유당만큼 보수적이었고, 국왕과 자문관들의 지원을 받은 것 같다.[4]

민주당은 1940년대 초 노꼬완과 빳츤이나 썽응옥탄의 사상에 빠져 있던 사람들을 끌어들였다. 민주당 지지 세력은 주로 모하니까이 종단의 승려들과 젊은 관리들, 크마에 에이싸락 운동 지지자들과 지식인들이었다. 민주당 내 일부 사람들은 크마에 에이싸락 게릴라와 초기 베트민 공산주의자들과 연합한 폭력 투쟁을 선호했다.[5]

반대로 자유당은 현 체제 유지를 원했다. 자유당의 주요 지지 세력은 정부의 늙은 관료들, 부유한 지주들, 짬족 및 중국계 캄보디아 상인 계층이었다. 자유당은 시골 지역에서 지지가 두터웠는데, 특히 껌뽕짬 인근 대농장 소유주들이 강력한 기반이었다. 자유당의 대다수 지지 기반은 특정 지역 후견자들의 네트워크였다.

쎄이하누 자신은 양쪽 어디에도 관심이 없었고, 두 그룹 역시 자신을 따르지 않았다고 회고했다. 민주당원 대다수는 쎄이하누를 프랑스의 꼭두각시로 보았던 것 같다. 그리고 1946-49년에 취한 그의 행동은 그렇게 보기에 충분했다. 적어도 쎄이하누는 프랑스와 우호적인 외교적 방법만이 조국의 독립을 되찾을 수 있는 유일한 길이라고 생각했던 것 같다. 민주당에 대한 쎄이하누 국왕의 불신은 이데올로기 자체에 대한 일반적인 의심과 자신이 모욕적으로 뒷전으로 물러나야 했던 1945년 여름의 충격적인 경험에 대한 불만에서 비롯되었던 것 같다.

1946년 9월, 정당이 창당되고 얼마 후 국왕에게 헌법에 대해 자문할 제헌의회 구성을 위한 선거가 열렸다. 새롭게 투표권을 얻은 사람 중 60% 이상(타이 선거보다 훨씬 높은 참여율)이 투표에 참여했다. 67석 중에서 민주당이 50석을 차지했고, 자유당 14석, 무소속 후보가 3석을 차지했다.

선거 결과는 "투표를 할 수 있는" 직위에 있던 캄보디아 당국자들에게 민주당이 인기가 있었음을 보여주었다. 이 선거에서 농민들은 자신들이 평소에 복종했던 사람들의 의견을 따라 투표했다. 그리고 이러한 경향은 이후 20년 동안의 선거에서도 마찬가지였다.[6] 1916 사건에서도 그랬듯이 캄보디아인들(이번에는 민주당원들)은 그들의 지지자를 조직하고 고무하는 데 비상한 능력을 보여주었다. 민주당 지지자들은 지역의 관리, 교사와 승려들이었다. 반면 자유당 후보에게 투표한 이들은 대개 자신들의 전통적인 경제적 후견인을 지지했다. 일부 민주당원들은 크마에 에이싸락 운동과 비밀리에 연결되어 있었고, 어떤 당원들은 하엠 찌우와 같은 초기 캄보디아 애국자들과도 연결되어 있었다. 이러한 요소들이 지주계급을 도와주는 자유당 정책보다는 훨씬 강렬한 호소력이 있었던 것 같다. 1945년 3월부터 10월까지 시골 지역에서 프랑스 통제의 부재가 미친 영향에 대해 한 번도 조사된 적이 없었다. 식민지 시절 프랑스가 지휘했던 캄보디아 경찰의 주요 표적이었던 도적단의 수는 더 늘었고, 영향력도 더 커진 것으로 보인다. 1946년 초까지 이들 중 상당수는 스스로를 에이싸락이라 불렀고, 오지에 살았던 농민들을 포함한 많은 사람들이 그들을 애국자로 여겼던 것 같다.[7]

쎄이하누는 민주당의 승리를 자신에 대한 거부로 받아들여 무척 괴로워했다. 그는 회고록에서 민주당과 유테븽 왕자를 통렬하게 비판하면서, 1946년에 아직 제대로 형성되지 않은 자신의 정치사상이 유테븽 왕자의 것보다 더 낫다고 주장했다. 30년이 지난 후에도 그는 여전히 유테븽 왕자를 존경할 수 없다면서, 그와 지지자들을 폄훼하여 '떼거리들(demos)'이라고 경멸적인 어조로 불렀다.

민주당원들은 단순히 헌법에 대해 왕에게 조언하는 것으로 그치는 것이 아니라 왕국의 헌법을 만들도록 위임받았다고 여겼다. 민주당이 1946-47년에 초안한 헌법이 국왕의 권력을 축소했기 때문에, 쎄이하누는 헌법을 만드는 과정에서 더욱 소외되었다. 실제로 1947년 헌법은 프랑스 제4공화국 헌법을 기초로 하고 있다. 헌법 초안에 따르면 실질적인 권력은 국회에 위임되는데, 이것은 결국 다수당인 민주당이 권력을 행사한다는 의미였다.

결국 권력은 어떻게 되었는가? 왕국의 모든 이들과 마찬가지로 민주당원들도, 1945년 여름에 했던 것처럼 독립을 선포하는 것이 불가능했기 때문에 곤란한 처지에 놓여 있었다. 독립은 프랑스의 승인을 받아야만 가능했다. 하지만 프랑스는 1949년 중반까지 인도차이나에서 그 누구에게도 한 치도 양보하지 않았다. 독립을 이룰 수 없게 되자 민주당은 서로 다투기 시작했다. 이러한 내부 갈등은 일련의 사건 —1947년 7월 결핵으로 인한 유테뵝 왕자의 죽음과 그해 말 소위 '검은별 사건'이라 불리는 민주당 고위 간부들에 대한 거짓 혐의에 의한 구속, 그리고 1950년에 일어난 유테뵝 왕자 후계자인 이우 꺼싸으에 대한 암살 사건— 들 이후 더욱 악화되었다.[8] 소위 1949년 조약(아래에 언급) 이후에도 프랑스 경찰은 당 지도자들 12명을 크마에 에이싸락 운동과의 공모 혐의로 기소하여 구속(이후 기각됨)하기에 이른다. 민주당원들 중 다수가 1946년 이후 계속해서 캄보디아의 독립을 전면에 내세웠지만, 민주당이 할 수 있는 것은 없었다.

프랑스에 대항한 크마에 에이싸락 운동의 무장투쟁이 1946-47년 캄보디아 경제를 심각하게 붕괴시킨 원인이 되었지만, 1947년 캄보디아가 받덤벙과 씨엠리업에 대한 영유권을 돌려받으면서 잦아들었다. 이때 타이에서는 크마에 에이싸락 운동에 우호적이지 않은 정부가 권력을 장악했다. 게다가 1949년 야엠 썸보 총리는 베트민에 반대하는 크마에 에이싸락 게릴라들을 사면했다. 게다가 프랑스에 대항하는 비 공산주의자들의 저항이 줄어들자, 민주당이 베트민을 지원한다는 프랑스의 거짓 혐의에 대응하기가 더 어려워졌다.

민주당을 무력하게 만든 또 다른 요인은 캄보디아의 경제력을 쥐고 있는 사람들(프랑스인, 왕실 가족, 중국인, 중국계 캄보디아인들)이, 독립을 위한 투쟁 이후에 실제로 벌어질 수밖에 없는 무질서한 상황을 반대한다는 것이었다. 그들은 대부분 부유했다. 그들이 일단 정계에 발을 들여놓으면 프랑스가 그랬듯 자유당을 지지했다. 이것은 민주당이 관리들에게 영향력을 발휘하기가 어려워졌음을, 그리고 선거 승리와 무장투쟁을 위한 재정 지원이 어려워졌다는 것을 의미했다. 민주당은 국회 내 다수당이 되었지만(이론상으로는 권력을 행사할 수 있었지만), 실제로 그들의 정책과 의지를 지배계층과 프랑스에게 또는 자신들의 지역구에서조차 행사할 실질적인 힘이 없었다. 그리고 이들의 견해를 따르는 사람들도 거의 없었다.

민주당은 국회에 붙들려 분파를 조장하는 헌법에 의한 방해에 직면하자, 캄보디아 대다수의 평범한 사람들로부터 지적, 경제적, 물리적으로 단절되었다. 그들이 활용할 수 있는 유일한 무기는 법안 통과와 조약 비준을 거부함으로 정부 절차를 지연시키는 것뿐이었다. 내각이 회전문 내각 —영국의 시스템과 달리 의회의 위기에 선거가 뒤따르지 않았기 때문에— 으로 이어지는 바람에 캄보디아 정부는 자기들이 그렇게도 벗어나길 열망했던 (프랑스) 제4공화국 정부를 점점 닮아갔다. 더욱이 파리의 정부는 너무 약하고, 권력을 잡은 기간이 너무 짧았다. 그리하여 1953년 쎄이하누가 이를 간파했듯이, 정치적 영향력을 가진 캄보디아인들이 반대할 만한 일관성 있는 정책도, 협상 자격을 갖춘 경험 있는 장관도 프랑스 측엔 없었다. 사실 이유는 분명하지 않지만(비록 재정적인 동기가 중요하다 하더라도), 1953-54년 이전 프랑스 정부는 인도차이나에서 철수할 의도가 전혀 없었다.

프놈뻰의 캄보디아 전통 무용수, 2003년. 사진 Douglas Niven

1949년 말까지 프랑스가 부분적으로 굴복하여, 인도차이나에서 가상의 독립 정권들이 수립되는 것으로 보였다. 이 조치로 인해 미국은 이 '정부들'에게 재정을 지원할 수 있었고, 제1차 인도차이나 전쟁으로 허우적대던 프랑스도 간접적으로 지원할 수 있었다. 이 시기에 쎄이하누가 이후에 '절반의 독립'이라고 불렀던 캄보디아와의 협정이 조인되었다.[9] 이 협정으로 캄보디아는 외교 문제에서 어느 정도 운신의 자유를 누릴 수 있었을 뿐 아니라, 받덤벙과 씨엄리업을 포함하는 자치 군사 구역도 확보할 수 있었다. 재정, 국방, 관세, 정치적 반대에 대한 통제권은 아직 프랑스의 손에 있었다. 하지만 쎄이하누가 주장했듯이 되돌리기 어려운 과정은 이미 시작되었다. 민주당이 부적절하다며 반대했지만 이 협정은 결국 발효되었다.

프랑스는 이 시점에서 캄보디아와 협상을 벌여야 할 몇 가지 이유가 있었다. 인도차이나 전역에서 전쟁이 더욱 격화되었고, 중국에서 승리한 공산당이 베트민의 동맹이 되어 무기와 피신처를 제공했다. 1949년에 소련은 핵무기를 개발했으며, 1950년대 초반 중화인민공화국과 30년 조약을 체결했다. 1948-49년, 프랑스는 더 이상 식민지 전쟁을 확대하기보다 공산주의에 대항하는 성전(聖戰)에 미국이 군사 지원을 확대할 것을 요청했다. 미국과 프랑스의 많은 이들에게 1950년 6월, 한국전쟁의 발발은 이러한 주장이 설득력 있는 것임을 확인시켰고, 미국의 원조가 인도차이나로 유입되어 점점 늘어났다.

좌파의 성장

그다음 4년간의 역사는 캄보디아에서 향후 발생할 일을 이해하는 데 매우 중요하다. 세 가지 흐름이 논의되어야 한다. 먼저 민주당의 약화와 국회의 쇠퇴, 두 번째 흐름은 종종 국왕의 비호를 받는 우파 정치 모임과 반공주의 군사 지도자들의 부상(浮上)이다. 사실 녁 쭈롱이나 론 놀과 같이 이 그룹과 관련한 관리들은 독립 시기 쎄이하누 내각에 여러 차례 등장했다. 이보다 더 중요한 흐름은 프랑스에 대항하는 좌파가 이 시기에 강화된 것으로, 그 과정은 1950년에 시작되어 1951년 캄보디아 공산당이 결성되기까지이다. 세 분파는 쎄이하누 통치 내내 주요한 요소였다.

민주당이 쇠락한 이유는 프랑스가 독립 협상에서 민주당을 회피한 것, 국왕의 지속적인 적대, 그리고 몇몇 기회주의적인 당원들이 공직에 진출하기 위해 왕당파로 입장을 전환한 것 등에 있다고 볼 수 있다. 더 나아가 쎄이하누가 의회를 개회하지 못하도록 막음으로써, 다수파인 민주당이 가진 파괴적인 역할이 회기 동안 거의 발휘되지 못하게 되자 그 세력이 점점 약해질 수밖에 없었다.

그렇지만, 1951년 쎄이하누는 헌법에 따라 새 국회를 선출하라는 압력에 굴복했다. 함정을 감지한 민주당원들은 시골 지역에서의 안전 문제가 커지자, 투표소에 가고 싶지 않다고 말했다. 자유당과 급하게 결성된 몇몇 우파 정당들(그중 하나는 중견 관료였던 론놀이 이끌었다)이 민주당에게, 선거에서 경쟁하자고 협박하자 민주당은 마음을 바꾸었다.

적어도 겉으로 드러난 결과는 1947년과 비슷했다. 민주당이 78석 중에서 55석을 차지했다. 민주당 관점에서 볼 때 498명의 후보가 당선될 가망이 거의 없는데도 출마하는 바람에, 수만 표가 잠식된 것은 불길한 징조였다. 이런 이유들과 아울러 자유당 후보들의 꾸준한 강세가 더해져, 자유당이 82,000표, 기타 신생 정당들이 거의 100,000표를 얻었지만, 민주당은 148,000표를 얻어 과반에도 미치지 못했다. 마이클 뷔커리가 지적한 것처럼 "그 어떤 조치라도 우파를 단합시킬 수만 있으면 민주당의 기반을 즉각 잠식할 수 있었다"는 것은 분명했다.[10]

선거에서 승리한 직후 쎄이하누는 프랑스로 잡혀간 썽응옥탄이 돌아오도록 프랑스를 설득했다. 쎄이하누는 회고록에서 자신이 그렇게 한 이유는 아버지인 쏘라므를 왕자와 썽응옥탄의 우정 때문이라고 언급했다. 하지만 프랑스 고문의 말을 들은 쎄이하누는 그를 귀국시키면 민주당이 분열될 가능성이 있고, 그렇게 되면 썽응옥탄도 정치적 협박으로 무력화시킬 수 있을 것으로 생각했던 것 같다. 어쨌든 1951년 10월 29일 썽응옥탄의 캄보디아 귀환은 인상적이었다. 그가 프놈뻰 공항에 도착하자 수천 명이 그를 맞이하여, 시내로 들어가는 길에 늘어서 있었다. 300대의 차량 행렬이 10킬로미터를 움직이는 데 거의 한 시간이 걸렸다. 프랑스 정보부 관리들은 이날 모인 군중 수를 50만 명 이상으로 추산했다. 이는 민주당의 대중 동원 능력이 믿기지 않을 정도였다는 것과 부분적으로는 썽응옥탄 개인에 대한 지지 정도를 보여주는 것이었으며, 또한 계속되는 식민지 종속 문제를 빠르게 해결하고자 하는 국민적 기대 때문이었을 수도 있다.

썽응옥탄이 돌아온 그날 프랑스 행정장관 쟝 드 레이몽(Jean de Raymond)이 집에서 일하던 베트남인 사환에게 살해당했다. 그 당시의 학자들은 두 사건을 공개적으로 연관시키지 않았지만, 이 사건이 동시에 일어났다는 것은 주목할 만하다. 2주 후 공산주의자들의 방송은 모든 이해 당사자들을 언급하면서 다음과 같이 주장했다.

> 프랑스에게 레이몽의 죽음은 소중한 협력자를 잃는 것을 의미하고, 앞잡이들에겐 관대한 주인이 사라진다는 것을 의미한다. 하지만 캄보디아 사람들에게 레이몽의 죽음은 거대한 적의 종말을 의미한다. 불교에 있어서 그의 죽음은 악마가 죽어서 더 이상 불교를 욕보일 수 없게 되었다는 것을 의미한다.[11]

썽응옥탄은 1951년의 남은 기간에 내각의 여러 지위를 고사하며, 적극적인 정치 활동을 자제했다. 1952년 1월과 2월에는 자신의 오랜 친구이자 민주당에 의해 정보부장관으로 임명된 빳츤과 함께 지방을 여행하면서 분위기를 살폈다. 쎄이하누의 위상을 깎아내린 이 여행은 국왕을 격분시켰고, 프랑스는 빳츠에게 공공 연설용 시스템을 제공한 미국이 썽응옥탄을 부추기고 있다고 확신했다. 프놈뻰으로 돌아오자마자 썽응옥탄은 '크마에 끄라옥'이라는 신문을 만들고, 창간호에 그 명칭에 대해 다음과 같이 설명했다. "우리는 오랫동안 마취 상태에 있었던 캄보디아 백성들이 지금 일어나고 있다는 것을 알고 있다. … 어떠한 장해도 우리의 각성과 전진을 멈출 수 없을 것이다."[12]

그 직후인 1952년 3월 9일 일본의 쿠데타 7주년 기념일에 썽응옥탄은 라디오 송신기를 가지고 소수의 추종자들과 수도를 떠났는데, 그들 중에는 걸출한 좌파 지식인인 이어 씨쪼우도 있었다. 한 달이 안 되어 썽응옥탄은 씨엠리업 북부 지역에서 타이 국경을 따라 자신의 본부를 세웠고, 까으떡의 지도 아래 있는 에이싸락 일파와 힘을 합쳤다. 1952년과 1954년 제네바 협정 사이에 썽응옥탄과 지지자들은 타이 정보부로부터 얼마간의 도움을 받았다. 썽응옥탄의 본부는 자신이 민족사회주의라고 불렀던 엉성한 이념의 실험장이었는데, 이 이념은 부분적으로 제2차 세계대전 동안 망명 중에서 보았던 일본의 정치제도에 대한 존경심에 기반한 것이었다.[13] 그가 망명지에서 프놈뻰으로 돌아올 때 승리자라도 된 듯 의기양양해 보였던 것처럼, 캄보디아 산악지대로 도피함으로써 독립운동의 주도권을 계속 유지할 수 있을 것으로 믿었는지는 확실하지 않다. 하지만 친공산주의 게릴라를 설득하여 자기편으로 끌어들이려던 시도는 실패로 돌아갔고, 겨우 몇백 명 —이상주의에 빠진 고등학생들이 대부분인— 만이 그를 따라 지하 운동원이 되었다. 독립 이후에 썽응옥탄의 위상은 사그라들었고 추종자들도 줄었다. 1950년대 말과 1960년대에 그는 쎄이하누 정권을 뒤흔들려는 타이와 베트남을 위해 일하면서 허울뿐인 명맥을 유지하는 정도였다. 1957년까지 그의 민족주의적 열정은 의심의 여지가 없었지만, 1952년에 그가 왜 프놈뻰을 포기했는지는 이해하기 어렵다. 아마 에이싸락 내 비공산주의자들의 자신에 대한 지지를 과대평가(또는 역으로 게릴라들의 공산주의에 대한 지지를 과소평가)했던 것 같다. 프랑스 정보 보고서에 따르면 그는 프놈뻰의 민주당원들에게서 여전히 지지받았고, 아마도 국제적인 지지도 받고 싶어 했던 것 같다. 하지만 타이 국경으로 도피한 이후 쎄이하누와 프랑스에게 더 이상 주목할 만한 세력이 아니었다.[14]

1952년 썽응옥탄의 도피 때까지 공산주의자들이 통제하는 게릴라 부대는 베트민과 협력하여 캄보디아 영토의 1/6 정도를 장악하고 있었고, 수천 명의 프랑스 군대를 붙잡아두고 있었다. 2년이 지난 후 제네바 협정 시기에, 공산주의 세력이 왕국의 절반 이상을 장악하고 있다고 추산한 사람들도 있었다.

그들은 어디에서 나타난 것일까? 1930년 홍콩에서 인도차이나공산당(Indochinese Communist Party, ICP)이 창당될 때, 캄보디아계 당원은 한 명도 없었다. 2차 세계대전이 끝나기 전까지 몇 명의 크마에계 사람들이 당원이 되었다.[15]

1945-47년 베트민 군대는 라오스와 캄보디아에서 '해방 투쟁'을 지원하기 위해 노력했다. 이와 동시에 앞에서 언급했듯이, 타이 정부는 인도차이나에서 반프랑스 게릴라 투쟁을 지원하는 정책을 펼쳤다. 그리하여 크마에 에이싸락이 타이 국경을 따라서, 그리고 타이가 통제하는 받덤벙과 씨엄리업에서 독립투쟁을 수행했는데, 에이싸락 단원 중에는 이후 좌파와 우파를 결성한 이들이 많았다. 좌파 단원들로는 가명으로 썬응옥민(전직 승려, 아짜 믠이라 불림), 씨우 헹, 뚜 싸뭇 등이 있다. 1950

년 4월 17일, 공산주의자들이 프놈뻰을 '해방'하기 25년 전, 크마에 저항군의 첫 국민대회가 썬응옥민의 주도하에 캄보디아 남서부지방에서 열렸다. 이 대회에서 인도차이나공산당의 캄보디아계 당원들이 주도하는 연합 에이싸락 전선이 결성되었다. 1973년에 나온 캄보디아 공산주의 역사에 따르면, 당시에 당원은 40명이었다. 하지만 벤 키어난이 지적하듯이, 1947년 어간에 수백 명 이상이 베트남의 도움으로 설립된 공산주의 정치학교에서 훈련받았다. 가장 유명한 학교로는 1950년대에 반체제 승려였던 하엠 찌우의 이름을 따서 지은 곳이었다.[16]

인도차이나공산당은 1951년 초에 해산하고, 라오스, 캄보디아, 베트남에 공산당이 결성되었다. 크마에인민혁명당은 1951년 9월에 창당되었다. 당 헌장은 베트남어를 크마에로 번역한 것으로 베트남에서 '새롭게 조직된' 당의 헌장을 차용한 것이다. 당 기록에 따르면 이 단계에서 크마에인민혁명당 당원은 천여 명에 이르렀다. 1952년 프랑스 정보부는 공산주의자들이 주도하는 에이싸락 군대가 5천 명에 달한다고 추산했다.[17] 아마도 프랑스의 추산은 과소평가된 것 같다. 왜냐하면 프랑스의 인민혁명당 침투는 불가능했고, 공산주의자들의 평판을 특히 공개 성명에서 낮게 평가하는 것이 프랑스뿐만 아니라 그들이 뒤를 봐주는 쎄이하누 국왕에게도 이익이 되었기 때문이다. 프랑스 통제에 대한 불만이 전 국민적으로 확산되고, 인도차이나 곳곳에서 베트남 게릴라들이 힘을 불려 가자, 캄보디아 내 친베트남 세력도 늘었으며, 효율성과 결속력도 강해졌다. 크마에인민혁명당도 마찬가지였다. 독립 후 8개월이 지난 1954년 7월 인민혁명당 당원이 2천여 명으로 추산되었는데, 그들 중 대다수는 제네바 협정에 따라 베트남으로 망명했다. 인민혁명당의 성장에 대한 다른 지표로는, 1952년 프랑스 식민 당국은 혁명가들이 인민들에게 거둔 세금과 헌납이 국가 예산의 절반에 달한다고 믿었다.

비록 게릴라 부대 내 베트남 간부들이 그들의 지위를 크마에께 단원들에게 서서히 물려주었지만, 이 단원들은 항상 크마에인민혁명당의 지도를 받았다. 반프랑스 저항 지도자 중에서 크마에인민혁명당 지도자들은 민주당이나 다른 단체 지도자들과 정치적인 스펙트럼에서 여러 가지로 달랐다. 먼저 자신들의 투쟁을 맑스-레닌주의의 역사 법칙과 연결된 국제운동의 일부로 인식했다. 그들은 프랑스로부터 독립하는 것이 캄보디아의 현 체제를 유지하기 위한 것이라고 생각하지 않았다. 그리고 캄보디아와 베트남 사이에 있었던 오랜 적대감을 강화하는 것으로 여기지도 않았다. 그들은 프랑스로부터 해방을 궁극적인 목표라기보다는 캄보디아 혁명의 한 단계로 보았다. 더구나 1950년대 초 크마에인민혁명당 지도자들은 프랑스로부터 인도차이나 해방 투쟁과 인도차이나에 사회주의 정당을 결성하는 것에서 베트남의 꼭두각시가 되지 않으면서도 베트남의 지도력을 받아들였다. 양측의 상황을 고려했을 때 이러한 정책은 일리가 있었다. 다른 관점에서 볼 때, 프랑스와 쎄이하누 모두, (협상에 의한 독립을 반대하는) 반프랑스 저항 세력은 친베트남이자 친공산주의라고 규정하며, 캄보디아에 대한 배신과 동일시하려고 열심히 노력했다. 캄보디아는 전 역사를 통틀어 위계적 사회제도에 기반해 있었기에, 공산주의는 이러한 전통을 배반하는 것이었다. 사실 1952-53년에 쎄이하누와 측근들은 썽응옥탄에게 공산주의자라는 딱지를 남발했다. 10년 후에 쎄이하누는 자신의 정권에서 총리를 지낸 사람이 미국으로부터 급여를 받은 것으로 의심된다며 파시스트라는 딱지를 붙이기도 했다.

세계 여러 곳에서 그랬던 것처럼 캄보디아 공산주의 운동 내에서 민족주의와 국제주의 간의 상호 대립은 공산당 역사 내내 아주 성가신 문제였다. 캄보디아인들의 이익(그것이 무엇이 되었든)을 우선에 두어야만 하는가? 캄보디아식 사회주의란 무엇인가? 더 나아가 공산주의 운동이 베트남의 역사와 사회 체계에는 얼마나 적합한가? 캄보디아 민족주의에서 사회주의와 국제주의적 요소를 부정하고, 앙꼬를 반복적으로 언급함으로 캄보디아의 타고난 위대함을 강조하며, 베트남에 대한 인종차별적인 혐오 발언을 하는 것. 이것이 바로 쎄이하누가 1960년대 말에 취했던 방식이었으며, 론놀이 그 뒤를 이었고, 뽈뽓 정권도 따랐던 방식이었다. 이는 1950년대 초 급진주의자들도 지지를 얻기 위해 가끔 사용했던 전략이기도 했다. 예를 들어 1951년 11월에 발표된 연설에서 공산당 대변인은 다음과 같이 주장했다.

> 캄보디아 민족은 고귀한 기원을 갖고 있다. 크마에는 적과 싸우고, 자신들이 종교를 구하며, 조국의 해방을 위한 투쟁을 요청받을 때 죽음을 두려워하지 않는다. 모든 크마에들은 노예로 사는 것과 종교적 박해를 당하는 것보다 죽는 것이 낫다는 불교 교리를 따른다. 그 예를 예악사오볘악라만 왕이 보여주었다.[18]

급진주의자들은 개혁의 정당성을 찾기 위해, 캄보디아의 과거와 반군주제 영웅들뿐만 아니라 불교적 측면까지 동원하여 작업을 진행했다. 이는 쎄이하누 국왕 주변의 사람들이 할 수 있고, 또 하려는 것보다 더 다각적인 측면에서 진행되었다. 그들은 독립 그 자체를 목표로 보았지만, 독립이 캄보디아 사회 구조와 그 사회 내부에 있는 계급에는 별 영향을 끼치지 않는다고 보았다. 그들은 캄보디아 사람들을 조직화하거나 정권을 불안정하게 만드는 것은 별 의미가 없다고 생각했다. 이러한 이유로 씨워타, 하엠 찌우, 뽀 껌바오와 같은 영웅들이 (에이싸락 단원들이나 일부 민주당원들 또는 초기 단계의 공산주의 선전을 위해서는 좋았겠지만) 교과서와 국정 이념에서 빠르게 사라졌다. 다음 정권에서 이 영웅들의 운명은 캄보디아 역사의 흥미로운 주제가 되었다. 몇 년 동안 무관심으로 방치되었던 영웅들이 크마에공화국에서 많은 전직 민주당원들과 함께 새롭게 등장했다. 그러나 엉꼬 시대를 찬미하는 태도는 유지하면서도 특정 개인을 부각시키지 않는 것을 핵심 이념으로 삼은 뽈뽓 치하에서 이 영웅들은 다시 사라졌다. 영웅들은 일시적이지만 혁명조직은 유구하다. 이런 이유로 크마에루주 시절 평판이 떨어진 몇몇 영웅들의 이름이 1979년 크마에인민공화국에서 재등장하여, 프놈뻰 거리의 이름으로 지정되었다가, 쎄이하누가 1993년에 국왕이 되자 다시 변경되는 곡절의 과정을 겪었다.[19] 1950년대에 에이싸락은 엉꼬 왓을 다섯 개의 탑으로 묘사한 국기를 선호했다. 크마에루주의 민주 깜뿌찌어는 자신의 국기에 세 개의 탑을 채택했지만, 1979년 민주 깜뿌찌어를 몰아낸 캄보디아 인민공화국에 의해 다시 다섯 개로 돌아갔다가, 결국 1993년부터는 세 개의 탑이 되었다.

    캄보디아 공산주의 운동을 위한 새로운 인적 자원 공급원은 프랑스에 유학 중인 대학생들이었다. 1945년에서 1960년 사이에 수백 명의 캄보디아 청년들이 급진적인 정치와 개인의 자유, 반식민지 연대 등이 혼재된 흥분된 상황을 맛보기 시작했다. 이들 중 일부는 프랑스 공산당에 합류했다. 많은 학생들이 프랑스적 이상과 프랑스의 삶, 그리고 프랑스의 식민 지배 사이에 커다란 차이가 있음을 인식하게 되었다. 또 다른 이들은 이보다 더 멀리 나아가, 혁명 이전의 프랑스, 혁명 이전의 러시아와 봉건적인 반동 엘리트에 의해 지배되고 있던 20세기 캄보디아 사이에 뚜렷한 연관이 있음을 보았다. 민주당에 대한 쎄이하누의 탄압은 많은 크마에 젊은이들이 급진주의에 빠지도록 부채질했다. 그들 중에는 민주깜뿌찌어의 미래 지도자인 쌀롯 써(뽈뽓), 이엉 싸리, 쏜쎈, 키우 썸펀 등이 있었다.

쎄이하누와 독립의 성취

1952년 처음 몇 달 동안 국회 내에서 민주당은 쎄이하누의 정책을 저지하는 데 최선을 다했다. 썽응옥탄은 원거리 위협으로만 남아 있었다. 프랑스 정보국에 따르면 왕국의 거의 2/3가 더 이상 프놈뻰 정부의 일상적 통제를 받지 않는 것으로 추정되었다. 쎄이하누와 보수적인 고문들에게는 힘으로라도 프랑스로부터 독립을 되찾기 위해 그리고 자신들의 권력을 유지하기 위해 극적인 태도를 취해야 할 시기가 온 것이다.

1952년 7월 의회에서 행한 연설에서 쎄이하누는 "모두가 혼란에 빠져있다. 더 이상 위계질서도 없다. 합리적인 인재 채용도 없다 … 반대자가 되는 것이 옳다면, 가장 애국적인 사람들은 모두 피난처를 찾아 정글로 들어가야 함을 의미한다."[20] 그리고 얼마 후 프랑스의 묵인하에 쎄이하누는 국회에 맞선 쿠데타를 일으켰다. 사이공으로부터 모로코 군대가 비밀리에 들어와 국회를 에워쌌고, 국왕은 민주당을 해산시켰다. 단 한 방의 총성도 없이, 쎄이하누는 직접 내각을 지명했고 총리가 되어 권력을 장악했다. 이로써 민주당이 주도하는 의회는 실패하였다. 이 시점에서 쎄이하누는 1955년 6월 전까지 3년 이내에 완전한 독립을 이루겠노라고 약속하며, 백성들에게 권력 위임을 요구했다. 이때 전혀 투표가 시행되지 않았음에도, 쎄이하누는 마치 자신이 국민으로부터 위임 받은 것처럼 행동했다. 이후에는 자칭 독립을 위한 십자군이라고 불렀던 행보를 시작했다.

비록 쿠데타가 평화적이었지만, 반대 시위가 반왕정-친민주당 정서가 강한 고등학교에서 일어났다. 프랑스에 유학 중이던 급진적인 캄보디아 학생들은 쎄이하누를 반역자라고 불렀다. 1952년 7월 6일 국왕을 비난하는 성명서에서 학생들은 최근에 있었던 프랑스 군대의 공격을 비난하면서, 의회를 해산한 것과 프랑스와 싸우기보다 협상하려는 것에 책임을 지고 국왕이 퇴위할 것을 요구했다.[21] 이 성명서는 쎄이하누의 조상인 씨소왈과 노로돔도 민족의 영웅들을 반대하고 프랑스에 협력했다고 비난했다. 사실상 프랑스가 쎄이하누의 허세에 대해서 해볼 테면 해보라는 식의 결정을 내렸기 때문에, 그는 1952년의 남은 기간을 힘들게 보냈던 것 같다.

민주당의 비타협적인 태도는 오히려 국왕을 도왔다. 의회는 1953년 1월 쎄이하누 정부의 예산 승인을 거부했다. 이에 쎄이하누는 국가 위기를 선포하고, 의회를 해산한 후 계엄을 선포했다. 그리고 의회 해산으로 면책 특권을 박탈당한 민주당 국회의원 몇 명을 체포하라고 명령했다. 레디(V. M. Reddi)에 의하면 쎄이하누는 매우 잘 짜여진 각본대로 행동했다. 그는 프랑스 특파원과의 인터뷰에서 "내가 이 나라의 지배자가 되는 것은 너무도 당연하다. … 그리고 나의 권위에는 결코 의문이 제기될 수 없다"[22]면서 비공식적으로 자신의 조치를 정당화했다. (당시에는 이렇게 말하지 않았지만) 그는 프랑스 당국에 직접 호소할 계획을 세웠던 것처럼, 선거로 뽑힌 관료들을 통하지 않고 백성들에게 직접 호소했.

국왕은 새롭게 얻은 정치권력과 독립에 대한 주장으로 많은 프랑스인들과 왕족들에게 충격을 주었다. 기자들은 오랫동안 국왕을 익살스럽고 이국적(협조적이란 의미)이라고 생각했기에 국왕의 각성을 받아들이면서도 제정신이 아니라는 꼬리표를 붙였다.

1953년 2월에 쎄이하누는 건강상의 이유로 프랑스 방문을 발표했다(이는 통치 기간에 전술적으로 자주 사용했던 말이다). 회고록에서 밝혔듯이 그는 프랑스와 논의하고 협상해야 할 중요한 문제들을 세심하게 작성하여 준비된 서류들을 가지고 출발했다. 그의 병이란 다름 아닌 큰 위험을 감수해야 하는 정치적인 것이었다. 그가 프랑스에 도착하여 늙고 법적으로 아무 권력이 없는 프랑스의 대통령 뱅상 오휼(Vincent Auriol)에게 보낸 편지에서, "나는 국왕으로서 나의 미래와 내 왕조의 미래가 프랑코포니 연합에 대한 충성과 프랑스와의 협력에 기반을 두고 있으며, 앞으로도 지금처럼 충성을 다할 것"이라고 썼다.[23] 만약 공산주의자들이 캄보디아를 침공한다면, 그의 백성들이 프랑스의 이익을 방어하기 위한 행동에 나설 것인지에 대해 장담할 수 없다고 덧붙였다.

오휼의 고문들은 쎄이하누의 긴 편지와 바로 얼마 후에 도착한 또 다른 편지가 공연히 소란을 일으키려는 것이 분명하다고 생각했다. 그래서 오휼은 두 주를 기다린 후에 답신을 보냈다. 이 답신에서 편지를 면밀히 검토했다는 것과 쎄이하누에게 점심을 같이하자고 적었다. 이때 인도차이나에 관심이 있었던 프랑스 정부 관리들은 쎄이하누에게 캄보디아로 돌아가라고 말하며, 그의 왕좌가 대체될 수도 있음을 넌지시 알려주었다.[24]

다음 달 쎄이하누는 귀국길에 캐나다와 미국, 일본에서 신문과 라디오 인터뷰를 위해 머무르며, 캄보디아의 불쌍한 처지와 프랑스의 완고함을 공개적으로 언급했다. 그는 자신의 남은 생애 동안 기밀로 지켜야

할 토론 내용을 공개하는 전술을 사용했다. 1953년에 이러한 행보는 대담한 것이었다. 왜냐하면 그는 프랑스와 잠재적인 외국 동맹들뿐 아니라 국내의 반대자들과 베트남 그리고 크마에인민혁명당과도 승부를 건 도박을 하는 것이었기 때문이다.

그는 5월에 프놈뻰으로 돌아와 자신의 삶을 캄보디아 독립을 위해 바치고 있다는 것을 극적으로 보여주었다. 파리에서의 협상은 느리게 진행되었고, 국왕은 6월에 한 번 더 출국했는데, 처음에 간 타이에서는 그다지 환영받지 못했다. 다음에는 씨엄리업의 자치 군사지역으로 가서, 엉꼬 왈 근처에 있는 자신의 별궁에 머물렀다. 거기에 머무는 동안 프놈뻰에 있는 프랑스 관리들과 대화를 거부했다. 베트남 전쟁은 프랑스에게 불리하게 흘러갔으며, 본국의 여론도 점점 나빠졌다. 프랑스에 대한 쎄이하누의 반발은 점점 강해지고 있었고, 캄보디아까지 전쟁이 확대될 것이라는 전망 때문에 프랑스는 쎄이하누의 요구를 더욱 심각하게 받아들이게 되었다.

1953년 10월 프랑스는 마침내 쎄이하누의 요구를 받아들여, 캄보디아의 국방, 사법, 외교권을 국왕에게 넘겨주었다. 하지만 캄보디아 경제권 —특히 수출입 분야와 수익성이 높은 고무 농장— 은 계속 쥐고 있었다. 식민 지배의 잔재가 여전히 남아 있었지만, 쎄이하누가 프랑스의 몰락을 개인적 승리로 해석했더라도 무리가 없었다. 1916년과 1951년에 프랑스를 위협했던 동일한 소통망을 이용하여, 쎄이하누는 씨엄리업과 프놈뻰 사이에 있는 지방 관리들에게 자신을 지지하는 시위를 조직하라고 명령했다. 썽응옥탄의 귀국 2주년 되는 날을 맞아 쎄이하누가 수도로 돌아올 때, 수십 만의 군중은 아직 독립이 무엇을 의미하게 될지 불확실했지만, 지금으로서는 그들이 바랐던 전쟁이 끝났다는 것에 들

떠 길가에 늘어서서 왕에게 박수갈채를 보냈다. 얼마 후 쎄이하누는 공식적으로 국가의 영웅으로 선포되었다.[25]

프랑스가 물러나자 세 가지 단기적인 효과가 나타났다. 먼저, 캄보디아의 독립과 1953년 11월과 1954년 중반까지 왕국 내에서 일어난 소규모 전투들이 그해 여름 제네바 회의에 참석한 쎄이하누 대표단의 입지를 강화시켰다. 캄보디아 공산주의자들은 녁 쭈롱이 이끄는 제네바 협상을 위한 캄보디아 대표단은 물론, 베트남 공산당 대표단에서도 배제되었다. 녁 쭈롱은 캄보디아 공산주의자들에게 좋지 않은 시각을 가지고 있었으며, 베트남 역시 자국 이익을 위해 (그리고 다소 친베트남 성향인 빠테트라오 군을 위해) 프랑스로부터 양보를 얻어내는 것이 더 중요했기 때문이다.[26] 놀랍게도 많은 캄보디아 급진주의자들은 1950년대와 60년대 내내 베트남의 지도를 받아들였다. 그들 중 천명 이상이 1954년의 협정에 따라 피난처를 찾아 하노이로 떠나야 했다. 1970년대 초에야 캄보디아로 돌아온 이들은 미군의 폭격과 론놀 군대에 의해 죽거나, 당시 캄보디아 공산당 서기장인 뽈뽓의 선동으로 일어난 공산당 내부 숙청으로 목숨을 잃었다. 이들 중 살아남은 일부 생존자들이, 베트남이 캄보디아를 침략한 이후 베트남 주도로 1979년에 수립된 캄보디아 정부 내각에 자리를 차지했다.[27]

소위 쎄이하누의 십자군 운동의 또 다른 결과로, 독립을 이룩하는 데 별다른 역할을 하지 못한 민주당과 썽응옥탄이 지지를 잃었다. 동시에 론놀 장군과 녁 쭈롱 그리고 뻰 눈과 같이 왕에게 충성을 유지한 우파 인물들이 급부상하여 정부 요직에 앉게 되었다.

1953년 독립의 가장 지속적인 결과로 쎄이하누는 자신이 캄보디아를 통치할 권한을 위임받았다고 확신했으며, 그것을 당연한 것으로 여겼다. 인민혁명당의 괴멸과 민주당의 쇠퇴로 쎄이하누는 (많은 외국 방문자들과 측근들의 부추김으로) 그의 십자군이 성공적일 뿐만 아니라 통찰력 있는 것이었고, 자신이 세운 캄보디아가 정치적으로 유익한 방향으로 발전하고 있다는 인상을 갖게 되었다. 1960년대에 이것에 대한 뚜렷한 증거로, 쎄이하누는 타이와 남베트남과 평화를 유지해야 한다거나, 자신이 싫어하는 사람들에게 행동의 자유를 주어야 한다는 의무감을 하나도 갖지 않았다. 그가 1953년도에 독단적으로 행동하여 승리를 거머쥐었던 것처럼, 중국, 프랑스, 유고슬라비아 등과 같이 멀리 있는 강대국들과 우호관계를 맺음으로 캄보디아는 끊임없이 적대적 관계에 있던 이웃 나라들에 기대지 않고 홀로 설 수 있었다.

정세가 이렇게 돌아가자, 1945년 여름에 풀려난 세력들은 불명예를 얻게 되었다. 사회 변화를 전혀 원하지 않았던 쎄이하누와 보좌관들은 이 세력들이 캄보디아 안정을 위태롭게 할 것이라는 점을 정확하게 꿰뚫어 보았다. 우리가 앞서 보았듯이 캄보디아는 역사를 통틀어 권력자들이 만들어 놓은 구체제를 수용하려는 특성이 강해서, 변화를 싫어한다는 말도 안 되는 낭만적 주제가 식민지 시대 작가들 사이에 만연했다.

그렇다면 독립이란 무엇을 의미하는가? 프놈뻰(또는 우동이나 엉꼬)의 무책임한 정부에 자금을 지원하기 위해 세금을 계속 내야 했던 대다수 캄보디아 사람들에게 프랑스를 몰아내는 것은 별 의미가 없는 것이었다. 프놈뻰 정부의 왕실 업무는 오히려 국민과의 접촉을 차단했다. 대다수 공무원들이 이기적이고 자리를 탐하느라, 다른 이들의 열망에는 전혀 무관심했기 때문이었다. 독립이란 다른 말로 캄보디아 지배계층과 상대적으로 소수의 지식인 계급에게 프랑스의 통제를 제거해 주는 것일 뿐이었다. 프랑스가 제거됨으로 캄보디아 지배계층들은 아무에게도 동의를 구하지 않고, 아무 통제도 없이 다른 사람들을 통치할 자유를 얻게 된 것이다. 시골 사람들은 어떠한 정부에서도 역할에 대한 요구를 받은 적이 없었기 때문에, 권력자들(이제는 프랑스인이나 베트남인이 아닌 적어도 캄보디아인들)에게 저항하는 것으로 단기적인 보상을 기대하기는 어려웠다.[28]

1953년 말에는 캄보디아가 독립을 얻었고, 1954년에는 베트민 군대와 그들의 캄보디아인 동조자들이 북베트남으로 망명해야 했던 제네바 회담으로 군사적 자치를 획득하는 등 계속되는 중요한 사건에도 불구하고, 1955년 선거에서 쎄이하누가 주요한 정치 요인으로 등장한 것이 캄보디아 정치사에서는 더 큰 전환점이라는 주장에는 일리가 있다.

제네바 회담 협정으로 이 선거는 인도차이나 비공산주의 정파들이 세력을 회복하는 과정이 되었다. 민주당은 3년 남짓의 권력에서 멀어지면서 파벌 싸움 끝에 쇠락해 갔다. 그러나 민주당은 여전히 가장 잘 조직된 정당이었기에, 당 지도부는 선거에서의 승리를 기대했다. 많은 젊은 민주당원들은 제네바 회담 이후 쎄이하누가 추구했던 친미 정책에 명확히 반대하며, 캄보디아가 국제 질서에서 중립을 지켜야 한다고 주장했다. 그들은 이러한 견해를 캄보디아에 갓 형성된 친공산주의 정당인 끄롬 쁘로찌쭌(인민모임)과 공유했다. 1951년에 창당된 캄보디아의 극렬 공산당은 여전히 존재를 숨기고 있었다. 민주당은 1954년 말 젊은 당원들의 지지로 씀봐, 썬싼 같은 중견 지도자들을 밀어내고, 껭 완삭과 스와이 쏘 같은 반군주제 중립파와 당시 프랑스 공산당원이었던 쭈언 뭄처럼 매우 급진적인 인물들로 지도력이 대체되면서 좌경화되었다. 뭄은 1953-54년에 베트남 지하조직에서 몇 개월을 보냈던 쌀롯 써와 협력하여 민주당 전술과 쁘로찌쭌 전술을 통합시켰다. 1955년 초 캄보디아 전문가들 대다수는 두 당이 의회에서 다수 의석을 차지할 것으로 예측했다.

민주당의 부활과 쁘로찌쭌의 인기는 프놈뻰의 보수 정치인들을 괴롭혔으며, 자칭 "캄보디아 독립의 아버지"로 캄보디아 정치의 명장면을 장식하고 싶었던 국왕을 격분시켰다. 하지만 수도와 지식인 그룹을 제외하면 국왕의 인기는 여전히 높았다. 1955년 2월의 국민투표는 흑백 투표지로 하게 되었다. 흰색 투표용지에는 국왕 그림이 그려져 있었고, 검은색 투표용지에는 크마에로 '떼'(아니오를 의미)'라고 적혀 있었다. 국왕의 그림을 버리는 것은 무례한 행위로 간주되어 체포될 수 있었기 때문에 투표율이 높아졌다. 그 당시뿐 아니라 이후로도 쎄이하누는 거의 100% 지지를 얻기 위해 왕따 전술을 사용하여 자신의 인기를 높이는 데 능숙했다.

자신의 인기가 정당들보다 더 높다는 것을 확신한 쎄이하누는 위험을 무릅쓰고 아무 예고 없이 3월 초 왕위에서 물러나 일반 시민으로 자신의 정치 여정을 시작했다. 왕위는 아버지인 쏘라므릍(Suramarit)에게 넘겨주었다. 얼마 지나지 않아, 쎄이하누는 인민사회주의 공동체로 번역되는 자신의 정당 '썽꿈리어니윰'을 세우고 전국적인 정치운동을 전개해 나갔다. 쎄이하누의 의도는 기존 정당들에게 타격을 가하는 것이었기에, 이 운동의 회원이 되기 위해서는 다른 정치 그룹 회원 자격을 포기해야 했다. 여러 정당이 1955년 선거 전에 해산했고, 그 지도자들은 '썽꿈'으로 결집했다. 그리하여 썽꿈 외에 자유당, 민주당, 그리고 쁘로찌쭌만 남아서 선거를 치렀다. 자유당 당수인 노로덤 노린뎉은 파리 대사 제안을 덥석 수락한 후 당을 혼돈 속으로 팽개쳐 버리고 파리로 떠났다.

썽꿈 창당 직후 쎄이하누 왕자 ㅡ이젠 그렇게 불렸다ㅡ 는 아프리카와 아시아 정치 지도자 회의 참석을 위해 인도네시아 반둥으로 갔다. 출발하기 전에 그는 "정치인들, 부자들, 교육받은 자들은 지식을 항상 다른 사람들을 속이는데, 그리고 내가 백성들을 이끌어야만 하는 그 길 위에 수많은 걸림돌을 놓는 데 사용해왔다"며 자신은 이런 기득권 세력을 패배시키기 위해 왕위까지 포기했다고 선언했다.[29] 그의 부재중에 공무원들이 괴롭힘 끝에 대거 썽꿈에 가입하는 바람에, 민주당은 수백 명의 등록당원들을 빼앗겼다.

미국에서 군사·경제 원조는 받으면서, 외교에서는 반둥의 결정을 따라 비동맹 정책을 채택하기로 한 쎄이하누의 결정이 그랬듯이, 그의 전술은 민주당과 쁘로찌쭌을 당황스럽게 만들었다. 반둥회의에서 인도네시아 수카르노와 중국 저우언라이와 같은 반서방을 표방하는 많은 국가 정상들이 쎄이하누를 추켜세웠다. 캄보디아로 돌아와 새롭게 부각된 자신의 국제적인 인지도를 선거운동에 서둘러 포장했다.

1955년 선거 ―이 선거를 마지막으로 다양한 정당들의 자유로운 선거는 캄보디아 정치에서 사라졌다가 1990년대 들어 다시 자유선거가 실시되었다― 는 어떤 특정 그룹을 위해 국가 안보기구들이 동원되는 선례가 되었다. 1955년 5월과 9월 사이에 야당 신문들이 폐간당하거나 편집자들이 재판 없이 수감되었다. 민주당과 쁘로찌쭌 후보들도 괴롭힘을 당했다. 소위 서민을 대변한다는 명목으로 벌어진 수단과 방법을 가리지 않는 거친 선거운동 속에서 몇몇 선거 운동원들이 피살당했다. 투표하는 사람들도 투표 당일 협박을 받았고, 민주당 표를 담고 있다고 판단되는 투표함 여러 개가 사라지기도 했다. 개표가 끝나자 썽꿈의 후보들이 3/4 이상 득표하여 국회 의석을 모두 차지하게 되었다. 이 선거를 감독하기 위해 제네바 회담에서 구성된 국제감독위원회는 인원이 부족하여 불법 선거운동을 가려낼 수 없었고, 그럴 의지도 없었다. 이는 대체로 친서방을 표방했던 인도와 캐나다 대표들이 그 위원회의 친공산 진영인 폴란드 대표를 투표에서 이겼기 때문이다.[30]

새로운 종류의 정치가 1947년 이후 우여곡절 속에서 유지되어 온 미숙한 헌정 체제를 대체했다. 1955년과 1970년 사이 캄보디아 정치는 쎄이하누가 권력을 독점한 것과 캄보디아가 국제무대에 등장한 것으로 특징지을 수 있다. 쎄이하누의 스타일은 인기가 많았고 나라는 번영을 구가했다. 그러나 과거에도 그랬듯이 이러한 번영은 캄보디아 주변국들의 태도와, 지리적으로는 멀리 있지만 더 강력한 영향력을 가진 열강들의 정책에 크게 좌우되었다. 다른 말로 하면 캄보디아는 중립을 지켰고 평화로웠지만, 이것은 캄보디아의 중립이 다른 나라들에게 이익을 주는 한에서만 가능했다. 쎄이하누의 막무가내 정치술이 1970년대 나라를 덮친 대참사를 지연시켰을지 모르지만 막을 수는 없었다. 그 당시와 이후에 일어난 일들에 대해 최근 많은 캄보디아인들은 쎄이하누가 집권했던 시기를 황금기로 여기고 있다. 하지만 그의 통치 스타일을 다원주의, 정치적 성숙, 건전한 계획, 합리적 논쟁 등과 같은 긍정적인 가능성을 모두 묵살해 버린 폭압적이고 부조리한 것으로 인식하는 이들도 있다. 쎄이하누는 캄보디아를 자신의 세습 영토로, 백성들을 어린아이로, 그리고 반대자들을 반역자로 취급했다. 그리하여 의도하지 않았더라도 크마에공화국의 무기력한 혼란, 민주깜뿌찌어의 공포, 혁명 이후의 일당 정치로 이어지는 길을 만드는 데 지대한 역할을 하게 되었다.

11

독립에서 내전까지

쎄이하누 왕자와 썽꿈리어니윰은 15년간 캄보디아인들의 삶 곳곳에 영향을 끼쳤다. 1970년 쎄이하누가 자신이 세운 국회에서 해임되었다는 이유로, 이 시기를 쎄이하누의 몰락으로 해석하는 것은 일견 편리한 해석이지만, 당시에 이 과정을 그렇게 언급한 관찰자가 거의 없다는 것을 보면 오해의 소지도 있다. 1966년 쎄이하누는 정치 역정의 전환점에 도달하여 자신감과 정치적 장악력이 약해지기 시작했다. 이러한 변화는 국내 정치 요인과 더불어 베트남 전쟁이 격화된 것과도 연결된다. 1966년에 선출된 의회가 비록 썽꿈 소속의 충실한 의원들로 구성되었어도, 이때 당선된 의원들은 1951년 이후 처음으로 쎄이하누가 직접 지명하지 않고 선출된 이들이었다. 이 의원들의 투표에 의해서 쎄이하누는 1970년에 공직에서 물러났다.

국회의원 선거

1955년, 쎄이하누의 주요 반대파였던 민주당은 1958년 선거 전에 이미 정치적으로는 와해된 상태였다. 민주당에 대한 쎄이하누의 계속되는 보복 행위는 매우 기발하게 진행되어 1956년에 사실상 존재 기반이 무너져, 소속 당원 대부분이 썽꿈에 가입했다. 그런데도 1957년 9월 민주당이 쎄이하누의 정책을 난항에 빠뜨린다는 구실로 지도부 5명을 프놈뻰에 있는 왕궁으로 소환하여 논쟁을 벌인 일이 있었다. 많은 군중이 모여들었는데, 논쟁은 대형 스피커로 방송되었다. 군중들의 위협에 민주당은 어떤 의견도 명확하게 표현할 수 없었고, 쎄이하누와 협력자들에 의해 세 시간 동안 괴롭힘을 당한 후에야 그 자리를 벗어날 수 있었다. 이들이 왕궁 울타리를 빠져나갈 때 군인들과 경찰들에게 몰매를 맞았고, 그중 한 명은 병원에 입원을 해야 했다. 그 후 며칠에 걸쳐 민주당을 지지하는 것으로 의심되는 3-40명이 프놈뻰에서 구타당했으며, 쎄이하누는 해외로 휴가를 떠나기 전, 구타 사건에 가담한 군인들에게 조용히 훈장을 수여했다.[1] 그로부터 얼마 후 민주당은 자진 해산하고 정치 무대에서 사라졌다.

그리하여 1958년에 썽꿈에 맞설 수 있는 조직은 1955년 선거에서 2만여 표를 획득한 쁘로찌쭌 뿐이었다. 쁘로찌쭌은 극소수 입후보자만 내는 무모한 도전을 시도했지만, 한 명만 빼고 모두 선거일이 되기 전에 경찰의 압력에 못 이겨 사퇴했다. 그러나 한 명의 입후보자인 까에우 미어도 지역구의 수천 표 중에서 350표를 얻는 데 그쳤다. 그는 선거가 끝나자 구속을 피해 지하로 잠적해야 했다. 그의 입후보를 마지막으로 론놀 정권의 짧은 기간을 제외하고, 1990년까지 캄보디아에서는 다당제를 기반으로 하는 선거가 치러지지 못했다.

그 후 2년 동안 쎄이하누 정부는 미국의 묵인하에 사이공과 방콕에서 계획된 일련의 쿠데타 음모 속에서도 살아남았다.[2] 이 음모들로 인해 쎄이하누는 주변국들과 그 배후인 미국을 더 의심하게 되었다. 이들의 쎄이하누에 대한 냉혹한 태도는 프랑스와 인도네시아 그리고 공산진영 지도자들이 쎄이하누에게 보여준 정중한 태도와는 매우 대조적이었다. 당시의 냉전 분위기 속에서 쎄이하누는 미국에 의해 친공산 세력으로 분류되었다. 이러한 음모들로 인해 쎄이하누는 반대자들을 캄보디아인이 아닌 것으로 낙인찍었는데, 이러한 전술은 다음 두 정권에도 이어졌다.

1960년대 초까지 쎄이하누는 캄보디아 좌파 분자들과 중국을 전술적 동맹으로 삼았다. 이는 네 가지 단기 효과를 가져왔는데, 첫째, 쎄이하누가 대부분 사전에 검열하는 캄보디아 인쇄 매체의 좌경화였다. 이 조치와 같은 맥락에서 캄보디아 학교의 좌익 성향 교사들에 대해 캄보디아 정부가 매우 관대해졌다. 그 해에 많은 교사들이 비밀스러운 공산주의 운동에 가담했고 학생들도 끌어들였다. 둘째, 1962년에 치러진 국회의원 선거였다. 프랑스에서 교육받은 키우 썸펀, 후 유언, 후 님과 같은 좌파 인사들이 좌파 성향을 시인하지 않고 썽꿈에 결합하여, 쁘로찌쭌에 소속된 동료들은 받을 수 없었던 의원직을 쎄이하누로부터 받았다.

셋째, 쎄이하누가 1963년에 미국이 주는 경제·군사 원조를 거부하기로 결정한 것이다. 이 과정에서 쎄이하누는 캄보디아 은행들과 수출입 무역을 국유화했다. 베트남의 응오딘지엠 대통령 암살 후에 실시된 쎄이하누의 국유화 결정을 둘러싼 상황은 여전히 불투명했다. 미국이 떠난 자리를 프랑스와 중국이 대신해 줄 것을 쎄이하누가 기대했다고 짐작할 수 있지만, 두 나라가 캄보디아에 우호적인 관계를 유지하고 있었어도 무제한적인 재정 지원을 원하지 않았다. 많은 다른 정책들처럼 국유화 결정 역시 캄보디아를 진정한 사회주의 국가로 만들려는 의도로 쎄이하누가 갑자기 결정한 것으로 보인다. 좌파에 대한 쎄이하누의 관용 정책이 가져온 넷째 효과는, 캄보디아의 거의 모든 급진주의자들이 1950년대와 60년대 초에 암살되거나 감옥에 가는 일 없이 생존할 수 있었다. 그렇지만 쎄이하누가 외국을 위해 일한다고 판단했던 우익 반대자들에게는 그런 행운이 따르지 않았다.

1960년 쎄이하누의 아버지인 쏘라므를 국왕이 사망하자, 쎄이하누는 일련의 조치를 통해 어머니인 꼬싸막 왕비를 국가 수반으로 임명하고 의례를 위해 필요한 군주 역할을 지속하게 하였다. 그러나 이 결정은 천 년 이상 이어온 캄보디아 군주제를 눈에 띄게 약화시키는 결과를 낳았다.

쎄이하누는 새롭게 구성된 국회를 위해 일할 더 젊고, 더 나은 교육을 받은 후보를 찾고 있었다. 지식인에 대한 뿌리 깊은 불신이 있었던 그는 지식인이 의회와 정부 외에 다른 곳에 있더라도 그들을 이용하고 속이며, 허를 찌를 수 있다고 확신했다. 쎄이하누는 국회를 개인 소유물이자 거수기 정도로밖에 생각하지 않았다. 미국을 지지하는 응오딘지엠 정부와 베트남 통일을 추구하는 하노이 공산주의 지도자들 사이에 전쟁이 발발한 직후에 있었던 1962년 선거는, 쎄이하누에 대한 폭넓은 인기를 반영하는 것이었고, 이는 그의 자신감을 더욱 부추겼다.

캄보디아의 근래 역사에서 종종 그래왔던 것처럼, 이때도 베트남에서 일어난 사건으로 국운이 좌우되었다. 좌우파 모두를 견제하면서도 좌우를 넘나드는 쎄이하누의 활약과 베트남에서의 전쟁이 캄보디아로 확전

되는 것을 어떻게든 막으려 했던 그의 노력은, 19세기 짠 국왕의 노력을 연상시켰다. 1961년과 1970년 사이 쎄이하누의 정책이 캄보디아인 수천 명의 생명을 구했다. 그러나 자신이 실각하자 그는 '형제·자매들(캄보디아 국민)'에게 라디오를 통해 내전에 동참하라고 호소했다. 그 후 (남북 베트남, 미국, 캄보디아군에 의해) 일어난 피할 수 있었던 30만 명의 죽음에 대해 쎄이하누도 책임을 회피할 수는 없을 것이다.

베트남 전쟁은 캄보디아 경제를 불안정하게 만들었으며, 마침내 쎄이하누를 권좌에서 끌어내리는 역할을 했다. 만일 그가 실권하지 않았다면 캄보디아에서 공산주의자들이 집권하는 일은 일어나지 않았을지도 모른다. 베트남에서 수많은 인명을 희생시킨 냉전의 긴장이 캄보디아와는 관련이 없었지만, 분쟁에 휩싸이는 것까지는 막을 수 없었다. 1965년부터 1993년까지 캄보디아 역사는 어떤 점에서 볼 때, 남베트남을 비롯한 캄보디아에서 멀리 떨어진 하노이, 워싱턴, 베이징에 의해 만들어진 것이었다.

1965년 베트남에서 공산주의가 승리하는 것을 막기 위해 사이공 정부를 지원하는 미군 20만 명이 베트남이라는 수렁에 발을 들여놓았다. 1년이 지나기 전 미국은 베트남에 수십만 톤의 폭탄을 쏟아부었고 수만 명의 희생자가 나왔다. 그러는 동안 북베트남 군대는 남베트남 촌락에서 모집된 게릴라 군대를 재무장하기 위해 남쪽으로 거점을 이동했다. 전쟁이 격화되자 라오스로 확대되었고, 캄보디아까지 확대될 위기에 처했다.

1965년 한 해 동안 쎄이하누는 시종일관 중립 선언을 반복했고, 캄보디아 국경(안으로 전쟁 확산 방지)에 대한 강대국들의 보증을 받기 위해 노력했다. 1964년에 미국과 외교관계를 단절하면서 동남아시아의 중립화와 미군 철수를 끌어내기 위한 국제회의를 소집하려고 시도했지만 실패했다. 1966년 그는 비밀리에 북베트남과 동맹을 맺었는데, 마지못해 한 이 결정이 4년 후에 그 자신이 실각하는 결정적인 원인이 되었다. 쎄이하누는 베트남 공산주의자들이 전쟁에 이길 것으로 확신했다. 그는 자신의 권력 보장과 캄보디아 독립 유지뿐 아니라 자국민들이 전쟁에 휘말려 죽는 것을 막고 싶어 했다. 북베트남과의 동맹은 비밀이 지켜지는 한 자신의 목적을 이룰 수 있는 좋은 방법이라고 생각했다.

동맹이라는 명목으로 북베트남은 캄보디아 영토 안에 군대를 주둔시킬 수 있었고, 북베트남과 중국에서 오는 무기를 쎄이하누빌 항구를 통해서 받을 수 있었다. 그 대가로 캄보디아 국경을 인정하고 캄보디아 국민들을 건드리지 않을 것과 캄보디아 군과 어떠한 접촉도 하지 않겠다고 약속했다. 남베트남과 미국 관리들은 북베트남군이 캄보디아에 주둔하고 있다는 것과 무기를 공급하고 있다는 것을 알게 되었다. 그러나 쎄이하누의 승인이 있었다는 세부 내용까지는 알지 못했다. 쎄이하누는 몇 년간 북베트남군의 캄보디아 국내 주둔을 부인했으며, 이는 남베트남과 미국을 더욱 화나게 했다. 쎄이하누는 대외적으로 캄보디아는 무고한 희생자라는 이미지를 부각시켰다.

1966년 9월 쎄이하누의 정치적 우상이자 동남아시아의 중립화를 지지했던 프랑스 대통령 찰스 드골은, 캄보디아에서 국회의원 선거가 있기 며칠 전 사흘간 방문하는 것에 동의했다. 쎄이하누는 국가의 중대사인 국회의원 선거와 드골 방문 둘 모두 신경 쓸 시간과 에너지가 없었다. 그는 드골 방문이 국회의원 선거보다 더 중요하다고 생각했다. 그런데 국회의원은 중산층들이 매우 탐내는 자리였다. 국회의원이 되면 비공식적이지만 큰돈을 벌 수 있었고, 이것이 국회의원이 되려는 이유 중 하나였다. 드골 방문을 준비하는 것과 동시에 쎄이하누는 예비 후보자 수백 명의 공천 청원서에 둘러싸여 있었다. 몇몇 자기 지지자들을 적으로 돌리지 않기 위해 그는 공천 투표 결과를 공개했다. 425명의 썽꿈 후보자들이 82개의 의석을 두고 서로 경쟁해야 했다.

드골 대통령 방문은 엉꼬 왓 테라스에서 열렸는데 캄보디아 왕실 무용수들의 화려한 공연으로 절정에 달했다. 프랑스 대통령은 주최 측에게 감사를 전했고, 연설에서 동남아시아의 중립화를 온건하게 촉구했다. 쎄이하누는 드골 방문의 성공을 위해 애썼다. 이를 위한 비용으로 7-8백만 달러가 들었는데, 외신도 이 방문을 호의적이고 상세하게 보도했다. 이때가 쎄이하누 권력의 절정기였던 것 같다. 드골이 돌아가자 선거를 치러야 했는데, 1951년 이래 처음으로 후보들은 쎄이하누의 후광에 빚진 것 없이 선거를 치렀다.

이번 선거에서는 자기 지역의 이익을 선호하는 후보들이, 쎄이하누에게 충성을 바침으로 신임을 얻었던 주요 후보들을 물리치고 당선되었다. 당시 쎄이하누를 포함한 많은 기자들은 선거 결과를 보수 반동 세력에 대한 승리라고 불렀다. 이 선거는 1951년 이후, 입후보자가 유권자와 직접 연관된 첫 번째 선거였음이 분명하다. 지지를 얻기 위해 후보들은 상대 후보들처럼 현실성 없는 공약을 남발했고, 엄청난 돈을 쏟아부었다. 대다수 후보들이 이념적으로 보수적이었지만 이는 국민들 역시 마찬가지였고, 지방으로 갈수록 보수성은 더욱 심했다. 수년 동안 지역구에 많은 관심을 쏟았던 좌파 후보 3명이 다수의 지지를 얻어 재선되었다는 것이 1966년 선거에서 흥미로운 점이었다.

캄보디아 군사령관으로 새 총리가 된 론놀 장군은 쎄이하누에게 매우 충실했지만 냉철한 사람이었으며, 군부가 그를 매우 충직하게 따르는 것으로도 유명했다. 그는 중년 보수층, 특히 중국계 캄보디아 상인 엘리트 계층에서 두터운 지지를 받고 있었다. 그런데 이 상인들은 쎄이하누의 통치 방식이 혼란스럽고, 그의 경제 정책이 파멸을 가져올 것으로 생각했다. 군부 장교들 대다수와 마찬가지로 그들도 미국과의 단교 조치를 매우 유감스럽게 생각했다. 수출입 무역 국유화로 수익성이 좋은 경제 부문이 무능한 정부 관료들 손에 넘어갔다는 사실에 한탄했다. 새 국회의 많은 의원들 사이에서 이러한 초조함이 퍼지자, 쎄이하누와 그에 반대하는 국회와 상업 엘리트들이 서로 격돌하게 되었다.

쎄이하누의 정책들

1960년대 한 미국 특파원이 "캄보디아는 쎄이하누다"라고 썼다. 이 글을 보고 한 프랑스 작가는 캄보디아에 관한 책의 한 단원 제목을 "그가 곧 국가다"라고 붙였다. 이 말은 17세기 프랑스 전제군주인 루이 16세의 "짐이 곧 국가다"라는 말을 변용한 것이기도 했다.[3] 이 주장은 어떤 면에서 사실이었다. '자신은 캄보디아의 구현체이다'라거나 '캄보디아인은 나의 자식들이다'라는 쎄이하누 주장은, 캄보디아를 방문하는 사람들과 기자들 또는 외교관들이 그의 주장 중에서 캄보디아에 진짜 이익이 되는 것과 문제가 되는 것, 그리고 우선순위가 무엇인지 파악하는 것을 어렵게 만들었다.

이때와 향후 상황을 감안할 때 쎄이하누 시대를 파악하는데, 그를 고려하지 않거나 영향력을 과소평가한 채 캄보디아 정치와 사회를 재구성하기란 어렵다. 왕자의 연설과 그가 통제한 간행물, 외국 저술가들의 찬사 등이 다른 문서와 연사들의 말을 묻어버렸다. 한편, 쎄이하누의 쇠락이라는 점에서 1960년대는 적대자(특히 공산주의자)들의 중요성을 과장하고, 쎄이하누의 진정한 성취를 과소평가하며, 그의 실각 이후 캄보디아가 처하게 된 혼돈에 대해 (쎄이하누) 왕자를 비난할 여지가 크다.

쎄이하누에 대해 공정하게 말하면, 1960년대에 그가 처했던 선택의 상황을 고려할 때, 대외 정책은 국내 정책보다 방어하기 쉬웠다. 쎄이하누가 취했던 대외정책에서 가장 주요한 요소는 중국과 우호 관계 유지, 가능하면 많은 나라들로부터 지지를 얻는 것, 그리고 북베트남과의 비밀동맹이었다. 이러한 정책 결과 미국, 타이, 남베트남에 대한 그의 불신은 당연한 귀결이었다.

북베트남과의 형식적인 동맹은 필자가 암시한 바와 같이 피할 수 없는 상황이었을 것이다. 쎄이하누가 베트남 공산군이 캄보디아 영토에 들어오는 것을 막았더라도, 그들은 침범했을 것이며, 그들을 막으려는 캄보디아 군인들을 도리어 몰살시켰을 수도 있다. 실제로 1970-71년에 쎄이하누를 이은 론놀 정권이 북베트남군을 몰아내기 위해 파견한 군대를 그들은 몰살시켰다. 반대로 쎄이하누가 남베트남과 동맹을 맺었어도 전쟁이 캄보디아로 넘어오는 것을 막지는 못했을 것이다. 실제로 1970년 쎄이하누 다음 정권이 남베트남과 우호 관계를 맺었지만, 수천 명의 캄보디아인들이 죽거나 다쳤다. 타이와 동맹을 맺었어도 북베트남으로부터 캄보디아를 보호할 수는 없었을 것이다. 타이와 남베트남 모두, 쎄이하누가 하노이로부터 끌어낸 약속을 할 수 있는 처지는 아니었다. 중국과 우호 관계는 주변국들을 견제하기 위한 시도임과 동시에 캄보디아 내에서 북베트남의 독주를 막기 위한 것이었다. 아울러 쎄이하누는 중국 총리 저우언라이가 진심 어린 우정과 지원을 해주고 있다고 여겼고,

중국과의 우호 관계는 이에 대한 응답이었다.

캄보디아의 독립을 유지하고, 베트남 전쟁에 말려들지 않으려는 쎄이하누의 노력은 비현실적이었으며, 공산주의 강대국들에게 걸었던 진정한 우정에 대한 기대는 너무 순진한 것이었다. 하지만 이것 외에 어떤 선택을 할 수 있었을까? 1950년대 말 미국은 캄보디아를 고려했지만, 미국의 정책 기조가 타이와 베트남에 더 호의적임을 분명히 했다. 그리고 미국은 타이와 베트남의 반캄보디아 정책까지 수용했다. 쎄이하누는 자신이 적대적인 세력에 둘러싸여 있으며, 미국이 자신을 결코 중요하게 여기지 않을 것이라고 믿을 정당한 근거들이 있었다. 그는 애국심에 유발된 것이기도 했지만, 만일 캄보디아가 베트남 전쟁에 휘말려 든다면 캄보디아에 미래가 없다는 것을 예견했다.[4]

쎄이하누가 시종일관 지속했던 두 가지 국내 정책은, 자신과 다른 의견을 받아들이지 않았다는 것과 반대자들을 외세와 동일시하는 경향이었다. 캄보디아의 '아버지'로서 쎄이하누가 캄보디아를 아끼고 사랑하는 것이 당연한 것처럼, 그의 관점에서 캄보디아인이 된다는 것은 당연히 쎄이하누를 지지하는 것을 의미했다. 캄보디아에는 실제로 다원 정치 전통이 없었다. 그러므로 쎄이하누 시대에 그와 다른 의견을 제시하는 것은 그 자체로 반역과 불경으로 여겨졌다.

쎄이하누는 노회한 정치인으로, 이쪽을 편드는 것처럼 하다가 결국에는 다른 쪽을 편드는 식으로 적대자들의 균형 파괴를 좋아했다. 좌파를 겨냥한 캠페인 후에는 우파를 반대하는 캠페인이 뒤따르게 마련이었다. 1955년 중립적 대외 정책으로 선회했을 때처럼, 필요에 따라서는 라이벌의 주장이라 해도 마치 자기 주장인 것처럼 만들었다. 한쪽에는 급진적인 붉은 크마에(red Khmer, 일명 크마에루주)와 다른 한쪽에는 보수적인 푸른 크마에(blue Khmer)라는 두 세력의 한가운데에 선 하얀 크마에(white Khmer)인 쎄이하누는 공식적으로는 어떤 세력과도 동맹 맺기를 거부했다. 그는 기술적으로 중립을 유지(그러나 뿌리 깊은 친프랑스파였다)하며 전권을 휘둘렀다.

쎄이하누에 대한 반대

1955년부터 1960년대 말 사이 쎄이하누에 반대하는 세력은 제대로 조직되지 않았으며, 있더라도 별 소용이 없었다. 얼마 되지 않는 급진주의자들과 엘리트들 그리고 일부 승려들을 제외하면 쎄이하누의 대중적 인기는 대단했다. 그의 조언자들은 캄보디아에서 더 이상 반대 의견이 나올 곳이 없다고 이야기했고, 쎄이하누도 그렇게 믿었다. 민주당이 제거된 후 눈에 보이는 대안 세력으로는 쁘로찌쭌과 크마에 쎄레이(자유 크마에)가 있었지만, 그들도 큰 힘은 없었다.

타이와 남베트남에 의해 모집되어 돈과 무기를 지원 받은 크마에 쎄레이는 크마에 사람들로 구성된 준군사 조직으로 불명예스럽게 망명한 썽응옥탄의 지휘 아래 있었다. 그들은 외국에 주둔하고 있었고, 외세 지원을 받았기 때문에 쉽게 쎄이하누의 혹평의 대상이 되었다. 크마에 쎄레이 소속원이 캄보디아에서 체포되면 비밀 재판 후 총살되었다. 그리고 처형 영상이 몇 주에 걸쳐서 공개 상영되었다.

쁘로찌쭌 회원들은 종종 감시당했으며, 그들이 발행하는 신문이 친쎄이하누와 반미 기사들을 싣고 있었음에도 자주 폐간당했다. 1957년에서 1963년 사이에 여러 명의 쁘로찌쭌 회원이 암살당하거나 투옥되었다. 당수였던 뚜 싸묻이 쎄이하누의 비밀경찰에게 암살당한 후, 그를 이어 쌀롣 써가 은밀하게 공산당을 이끌었던 1962년에는, 1954년 이전 공산주의 운동이 농촌지방을 호령했던 때가 아득한 과거 일이 되어 있었다. 하지만 적어도 도시에서는 국회의 공산주의자들과 함께 쌀롣 써와 동료들이 지식인과 승려, 졸업을 앞둔 학생들에게 많은 인기를 얻고 있었다. 자신이 공산당원이라고 말한 적은 없었지만, 쌀롣 써와 아내인 키우 뽄나리 같은 공산주의자 교사들은 확고한 이념과 곧은 행실을 보여주어, 열의 없고 부패한 캄보디아 엘리트들과 극명한 대조를 보여주었다. 이들은 교사로서 헌신적이었고 엄격했으며, 특권과 부정부패와 불의를 싫어한다고 처음부터 이야기하는 도덕적 열정으로 많은 학생들과 승려들의 환심을 샀다.

1963년 초 쎄이하누는 방송에서 정권을 전복하려고 기도했다는 혐의로 34명의 이름을 거론하면서 반좌파 캠페인의 포문을 열었다. 이 명단에는 프놈뻰에 있는 쌀롣 써와 이엉싸리 등을 포함한 여러 명의 좌파 교사들과 의회 내 좌익인사들 및 당시 쎄이하누의 환심을 사고 있던 몇몇 지식인들이 들어 있었다. 쎄이하누는 그들 모두를 군중들 앞에 불러서 정부를 넘겨주겠다고 제안했다. 그러나 그들이 쎄이하누 제안을 거절하고 충성을 맹세하고 나서야 비로소 이전의 일터로 돌아갈 수 있었다.[5]

쌀롣 써와 이엉싸리는 비밀에 싸인 공산당 중앙위원이었는데, 공산당 중앙조직은 아직 쎄이하누의 비밀경찰들로부터 안전한 편이었다. 쎄이하누는 공산당 가담자들이 누구인지 전혀 모르는 것 같았지만, 그들은 쎄이하누가 이미 공산당 가담자들을 파악하고 있을 것이라고 두려워했다. 이들은 이후에 '거점(Office) 100'이라고 불리게 될 베트남 국경의 야영지로 피신하여 베트남 공산군의 보호를 받았다. 누언 찌어와 뷘벨이 이끄는 프놈뺀의 다른 공산당 비밀 활동가들뿐 아니라 프놈뺀에 남겨진 좌익교사들도 의견을 말할 때 조심해야 했다. 그다음 3년 동안 좌파들은 쎄이하누의 통치에 반대하여 거의 아무것도 할 수 없었다.

캄보디아 공산주의자들의 쎄이하누를 반대하는 저항으로 북베트남이 쎄이하누와 맺은 연합이 위협받게 되자, 북베트남은 캄보디아의 공산주의자들을 강력하게 제재했다. 북베트남은 캄보디아 동지들에게 자기들이 전쟁에서 이길 때까지 기다릴 것과 무장투쟁이 아닌 정치적으로 문제를 해결하라고 충고했다. 북베트남의 생색내는 듯한 지침은, 캄보디아 공산주의자들에게 아무것도 하지 말고 있거나, 아니면 경찰에게 잡혀가라는 말과 다름없었다. 이러한 상황에서 캄보디아인들이 분노하기 시작했다는 것은 놀랄 일이 아니다. 순진하게도 일부 사람들은 조국의 혁명에서 자신들이 베트남인들과 동일한 권리가 있다고 여겼던 것 같다. 그들의 베트남에 대한 케케묵은 분노는 1975년 공산당의 군사적 승리 이후에 터지게 되었다.

쎄이하누의 통치: 대차대조표

1955년에서 1970년 사이 쎄이하누의 가장 긍정적인 공헌은 캄보디아를 베트남의 전쟁 포화에 휘말리지 않게 한 것이다. 그렇게 하려면 노련한 정치력이 필요했지만, 사이공과 방콕의 친미 정권들에게는 원한을 살 수밖에 없었다. 양국 지도자들은 캄보디아가 진정한 자주권을 지키기 위해 어떤 주장을 했더라도 무시했을 것이다.

쎄이하누에 대한 국내 기록은 엇갈린다고 결론지을 수 있다. 쎄이하누가 불교 사회주의라고 불렀던 엉성한 이데올로기의 가장 긍정적인 측면은, 교육을 위해서라면 막대한 지출도 감수했다는 것이다(몇 년 동안은 교육 예산이 정부 전체 예산의 20% 이상). 불행하게도 쎄이하누는 1960년대 후반 수만 명의 고등학교 졸업생과 수백 명의 대학 졸업생들이 좋은 직장을 구할 수 없는 상황에서 터져 나오는 불만을 예견할 수 없었다. 이 청년 중 일부는 공산주의 운동에 가담했고 대다수는 자기가 처한 곤경을 쎄이하누 탓으로 돌렸다.

비록 감상적인 것에 그쳤지만, 쎄이하누가 자신을 캄보디아 빈민들과 동일시한 것은 빈민들의 자존감과 국민적 정체성을 고양하는 데 크게 기여했다. 그렇지만 빈민들의 정치의식이 높아지고, 불의에 대한 의식이 높아진 것이 쎄이하누의 실각을 앞당겼다는 것은 모순이 아닐 수 없다. 그가 캄보디아의 위대함과 고유함을 계속 언급함으로 일부 청년들은 캄보디아가 베트남을 비롯한 모든 외세에 성공적으로 저항할 수 있을 것이라고 생각하게 되었던 것 같다. 그리고 공산주의 혁명이 일어났을 때 이 혁명은 보다 순수하며, 지금까지의 다른 혁명들보다 더 진전될 수 있을 것이라는 생각을 갖게 했을지 모른다.

쎄이하누는 일 년에 두 번 왕궁 앞에서 개최되는 소위 국민대회를 이용하여 일정 정도의 정치 참여와 토론을 권장했다. 이론적으로는 썽꿈 모든 회원이 대회에 참가하여 정치 견해를 자유롭게 이야기할 수 있었다. 대회는 논쟁의 여지가 없는 의제를 다루었다. 캄보디아에서의 삶이 항상 그렇듯 쎄이하누에 의해 연출되었으며, 그의 정책은 거수로 투표에 부쳐졌다. 1963년 이후 토론은 변질되어 쎄이하누가 정적을 매도하고, 그에 대한 비판에서 자신을 방어하는 데 이용되었다. 그는 토론장을 이용하여 캄보디아가 적어도 윤리적인 측면에서는 이웃 나라들과 강대국들보다 낫다고 주장했다.

쎄이하누의 긍정적 측면은 어려운 일을 해내는 능력이었다. 그는 종종 하루에 18시간씩 정부 문서를 읽고, 힘든 농촌 순회를 정열적으로 수행하여 말 그대로 수십만 명의 서민들과 접촉하였다. 이러한 접촉으로 그는 인정 욕구를 채울 수 있었다. 하지만 그의 비상한 활동력은 오히려 해가 되었다. 왜냐하면 그는 듣는 것보다 말하는 것을 더 좋아했고, 자기가 거의 모르는 주제에 대해서도 권한을 위임하려 하지 않았기 때문이다. 그리고 프랑스가 그랬듯이 캄보디아의 평범한 사람들을 스스로 선택할 수 있고, 직접 문제를 처리할 수 있는 능력이 있는 사람으로 받아들이지 않고, 자기 자식이라고 생각하였다.

1960년대의 프놈뻰은 동남아시아에서 가장 아름다운 도시였다. 그래서 전쟁 중인 베트남에서 휴가차 오는 서양 기자들은 캄보디아의 매력에 도취되었다. 이들은 점점 쎄이하누의 "평화의 섬", 자족적이고 평화로운 크마에 사람들과 쎄이하누의 카리스마를 칭송하는 기사를 썼다. 적어도 프놈뻰에서의 삶은 문화적으로 매우 매력적이었다.[6] 많은 기자들이 쎄이하누를 인터뷰한 후 훌륭한 기사를 신문에 실었지만, 그의 통치의 잔혹상과 캄보디아가 처해있던 경제적 어려움은 거의 보도하지 않았다는 것이 놀랄 일만은 아니다. 만일 기자들이 이런 보도를 했다면 캄보디아에서 비자를 받지 못했을 것이다. 실제로 1967-8년 수 개월간 쎄이하누의 지시로 외신 기자들의 국내 출입이 불허되었다.

쎄이하누의 통치 방식에서 긍정적인 측면들이 그의 정책에 많은 영향을 미쳤지만, 허영심과 조언을 참지 못하는 성격, 캄보디아의 구조적인 문제, 사회, 경제적인 문제에 직면하는 것을 꺼리는 것도 그의 모든 행적에 영향을 미쳤다. 그는 정적들에게 매우 잔혹했다. 그의 집권 동안 반체제 인사 수백 명이 실종되었는데, 대부분 암살당한 것으로 추정된다. 그리고 1967년 북서지방에서 공산주의자들이 주도한 폭동 이후에 수천 명의 농민들을 학살했다.

그의 선조들과 마찬가지로 쎄이하누 역시 캄보디아를 한 가족이자 자신의 소유물로 생각했다. 또한 캄보디아를 연극단처럼 다루었다. 신하들 중 특히 연로한 이들에게 조연 역할을 맡기며 무소불위의 권한을 부여했다. 그를 둘러싼 고급 매춘부들도 조연 역할을 했는데, 이들도 그의 영화에 직접 출연했다. 쎄이하누의 진정한 애국심과 어려운 일을 타개해 내는 능력은 자아도취적 성격과 외고집으로 빛이 바랬다. 1960년대 말 후원자들과 외국의 적들은 그의 중립적 태도를 무너뜨리려고 음모를 꾸몄으며, 그가 관대한 시선으로 바라보았던 국민들이 학교와 대학에서 그의 자식으로 있기를 거부했다. 이러한 상황에서 프랑스의 정책을 위한 도구로 선택되었던 그는, 자신과 그의 나라에 대해 대내외적으로 형성된 압력을 더 이상 버틸 수 없었다.

쎄이하누의 쇠락

쎄이하누 통치의 예닐곱 번 전환점 중에서 첫 번째는, 정부 예산의 15%와 군인들의 급료를 충당해 온 미국 군사원조를 1963년 11월에 거부하면서 시작되었다. 그 후 몇 년간 중국이 군사 물자를 지원했지만 미국이 지원하던 것에 비해 턱없이 부족하여, 캄보디아 군의 효율적 전투 역량이 떨어졌다. 게다가 쎄이하누는 수출입 무역을 국유화했고 개인 소유 은행을 모두 폐쇄했다. 미국과 단교한 것은 베트남 전쟁에 휘말리고 싶지 않다는 것과 공산권 블록과 좋은 관계를 유지하고 싶었기 때문이었다. 그 이외의 결정은 프놈뻰의 중국인과 중국계 캄보디아 상업 엘리트들을 무력화시키고, 자기가 경제에 대한 주도권을 쥐려는 시도의 일환이었다.[7]

두 가지 결정은 예측하지 못한 결과를 낳았다. 미국과 단교 후 쎄이하누는 우파 압력에 시달려야 했고 군대 사기는 떨어졌다. 해외 무역 국유화로 상업 엘리트들은 베트남 공산 반군과 밀무역을 확대했다. 1967년까지 캄보디아 쌀 수확량 1/4 이상이 정부 추곡 수매가보다 높은 가격으로 반군에게 밀수출되었다. 게다가 일반적으로 쌀 수출 때 부과하던 관세 수익도 없어졌다. 대외 무역도 무역 업계의 노하우 증발과 정부의 무능으로 곤란에 처하게 되었다.

1967년 초 쌀 유출을 막기 위해 여러 지역에서 군대가 잉여분의 쌀을 정부 추곡 수매가로 사모아 창고로 옮긴다는 결정이 났다. 그러자 받덤벙 서부 썸론 근처에서 이 결정에 대한 분노가 무장 충돌로 번졌다. 수만 명의 농민들이 숲으로 도망쳤지만, 정부군과 급하게 구성된 자경단원들에게 소탕되었다. 몇 년 후 쎄이하누는 '이 소탕 작전으로 일만 명이 죽었다는 것을 어딘가에서 읽었다'고 아무렇지 않게 말했고, 다른 소식통에서도 이 수치를 확인했다. 물론 이 학살은 쎄이하누의 지시로 수행된 것이었다.[8]

그가 베트남과 동맹을 맺은 목적 중 하나는, 캄보디아 공산주의자들을 베트남의 엄격한 통제에 묶어두려는 의도에서 나온 것이었는데, 이 폭동은 쎄이하누를 당황하게 했다. 쎄이하누는 자신의 정책, 다시 말해서 벼 강제 매입과 관련된 불만 때문에 '자식'(국민)들이 자신에게 대항할 수 있다는 것을 상상할 수 없었다. 그는 베트남이 배신했다고 의심했지만 이에 대해 할 수 있는 것은 아무것도 없었다.

쎄이하누가 가진 좌익에 대한 의구심은 점점 커졌지만, 그동안 자신이 계속 비난해 온 보수파들과 협력하기에는 자존심이 허락하지 않았다. 썸롯 사건 이후 전술을 바꿔 좌익에 대한 공격을 지속하면서 중도를 유지하려고 노력했으며, 경제·군사 원조를 회복하려고 미국과 외교관계를 재개하려고 시도했다. 하지만 그때까지 미국의 대다수 정책 결정권자들은 캄보디아를 베트남전 개입으로 인해 일어난 부수적인 문제로 인식하고, 쎄이하누와는 자기들 방식대로 관계하는 것을 선호했다.

밀무역으로 인한 수입 감소와 국영기업들의 경영 부실, 과도한 정부 지출로 1967-8년 캄보디아 경제는 휘청거렸다. 쎄이하누는 농업 문제에 지속적인 관심을 기울이지 않았다. 낮은 수확량과 열악한 관개시설, 농가 부채에 대한 과도한 이자와 같은 농촌 문제는 빠른 인구 증가와 국제 물가 변동으로 더욱 악화되었다. 1967년에 농촌 문제가 심각해졌음에도, 쎄이하누는 무관심으로 일관했다. 그는 정치권력을 론놀과 쎄레 마딱에게 일임한 채 누군가가 캄보디아 경제를 구원해 주는게 아닌 이상 국정을 망치게 되면 자신이 권력을 되찾아 올 수 있을 것으로 여겼다. 하지만 쎄이하누의 약점을 감지한 적들은 힘을 결집했다.

1963년부터 1966년 말까지 캄보디아 공산주의 지도자들은 베트남의 보호 아래 국경을 따라 진을 치고 있었다. 캄보디아 공산주의자들은 미국과 단교를 쎄이하누의 공로라고 칭송했다. 그러나 공산주의자들은 이 시기에 일어난 일련의 사건들에 영향력을 발휘할 수 없었으며, 공산당 지도자인 쌀롯 써도 1965-6년 사이 12개월 이상을 해외에서 보내야 했다.

1965년 협의를 위해 북베트남으로 소환되어 호치민 루트를 따라 두 달을 걸어서 하노이에 도착한 쌀롯 써는 당내 민족주의자 문제에 대한 과제를 부여받았다. 베트남 공산당 서기 레주언(Lê Duẩn)은 그에게 캄보디아보다 베트남의 이익을 우선해 달라고 요구했다. 지금은 베트남을 도와 미국 격퇴를 돕고, 캄보디아 정부에 대한 무장투쟁은 시기가 무르익을 때까지 연기해달라는 것이었다.[9] 이 말에 감정이 상했지만 후원자와 반목할 수 없어 어떠한 말도 하지 않았다. 하지만 얼마 후 중국을 방문했을 때 급진적인 관리들의 따뜻한 환영을 받았다. 초기 단계에 있던 문화혁명에 고취되어 쌀롯 써는 새로운 후원자와 더욱 활기찬 혁명 모델로 자신의 충성 대상을 바꾸었다. 돌이켜보면 당시 중국에서 일어난 사건들이 캄보디아 대표단에게 미친 영향에 대해 유추해보는 것은 흥미로운 일이다. 그들은 마오쩌둥의 상하이 퇴거, 양쯔강에서 수영, 그리고 문화혁명 개시에 대해 어떻게 반응했을까? 그리고 국방부장관인 린뱌오(Lin Biao)의 널리 알려진 공산주의 혁명에 있어서 자립의 중요성을 강조하는 연설에 대해 어떻게 해석했을까? 이 연설은 미국과의 전쟁에서 중국의 군사 지원이 결정적이었던 베트남을 불안하게 만들었음에 틀림없다. 한편 베트남의 강압적인 지원에 질식할 것 같았던 캄보디아 대표단은 이러한 연설을 듣고 은근히 기뻐했을지 모른다.

이 중국 방문이 쌀롯 써(뽈 뽓)의 인생 역정은 물론 캄보디아 공산주의 역사에도 일대 전환점이 되었다. 중국 방문을 마치고 돌아온 그는 베트남인들에 대한 심적 변화에는 아무 말도 하지 않았다. 집으로 돌아온 그는 빽빽한 정글 속 오지로 자신의 수뇌부를 옮겼다. 이곳에서 4년 동안 일상적인 캄보디아인의 생활을 버리고 마음이 통하는 몇몇 동지들과 유토피아적 이상을 가다듬으며 증오를 키웠고, 권력을 어떻게 장악할 것인지 골몰했다.

　1년 남짓 지난 후, 베트남 공산주의자들이 구정 공세를 시작하기 얼마 전, 캄보디아 공산당은 자기 식대로 북동과 북서에 있던 주둔지에서 공격을 시작으로, 쎄이하누에 대항하는 무장투쟁에 돌입했다. 초기에는 미약했지만, 2년 넘게 힘을 모아 1970년 초에는 저항군이 캄보디아 영토의 1/5을 차지하며 다른 세력을 위협했다. 한편 도시에서는 쎄이하누의 자가당착적인 통치에서 소외된 많은 학생과 교사들이 중국의 문화혁명과 프랑스의 1968년 5월 혁명에 매료되어 있었다. 많은 캄보디아 청년들에게 이러한 운동은 끊임없는 부패와 보수적인 캄보디아 정치에 현실적인 대안을 제시하는 것처럼 보였다.

　이러한 격동기에 쎄이하누는 자신이 작가, 감독, 제작자, 주연까지 맡아 모든 것을 마음대로 주물러 만든 장편영화들을 제작하느라 바빴다. 쎄이하누는 영화를 만드는 동안만이라도 극복하기에는 너무 복잡하고 위험해진 정치 게임에서 벗어날 수 있었다. 쎄이하누는 베트남에 있는 미국의 적들과 우호를 재천명하면서도, 한편으로는 미국과 관계 개선을 위해 동분서주했다. 이러한 모순된 행동으로 국내의 적대자들은 그를 더 믿지 못하게 되었고, 1969년 말에는 보수적인 고위 관료들마저 대항하는 음모를 꾸미기 시작했다. 그들이 캄보디아에 다시 들어온 미국 대사관과 연루되었는지는 상상에 맡기겠다.[10]

　공모자들 중에서 가장 두드러진 인물은 쎄이하누의 사촌인 씨소왓 쎄레 마딱 왕자인데, 그는 경험 많은 관료로 론놀 정권에서 부총리가 되었다. 마딱은 쎄이하누의 경제 정책을 더 이상 참을 수 없었다. 캄보디아 영토에 베트남 군대가 주둔해 있는 것과 쎄이하누의 충동적인 성격에 의한 모순된 외교 정책을 못마땅하게 생각했다. 친서방파에 프놈뻰의 상업 엘리트들과 연결된 마딱은 쎄이하누의 끝없는 오페라에서 조연 역할을 하는데 진저리가 났다.

론놀 총리는 수수께끼 같은 인물이었다. 그는 쎄이하누의 미국 원조 거부, 공산주의자들과의 동맹, 캄보디아 영토를 통한 무기 공급 같은 문제에 있어서는 왕자(쎄이하누)에게 반대하지 않은 것 같다. 실제로 그의 장교들 중 상당수는 무기, 의약품, 보급품들을 베트남에 후하게 팔아 큰돈을 벌었다. 하지만 1969년에 이르자 캄보디아 군대는 공산 반군들에게 공격당하고 있었고, 지역에 기지를 둔 베트남 군은 지역 주민들의 원성을 사고 있었다. 일부 장교들은 캄보디아가 미국 원조와 베트남 전쟁에서 소외되면서 주머니를 불릴 기회를 놓치고 있다며 은근히 론놀을 압박하였다. 게다가 론놀은 주변 사람들의 아첨으로 자신만이 캄보디아의 관문*을 파괴하고 있는 베트남 무신론자들로부터 조국을 구할 능력이 있다고 생각했다.

대내외로 압박이 커지자 쎄이하누는 국정에 흥미를 잃었다. 수년간 과로에 지친 쎄이하누는 젊고 유능한 참모들을 끌어들일 능력이 없거나 기용할 의지가 없다는 것이 드러나기 시작했다. 세수를 늘리기 위해 프놈뻰에 카지노를 개장하기로 한 결정은 치명적인 결과를 낳았다. 1969년 하반기에 수천 명이 수백만 달러를 도박으로 탕진했다. 저명한 사람들 여러 명과 가난한 사람들 수십 명이 도박에서 계속 돈을 잃자, 자살로 생을 마감했고 수백 가정이 파산하였다. 쎄이하누는 자신이 가져온 혼란한 상황에 무관심했고 그의 지출은 계속 증가하였다. 절정의 순간은 11월에 일어났다. 쎄이하누가 주최한 국제영화제가 그의 출품작 '미명(Twilight)'을 폐막작으로 상영하며, 캄보디아 국립은행이 기증한

* 관문에 대해서는 6장 두 번째 문단 참조

금괴로 주조한 황금상을 수여했다. 1970년 1월 연례 휴가를 위해 캄보디아를 떠났을 때, 국내의 많은 사람들은 이것을 도피로 해석했다.

1970년 쿠데타

그 후 두 달 동안 씨소왓 쎄레 마딱과 동료들은 카지노를 폐장하고, 은행을 민영화하는 등 캄보디아에 질서를 세우려고 고군분투했다. 마딱은 캄보디아에서 베트남 군대를 몰아내려면 어떻게 해야 할지 알아보기 위해 비밀리에 하노이를 방문했다. 거기에서 베트남군의 주둔에 동의하는 쎄이하누의 사인이 있는 문서를 보고 격분했다. 자국 영토를 통한 베트남에 대한 물자 공급이 중단되자, 쎄이하누가 15년간 그렇게도 피하려 애썼던 전면전이라는 무대가 펼쳐졌다.

3월 초 프놈뻰에 있는 북베트남 대사관과 남베트남에서 북베트남의 대리 역할을 하는 친공산주의 단체인 베트남민족해방전선(일명 베트콩)에 항의하는 폭동이 발발했다. 폭동은 통제를 벗어나 두 건물이 심하게 손상되었다. 파리에 있던 쎄이하누는 폭동을 비난했지만, 실제로는 쎄이하누의 승인 아래 일어난 것이었다. 몇 달을 고심해 오던 마딱이 쿠데타를 일으킬 때가 무르익었다. 쎄이하누가 곧 돌아올 것이었기 때문에 그는 계획에 박차를 가해야 했다. 3월 17일 밤 마딱과 군 장교 3명이 론놀의 집으로 찾아가 다음날 국회에서 예정된 쎄이하누 반대투표를 지지하는 성명서에 서명하라고 총으로 협박했다. 론놀은 이 문서에 사인하면서 울음을 터뜨렸다.[11] 마치 자신의 행동이 장기적으로 어떤 결과를 가져올지 알고 있는 것 같았다.

쎄이하누는 직무에서 물러났다:
1970년 프놈뻰 시내 한 벽의 낙서 (서사의 사진)

이후 비참한 결말이 전개되었는데, 이는 쎄이하누의 극적인 정치 스타일과 뚜렷한 대조를 이루었다. 국회는 투표권이 부여되자 86대 3으로 쎄이하누의 신임안을 부결시켰고, 다음 선거까지 상대적으로 중립적 인사인 쩽헹 국회의장에게 국가 수반 역할을 맡겼다. 론놀은 총리직을 유지했고, 마딱은 보좌관이 되었다. 쿠데타는 프놈뻰과 군사 교육을 받은 사람들에게는 인기가 있었지만, 시골 사람들은 받아들일 준비가 전혀 되어 있지 않았다. 쿠데타 공모자들은 캄보디아를 공화국으로 선포하고 싶었지만, 지방 여러 곳에서 일어난 친쎄이하누 폭동 때문에 연기해야 했다.

한편 쎄이하누는 모스크바를 거쳐 돌아오다가 중국에서 쿠데타 소식을 들었다. 그의 첫 번째 생각은 프랑스에 정치적 망명을 하는 것이었지만, 저우언라이와 베트남 총리인 팜반동(Phạm Văn Đồng)과의 회담 후 북베트남과 동맹을 맺어 통일전선 정부를 이끄는 것에 동의했다. 그리하여 쎄이하누는 불과 한 달 전까지만 해도 자신의 정부군이 맞서 싸웠던 캄보디아 공산군의 최고 지휘관이 되었다. 3월 말 쎄이하누는 방송을 통해 그의 '형제자매들(더 이상 그의 자식이 아닌)'에게 론놀에 대항하여 총을 들라고 호소했다. 방송이 나가자마자 캄보디아 동부에서 친쎄이하누 폭동이 일어났다. 혼란과 오만함과 인종주의에 힘입어 캄보디아 군대는 프놈뻰 근처에 사는 베트남인들이 공산주의자들과 결탁했다는 근거 없는 이유로 수백 명의 비무장 민간인들을 학살했다. 그들은 북베트남 무장 군대보다 확실히 더 찾기 쉽고 죽이기 쉬웠다. 학살의 잔혹성에도 론놀이 전혀 유감 표명을 하지 않아, 새 정권이 해외에서 얻었던 좋은 인상은 사라지고 말았다.

대부분의 캄보디아 사람들에게는 쿠데타보다 베트남 군대가 철수해야 한다는 생각이 더 널리 퍼져 있었다. 베트남 공산주의자들에게 캄보디아 영토를 떠나는 데 48시간을 주겠다는 론놀의 말(캄보디아 현대사에서 아마도 가장 비현실적인 명령)을 베트남 사람들이 무시했다는 사실에, 캄보디아 사람들이 분개하여 수만 명이 침략자를 몰아내기 위해 군대로 쏟아져 들어왔다. 그러나 불과 몇 주 동안 이 신병들 수천 명은 베트남 군인들(때론 전투 경력이 20년 이상인)이 조준해서 쏜 총에 맞아 죽거나 부상당했다. 1970년 5월 미국과 남베트남 연합군이 캄보디아 동부를 침공하여 북베트남군은 더 서쪽으로 밀려났다. 이 침공은 베트남에서 철수하는 미군을 보호하려는 것이었지만, 캄보디아에게는 주권국으로서의 종말을 초래하는 것이었다.[12]

서서히 무너져가는 크마에 공화국

1970년 말과 1971년에 있었던 론놀의 베트남에 대한 두 차례 공세는 엉꼬 제국 이전에 있었던 쩬라(Chenla) 왕국의 이름을 따서 작전명을 지었다. 미국이 공격을 부추겼지만 론놀의 군대는 제대로 훈련이 안 된 오합지졸에, 무기는 형편없었고 지휘도 엉망이었다. 경험 많은 북베트남 군대에 론놀 군대가 괴멸되는 바람에, 1971년 이후로는 제대로 된 공격은 엄두를 내지 못했다. 1970년 10월 공화국이 된 후 정부는 미국의 군사·경제 지원과 대량 폭격 덕분에 4년을 더 버틸 수 있었다.

크마에공화국의 마지막 4년은 폭력으로 얼룩진 우울한 시기였다. 론놀은 1971년 초 뇌졸중으로 고생했다. 빠르게 회복되었지만 다시는 정치권 전체를 장악하지 못했다. 강력한 정치 지도자가 없는 상황에서 프놈뻰의 수많은 정치인들은 파벌을 만들고 재산을 긁어모으기에 급급했다. 주도적인 인물이 론놀의 동생인 론논이었는데, 그는 씨소왇 쎄레마딱 등을 비롯한 경쟁자들로부터 형의 권력을 지키는 것에 모든 노력을 기울였다.

농촌지역의 공화국 군 장교들은 미국이 지원하는 봉급을 챙기려고 휘하 군인 수를 조작하는 일이 많았으며, 군 장비를 공산주의자들에게 팔기도 했다. 공격 태세를 갖춘 기강 잡힌 경우는 극히 드물었다. 론놀은 자신에게 충성하는 장교들의 불법 행위와 부패에 대해 처벌하지 않았다. 대신 마법으로 전쟁을 이기게 해주겠다고 호언하는 불교 신비주의자들에게 둘러싸여, 친구인 닉슨 대통령에게 지원을 간청하는 편지를 쓰는 데 대부분의 시간을 보냈다. 1972년 말까지 크마에공화국은 프놈뻰과 지방 도청 소재지 몇 곳과 받덤벙 지역 정도만 통제할 수 있었다. 이미 대부분의 지역은 공산주의자들에게 넘어갔거나, 양편 모두에게 안전이 보장되지 않는 상황이었다.

1973년 상반기, 미국이 캄보디아에 2차 대전에 버금가는 정도의 집중적인 폭격을 퍼붓는 바람에 공산주의자들의 승리는 약간 늦어졌다. 미국 의회가 더 이상 폭격을 금지하기까지 십만 톤이 캄보디아 농촌지역에 떨어져 수많은 희생자를 낳았지만, 이에 대한 신뢰할 만한 조사는 전혀 없었다. 이 폭격으로 공산주의자들의 프놈뻰 포위 공격을 중단시켰지만, 오히려 살아남은 공산주의자들의 적대감만 강화시켰다는 주장도 있다. 전쟁은 한 해 반을 더 끌었다. 닉슨이 보좌관들에게 폭격 종결로 동남아시아를 잃었다고 말했다는데, 언제 동남아시아가 미국의 것인 적이 있었나![13]

1972년 말 미국과 베트남이 정전에 합의하면서 베트남 군대가 철수하자, 20년 넘게 베트남의 도움을 받았던 캄보디아 공산주의자들은 북베트남에서 내려온 캄보디아인들을 학살하기 시작했다. 학살은 비밀리에 자행되었다. 공산주의자들은 그들이 장악한 지역에 집단농장 프로그램을 실험하고 있었다. 1973년 초 미국의 폭격이 한창일 때 깜뿌찌어 공산당(CPK)은 몇몇 지역에 강제로 집단농장을 만들었다. 이때 프놈뻰에서는 공산 반군의 비타협적인 조치 —공산 반군은 포로를 잡지 않고, 그들이 장악한 지역 주민들을 모두 숲으로 보낸다— 에 대한 소문이 돌고 있었다. 프놈뻰 사람들 대다수는 이 소문을 공산주의자들의 선전으로 생각하고 심각하게 받아들이지 않았으며, 크마에 루즈가 베트남의 꼭두각시라는 생각도 버리지 않았다. 동시에 그들은 오랜 전쟁에 지쳐 있었고, 부패하고 무능한 크마에공화국만 아니면 무엇이라도 받아들일 수 있는 분위기였다.

혁명 복장을 한 어린 소녀들, 1972. Serge Thion 사진

1975년 초 공산주의자들이 프놈뻰 인근 강기슭에 참호를 파고, 수도로 들어오는 쌀과 탄약 보급선을 차단하자, 전쟁의 끝이 보이기 시작했다. 미국에 의해 공중으로 보급되는 식량과 탄약만으로는 프놈뻰 주민들을 먹여 살리거나 방어하기에 역부족이었다. 이후 석 달 동안 공산주의자들은 대략 2백만 명의 피난민으로 비대해진 도시의 포위망을 더욱 옥죄었다. 3월 초 론놀은 정부가 준 백만 달러를 가지고 해외로 도피했다. 미국은 쎄이하누와 마지막 협상을 시도했지만, 아무 성과를 얻지 못했다. 이 시점을 전후로 쌀롯 써와 동료들은 동맹국인 베트남의 승인을 기다리지 않고 프놈뻰을 접수하기로 결정했다.

1975년 4월 17일 아침 농민 복장과 소박한 국방색 제복을 입고, 불길한 침묵 속에서 중무장한 공산 반군들이 세 방향에서 프놈뻰으로 열을 지어 들어왔다. 이들 중 대다수는 아직 열다섯 살도 되지 않았다. 이들은 다니는 차량이라고는 한 대도 없는 프놈뻰의 넓은 대로를 느리게 걸으면서 시민들의 환영에 차갑게 대응했다. 이들의 도착은 거의 캄보디아 전통 설(쫄츠남) 즈음이었고, 북베트남이 승리를 2주 앞두고 있는 때였다. 새해에 맞추어 프놈뻰에 입성한 것은 의도한 것 같은데, 아마도 공산주의자들은 프랑스 혁명의 첫해처럼 그해 새해가 캄보디아 역사에 새로운 국면이 도래했음을 알리려는 의도였을 것이다. 베트남에서 벌어지는 혁명과는 별개로, 캄보디아 새해에 새롭게 시작하는 캄보디아만의 혁명이기를 원했다.[14]

12

캄보디아에서의 혁명

　엉꼬시대의 역사가 더 길고 복잡하며 신비스럽지만, 앞으로 100년 후 캄보디아 역사가들은 혁명기의 짧은 역사에 더 많은 지면을 할애할지 모른다. 1975년 4월 프놈뻰이 크마에루주의 수중에 떨어진 후 3년 8개월 20일은, 21세기 초반에 성인이 된 캄보디아인 대부분에게 잊을 수 없는 상처를 트라우마로 남겼다. 하지만 캄보디아 혁명이 얼마나 흉포하게 진행되었는지, 그리고 1970년 이전의 캄보디아에 대한 일반적인 생각과 상반되는 방식 때문에, 이 시기를 한 단원으로 할애하는 것이 당시 역사를 논하는 데 적합하리라 본다.

　1975년 4월 17일부터 1979년 1월 7일까지 캄보디아를 통치한 것은 민주깜뿌찌어(Democratic Kampuchea, DK)로 알려진 공산정권이었다. 생존자들은 당시를 르븬-쭈-쫀(쓰고-시고-떫은) 시기로 기억한다. 민주깜뿌찌어의 가차 없는 혁명이 지나간 자리는 마치 태풍과 산불이 휩쓸고 지나간 숲과 같이 캄보디아를 쑥대밭으로 만들었다. 민주깜뿌찌어 대변인은 정권을 장악한 후 "캄보디아 이천 년 역사는 막을 내렸다"

고 선포했다. 화폐, 시장, 정규 교육, 불교, 책, 사유재산, 다양한 의복 스타일 및 거주 이전의 자유도 함께 막을 내렸다. 지금까지 캄보디아의 그 어떤 정권도 그렇게 빨리, 또 그렇게 많은 것을 변화시키려 시도한 적이 없었다. 미래를 향해 그토록 가차 없이 나아간 적이 없었을 뿐 아니라, 가난한 사람들에게 그렇게 우호적으로 편향된 적도 없었다.

캄보디아 공산당원이었던 민주깜뿌찌어 지도자들은 자신의 신분을 드러내지 않고 스스로를 일컬어 '엉까 빠데봣'(혁명조직)이라고 불렀다. 그들은 민족자주와 사회정의를 실현하는 데 걸림돌로 여겨지는 것들을 혁명적 열정과 성과에 대한 보상으로 대체함으로 캄보디아를 개혁하려고 했다. 그들은 가정생활, 개인주의, 그리고 봉건적 관습과 그에 대한 캄보디아인들의 뿌리 깊은 애정은 혁명에 방해된다고 믿었다. 그들이 말하는 바에 따르면 권력은 항상 캄보디아의 가난한 사람들을 이용했고 노예처럼 다루었다. 그러나 혁명으로 해방되고 군사적 승리로 힘을 얻은 모든 남성과 여성은 자신이 자기 삶의 주인이자 넓게는 자기 나라의 주인이 될 것이다.

캄보디아 공산당은 혁명의 모든 과정을 통제하면서도 외부에는 공산당의 존재가 드러나지 않도록 했고, 당의 사회주의적 과제나 지도자 이름도 비밀에 부쳤다. 캄보디아 공산당은 베트남과의 오랜 동맹에 대해 아무 언급을 하지 않았고, 중국과 북한의 후원에 대해서도 말을 아꼈다. 캄보디아 공산당 지도자들은 외국인들이 반-론놀 저항군의 상징적 지도자였던 쎄이하누가 여전히 캄보디아 국가 수반이라고 생각하도록 두었다. 새 정부는 동맹 관계와 의제를 숨김으로써 캄보디아와 이 혁명이 진정으로 자주적이라는 인상을 주었다. 1978년 쌀롯 써(뽈뽇)는 유고슬라비아에서 온 방문객들에게 캄보디아는 "아무런 본보기 없이 우리만의 사회주의를 건설하고 있다"고 자랑삼아 말했다. 혁명은 1975년 4월에 시작하여 민주깜뿌찌어가 막을 내릴 때까지 지속되었는데, 뽈뽓과 동료들은 자기들이 하는 일이 전례 없이 위험하다는 것을 인정하면서 그 여정을 시작했다.[1]

공산당 간부들은 이 나라를 철저하고 단번에 변화시키려는 목적 때문인지, 도시에 살던 모든 사람에게 도시를 떠나라고 명령했다. 1975년 4월 17일 이후 일주일 동안 이백만 명의 도시민들이 불확실한 운명이 기다리는 시골로 쫓겨 내려갔다. 단지 캄보디아 공산당 최고 간부들 가족과 크마에루주 병사들 몇백 명만 도시에 머물 수 있었다. 도저히 이해할 수 없는 이 끔찍한 명령은 내전으로 인한 50만여 명의 사망자에 수천 명의 사망자를 더 보탰다. 서방세계에 전해진 기사에 따르면 환자들은 병상에서 쫓겨났고 무차별 처형이 자행되었으며, 노약자와 어린아이들은 길을 가다가 죽거나 버려졌다. 피해자들뿐만 아니라 새 정부가 화해 정책을 취할 것으로 기대했던 외국 관찰자들도 도시 소개령에 경악을 금치 못했다. 그러나 이는 내전 중 양측이 상대방에게 저질렀던 만행을 떠올린다면 놀랄 일도 아니었다. 아직도 혁명에 동조하는 어떤 관찰자들은 도시 소개 정책이 캄보디아가 생존을 위해 충분한 식량을 마련하고, 견고하고 후진적이라고 여겨지는 사회적 위계와 충성에 기반한 사회 구조를 허물고, 이상적인 전략을 시행하기 위한 유일한 방법이라고 보았다.[2]

캄보디아 공산당 지도자들은 프놈펜을 차지하기 직전에 이미 도시를 비우기로 했으며, 일부 공산당 지도부도 몰랐을 정도로 철저히 비밀에 부쳤다. 도시 소개 결정이 내려진 첫 번째 이유는 프놈펜 식량이 실제로 부족했기 때문이었다. 다른 이유는 혁명을 지지하지 않은 수백만의 도시민들을 관리하기 어려웠기 때문이다. 세 번째 이유는 캄보디아 공산당 지도자들이 안전을 염려했기 때문이었다. 그러나 무엇보다 도시를 비운 가장 중요한 이유는 캄보디아 공산당의 승리, 도시에 대한 농촌의 우월성, 권력을 빈민에게 돌려준다는 선언을 하고 싶은 열망 때문이었을 것이다. 쌀롯 써와 동료들은 도시에 있는 의회 사무실을 차지하기 위해 7년 동안 정글에서 보낸 것도, 그 이후 격렬하게 5년간의 내전을 치른 것도 아니었다. 그들은 도시를 반혁명의 온상으로 보았다. 그리고 경제적으로 캄보디아 농업, 특히 쌀 수확량 증대를 최우선 과제로 삼았다. 정부는 잉여농산물 수출로 벌어들인 외화로 수입도 하고, 궁극적으로 산업화를 위한 재정을 만들려 했다. 잉여농산물을 생산하기 위해 캄보디아 공산당은 동원할 수 있는 모든 노동력을 농업에 투입해야 했다.

도시에서 쫓겨난 사람들은 '쁘로찌쭌 트머이(신-인민)' 또는 '쁘로찌쭌17메사(4.17인민)'라고 불렸는데, 도시에서 쫓겨난 후 6개월 동안 병사들과 공산당 지도 요원 감시 아래 쌀을 비롯한 각종 곡물 재배에 동원되었다. 노동 조건은 열악했다. 특히 육체노동에 익숙하지 않은 사람들은 악조건을 이겨내야 했다. 하지만 대부분의 지역에서는 먹을 것이 풍족했기 때문에 프놈뻰에서 농촌으로 쫓겨갔던 민주깜뿌찌어 생존자들은 이 몇 달을 비교적 황금기였다고 회상한다. 몇 년 만에 처음으로 캄보디아에서 전쟁의 포성이 멈췄고, 소위 신-인민이라 불린 사람들도 상처뿐인 조국을 재건하기 위해 열심히 일했다. 아마도 캄보디아 문제는 혁명적 해결 방법이 필요할 정도로 심각했을지 모르겠다. 한 전직 엔지니어는 "처음에는 혁명적인 생각들이 좋았다. 하지만 그것들은 제대로 작동하지 않았다"고 덧붙였다.[3]

캄보디아의 대다수 시골 사람들, 특히 1970년대 초반 봉건 잔재와 미국에 대항하여 투쟁했던 15-25세의 사람들은 자유, 자존심, 권력, 무기 소지 등 자기 부모 세대들과 대부분의 캄보디아인들이 상상하지 못한 것들을 다소나마 경험할 수 있었다. 마오쩌둥의 말로 표현하면, 이 젊은 이들은 혁명의 가르침을 새기기 쉬운 "아무것도 없는 빈" 서판과 다름없었다. 이들은 과거를 무의미한 것으로 여기고, 혁명조직(엉까 빠데봗)을 자기 어머니이자 아버지라고 불렀다. 이 젊은이들이 캄보디아를 사회주의 국가로 변화시키고, 사람들을 독립적이고 주체적이며, 자립적인 사람으로 변화시키는 데 앞장설 것으로 여겨졌다. 대부분의 나이든 사람들은 공포와 혼돈에 빠졌기 때문에, 대개 폭력적인 캄보디아 젊은이들이 혁명의 최정예 일꾼이 되었다.

권력을 잡은 민주깜뿌찌어, 1975-1976

민주깜뿌찌어 시기는 지역과 시기에 따라 다양한 특징을 가지고 있었다. 대체로 캄보디아 공산당이 가장 오랫동안 장악해 왔던 지역들은 당 정책 수행에 가장 적합한 곳이었고, '신-인민'들에게도 가장 호의적인 곳이었다. 동부지역, 북동지역, 남서지역 간부들은 북서지역 간부들보다 더 훈련이 잘되어 있었고, 보다 규율이 잡혀 있었다. 불행히도 1976년 초부터 수십만의 신-인민들이 혁명 이전부터 최대 곡창지대였던 북서지역의 밭덤벙과 뽀쌀으로 투입되었다. 정권은 다른 지역보다 이 지역에서 더 많은 잉여농산물을 요구했기 때문에 고통이 클 수밖에 없었다.[4)]

캄보디아 공산당은 캄보디아를 7개 지역으로 나누고 32개 구역으로

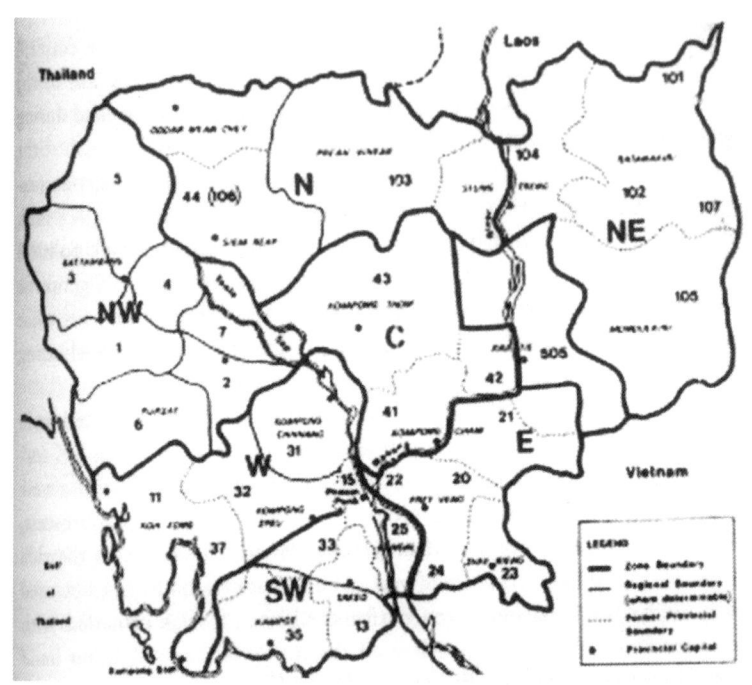

민주깜뿌찌어의 행정구역과 지역(Zones) 분할

나누었다. 1976년까지 북동과 동부지역은 상대적으로 견딜만했고, 남서부와 중부, 그리고 서부지역은 힘들었지만, 최악이었던 곳은 북부와 북서지역이었다. 각 지역 내에서도 지휘관과 자원에 따라, 또는 1977년 중반 동부와 남서부에서 본격적으로 일어난 베트남과의 전투 같은 외부 요인에 따라 상황은 매우 달랐다.[5]

삶은 어디를 가나 힘들었다. 민주깜뿌찌어 집권 기간에 전국적으로 거의 이백만 명, 또는 국민 1/4이 민주깜뿌찌어의 잘못된 정책과 결정으로 사망한 것으로 추산된다. 이는 과도한 강제노동, 환자 방치와 잘못된 치료, 생존 필수량보다 적은 식량 배급으로 인한 기아 등이 주요인이었다. 많게는 40만 명 정도가 혁명의 적으로 공공연하게 처형되었던 것 같다. 이들 중 대부분은 지방의 감옥에서 죽었다. 단위 인구 당 기준과 민주깜뿌찌어의 짧은 통치 기간을 고려할 때 캄보디아는 정권 개입에 의한 사망자 수가 세계 역사상 가장 높은 나라 중 하나였다. 사망자 수가 UN 대량학살협약 기준에 부합하는지 여부가 격렬하게 논의되었다. 대량학살(genocide)이란 용어를 주장하는 사람들은 캄보디아에서 일어났던 사건이, 아르메니아와 르완다의 '인종청소'(Holocaust) 기간에 일어난 일들과 상당히 유사하다고 본다. 그러나 이 용어 사용을 반대하는 사람들은 민주깜뿌찌어의 경우 인종차별이 동기라기보다는 정권이 정치적 반대자를 숙청하기 위한 동기가 더 강했다(1978년에 있었던 베트남 주민들에 대한 조직적인 처형과 무슬림 짬쪽에 대한 처형을 제외하고)는 것에 초점을 맞춘다. 하지만 UN 대량학살협약은 정치적 동기에 의한 학살 피해자를 대량학살 범주에서 의도적으로 제외시켰다. 이러한 비판을 고려할 때 논쟁의 여지가 높고, 오해 소지가 있는 대량학살이란 용어보다는 '반인륜적 범죄 행위'라는 용어가 캄보디아에서 일어난 일들을 기술하는 데 더 적합할 것이다.[6]

민주깜뿌찌어는 시기상 4단계로 나눌 수 있다. 첫 번째 시기는 크마에루주가 프놈뻰을 점령한 이후부터 1976년 초 민주깜뿌찌어가 공식적으로 모습을 드러낼 때까지이다. 이때 헌법이 선포되었고 인구가 많은데 비해 생산량이 떨어지는 중부와 남서부에서 곡창지대인 북서쪽으로 집단이주가 실행되었다. 남서부는 크마에루주에 의해 일찍 해방되어 혁명기지가 곳곳에 많았다. 이곳은 프놈뻰에서 온 피난민들이 많았다. 반면 북서지역 대부분은 1975년 4월까지 크마에공화국이 통제했던 곳이었다. 정권은 이 지역에서 쌀 수확량 증대를 기대하고 있었고, 신-인민은 목표 달성을 위한 도구로 선택되었다. 그들은 사회적으로 구제 불능인 존재였기 때문에 죽어도 해될 것이 없었다. 많은 생존자들은 그 당시 크마에루주가 종종 "너희를 살려둔다고 해서 이익이 날 것도 없고, 너희를 죽인다고 해도 손해날 것이 없다"고 냉담하게 내뱉었던 말을 지금도 사무치게 기억하고 있다.[7]

이 기간에 프놈뻰 라디오는 익명의 연설과 혁명가(歌)를 틀어주며, 국내외에 있는 이름 모를 적들과 배신자들에 대항해 캄보디아를 '보호하고 건설하자'고 촉구했는데, 이는 마치 중국의 마오주의를 연상케 했다. 1979년 정권 붕괴의 관점에서 보면 이 선언에는 통렬한 낙관주의가 엿보이는데, 이를 볼 때 혁명 초기 많은 캄보디아인들은 이 혁명이 성공할 것이라고 믿었던 것 같다. 더 나아가 캄보디아 공산당 지도부 시각에서 볼 때 진짜 또는 가상의 적들은 아직 드러나지 않았다.

민주깜뿌찌어의 두 번째 시기는 1976년 9월 말까지 이어지는데, 이때가 정권의 절정기였고 그 후 농촌지역 대부분은 해가 갈수록 상황이 악화되었다. 캄보디아 공산당 지도부가 공개석상에 나타나기까지 왜 그렇게 오래 걸렸는지는 확실하지 않다. 그들은 자기 정체를 드러내지 않은 채 일 년 반 동안 온 국민을 통제했다. 그들은 이것이 더 안전하다고 느꼈을지 모른다. 쎄이하누에 대한 중국의 지속적인 후원과 공산당의 노골적인 권력 장악을 연기하는 요인일 수도 있다. 쎄이하누의 가장 강력한 후원자였던 저우언라이 중국 총리가 1976년 1월에 사망하자 캄보디아 공산당 지도부는 쎄이하누를 명목상의 국가 수반으로 물러나게 할 작정이었다. 1976년 3월에 작성된 비밀문서에 "쎄이하누는 지쳐서 헐떡거린다. 그는 더 이상 전진할 수 없다. 그래서 우리는 그를 퇴임시키기로 했다"[8]고 기록되어 있다. 쎄이하누는 3일 후에 물러났다. 외국인을 위해 프놈뻰 전역에 방송되는 라디오 방송을 통해 그는 연금과 자신을 기념하는 기념탑 건립을 약속받았지만, 이 약속은 전혀 지켜지지 않았다. 1976년 4월까지 쎄이하누는 왕궁 뜰에 있는 빌라에서 경비병들의 감시 아래 왕비와 쎄이하모니 왕자(2004년 쎄이하누가 하야한 후 왕위를 물려받게 될 아들)와 함께 살았다. 왕자는 1979년 1월 민주깜뿌찌어의 외교 임무를 띠고 UN에 갈 때까지 왕궁에서 비교적 안락하게 지냈지만, 늘 생명의 위협을 느껴야 했다. 1976년 3월 민주깜뿌찌어 문서는 신정부는 '순수한 당 조직이어야 한다'고 쓰고 있으며, 아직은 누구인지 정체를 밝히지 않은 채 '뽈 동지(쌀롯 써의 가명)가 총리가 될 것이다'라고 선포했다.

민주깜뿌찌어 헌법이 1976년 1월에 공포되었는데, 인권에 대한 보장이나 정부 기관에 대한 정의가 없었으며, 사실상 사유재산, 종교, 가족 중심의 농업생산을 폐지했다. 헌법은 외국 모델을 인정하지 않았으며, 어떠한 외국의 동맹이나 원조도 거부했다. 캄보디아 공산당이나 맑스-레닌주의에 대한 언급도 없었다. 대신 캄보디아 혁명이 외국과 전혀 관련 없는 캄보디아 고유의 것임을 드러내려고 했다.[9]

3월의 국회의원 선거에서 캄보디아 공산당 후보들은 반대 없이 당선되었다. 그들 중에는 캄보디아 공산당 중앙위원들도 포함되어, 농민, 고무농장 노동자 등 정체를 확인하기 어려운 이들과 함께 선출되었다. 뽈뽇은 정체를 감춘 채 동부지역 고무농장 노동자들을 대표했다. 후보들은 지역구가 아니라 특정 계급을 대표했다. 신-인민은 선거권과 피선거권이 없었으며, 대부분의 지역에서 투표는 시행되지 않았던 것 같다. 의회는 헌법을 공포하기 위해 단 한 번 모였을 뿐이고, 민주깜뿌찌어 기간 동안 한 번도 중요한 역할을 하지 않았다. 선거가 그랬던 것처럼 의회도 외부에 보여주기 위해 만든 것으로 보인다.

새 정부에서 중요한 자리를 차지한 사람들은 뽈 뽇, 이엉 싸리와 부인 이엉 티릍, 후 님, 키우 썸펀, 쭈언 쯔언과 쏜쎈 등과 같이 프랑스에서 공부한 지식인들과 누언 찌어, 냐엠 루어, 쭈 쩰, 논 수언, 따 목, 싸으 핌 같은 인도차이나 공산당의 오랜 당원들, 그리고 뷘 벨, 카엑 뻰, 츔 싸묵 같이 캄보디아를 한 번도 떠나본 적이 없었던 젊은 군인들이었다. 프랑스에 유학했던 사람들은 지역 책임자에 포함되지 않았고, 그들은 대부분 프놈뻰에 새롭게 만들어진 내각에 몰려 있었다.

4개년 계획

이후 몇 달 동안 뽈뽇과 동료들은 "모든 분야에서 사회주의 건설을 위한" 4개년 경제계획에 대한 밑그림을 그렸다. 이 계획은 1976년 9월에 실행될 예정이었지만 정식으로 집행되지는 않았다. 이 조치로 캄보디아의 모든 자산은 집단화되었고, 전국적으로 헥타르 당 쌀 수확량을 3톤으로 늘리는 전례 없는 목표가 강제되었다. 혁명기 이전 전국 수확량 평균을 보면, 덜 혹독한 조건에 보조금이 있었던 때에도 헥타르 당 1톤을 넘지 못했다. 이는 동남아시아에서 가장 낮은 수치였다. 평균보다 세 배 높은 목표량은 관개시설 확대와 이삼모작 하기, 노동시간 연장, (착취와 개인적 관심사로부터 인민들을 해방시킴으로 뽑아낼 수 있다고 생각했던) 혁명적 열정의 발현으로 이루어 내야만 했다. 이 계획은 성급하게 만들어졌다. 목표가 특정 지역 토양과 수질 조건에 따라 적절하게 세워졌는지, 목표 달성을 위한 기반 시설이 갖추어졌는지에 대한 조사는 거의 이루어지지 않았다. 대신 전 국민에게 '총력 돌격'만 주문할 뿐이었다. 어떤 저술가들은 캄보디아 공산당의 이러한 정책을 1920년대 초에 있었던 소련의 소위 '전시 공산주의'와 비교했고, 또 어떤 이들은 1950년대 중국의 '대약진운동'과 비교하기도 했다. 1980년까지 모든 사람들이 매일 후식을 먹게 될 것이라는 유별난 약속을 제외하면, 이 계획으로 캄보디아 인민들에게 주어진 인센티브는 아무것도 없었다. 공산당은 인민들을 고무하기 위한 장려책과 보상으로 새롭게 찾은 독립, 가난한 사람들의 권한 확대, 착취의 종식이면 충분하다고 생각했다.[10]

이 계획에 따라 수출을 위한 면화, 황마, 고무, 코코넛, 설탕과 케이폭 같은 작물들이 재배되었다. 수출로 벌어들인 돈으로는 경공업과 중공업이 들어서야 했다. 중공업을 위해서는 철, 강철, 석유처럼 민주깜뿌찌어에 없는 원재료가 필요했기 때문에 중공업 계획은 이상으로만 머물렀다. 캄보디아 연근해에 광범위하게 매장된 석유는 1990년대에야 발견되었다.

뽈뽇으로 추정되는 익명의 한 연사가 당 고위층에게 이 계획을 설명하면서 목표는 신속하게 달성될 수 있다고 말했다. 민주깜뿌찌어의 혁명은 "새로운 경험이며, 세계 전체를 위해서도 중요하다. 왜냐하면 우리는 남들을 따라 하지 않기 때문이다. 우리는 사회주의 혁명으로 곧바로 도약하여 단시일 안에 사회주의를 건설할 것이다. 이 변혁을 위해 오랜 시간이 필요한 것은 아니다."[11]

이 계획에서 여가, 종교, 정규 교육과 가족생활에 대한 언급은 한마디도 없었다. '문맹 철폐'는 매우 중요하게 여겼을지 몰라도, 인민들에게 어떤 책을 보급하여 읽도록 할 것인지에 대해서는 말이 없었다. 1976년까지 기초 구역들(base areas)에는 초등학교가 몇 개 있었지만, 1977년이나 78년까지 신-인민과 자녀들에게는 교육의 기회가 주어지지 않았다. 1978년 프놈뻰에 기술고등학교를 세우려는 뒤늦은 시도가 있기 전까지 초등학교 수준 이상의 교육은 시행되지 않았다. 경험 많은 교사와 캄보디아 공산당에 적대적으로 알려진 대다수 사람들이 반역 혐의로 의심받아 계급의 적이 되어 처형되는 경우가 많았기에, 민주깜뿌찌어 관료들은 결핍을 미덕으로 만들었다. 뽈뽇이나 이엉 싸리처럼 공산당원이자 전직 교사였던 이들은 이제는 더 보람 있는 작업을 수행해야 했다.

민주깜뿌찌어 당시 캄보디아인들은 계획에 따라 목표를 달성하기 위해 매일 10-12시간씩 일 년 열두 달 일해야만 했다. 육체노동에 익숙하지 않았던 사람들은 얼마 지나지 않아 영양실조와 과로로 죽어갔다. 혁명 이전에 농민이었던 사람들도 물질적 보상없이 배우자와 아이들을 만날 기회조차 제한당하며, 자유시간이라고는 거의 없이 1975년 이전보다 더 오래, 더 힘들게 일해야 했다. 첫 번째 추수에서 얻은 잉여농산물은 군대를 위해 징발하여 창고에 보관하거나 수출했기 때문에, 1976년에는 이미 식량이 부족했다. 1977년과 78년에는 전국적인 기근 때문에 상황이 더 나빠졌다. 당시에 생존자들은 몇 달 동안 멀건 죽 외에는 먹을 것이 없었다고 회상한다. 호주에 살고 있는 한 생존자는 "당시 우리는 요즘 텔레비전에 나오는 아프리카 사람들처럼 보였어요. 우리 다리는 막대기 같았고, 간신히 걸어 다녔어요"라고 말했다.[12]

1960년대 초반 중국에서도 대약진운동 이후 캄보디아와 비슷한 기근이 중국 전역을 휩쓴 적이 있었다. 기근 소식이 프놈뻰 수뇌부에 알려진 것은 시간이 꽤 지나서였다. 수뇌부가 이 사실을 알았을 때 기아 상황은 식량 배급을 맡은 간부들의 관리 부실과 배신 탓으로 돌렸다. 그들은 대부분 캄보디아 공산당의 충직한 당원이었지만, 구속되어 심문받은 후 처형되었다. 민주깜뿌찌어 지도자들은 캄보디아 공산군이 베트남 군대보다 두 주 앞서 미국을 이길 정도로 우수했기에, 이 군대만 있으면 선견지명을 가진 캄보디아 공산당이 설정하는 과업은 무엇이라도 해낼 수 있을 것으로 믿었던 것 같다.[13]

민주깜뿌찌어의 두 번째 시기 동안 경험 없는 간부들은, 중앙에서 부과한 목표를 달성하기 위해 4.17인민(신-인민)들을 비롯한 자신의 지휘 아래 있는 모든 사람들에게 견디기 힘든 압박을 가했다. 목표량을 채우기 위한 유일한 방법은 종자로 쓰일 벼의 양과 주민들의 식량 배급을 위해 비축할 쌀의 양을 줄일 수밖에 없었다. 1976년 전국 대다수 지역에서 인민들에게 배급할 식량은 충분했다. 그런데 북서지역에서는 중앙이 추구하는 이상적인 목표를 달성하기 위해 도리어 식량 배급을 줄여야 했다. 신-인민 수십만 명이 1976년 초 이 지역으로 이동 배치되어 정글 개간에 투입되었다. 현대식 의약품은 없었고, 얼마 지나지 않아 수천 명이 말라리아와 과로, 영양실조로 죽어갔다.

당의 위기

1976년 9월 초, 캄보디아 공산당 25주년 창당 기념일 직전 마오쩌둥이 사망했다. 뽈뽓은 마오쩌둥 사망을 이야기하면서, 처음으로 맑스-레닌주의가 캄보디아 통치 이념이라고 공개적으로 선언했다. 하지만 혁명 조직(엉까 빠데봐)이 곧 캄보디아 공산당이라고 밝히는 것은 잠시 유보했다. 캄보디아 공산당은 9월 30일을 창당기념일로 정하면서 공산당의 존재를 알리고, 4개년 계획을 공식적으로 실행하려고 했던 것 같다. 그러나 캄보디아 공산당 내부에서 의견이 갈리면서 지나갔다. 한쪽은 창당일이 1951년이라고 주장했고, 다른 쪽은 1960년 프놈뻰에서 뽈뽓과 이엉 싸리를 당 중앙위원으로 지명했던 특별대회가 소집된 날이어야 한다고 맞섰다. '1960년'을 선호했던 사람들에게 '1951년'을 주장하는 사람들은 과거 '베트남인들이 당을 지배했던 것'을 연상시켰다. 그리고 1960년의 지지자들은 1951년 지지자들을 베트남에 더 충성하는 사람들로 보았다. 훗날 뽈뽓이 '자신의 통치에 대한 쿠데타 가능성을 제거했던 것'이라고 이야기한 것은, 뽈뽓보다 당(또는 베트남)에 대한 충성심이 더 높아 보이는 당원들을 숙청한 것을 의미했을 가능성이 크다.[14]

캄보디아 공산당 핵심 당원이었던 까에우 미어와 논 수언은 베트남인들이 당을 지도했던 시기와 연관되어 구속된 후 배신자로 기소되었다. 그들은 캄보디아 공산당 창립일로 1951년을 지지한다고 주장했다.[15]

민주깜뿌찌어 시기에 암호명 S-21로 불렸던 프놈뻰에 있는 '뚜얼슬라엥'이라는 민주깜뿌찌어 심문 시설에는 수천 쪽에 달하는 타이핑과 수기로 작성된 자백 문서가 남아있다. 1975년 말부터 1979년 초 며칠에 이르기까지 남녀 불문하고 적어도 14,000여 명이 이 시설에서 조사받으며 고문당하고 처형되었는데, 이에 대한 4천 건 이상의 문서들이 아직 남아있다. 조사기록에는 수백 쪽에 달하는 것도 있다. 이 자백문들이 역사가에게는 값을 헤아릴 수 없이 중요한 것이지만, 이 문헌들만 가지고는 1976년 9월에 뽈뽓과 동료들을 권력에서 몰아내려는 명백한 음모가 있었다고 단언하기는 불가능하다. 쎄이하누와 론놀처럼 뽈뽓도 자기 정책에 반대하는 것을 배신 행위로 생각했으며, 창당일에 대해 다른 의견을 내는 사람들은 권좌에서 끌어내리려는 것으로 판단했다.[16]

그달 말 창당 기념식이 있기 나흘 전 뽈뽓은 "건강상 이유"로 총리직에서 물러나고, 캄보디아 공산당 2인자인 누언 찌어가 이어받았다. 뽈뽓은 일 년 반 동안 건강상의 문제가 자주 있었지만, 이 시점에서 사임을 발표한 것은 적들을 혼란에 빠뜨리고, 공개석상으로 끌어내기 위한 것으로 보인다. 그의 사임이 실제로는 일어나지 않았을 수도 있다. 어쨌든 뽈뽈은 10월 중순에 지위를 다시 회복했다. 11월 중국에서 4인방이 체포된 후 뽈뽈과 동료 5명은 지속적인 지원을 보장받기 위해 중국을 비밀리에 방문했다. 이는 1978년까지 껌뽕츠낭 근처 군 비행장 건설을 위한 중국 공병대 2개 연대 지원을 포함하는 것이었다. 이때 지속적인 군사 지원을 약속받았던 것 같다.[17]

하지만 당의 존재에 대해서는 언급이 없었다. 당 지도부는 4개년 계획에 대한 공식 발표를 미루고, 당내 적들을 색출하는 데 전념하기 위해, 당분간 당의 존재를 비밀에 부치기로 했다. 그동안 S-21은 그 역할을 넓혀갔다. 1975년에는 S-21에 200명이 수감되어 있었던 것에 비해, 1976년에는 10배 이상인 2,250명이 수감되었다. 그들 중 2/3가 위에서 언급한 캄보디아 공산당 내부에 문제가 있었던 시기인 9-11월 사이에 끌려온 사람들이었다. 1977년에는 5천 명이 수감되었고, 1978년에도 비슷한 인원이 S-21에서 조사받았다. 프놈뻰에 있던 공장 노동자들은 S-21의 존재 여부를 알고 있었지만, 가시철조망 안에서 무슨 일이 벌어지는지는 몰랐다. 그들은 이곳을 '들어가지만 나오지는 못하는 곳'이라고 불렀다. 이곳에서 조사받았던 사람 중 겨우 10여 명만 죽음을 피해 살아서 나갈 수 있었다.[18]

민주깜뿌찌어 간부, 1979년 타이국경. 사진 Brian L, Stevens

1976년 12월 숙청작업이 한창일 때, 뽈뽓은 캄보디아 혁명 경과를 진단하기 위해 고위 인사들로 제한된 '학습 시간'을 주재했다. 남아있는 회의 문서들을 조사한 바에 따르면, 뽈뽓의 연설은 그해 초반에 했던 것에 비해 어둡고 비관적이었다. 1976년에 발생한 "당내 질병"에 대해 뽈뽓은 생생한 문장으로 다음과 같이 말했다.

우리는 이것을 정확하게 찾지 못했다. 질병은 치료받기 위해 드러나야 한다. 인민들의 투쟁과 계급투쟁 단계에서는 혁명 이전 단계의 열정만으로 충분하지 않기 때문이다. … 우리는 당내 세균을 찾는 데 실패했다. 그들은 숨어있다. 우리의 사회주의 혁명이 전진할 때, 세균은 당내 모든 곳, 즉 군대와 인민들 속으로 빠르게 확산되어 간다. 우리는 나쁜 세균을 찾을 수 있다. … 우리를 지키는 사람들은 진정 숙련된 자라야 한다. 그들은 면밀하게 관찰해야 한다. 그들은 모든 것을

주의 깊게 보되, 감시당하는 사람들이 알아채도록 해서는 안 된다.[19]

누가 감시자이고 누가 감시를 당하는 자인가? 혁명에 반대하는 자들은 당 지도력의 정책 변동과 우선순위에 따라 움직이는 표적이 되었다. 민주깜뿌찌어 짧은 역사의 각 단계에서 '나쁜 세균'은 중산층 배경을 가진 사람들이거나 론놀 정권을 위해 싸웠던 군인일 때도 있었다. 그리고 베트남이 주도하던 시기에 공산주의 운동에 가담한 자들이거나 외국 경험이 있는 사람들이기도 했다. 1977년에 기근이 일어나자 북부지역과 북서지역으로 표적에 대한 감시가 옮겨갔다. 1978년에는 동부지역에 연관된 당 간부들, 군 지휘관들과 관리들까지 감시 대상에서 피해자가 되었다. 세 사람의 자백 중 한 번만 언급되어도 용의자가 되었다. 끌려온 사람들은 자기가 아는 이들의 이름을 말해야만 했다. S-21에 끌려온 수백 명, 아니 수천 명의 사람들은 죄가 없었지만, 취조를 받은 후 모두 유죄 선고를 받았고, 대부분 처형당했다. 사람들의 실종 소식은 당내 동료들을 통제하기 위해 이용되었다. 하지만 죽은 자들과 감옥의 존재는 공개되지 않았다. 정권은 실수로 처형한 사람들에 대해 어떠한 유감 표명도 하지 않았다. 혁명의 성공, 정책의 집행, 수뇌부의 생존 등 뽈뽓과 동료들에게 너무 많은 것들이 걸려 있었기 때문에, 당의 적들을 공격하는 것에 주저할 틈이 없었다. 1976년 12월 뽈뽓이 했던 연설에서 그러한 적들은 "계속해서 당에 들어오고 있다. … 아마 한두 명만 남았을 수도 있지만, 여전히 남아있다."[20]

이러한 잔인하고 모호한 위협이 듣는 사람에게 미치는 영향은 가늠할 수 없다. 일 년 동안 남녀를 막론하고 수많은 사람이 체포되어, S-21에 끌려와, 심문 중에 고문당한 후 처형되었다. 대다수 수감자들은 활동

초기에 CIA(반혁명 활동을 지칭하는 포괄적인 말)와 관련 있었다고 시인할 것을 강요당했다. 때로는 소련이나 베트남의 정보원을 위해 일했다는 혐의를 받았다. 뽈뽓과 자백을 강요한 S-21 간부들이 실제로 그런 음모를 믿었던 것인지, 아니면 권력자들에게 의심을 산 사람들을 처형하는 것이 효과적이라고 믿었던 것인지는 분명하지 않다.[21]

베트남과의 갈등

민주깜뿌찌어의 세 번째 단계는 1976년 9월에 있었던 정치적 위기로부터 12개월 후 캄보디아 공산당의 존재를 발표한 뽈뽓의 연설 때까지이다. 이 시기의 특징은 숙청이 끊이지 않았다는 것과 캄보디아가 처한 어려움과 반-혁명 활동에 대해 베트남을 비난하는 경향이 늘었다는 것이다. 베트남 전쟁 막바지 단계에서, 캄보디아 군대가 영토를 넓힐 목적으로 타이만에 있는 베트남령 섬들을 공격했던 1975년 4월 이래, 베트남과의 공개적인 영토분쟁 가능성이 제기되어 왔다. 캄보디아 군대는 철수했고, 두 공산정권의 갈등은 얼렁뚱땅 마무리되었지만, 베트남의 영토 야욕에 대한 민주깜뿌찌어의 불신은 매우 깊었다. 뽈뽓은 베트남 공산당에 대해서도 똑같이 의심하고 있었다. 왜냐하면 이들이 오랫동안 캄보디아 공산당을 후원했으면서도, 캄보디아의 무장투쟁에 대해서는 베트남 승인을 받도록 했기 때문이었다. 1977년 7월 베트남이 라오스와 협력 조약을 맺자, 베트남에 대한 뽈뽓의 의심은 더 깊어졌다. 뽈뽓은 이 조약이 베트남이 캄보디아를 에워싼 후 과거 프랑스령 인도차이나 식으로 재통합하여 점령하려는 의도라고 생각했다.[22]

양국의 상대적 강점을 잘 알고 있었던 뽈뽇은 처음에는 올바른 관계를 유지하려고 노력했고, 혹시 있을지 모를 베트남의 캄보디아 동부 지역 침입 방어를 위해 병력을 확대하려고 시도하지 않았다. 거의 30년 간 치른 전쟁에서 회복해 가던 베트남도 조심스럽기는 마찬가지였다. 1975-76년에 시도한 양국 국경에 대한 공개 협상은 캄보디아 측에서 거부했다. 이때 캄보디아 측은 1960년대에 베트남이 쎄이하누와 구두로 맺은 협정을 존중하라고 요청했다. 캄보디아 측은 타이만 일부에 대한 영유권을 주장했는데, 그것은 이 지역 대륙붕에 있는 일부 탐사된 미개발 유전을 개발하여 이익을 얻으려 했기 때문이었다. 하지만 같은 의도를 가지고 있었던 베트남도 캄보디아의 영유권 주장을 거부했다. 1976년 양국 국경에서 군율이 잡히지 않은 채 중무장한 양국 군대가 소규모로 충돌한 사건은, 양국 지도자들에게 상대방의 진정성을 의심하게 했다. 캄보디아 측의 습격은 아주 잔인했다. 하지만 1977년 중반 이전에 있었던 양측의 충돌이 중앙정부 통제나 승인하에 이루어진 것인지에 대한 증거에는 모순점이 있다.[23]

뽈뽇과 동료들은 베트남 남부에 살고 있는 캄보디아인들이 베트남 통치를 전복시킬 준비가 되어 있다고 믿는 바람에 상황이 더욱 복잡해졌다. 그들은 베트남 남부의 캄보디아인들을 민주깜뿌찌어에 편입시키고 싶어 했다. 쎄이하누와 론놀 또한 위대한 캄보디아를 꿈꿨다. 사실 베트남에 살고 있는 캄보디아인들의 의견이 어떠했든 그들의 무장은 부실했고, 폭동을 위한 동기와 조직력도 미흡했다. 폭동이 일어나지 않자 뽈뽇은 폭동을 도발하기 위해 보냈던 요원들이 배신했다고 의심했다. 그의 군대는 무자비했다. 1977년 4월에 국경을 넘은 습격에서 뽈뽇의 군대는 그의 시나리오를 (알고도 그랬든, 모르고 그랬든) 따르지 않았던 운

나쁜 캄보디아인들을 닥치는 대로 학살했다.

캄보디아 현대사에서 종종 그랬던 것처럼 캄보디아 사람들이 국내 문제 또는 단지 이웃 나라와의 문제라고만 여겼던 것들 때문에 예상치 못한 국제적 영향을 불러일으킬 때가 있었다. 마오쩌둥이 죽고, 4인방으로 알려진 마오의 과격한 부하들이 체포된 후 몇 개월 동안 중국 정국은 매우 혼란스러웠다. 4인방은 곧바로 구속되었지만 새 지도자인 화궈펑은 소련에 반대했고, 마오쩌둥의 사상을 칭송하며 민주깜뿌찌어와 같은 제3세계 혁명을 지지함으로 마오의 정책 기조를 유지하려 했다. 화궈펑과 후임자인 덩샤오핑을 포함한 중국 관료들 대다수는 남쪽으로 국경을 접한 베트남이 소련을 지지하는 위협 세력이라고 생각했다. 이는 미국이 쿠바를 보는 관점과 비슷했다. 중국에게 캄보디아는 편하고 급진적인 동맹이었다. 1977년 초 중국은 엄청난 양의 군대, 무기, 군사 장비들을 민주깜뿌찌어에 지원했다. 중국은 민주깜뿌찌어가 무너뜨린 크마에공화국이 미국의 이익을 위해 봉사했던 것처럼 민주깜뿌찌어가 중국의 이익을 위해 봉사해 달라고 요구했다.[24]

민주깜뿌찌어의 세 번째 단계는 1977년 9월 말 캄보디아 공산당 창당 17주년 기념식에 즈음하여 뽈뽓이 프놈뻰 라디오에서 녹음한 5시간 연설에서 당의 존재를 발표하면서 끝이 난다.[25] 이 연설에서도 그는 당이 왜 그 존재를 오랫동안 비밀로 했는지에 대해서는 설명하지 않았다. 다만 이 연설은 중국의 지속적인 군사 지원에 대한 대가로 중국이 한 요청에 대한 응답이었던 것 같다. 어쨌든 연설이 방송된 다음 날 뽈뽓은 베이징으로 날아가 1년 전에 비밀리에 만났던 화궈펑의 공식적인 환대를 받았다. 중국은 민주깜뿌찌어가 베트남을 대적한다면 더 많은 지원을 하겠다고 약속했다. 민주깜뿌찌어 지도자들보다 더 현실적이었던 중국 지도자들은 캄보디아가 베트남과 전면전을 벌이면 패배할 것을 이미 알았다. 그래서 1978년 뽈뽓과 베트남 사이의 대결이 타협의 여지 없는 전면전 상황에 이르기 전까지, 중국은 캄보디아가 베트남과 전면전을 벌일 만큼 지원하지는 않았다.[26]

뽈뽓의 긴 연설은 베트남에 대한 은근한 경고를 담고 있었지만, 주된 의도는 캄보디아가 긴 역사적 여정 속에서 공산당 승리로 정점에 이르렀다는 것을 말하려는 데 있었다. 형식은 연대순으로 1960년 이전, 1960-1975년까지 사건, 마지막으로 민주깜뿌찌어의 발전에 관한 주장들로 나누어 이야기했다. 그는 1960년 전당대회를 통해 캄보디아 공산당이 '올바른 노선'을 확립했다고 주장했다. 하지만 무장투쟁은 8년이나 연기되었고, 1963년에는 당 지도부가 프놈뻰에서 피신해야 하는 상황이었기 때문에, 혁명적 실천이라는 점에서 볼 때 당의 노선에서 비롯된 혜택은 거의 없었다고 말했다. 반-쎄이하누 쿠데타 이후 전세가 유리하게 되었다는 것은 확실하다. 하지만 뽈뽓은 유리하게 된 이유들 중 가장 중요한 것을 언급하지 않았는데, 그것은 크마에루주에 대한 베트남의 군사지원이었다. 마찬가지로 쎄이하누에 대한 언급도 전혀 없었다.

연설 마지막에서 뽈뽓은 중국의 군사 원조에 대해서는 아무 말도 하지 않은 채, "우리는 우리 인민들의 강력한 혁명 정신과 경험, 창조적인 영민함에 전적인 확신을 가지고 의지한다"고 말했다. 그는 캄보디아 인구가 곧 2천만 명이 될 것이라고 낙관적으로 예측했고("우리의 목표는 가능한 한 빨리 인구를 늘이는 것입니다"), 일인당 쌀 섭취량도 연간 평균 300kg 이상에 도달했다고 주장했다. 많은 피난민들은 두 번째 진술에 대해서 이의를 제기하며, 1977년 중반에 이르러 캄보디아 대부분 지역에서 역사상 처음으로 식탁에서 쌀이 사라졌다고 주장했다.

중국은 뽈뽇에게 이 연설을 부추기면서, 캄보디아 공산당을 공개하라고 제안했던 것 같다. 중국은 캄보디아의 가장 중요한 동맹이었기 때문에 뽈뽇은 기꺼이 이 요청을 따랐을 것이다.

1977년 9월 말 뽈뽇은 중국 방문길에 올랐다. 베이징 공항에서 민주깜뿌찌어 대표단은 중국 총리인 화궈펑과 1978년에 그의 뒤를 잇게 될 덩샤오핑을 만났다. 이 방문이 민주깜뿌찌어 정권 또는 적어도 뽈뽇에게는 절정기였을 것이다. 캄보디아 대표단이 중국에서 받은 열렬한 환대는 뽈뽇에게 만일 베트남과 적대행위가 일어나면 중국이 민주깜뿌찌어를 지원할 것이라는 확신을 갖게 만든 것 같다. 중국이 민주깜뿌찌어가 베트남과 적대행위를 하도록 부추기는 동안에도 실제로 중국이 원하는 것은 평화적인 해결이었다.[27]

민주깜뿌찌어의 종말

베트남은 뽈뽇이 중국을 방문하여 캄-중 양국 동맹을 더 강화한 것을 자국에 대한 도발로 여겼다. 그래서 1977년 12월 중순 베트남은 캄보디아에 대한 군사 공격을 감행했다. 14개 사단이 동원된 공격에서 베트남은 국경을 넘어 캄보디아 일부 지역에서는 32km 이상 침투해 들어왔다. 1978년 새해 첫 주 캄보디아는 베트남과 외교 관계를 단절했고, 베트남 군대는 수천 명을 인질로 잡아갔다. 베트남은 이 인질들 일부를 훈련시켜 망명정부를 조직했고, 다른 인질들에게는 군사훈련을 시켰다. 망명자 중 한 사람은 민주깜뿌찌어 연대장이었던 훈싸엔(Hun Sen)으로 1977년 캄보디아에서 베트남으로 망명했는데, 1985년에 깜뿌찌어인민공화국 총리가 된다. 1992-93년까지의 UN 과도정부 기간을 제외하고 그는 계속해서 캄보디아 정치를 지배해 왔다.

  베트남이 철수하자 뽈뽓은 베트남이 휩쓸고 지나간 동부지역 군 장교들과 캄보디아 공산당 간부들을 비밀스럽게 숙청하는 한편, '완전한 승리'를 주장하였다. 그 당시 숙청당한 사람들은 '몸은 캄보디아인이지만 마음은 베트남인'이라고 비난받았다. 그들 중 수백 명이 뚜얼슬라앵에서 처형되었고, 다른 수백 명은 즉결 심판을 받았다.[28] 이러한 혼란 속에서 동부지역의 많은 민주깜뿌찌어 군인들이 피난처를 찾아 베트남으로 달아났다. 그들 중 한 사람이 헹 썸른으로 이후에 깜뿌찌어인민공화국의 국가 수반이 되는데, 그는 정권 내에서 존경받았지만 그다지 중요한 인물은 아니었다. 1978년 초 동부지역에 있던 수천 명이 서부로 강제 이주해야 했다. 동부에 있던 지역군은 학살당하고, 남서부 지역에서 온 군대가 이들을 대체했다. 동부지역을 책임지고 있던 인도차이나 공산당 출신의 싸으 핌은 1978년 6월 프놈뻰에서 열리는 회의에 호출되자, 스스로 목숨을 끊었다. 이후에도 동부지역에서 학살은 몇 개월 동안 계속되었다.[29]

  1978년 민주깜뿌찌어 정권은 바깥 세계에 자기 존재를 알리려고 노력함과 동시에 캄보디아 국민들에게도 좋은 이미지를 심기 위해 애썼다. 이를 위해 전 국민에 대한 대대적인 사면이 시행되었고, 프놈뻰에는 기술고등학교가 설립되었다. 정권에 우호적인 외신 기자들과 외국의 급진주의자들이 방문하여 환영받았고, 버마와 말레이시아 같은 비공산권 나라들과도 외교 관계를 회복했다.

  그러나 이러한 조치는 혼란스런 결과를 낳았다. 예를 들어, 1978년 유고슬라비아의 텔레비전 제작진이 방문했는데, 그해 말에 찍은 짧은 장면들이 민주깜뿌찌어에서의 삶과 뽈뽇에 대한 일면을 바깥 세계에 보여주었다. 캄보디아를 방문하여 촬영한 기사는 '당시 캄보디아에서 뽈뽇 빼고 웃는 사람을 한 명도 못 봤다'고 말했다. 민주깜뿌찌어에 우호적이었던 사람들은 그들이 본 것들에 대해 찬사를 아끼지 않았다. 정권은 자기들이 자랑스럽게 여기는 곳만 안내했고, 그들이 본 것은 자기들의 선입견에 부합하는 것뿐이었다.

하지만 생존자들 대다수는 1978년을 민주깜뿌찌어 집권 기간 중 가장 혹독했던 시기로 기억한다. 그해에는 대부분 지역에 공동식당이 들어섰고, 배급은 1977년 기아 시기보다 더 줄었다.

그때까지 베트남은 민주깜뿌찌어와 계속 협상을 시도했지만 실패했다. 뽈뽇이 동부지역의 적들을 숙청하기 직전인 1978년 4월까지 거의 십만 명에 달하는 베트남 군대가 캄보디아 국경에 배치되었다. 베트남은 중국의 위협에 대응하기 위해 소련과 25년간 우호협정을 맺었다. 12월 초에 민주깜뿌찌어를 무너뜨리기 위해 조직된 깜뿌찌어민족해방전선이 '해방된 캄보디아 영토 내'에서 결성되었음을 선포했다. 전선에는 헹 썸른, 찌어 심, 훈싸엔과 같이 이후 캄보디아 정치의 주요 지도자가 될 사람들이 다수 있었다.[30]

베트남과 민주깜뿌찌어는 강대국들의 손에 놀아나게 될 길고 힘겨운 전쟁을 시작했다. 강대국들은 위험을 감수할 준비가 되어 있지 않았다. 뽈뽇이 중국에게 지원군을 보내달라고 요청했지만 거절당한 것이 그 증거라고 할 수 있다. 민주깜뿌찌어는 혼자 힘으로 베트남과 대면(함과 동시에 중국의 이익에 봉사)해야 했다. 민주깜뿌찌어 최후의 날과 1975년에 있었던 론놀 정권 최후의 날 사이의 유사점은 충격적이면서도 역설적이다.

1978년 12월 미국 기자 2명과 스코틀랜드 맑시스트 학자인 말콤 칼드웰(Malcolm Caldwell)이 캄보디아를 방문했다. 두 기자는 엘리자베스 베커(Elizabeth Becker)와 리처드 더드먼(Dudman)으로 1970년대 초 캄보디아에서 일한 적이 있었는데, 사회주의자가 아닌 사람으로 민주깜뿌찌어에 발을 들인 첫 번째 방문객이었다.

여러 해 지난 후 베커는 당시 방문 기억을 떠올리며 다음과 같이 기록했다.

> 내가 처음으로 프놈뻰을 보고 느낀 것은 거대한 무덤에서 느끼는 장엄미 같은 것이었다. … 거리에는 잡동사니 하나 없었고, 쓰레기나 먼지조차 없었다. 물론 사람이나 자전거, 버스 같은 것들도 보이지 않았고, 다만 아주 드물게 자동차를 볼 수 있었다.31)

민주깜뿌찌어에 우호적인 글을 썼던 콜드웰은 친구 자격으로 캄보디아에 초대되었지만, 민주깜뿌찌어 관리들은 베커와 더드먼이 CIA를 위해 일한다고 생각했다. 세 명의 행동은 철저하게 감시되었다. 방문 마지막 날인 12월 22일 콜드웰이 호텔 방에서 살해되었다. 누구 소행인지 밝혀지지 않았지만, 반뽈뽓파와 연관된 사람이 정권을 뒤흔들 목적으로 저지른 것으로 추정된다.

1978년 크리스마스에 10만 명이 넘는 베트남 군대가 동시에 여러 전선에서 민주깜뿌찌어를 공격했다. 민주깜뿌찌어 군대가 동부와 남서지역에 집중되어 있었기 때문에 북동지역을 공격한 베트남군은 거의 아무 저항을 받지 않고 들어왔다. 그해 말 베트남 군은 프놈뻰으로 통하는 주요 도로 몇 군데를 장악했다. 그러자 베트남은 캄보디아 동쪽 절반만 점령하기로 했던 전략을 수정하여 프놈뻰을 점령하기로 했다.

민주깜뿌찌어의 사형 집행터 발굴 현장. 1979년, 사진 Kelvin Rowley

1979년 1월 7일 관료와 군인, 공장 노동자 등 프놈뻰에 살고 있던 사람들 5만여 명이 프놈뻰을 떠났다. 마지막까지 민주깜뿌찌어 장교들은 승리를 장담했다. 뽈뽓은 1975년 미국 대사가 그랬던 것처럼 마지막 순간에 지프를 타고 프놈뻰을 탈출했다. 다른 고위 장교들과 외국 외교관들은 기차로 떠났다. 무장도 변변찮은 반 기아 상태의 패잔병들은 걸어서 그 뒤를 따라갔다.[32]

이것이 민주깜뿌찌어 지도자들과 캄보디아에서 그들이 꿈꾸었던 이상주의적 환상의 굴욕적인 종말이었다. '혁명조직'은 1975년 소위 '해방' 이후 일어났던 끔찍한 인명 손실에 대해 단 한 번도 유감의 뜻을 밝히지 않았다. 민주깜뿌찌어가 종말을 고한 후에도, 1990년대까지, 수만 명의 캄보디아인들 특히 젊은이들은 처음으로 자기에게 권력과 자존감을 주었던 조직을 위해 여전히 목숨을 바칠 각오가 되어 있었다. 이들 중 일부가 1980년대 크마에루주 게릴라 군대의 주축이 되었다. 한때 숙청으로 스스로를 갉아먹었던 캄보디아 공산당 지도자들은 (1981년 당이 공식적으로 해체) 1980-90년대에도 계속해서 지위를 유지한 채 저항군을 지휘했다.[33]

대다수 사람들이 베트남의 침공을 환영했고, 침략자들이 신속히 세운 정부를 받아들였다. 그 무엇이라도 이전 것보다는 좋았다. 새 정부는 깜뿌찌어인민공화국(PRK)이라고 명명되었고, 1977-78년에 베트남으로 망명했던 캄보디아 공산당원과 민주깜뿌찌어 시절 베트남에서 살았던 캄보디아인들을 정부 고위 관리로 임명했다. 캄보디아 사람들 대다수는 쫓겨난 총리를 아뽇*이라고 부르며, 그가 사라진 것을 기뻐했다. 거의 모든 이들에게 민주깜뿌찌어 시기는 삭일 수 없는 고통, 폭력, 혼란

* '뽇 새끼'. 캄보디아 말로 사람 앞에 아를 붙이면 경멸의 의미를 갖는다

으로 기억되었다. 대부분의 캄보디아 사람들은, 운이 좋으면 망명지에서 아니면 깜뿌찌어인민공화국에서라도, 민주깜뿌찌어에게 치욕스럽게 빼앗겼던 혁명 이전의 삶을 다시 시작할 수 있을 것으로 생각했다.[34]

13

1979년 이후의 캄보디아

깜뿌찌어 인민공화국: 초기 국면

1950년대 프랑스로부터 독립한 이후 캄보디아는 1979년 초 다시 외세에 지배당했다. 이것은 베트남이 캄보디아를 지배했던 1830년대 상황을 떠올리게 했다. 하지만 그보다는 캄보디아 보호령 막바지 시절 중요하지 않은 사안은 캄보디아인들에게 맡기고, 국방, 내무 치안, 외교에 대한 결정권은 프랑스가 맡았던 때와 더 유사하다고 할 수 있다.

베트남은 프놈뻰을 장악하자, 그들의 협력자들에게 깜뿌찌어인민공화국(People's Republic in Kampuchea, PRK)을 세우게 도와주었다. 깜뿌찌어인민공화국 수뇌부는 1978년 베트남으로 도주한 민주깜뿌찌어(DK) 장교 출신, 1950년대부터 베트남에서 살았던 캄보디아인들, 민주깜뿌찌어에 영향받지 않은 소수 부족 출신으로 구성되었다. 이 수뇌부 중에서 몇 명(헹썸른, 찌어심, 훈싸엔)은 1980년대 내내 권력의 핵심부에 남아 있었다. 그중에서 훈싸엔은 1985년 총리직에 올랐는데(외무장관 겸직), 시간이 갈수록 권력을 공고히 해나갔다.

새 정부는 사상과 결사의 자유를 포함한 인권 존중을 약속했지만, 실제로는 이전 정권들이 그러했듯 정적들에게 매우 가혹했다. 1981년까지 선거는 시행되지 않았고 경쟁할 야당도 존재하지 않았다. 깜뿌찌어 인민공화국을 선포하고 한 달이 지났을 무렵, 베트남과 우호협정을 체결하였다. 캄보디아인들 모두가 고생스럽게 버티던 중에 취해진 이 조치는 사람들에게 차라리 외국으로 가는 것이 더 나을 거라는 확신을 심어주었다.

베트남의 캄보디아 점령과 소련과의 동맹으로 심기가 불편했던 중국은 미국의 암묵적 지지 아래 1979년 2월 베트남 북부지방을 공격했다. 2주일간 지속된 이 작전에 중국군 30만 명이 투입되었다. 양측 모두 수천 명의 사상자를 냈고, 중국 국경에 있는 베트남 도시들은 초토화되었다. 중국이 병력을 철수시킨 후에도 캄보디아에 대한 베트남 정책(과 캄보디아에 대한 중국 정책)에는 변화가 없었던 것 같다. 이 공격으로 수만 명의 중국계 베트남인들이 베트남을 빠져나갔고, 이제 막 싹트기 시작한 중-미 동맹이 강화되었다. 미국의 주선으로 타이와 중국이 동맹을 맺어, 민주깜뿌찌어 패잔병들이 타이 국경을 넘는 것이 쉬워졌다. 이에 따라 베트남은 캄보디아에 있던 병력을 빼기가 더 난감하게 되었다. 1978년 민주깜뿌찌어 수뇌부들처럼 베트남 지도자들도 자신들이 적에게 둘러싸여 있다고 믿었다.[1]

처음에는 대다수 캄보디아인들이 베트남을 환영했다. 그것은 캄보디아인들이 침략당하는 것을 좋아해서가 아니라, 이 침략이 민주깜뿌찌어의 종말을 의미하는 것이었기 때문이다. 1979년과 1980년 일제히 전 국민이 이동하기 시작했다. 수십만 명의 캄보디아인들이 헤어진 친척을 찾거나 집으로 돌아가려고 전국을 종횡무진했으며, 어떤 이들은 장사를 위해 또는 해외로 피난 가기 위해 동분서주했다. 베트남 군대는 민주깜뿌찌어 무장 잔당들을 북서쪽으로 내몰기 위해 애썼지만, 민간 당국은 주민들의 무분별한 이동과 비공식적으로 나타나는 상거래를 막기 위한 어떤 조치도 취하지 않았다. 깜뿌찌어인민공화국이 힘겹게 일어서는 동안 시장이나 불교, 가족농업 같은 혁명 이전의 생활 모습이 다시 나타났다. 얼마 지나지 않아 불교 사원과 학교가 문을 열었다. 하지만 깜뿌찌어인민공화국의 자유방임 정책이 정치 활동까지 허락한 것은 아니었다. 정치는 철저히 정부와 깜뿌찌어인민혁명당(People's Revolutionary Party of Kampuchea, PRPK)이 독점하고 있었다. 깜뿌찌어인민혁명당은 신뢰를 잃은 깜뿌찌어공산당과 1975년 이전까지만 역사를 공유했던 공산주의자들이었다.[2]

  극심한 무질서 속에서 1979년 벼농사가 방치되었는데, 1979년 중반에는 기근이 찾아왔다. 1979-80년 초 대부분 모내기를 하지 않았고, 1979년 이전에 저장된 곡물은 소진되었거나 베트남 군대가 차지했기 때문에, 수십만 명이 식량부족에 허덕였다. 기아 상황은 가뭄으로 더욱 나빠졌다. 민주깜뿌찌어의 끔찍한 상황에 대해 어렴풋이 알고 있던 서구의 텔레비전 시청자들은, 뼈만 앙상한 캄보디아인들이 비틀거리며 타이 국경을 넘는 것과 캄보디아 도로변에서 기아로 죽어가는 것을 보자, 관심을 쏟기 시작했다. 굶주리는 캄보디아인들을 위한 엄청난 양의 구호 물품이 들어왔지만, 구호 식량과 의약품 전달은 지연되기 일쑤였다. 그 이유는 관료들이 서로 대립했기 때문이었지만, 타이와 그 동맹 세력에 의해 조장된 제약도 한 요인이었다. 게다가 서구의 구호 활동에 당연히 의심의 눈길을 던질 수밖에 없었던 베트남에 의해서도 상당 기간 지연되었다. 게다가 베트남은 이 구호물자들로 곤경에 처한 자신들의 군대와 행정 인력을 지원하는 데 유용하기도 했다.[3)]

1980년 말이 되어 벼 수확량이 두 배로 늘자, 상황이 좀 안정되었다. 농촌 지역을 통제하던 베트남군은 주둔지로 돌아갔고, 지역 일은 다시 주민들 손으로 돌아갔다. 그러자 지역 사회는 난장판이 되었고, 마을들이 버려지거나 해체되었다. 농기구, 종자, 비료 등도 없었다. 수십만 명이 마을을 떠나거나 살해당했다. 게다가 대부분의 지역에서 생존자들은 말라리아와 정신적 외상과 영양실조에 시달렸다. 민주깜뿌찌어 시절 너무 많은 남자들이 죽거나 실종되었기 때문에, 60% 이상의 가구가 여성 가장인 마을도 있었다. 수천 명의 여성 가장이 혼자 힘으로 가족을 먹여 살려야 했다. 이러한 상황에 대한 집단주의적 대안으로 깜뿌찌어인민공화국은 토지 경작을 위해 예닐곱 가구를 한 단위로 구성하는 '끄롬 싸마끼(연대 또는 협력 모임)'를 조직했다. 사유재산은 인정되지 않았지만, 민주깜뿌찌어에서 경멸받던 협동농장 체제나 인민공사가 재도입되지는 않았다. 군과 도 단위에서 깜뿌찌어인민공화국 관리들은 중앙집중식 통제를 행사하려고 노력했지만, 세금을 걷거나 청년들을 징집하려는 노력은 하지 않았다. 1979년에 캄보디아 전역에서 학교가 다시 문을 열었고, 1980년에는 화폐도 발행되었다.[4)]

대다수 캄보디아인들에게 제한적이나마 개인의 자유가 생겼다. 깜뿌찌어인민공화국의 (어쩐지 혁명과는 멀어 보이는) 신중함은 민주깜뿌찌어 아래에서 경험했던 혁명과는 매우 대조되는 것이었다. 동시에 그들은 깜뿌찌어인민공화국이 외세의 침략과 베트남을 비롯한 소련 연방 지원 덕분에 존재한다는 것을 알고 있었다. 많은 고위 관리들과 지역 간부들은 민주깜뿌찌어 시절 자신의 임무에 어느 정도 만족하며 일했고,

교육받은 일부 캄보디아인들은 연이어 등장한 두 사회주의 정권 간에 자연스럽지 않은 연속성이 있음을 감지했다. 더욱이 깜뿌찌어인민공화국 관리들은 맑스-레닌주의와 일당 지배체제와 거리를 두거나 포기하려 하지 않았다. 오히려 그들은 1975-79년까지의 재앙에 대해 깜뿌찌어 공산당의 극단적이었지만, 명백하게 사회주의적이었던 '정책'을 탓하기보다는, 뽈뽇과 이엉 싸리 등과 같은 개인에게 책임을 돌리며, '학살 주범인 뽈뽇과 이엉 싸리 파벌'을 악마화하는 방법을 택했다. 두 '원흉'은 1979년 8월 프놈뻰에서 궐석재판을 받았다. 민주깜뿌찌어 시기에 대한 중요한 증거들이 법정에서 제시되었지만, 이는 많은 점에서 촌극에 불과했다. 뽈뽇과 이엉 싸리의 변호를 맡은 측은 변호를 위해 어떠한 증거도 제시하지 않았다. 결국 그들에게 사형이 선고되었다. 얼마 지나지 않아 뚜얼슬라엥에 있던 민주깜뿌찌어의 심문센터는 베트남에 의해 대량학살 박물관으로 탈바꿈되어 문을 열었다. 대량학살이라는 단어를 사용

캄보디아 여성과 베트남 군인, 1980년. 그랜트 에반스 사진

한 것과 뽈뽓을 히틀러와 비교한 것을 볼 때, 깜뿌찌어인민공화국은 민주깜뿌찌어를 공산주의라기보다는 파시스트 정부로 보았다.[5)]

깜뿌찌어인민공화국에 대한 반대

깜뿌찌어인민공화국은 그때까지 남아 있던 캄보디아 지식인 사이에서 폭넓은 신뢰를 얻는 데 실패했다. 지식인들 대다수는 외국인에게 캄보디아를 맡길 준비가 되어 있지 않았고, 더 이상 사회주의를 받아들일 생각도 없었다. 1979-80년에는 수만 명의 지식인들이 타이 국경을 넘어, 결국 해외에서 거처를 찾거나 국경 주변에 우후죽순 생긴 난민캠프에서 살았다. 민주깜뿌찌어 시절에 죽었던 수만 명의 지식인들에 더해 또다시 많은 지식인을 잃은 것은 캄보디아에 심각한 문제를 불러왔다.

1979년 말 난민캠프에서 베트남에 대한 저항 단체들이 자리를 잡았다. 그들 중 가장 규모가 큰 것은 썬싼 전 총리가 이끄는 단체였다. 이들은 베트남 점령군을 몰아내고 혁명 이전 기구들을 재건하기 위해 해외의 지원을 찾고 있었다. 썬싼은 쎄이하누를 신뢰하지 않았기 때문에 그를 배제했다. 캄보디아에 대한 향수를 갖고 있던 해외에 사는 캄보디아인들과 1970년대 나라가 파괴되어 가는 것과 언제 끝날지 모르는 베트남의 지배에 분노한 사람들이 국경에 도착하자마자 주로 썬싼이 이끄는 단체에 가입했다. 하지만 썬싼은 실전에 투입할 수 있는 군대를 설립할 역량이 없었기에, 중국, 타이, 미국 등과 같은 베트남의 주요 적대국으로부터 물질적인 지원을 거의 받지 못했다. 군사적 측면에서 베트남 반대국들은 오히려 민주깜뿌찌어를 더 선호했다.

민주깜뿌찌어 망명 지도부에는 아무 변화가 없었다. 깜뿌찌어공산당은 그림자 같은 자신들의 존재를 계속 유지했다. 베트남의 캄보디아 침공, 중국에 대한 저항, 미국을 패배시킨 것에 대한 앙갚음으로 미국과 중국은 민주깜뿌찌어 대표가 UN 의석을 계속 유지할 수 있도록 해주었다. 여기에는 반공, 친중 정책을 취하고 있는 타이와 싱가포르도 참여했다. 민주깜뿌찌어에 대한 지원은 강대국들이 보다 중요한 동맹관계를 온전히 유지하기 위해 지불해야 하는 작은 대가였다. 1979년과 1980년에 타이 군사정부는 국경을 따라 산재해 있던 민주깜뿌지어 군인들을 먹이고 입혀 건강을 회복시켰고, 중국은 타이 항구를 통하여 무기와 탄약, 군사 물자를 지원했다. 1982년까지 민주깜뿌찌어 잔당은 비교적 효율적인 군대로 거듭났다. 정치 난민으로 취급되던 그들의 부양가족은 UN 산하기관에서 식량과 주거를 제공받았다. 깜뿌찌어인민공화국은 국제사회에서 인정받지 못했기 때문에 캄보디아 국내에서 UN 개발기구들이 활동하는 것은 금지되었다.[6)]

1980-81년 사이 민주깜뿌지어의 잔혹상에 대한 더 많은 정보들이 캄보디아로부터 흘러나왔다. 뽈뽇-이엥 싸리 재판에서 나온 증거들이, 난민들의 증언과 회고록 및 뚜얼슬라엥의 자료 보관실에서 발견된 자백 기록들에 의해 사실로 확인되었고 더욱 증폭되었다. 깜뿌찌어인민공화국은 1982년 '증오의 날'을 정하고, 민주깜뿌지어에서 살아남은 사람들에게 그들이 겪은 경험을 이야기할 기회를 주었다. 민주깜뿌지어 대변인은 일부 실수에 대해서 시인했다. 하지만 베트남은 민주깜뿌지어가 이백만 명이 넘는 캄보디아 사람들을 처형했다고 비난을 퍼부었다. 깜뿌찌어인민공화국의 선전이 서툴고 정확하지 않았지만, 민주깜뿌지어 시기에 과로와 기아, 질병에 대한 잘못된 치료행위, 그리고 직접적인 처형

으로 죽은 이들의 숫자는 신중하게 계산해도 당시 인구의 1/4에 근접하는 이백만 명에 달한다.[7]

베트남을 응징함과 동시에 민주깜뿌지어에 대한 평판을 개선해야 하는 과제에 직면한 중국을 비롯한 강대국들이 베이징에서 망명 생활을 하고 있던 쎄이하누 왕자를 압박하여 정계에 복귀하게 했다. 쎄이하누는 자신의 방법대로 하는 한에서 기꺼이 응했다. 그는 민주깜뿌지어와 다시 동맹을 맺고 싶지 않았고 베트남도 두려웠다. 그리고 썬싼파가 자신의 복귀를 반대한다는 것도 알고 있었다. 그렇다고 중국의 압박을 거슬러 아무 일을 안 하기도 어려웠다. 여전히 캄보디아 운명을 자신과 동일시하고 있었기 때문이었다.

1981-82년 깜뿌찌어인민공화국과 베트남 조언자들이 해외에서 이미지를 개선하기 위해 애쓰는 동안, 쎄이하누, 썬싼, 민주깜뿌지어도 연합을 이루기 위해 노력했다. 1981년 6월 깜뿌찌어인민공화국은 베트남 헌법을 상당 부분 차용한 헌법을 만들었다. 이 헌법은 캄보디아 인민들에게 다양한 인권을 보장함과 동시에 국가의 정치 노선을 따를 것을 요구했다. 헌법 제정에 이어 신정부의 여러 부처들이 설립되었고, 감추어져 있던 깜뿌찌어인민공화당이 모습을 드러내었으며 의회는 선거를 통해 헌법을 승인했다. 깜뿌찌어인민공화국 정책은 베트남의 이익에 철저히 부합하는 것이었다. 하지만 정부 규모가 커지자 책임 있는 자리에 사회주의자가 아닌 사람들이 앉는 경우가 늘어났다. 베트남이 군대, 경찰, 외교 업무를 여전히 통제하고 있었지만, 깜뿌찌어인민공화국은 조금씩 책임을 다하는 기능적인 정부가 되어갔다. 이러한 측면에서 당시의 캄보디아는 프랑스 보호령 말기와 매우 비슷했다. 이때 십만 명 이상의 베트남 군대가 캄보디아 영토에 주둔하고 있었다.

민주깜뿌찌어 연합정부

깜뿌찌어인민공화국이 민주깜뿌찌어에 대한 나쁜 평판을 계속 만드는 바람에 강대국들의 냉전정책을 따르는 연합정부 구성이 시급해졌다. 1981년 초 쎄이하누는 민주깜뿌찌어를 대표하는 키우쌈펀을 만나 어떻게 연합을 이룰지 논의했다. 썬싼은 마지못해 논의에 참가했지만, 결국 세 정파는 1981년 9월 함께 할 준비가 되었다고 발표했다. 곧이어 깜뿌찌어공산당 중앙위원회는 당의 해산과 정파의 이념을 자본주의로 전환한다고 발표했다. 이엉 티릍은 민주깜뿌찌어는 완전히 변했고, 무엇보다 종교적 믿음을 회복했다고 말했다. 남편인 이엉 싸리는 캄보디아는 앞으로 "여러 세대"에 걸쳐 사회주의를 받아들이지 않을 것이라고 덧붙였다. 깜뿌지어공산당 해체 선언은 그 누구도 확신하지 않았지만, 민주깜뿌찌어연합정부는 스스로를 자본주의 체제라고 말할 수 있게 되었다. 뽈뽇과 이엉 싸리를 포함한 깜뿌찌어공산당의 고위 관리들은 모두 민주깜뿌찌어연합정부에서 자신들의 직위를 유지했고, 비공산주의자들 중에서 중책을 맡은 사람은 하나도 없었다. 민주깜뿌찌어연합정부가 시장경제 체제로 전환했다고 하지만, 그들이 통제하는 난민촌은 다른 종파들이 지배하는 난민촌에 비해 더욱 엄격하게 운영되었다. 그 한 예로 민주깜뿌찌어가 통제하는 난민촌에 사는 사람들은 그곳을 떠나는 것이 허용되지 않았고, 1970년대처럼 군 지휘관은 정기적으로 학습모임에 참가해야 했다. 중국은 군사원조를 지속했다.[8]

민주깜뿌찌어연합정부는 1982년 중반까지 베일에 가려 있었다. 연합정부의 일부 추종자들과 무장 부대들은 관할 영역의 거점을 과시하기 위해 캄보디아 국경 안으로 몇 킬로미터씩 들어가기도 했다. 민주깜뿌지어 대표가 연합정부의 외교 업무(망명 정부의 유일한 의미 있는 결과물)를 맡고 있었고, UN 의석도 차지했다. 세 정파 중에서 민주깜뿌지어 군대가 가장 잘 훈련되어 있었고, 숫자나 활동도 제일 많았다. 쎄이하누는 중국의 감독하에 베이징에 머물렀는데, 썬싼은 얼마 못 가 그때까지 가지고 있었던 제한적인 군사 작전권마저 잃게 되었다. 이후 10년간 세 정파는 끊임없이 서로를 불신했고, 각 정파의 대변인들은 연합정부가 권력을 되찾으면 캄보디아 국민들을 위해 무엇을 할 것인지에 대해 아무런 약속도 하지 않았다. 4만여 명의 대원으로 구성된 연합군은 그다지 유능하다고 할 수 없었다.

1983-85년 사이 베트남과 깜뿌찌어인민공화국 군대는 연합군과 그 지지자들을 타이로 몰아내고, 그들의 주둔지를 허물었다. 깜뿌찌어인민공화국은 수만 명의 부역자들을 징집하여 국경을 따라 지뢰를 매설하여 타이로부터의 침입을 막았다. 지뢰 매설 과정에서 수천 명이 질병과 폭발 사고로 사망했다.[9]

베트남이 철수할 때 캄보디아가 스스로 방어할 수 있도록 1983년까지 깜뿌찌어인민공화국 군대를 3만 명으로 늘리고 훈련시켰다. 징집은 예전처럼 무작위로 이루어졌는데, 캄보디아 특권층들, 특히 깜뿌찌어인민공화당 자식들은 군대 대신 해외에서 공부할 장학금이 주어졌다. 1988년까지 5천여 명의 캄보디아인들이 소련과 쿠바 및 동유럽 국가들에서 기술훈련과 학술교육을 받았다.[10]

1980년대 내내 군사적인 교착상태가 지속되었지만, 1989년 베트남 군대가 철수하자 연합정부 군대는 캄보디아 내에 있던 그들의 주둔지를 보강했다. 이때 민주깜뿌지어 군대가 캄보디아 북서지방에서 보석 생산지로 유명한 빠일른(Pailin)을 점령했다. 하지만 그들의 군대는 후속 행동을 할 수 없었거나 할 의지가 없었기 때문에 주요 도시들을 점령하지는 못했다.

1990-91년 특히 민주깜뿌찌어 군이 깜뿌찌어인민공화국에 심각한 위협을 가하여, 캄보디아 북서부와 남서부에서 인구가 적은 지역들을 점령했다. 그들은 밤이면 마을을 공격하고 길과 논에 대인지뢰를 매설하였다. 얼마 지나지 않아 지뢰로 죽거나 사지가 절단되는 민간인들이 늘어났다. 매주 80-90명의 대인지뢰 피해자들이 병원으로 실려 왔다. 아마도 즉사했거나 치료받지 못한 피해자들이 수없이 많았을 것이다. 1970년대 론놀 때와 마찬가지로 베트남과의 전쟁에서 캄보디아인들만 희생되었다. 캄보디아인들을 훈련시켜 대인지뢰를 제거하는 국제 NGO가 지뢰 지대에서 지뢰를 제거할 때까지 1990년대 내내 계속해서 피해자가 나왔다.

베트남의 철수

1989년 9월, 베트남이 캄보디아에 남은 마지막 군대를 철수한 중요한 요인에는 두 가지가 있다. 첫째는 깜뿌찌어인민공화국 자체 역량이 강화되었다. 깜뿌찌어인민공화국은 그해 초 국명을 캄보디아국(State of Cambodia, SOC)으로 바꾸었다. 둘째는 1989년 소련과 동유럽에 불어 닥친 위기로 소련과 공산권에서 오던 지원이 급격하게 줄어든 것이다.

베트남군 철수 직전 캄보디아 정부가 내놓은 일단의 개혁 조치가 대중들의 폭넓은 지지를 얻었는데, 특히 프놈뻰에서 인기가 좋았다. 이 조치로 국가(國歌)와 국기가 바뀌었다. 헌법을 개정하여 불교를 캄보디아 국교로 정했으며, 중년의 캄보디아인들이 승려가 되는 것을 제한했던 깜뿌찌어인민공화국의 법령을 폐지했다. 새 법률은 농민들에게 자기가 소유한 땅에 대한 상속을 허용했고, 가구주가 자기 부동산을 매매하는 것도 인정했다. 캄보디아 인권 상황에 대한 국제사회 비판에 대응해 사형제도도 폐지했다. 깜뿌찌어인민혁명당이 캄보디아 정치를 여전히 지배하고 있었지만, 자유시장과 암시장이 성행했고 전통문화 활동이 재개되었으며, 집단주의가 막을 내렸다. 그러나 캄보디아 정부에는 아무 변화도 없었다. 1985년에 깜뿌찌어인민공화국 총리가 된 훈싸엔은 권력을 꾸준히 강화하고 있었다.[11]

불교에 대한 새로운 법률이 통과되자 이민을 떠난 캄보디아인들이 전국에 절을 짓는 데 엄청나게 많은 돈을 보냈다. 부동산의 규제 철폐는 크지는 않아도 투기, 복구 및 재건 붐을 일으켰다. 평화가 정착되면 해외 원조가 재개될 것이라는 희망에 고무된 프놈뻰 사람들이, 정부에서 허가받아 살던 집을 시장에 내놓았기 때문이었다. 이 붐이 있었던 기간에 프놈뻰을 방문한 사람들은 신흥 부유층이 출현하는 것을 볼 수 있었다. 그들이 몰고 다니는 자동차, 거주하는 집으로도 확인할 수 있었지만, 레스토랑과 바에서 노골적인 불쾌한 행동 때문에 더 쉽게 눈에 띄었다. 당시의 부패는 쎄이하누와 론놀 시절에 있었던 것에는 미치지 못했지만, 몇 년에 걸쳐 깜뿌찌어인민혁명당 간부와 정부 고위 관리들은 남모르는 특권을 누렸다. 그들 중 많은 이들이 북서지역에서 행해지는 타이와의 밀무역 등과 같은 개인사업을 벌였고, 어떤 이들은 안락한 집과 자동차와 다른 부수입을 정부로부터 보장받기도 했다.

동유럽의 체제 변화와 동남아시아 내 다른 지역의 경제 붐은 방향 전환을 모색하는 캄보디아에 다소 자유를 주었지만, 동시에 존재를 위협하는 요인이기도 했다. 동유럽 사회주의권이 몰락하자 공산권 강대국들에서 오던 원조가 끊어졌고, 경제 붐에 고무된 개인 사업자들과 정부 관리들은 건설이나 정부 자산과 천연자원 매각에서 오는 단기 이익을 노렸다. 타이와 베트남으로 불법 수출된 목재, 보석, 말린 생선 및 각종 생산물에서 오는 이익은 고위 관리들에게 돌아가고, 정부 수입원이 되지 못했다. 당시 캄보디아는 해외 원조를 받을 기회를 박탈당해 재정이 거의 바닥났다. 반면 저항 세력들은 생필품을 UN과 해외 원조에서 조달했다. 저항 세력들은 임금을 지급할 관료가 거의 없었고, 서비스를 제공할 곳도 없었기 때문에 원조를 모두 게릴라 활동에 이용하였다.

캄보디아의 많은 문제는 이전에도 종종 그랬지만 국외에서 시작되었다. 1989-90년 캄보디아와 망명 정부에게 주는 해외 지원에 대한 과감한 변화 없이는 문제가 해결될 수 없다는 데 전문가들 대다수가 동의했다. 그리하여 1990년 7월 미국 국무장관 제임스 베이커(James Baker)는 민주깜뿌찌어연합정부가 가진 UN 대표권 지지를 철회한다고 밝혔다.

베이커의 선언으로 중국마저 민주깜뿌찌어 후원을 줄이자, 전문가들은 캄보디아 문제에 대한 외교적 돌파구의 가능성을 낙관하게 되었다. 어떤 이들은 UN이 돌파구를 마련하기 위해 UN이 주도하는 총선거를 할 때까지 임시 대리 정권을 설립하는 형태 등과 같이 광범위하게 개입할 것을 희망했다.

UN 과도정부 시기와 그 이후

1991년 10월 파리에서 열린 캄보디아에 대한 국제회의 결정으로 이러한 희망이 현실로 이루어졌다. 파리에서의 합의안에 따라 당시 캄보디아 정부 대표들과 1981년 이래 국내 정부를 반대했던 정파 대표들이 참여한 임시정부가 프놈뻰에 들어섰다. 12년간의 망명 생활 끝에 1991년 11월 잠시 돌아와 프놈뻰에서 열렬한 환영을 받은 쎄이하누 왕자가 주재하는 최고국가위원회(Supreme National Council, SNC)를 구성하기 위해 네 정파가 합류했다. UN 대표들이 현장에서 최고국가위원회의 결정을 감독했다.

파리협약은 냉전 종식과 동시에 이루어졌다. 강대국들이 각 정파에 대한 지원을 철회하였다. 네 정파는 이론상 중립국이 된 캄보디아에 합류하여 각자의 정치적 우세를 위해 자유롭게 경쟁해야 했다. 하지만 상황은 대체로 프놈뻰에서 이미 권력을 쥐고 있던 정파에게 유리하게 흘러갔다.

각 정파 소속 군대의 임박한 무장 해제와 지휘권 이양, 타이에 있는 난민들의 송환과 제헌의회 구성을 위한 총선거 등 파리에서 합의된 계획에 대해, 캄보디아에 파견된 UN 직원들이 감시하기로 되어 있었다. 이 목표를 이루기 위해 UN은 캄보디아 전역에 다국적 보호령을 수립했다. 1992년 군인 13,000명과 경찰 파견대를 포함한 민간인 7,000여 명이 캄보디아로 들어왔다. UN의 느린 절차로 모집과 배치는 지연되었다. UN 과도행정기구(이하 UNTAC)는 너무 늦게 도착했고, 너무 느리게 움직이는 바람에 정파들로부터 반드시 받아내야 하는 신뢰를 얻는 데 실패하였다. 1992년 5월 크마에루주는 장악했던 지역을 넓혀갔고, UN의 감시와 무장 해제도 거부했다. 그렇지만 이들에 대한 문책이나 억제를 위한 노력은 없었다. 이에 대한 대응으로 캄보디아국(SOC)도 파리협정 합의 사항인 무장 해제와 강력한 국립경찰의 일상적인 작전에 대한 UN

감시를 거부했다.[12]

UNTAC은 이상적인 과제를 불길한 전조를 예감하면서 느리게 시작했다. UNTAC에 위임된 권한이 모호했고 시간은 제한되어 있었으며, 직원들 대다수는 캄보디아에 대해 아는 것이 전혀 없었다. 1993년 10월에 임무가 끝나기까지 UNTAC은 20억 달러를 넘게 지출하여 UN 역사상 가장 많은 비용을 지출한 과업이 되었다. 재정의 대부분은 부풀려진 임금으로 지출되었다. 프놈뻰 인구는 점점 늘고 번화해 가는 반면 지방 경제는 정체되어 전혀 변화가 없었다. 국내 기간시설들은 형편없었고, 치안도 엉망이라 정치적 이해관계에 따른 살인이 횡행했다. 크마에루주 군대는 베트남이 비밀리에 남아서 정국을 통제한다고 주장하면서, UNTAC 기간에만 100명이 넘는 베트남 민간인들을 학살했다. 캄보디아국(SOC) 경찰도 반대파 활동가들을 표적으로 삼았다. 1992-93년 사이에 200명 이상의 비무장 민간인들이 정치적 의도로 암살의 희생자가 되었다. 그렇지만 잡히거나 재판에 회부된 암살자는 한 명도 없었다.

긍정적인 면을 본다면 UNTAC 시기에 캄보디아 언론은 유례없는 자유를 누렸다. 국내 인권단체들도 생각할 수 없을 정도로 이른 시기에 만들어져 많은 활약을 했다. 이러한 단체들은 쎄이하누와 UNTAC 인권부서의 지원을 받았다. 특히 UNTAC 인권부서는 수백 명의 인권 활동가들을 양성했고 수백 건의 사례를 조사했다.

UNTAC의 관점에서 볼 때 이 시기에 이루어진 긍정적인 업적으로는 타이에서 삼십만 명 이상의 캄보디아 난민들이 평화롭게 송환된 것을 들 수 있다. 그리고 1993년 7월에 치러질 총선거를 위해 UN 직원들에 의해 실행된 대규모 유권자 등록 활동과 그에 이은 총선을 꼽을 수 있다. 많은 이들의 우려와 달리 크마에루주의 보이콧에도 선거는 평화롭게 진행되었다. 등록 유권자의 90% 이상(최소 4백만 명)이 식민지 이래 가장 자유롭고, 공정한 비밀선거를 위해 투표장을 찾았다. 유권자들의 선택은 다소 모호했다. 쎄이하누의 장남인 노로덤 라나릍이 이끄는 '푼신펙(FUNCINPEC)'이라는 약칭의 왕당파 정당이 깜뿌찌어인민혁명당을 계승한 캄보디아인민당을 이기고, 제헌의회에서 7석을 더 얻었다. 반공, 반베트남 정당이 남은 11개 의석 중에서 10석을 차지했다.

역사상 처음으로 캄보디아인 과반수가 무력을 갖춘 현 정부에 반대하는 투표를 했다. 과거 유권자들과 달리 그들은 현상 유지를 단호히 거부한 것이다. 평화를 제쳐두고 그들이 투표를 통해 무엇을 추구하려고 했는지는 명확하지 않다.

하지만 훈싸엔과 캄보디아인민당은 패배를 받아들이지 않았다. 1993년 말 푼신펙과 캄보디아인민당 사이에 라나릍 왕자와 훈싸엔 두 명을 모두 총리로 인정하는 연립정부를 구성한다는 언제 깨어질지 모르는 합의가 이루어졌다. 각료 자리는 의회를 대표하는 정당들에 분배되었다. 지방정부와 군대, 국립경찰 및 모든 공무원을 선임하는 것과 같은 일상의 권력은 모두 캄보디아인민당에게 있었다. 얼마 지나지 않아 왕당파는 의사결정에서 자신의 목소리를 낼 수 없게 되었고 변경의 여지도 없었다.

캄보디아 새 헌법이 군주제를 회복시키자, 쎄이하누가 1955년 스스로 포기했던 왕좌에 다시 앉게 되었다. 71세의 왕과 왕비는 개인적으로 치욕스러운 역사적 시기들을 지워버리고 싶었고, 합법적인 통치자의 자리에 다시 오르기를 열망하고 있었기에, 왕좌에 오른 것이 너무 기뻤다. 하지만 1990년대 국왕 부처는 건강 악화를 이유로 매년 해외에서 오랜 시간을 보냈다.

현 정부에 반대표를 던졌던 사람들과 아울러 크마에루주도 1993년의 또 다른 패배자였다. 그들의 운동이 1994년에 공식적으로 불법으로 규정되자, 수천 명의 추종자들이 정부에 투항했다. 크마에루주의 지도자들은 뉘우치지 않은 채, 은신처에서 건강하게 지냈다. 1990년대 중반까지 크마에루주에는 무장 대원이 오천 명이 넘었다. 1994-95년 타이 정부가 크마에루주에 대한 지원을 줄이자, 투항이 늘었다. 그러자 이들은 벌목꾼들을 학살하거나, 외국인 6명을 납치하여 살해하거나, 산발적인 군사 공격을 감행하는 등 더욱 폭력적이 되었다. 선거 이후 크마에루주 지도력이 분열되었다는 증거들이 여기저기에서 나왔다. 당시 크마에루주는 프놈뻰 정부와 일시적으로 타협하려는 분파와 전국적으로 혁명 투쟁을 재개하려는 분파로 나뉘었다는 것이 이후에 사실로 드러났다.

크마에루주의 종말

민주깜뿌찌어 외무장관이었던 이엥 싸리가 1996년 8월에 프놈뻰 정부에 투항했다. 그는 신속하게 국왕의 사면을 받고 수천 명의 추종자들과 빠일른의 주둔지에 머무는 것이 허용되었다. 다음 몇 달 동안 수백 명의 크마에루주 군인들이 캄보디아 정부군으로 흡수되었다. 크마에루주 지도자들을 반인륜적 범죄 행위로 법정에 세우기 위한 노력은 외국의 압력에도 불구하고, 또는 부분적으로는 외국의 압력으로 인해 별다른 결실을 거두지 못했다.13)

그동안 크마에루주는 더욱 심하게 분열했다. 쇠락해 가는 크마에루주에서 눈에 띄는 지도자는 잔인한 지휘관 따목이었다. 건강 악화로 2선으로 물러났던 뽈뽇은 1997년 6월, 다시 권력에 복귀하려는 시도로 크마에루주의 고위 간부이자 측근이었던 쏜쎈을 반역 혐의로 암살할 것을 명령했다. 쏜쎈 뿐만 아니라 자식들과 손자들까지 죽인 이 암살을 본 크마에루주 중간 간부들은, 다음 차례는 자기가 될지 모른다는 생각에 경악을 금치 못했다. 뽈뽇은 체포가 두려워 본부를 떠나 도망쳤지만 체포되어 재판에 회부되었다. 크마에루주가 초청한 미국 언론인 네이트 타이어(Nate Thayer)가 이 재판에 참석하여 기이한 재판의 모든 과정을 촬영했다. 민주깜뿌찌어 시기 캄보디아인 수십만 명을 죽음으로 몰고 간 잔인한 승리자*가 연 재판에서 뽈뽇은 종신형을 선고받고 방 두 칸짜리 자기 집에 연금되었다.[14]

1997년의 군사 쿠데타

이때 프놈뻰 정부는 그 나름의 어려움에 직면해 있었다. 1997년 3월 썸랑시와 지지자들의 평화시위에 대한 수류탄 공격으로 20명이 넘는 사상자가 발생했다. 훈싸엔이 투항하는 수많은 크마에루주 군을 정부군으로 받아들여 실질적인 자신의 세력으로 삼은 것이 캄보디아인민당과 푼신펙 사이의 오랜 긴장을 더 악화시켰다. 푼신펙에 충성하는 장군들이 따목이 이끄는 크마에루주와 협상을 시도했지만 실패했다. 이러한 푼신펙의 시도가 훈싸엔을 자극하여 1997년 7월, 개인 경호부대를 동원하여 프놈뻰에 있는 푼신펙 부대와 추종자들을 선제 공격하는 쿠

* 따목을 지칭함

데타를 일으켰다. 이 공격으로 백여 명의 푼신펙 장교들과 지지자들이 희생되었는데, 그들 중 몇몇은 체포되어 고문당한 후에 살해되었다. 그러나 캄보디아인민당 사상자는 미미했다. 광범위한 약탈이 공격에 이어졌다.[15]

쿠데타의 폭력성이 그리 놀랄 일은 아니었지만 국제사회가 보기에 그 시기가 문제였다. 여러 나라에서 오던 원조와 외국인 투자가 중단되었고, 캄보디아의 '동남아시아국가연합(ASEAN)' 가입도 연기되었다. 적절해 보이는 방법으로 권력을 다진 후로도 한동안 훈싸엔은 국제사회에서 따돌림을 당해야 했다. 원조국들은 1998년에 예정되어 있던 국회의원 선거를 자유롭고 공정하게 치르라며 훈싸엔을 압박했다.

캄보디아인민당과 푼신펙 모두 1993년의 경험을 반복하고 싶지 않았다. 푼신펙과 군소정당들이 폭력 사태 재발을 두려워한 반면, 캄보디아인민당은 선거에 지지 않을까 노심초사했다. 그렇지만 선거 협상이 진

씨엄리업의 승려들, 2003년. 사진 Douglas Niven.

행됨에 따라 관측자들 대부분은 캄보디아인민당이 압승할 것으로 내다보았다.

1998년 총선거를 앞두고 이러한 관측은 확실한 듯이 보였다. 야당에게는 방송 매체를 이용할 기회가 주어지지 않았고, 시골에서는 선거운동조차 허가되지 않았다. 야당 선거운동원들은 괴롭힘을 당했고, 심지어 의문사한 사람도 여러 명이었다. 그렇지만 쿠데타나 폭력에 연루된 가해자들 중에서 재판에 회부된 사람은 한 명도 없었다. 라나르 왕자는 선거 4개월 전인 1998년 3월에 귀국하여 놀랍도록 열정적으로 선거운동을 벌여나갔다. 썸랑시도 캄보디아인민당을 강도 높게 비판하는 용기를 보여 폭넓은 지지를 확보했다.

국내와 해외에서 온 선거감시단 의견에 따르면 총선거는 자유롭고 공정하게 치러졌다. 캄보디아인민당에 반대하는 정당들이 60%를 득표했지만, 연합을 구성하려고 하지 않았다. 정부를 구성하기 위한 연합은 캄보디아인민당과 푼신펙 간에 이루어졌다. 1998년 말 새 정부는 비교적 순조롭게 출발했다. 1999년 4월 캄보디아는 동남아시아에서 마지막으로 동남아시아국가연합 가입을 승인받았다.[16]

외부 관찰자가 보기에 20세기 말 캄보디아 정치·경제·사회적 상황은 매우 불안했다. 당시 캄보디아는 동남아시아에서 가장 높은 영아 사망률을 기록했다. 깨끗한 물을 이용할 수 있는 사람은 인구의 1/3에 미치지 못했으며, 성인 인구의 2%가 '후천성면역결핍증'(HIV/AIDS)에 감염되어 있었다. 정부 예산 중 보건 활동에 5%가 배정된 반면, 국방비는 40%가 책정되었다. 국방비 대부분은 비대한 군대에 지급되었는데, 2003년 당시 캄보디아 군인이 십만 명이었는데 장군이 500명이었다. 해외 원조국과 비정부기구(NGOs)들이 공식적으로 짜증스러움을 밝히면서도,

캄보디아의 보건 예방과 교육, 사회복지 및 지역개발(사람들이 부를 축적할 기회가 거의 없는 모든 경제 분야)을 위한 대부분의 경비를 계속 지원하고 있었다. 매년 반부패법이 (대개 야당에 의해) 국회에 상정되었지만 위원회에서 폐기되었다. 교육 체계가 제대로 작동하지 않아 문맹률이 50%가 넘었는데, 이는 1960년대 문맹률보다 높은 수치였다. 혁명 전에는 거의 없었던 폭력 범죄가 크게 늘었고, 군부대에 의해 계속되는 무절제한 벌목으로 생태계 파괴는 재난 수준이었다.

1999년 캄보디아의 긍정적인 면을 보자면 1960년대 이후 처음으로 평화가 찾아왔다. 몇십 년 만에 처음으로 캄보디아 정부는 유력한 외국 후원자에게 의존하지 않았다. 대신 캄보디아는 독립 이후 냉전으로 인해, 그리고 자국 정권에 의해 거리를 두었던 동남아시아의 사안들에 참여했다. 훈싸엔의 권위주의적인 태도에도 불구하고 인쇄 매체들에 대한 제약이 상대적으로 덜했고, 국제 인권 단체들도 자유롭게 활동했다. 농촌 경제 성장은 아주 느렸던 반면에 30만 명 이상의 젊은 여공들을 고용하면서, 이제 막 싹 트기 시작한 봉제산업과 관광 열풍으로 캄보디아 국내총생산(GDP)은 1998년부터 2006년까지 매년 6%씩 성장했다. 게다가 인구도 급격하게 늘어 영아 사망률이 10%에 이르는데도 불구하고, 1979년에서 2006년까지 인구가 두 배로 불어 1,400만 명이 되었다. 16세 이하 인구가 전체 인구의 약 40%에 이르렀다.

새천년의 첫 해, 훈싸엔은 '독재자'(strong man)라고 불리는 것을 즐기면서도 권력을 강화하는 데는 빈틈이 없었다. 그는 철통같은 경호 속에서, 군부와 캄보디아인민당 대다수, 그리고 중국의 무조건적인 원조를 등에 업은 지역 기업들의 지원을 받았다. 훈싸엔은 시골에서 대단히 인기가 좋았는데, 그것은 시골 지역에서 후견 관계 네트워크는 거의 캄보디아인민당에 의해 장악되었기 때문이다. 그리고 쎄이하누가 과거에 그랬던 것처럼 훈싸엔도 시골 지역에 뿌리는 선물 공세(때로는 외국 원조 기금으로 마련된)로 단기간에 인기를 끌어모았다. 그는 연설을 오래 하기로, 그리고 연설 때 난폭하고 잔인한 말을 사용하는 것으로 유명했다. 또한 의회 절차를 무시하는 그의 태도는 과거의 쎄이하누만큼 심했고, 법치주의에 대한 무관심도 마찬가지였다. 훈싸엔이 통치하는 동안 부패 혐의로 유죄 선고를 받은 관리는 한 명도 없었고, 정치적 음모에 의한 암살 사건과 관련하여 법정에 회부된 사람 역시 없었다.

여러 면에서 훈싸엔은 새로운 형태의 국가 지도자였다. 이전 캄보디아 지도자들과 달리 승려 수업을 받은 적이 없었다. 쎄이하누나 론놀, 뽈뽇과 달리 캄보디아의 과거에 대해 별다른 관심도 보이지 않았다. 그가 관심을 갖는 유일한 과거는 2005년과 2006년에 백만 명 이상의 관광객들을 불러들여 관광 수입의 원천이 되는 엉꼬 시대 유적지뿐이었다. 훈싸엔은 자신의 현 직위를 베트남에 빚지고 있었기 때문인지, 몇몇 야당 의원들이 하는 베트남에 대한 인종주의적 발언에 대해서는 강경하게 대응했다. 마지막으로 훈싸엔은 자수성가한 사람이었다. 그는 캄보디아 최초의 진정한 현대적 지도자였다고 할 수 있다. 캄보디아를 싱가포르나 말레이시아 같은 현대적이고 번영한 나라로 만들겠다는 훈싸엔의 열망은 분명히 진심이었다. 하지만 정부 내에 만연한 부패를 근절할 능력과 의지가 없는 것, 그리고 군대를 비롯한 특권을 누리는 기관들을 위한 예산을 농촌을 위해 사용할 능력과 의지가 없다는 것이 경제 발전과 장기적인 외국인 투자를 방해하고 있다.[17]

21세기 캄보디아

2002년 캄보디아인민당은 기초의원을 뽑는 꼬뮨 선거에서 2/3의 꼬뮨을 확보했다. 그러자 훈싸엔은 적어도 10년은 더 집권할 수 있게 된 것 같다며 기뻐했다. 그런데 2003년의 총선거(국회의원)—현지와 외국 감시단이 자유롭고 공정한 선거였다고 선언함— 에서 야당이 여전히 살아있음을 보여주었는데, 특히 프놈펜을 비롯한 큰 도시들에서 야당 표가 많이 나왔다. 이 선거에서 투표자는 지난 선거보다 약간 줄었다. 캄보디아인민당이 5석을, 썸랑시당도 9석을 더 얻었지만, 푼신펙은 17석이 줄었다. 캄보디아인민당은 헌법이 정한 정부 구성 의석인 2/3에 미치지 못했다. 내각을 구성하지 못하는 교착상태가 7-8개월 지속되다가, 훈싸엔과 그의 측근들의 중재로 라나를 왕자가 한발 물러나 캄보디아인민당이 실질적인 권한을 갖는 캄보디아인민당-푼신펙 연립정부가 구성되었다.[18]

그해 초 프놈펜에서 폭동이 일어나 타이 대사관과 프놈펜에 있는 타이인 소유 사업장들이 심각한 피해를 입었다. 폭동은 타이 여배우가 엉꼬왓이 타이 소유라고 TV 프로그램에서 주장했다는 소문(가짜 뉴스였다는 것이 밝혀졌다) 때문에 일어났다. 훈싸엔이 이 폭동을 비공식적으로 지원(경찰과 소방서 대응이 매우 느림)한 것 같았다. 아마도 프놈펜 권력자들과 연루된 양국 기업들 간의 영업 경쟁이 관련되었을 가능성도 있다. 타이 도박꾼들을 위해 타이 국경 근처에서 운영되던 캄보디아인 소유 카지노들이 제공한 자금으로, 타이가 보상금으로 요구한 2천만 달러를 신속하게 지급하고 외교 관계를 재개했다. 이 폭동은 특히 캄보디아가 자존심에 상처받았을 때 수도에서 얼마나 신속하게 폭도들이 조직될 수 있는지, 예상하지 못했던 위기 상황에서 캄보디아 정부가 얼마나 많은 돈을 신속하게 끌어모을 수 있는지, 캄보디아 경제에 대한 타이의 지배에 캄보디아 사람들, 특히 프놈뻰 사람들의 분노가 얼마나 큰지를 여실히 보여주었다.[19]

2004년 10월 건강상의 이유와 훈싸엔과 몇 년 동안 계속된 언쟁으로 지쳐있던 노로덤 쎄이하누가 국왕직에서 물러났다. 그의 막내아들로 생애 대부분을 국외에서 보냈고, 부드러운 성격에 미혼이던 노로덤 쎄이하모니가 뒤를 이었다. 한동안 공공건물에 쎄이하모니 국왕의 초상화가 전 국왕 부처의 초상화와 나란히 걸렸다. 쎄이하누는 더 이상 왕실 행사에 참가하지 않았고, 대부분의 시간을 베이징에서 보냈다. 쎄이하모니에게 자녀가 없다는 것과 훈싸엔의 왕실에 대한 지속적인 경계심은 쎄이하누가 죽고 나면 언젠가는 캄보디아에서 왕실이 사라질 수 있음을 예고하는 것일 수도 있다.[20]

2004년 이후 캄보디아에서 가장 주요한 개발은 타이만 캄보디아 영해에서 대규모 유전이 발견된 것과 2006년 몇 년간 협상 끝에 크마에 루주 지도자들을 기소하기 위한 재판부가 프놈뻰에 설치된 것이었다.

2000년, 혁명기 이전에 이루어진 평가에 따라 미국 회사인 쉐브론-텍사코(Chevron-Texaco) 주도로 2천만 달러가 소요되는 근해 유전 탐사가 시작되었다. 2006년 쉐브론 사(社)는 캄보디아에 7억 배럴의 원유와 30만 입방미터의 천연가스가 매장되어 있음을 공식적으로 발표했다. 이 추산은 쉐브론이 탐사한 지역에만 국한된 양이었기 때문에, 실제 매장량은 더 많을 수도 있었다. 이 정도 매장량이면 2009년이나 2010년부터 적어도 10년간 매년 1억 달러 수입을 가져올 양이었다.[21] 이는 2006년 현재 캄보디아 정부 예산의 두 배이며, 캄보디아가 매년 외국으로부터 받는 원조의 거의 두 배에 해당하는 액수였다. 이러한 원유 매장이 캄보디아에 행운을 가져올지, 저주를 가져올지는 더 지켜봐야 알 수 있을 것이다. 그 결과는 정부가 원유에서 얻는 수익을 어떻게 사용할지, 특별히 원유 매장으로 외국 원조가 현저히 떨어지는 시기에 정부가 그 수익을 어떻게 사용하는지에 달려있다고 할 수 있다. 정부는 관광 수입(특히 엉꼬 유적지 입장료)을 제대로 사용하지 못하여 재정 집행에 실패하고 있고, 보건과 사회복지, 기간시설, 교육 등을 개선하기 위해 부유층으로부터 세금을 걷어야 하는데, 전혀 그런 시도를 할 의지가 없어 보인다. 정부의 이런 역량과 태도를 감안할 때 원유로 인한 수익이 캄보디아 농촌 빈곤층을 극심한 빈곤 상태에서 벗어나게 하거나, 전 인구의 복지를 개선하기 위해 사용될 것이라고 기대하기는 어려워 보인다.

크마에루주 지도자들을 기소하기 위한 국제재판부 구성을 위해 캄보디아 정부와 UN이 벌인 협상이 10여 년간 공전을 거듭한 끝에 2006년 말에 비로소 합의에 이르렀다. 이후 3년간의 재판에 들어갈 비용이 6천만 달러로 추산되었는데, 거의 전액 외국 원조로 충당되었다. 캄보디아 정부는 '이 재판은 외국 판사와 변호사들뿐만 아니라 국내 판사와 변호사들도 참여하여 캄보디아 국내에서 이루어져야 한다'고 주장했다. 이러한 종류의 사건에 대해 캄보디아 법조인들은 아무 경험이 없었다. 그리고 캄보디아 측 법조인들은 독립적으로 활동하기보다 훈싸엔(그는 분명 재판 이후에도 권좌를 지키고 있을텐데, 재판에 대해선 한 번도 의욕적인 모습을 보이지 않았다)의 명령을 따를 것이라는 국제적인 전문가들의 염려에도, 재판부 구성과 장소는 캄보디아 정부 주장대로 되었다. 소송 절차가 정리되면서 재판은 2007년 초부터 느리게 시작되었다.[22]

결론

2차 세계대전 이후, 그리고 그보다 훨씬 더 오랫동안 캄보디아의 정치사는 부분적으로 경쟁 관계에 있는 후원자 그룹(patrons)과 그들의 추종자들(clients)이 타협, 협력 또는 권력을 공유하는 데 지속적으로 실패한 것으로 특징지을 수 있다. 이러한 권력관계(patron-clients)는 동남아시아 국가들에서 흔히 볼 수 있는 현상인데, 캄보디아에도 깊이 뿌리내리고 있다.

1950년대와 60년대 쎄이하누의 자기중심적 방식은 그 이후 권력을 차지한 적대자들도 그의 고압적이고 비타협적이며 자아도취적인 행동을 그대로 따라 하는 것으로 나타났다. 그 당시에는 다원주의나 권력의 평화로운 이양 같은 대안적 개념이 존재하지 않았고, 35년이 지난 후에도 전혀 진척이 없다.

1970년 이후 쎄이하누와 론놀, 뽈뽇과 그들보다는 좀 덜했지만, 훈싼엔도 절대 권력을 추구했는데, 뽈뽇 치하에서는 전국적인 피의 복수라는 형태로 나타났다. 뽈뽇이 선호했던 레닌주의 정치와 그가 진행했던 숙청 작업은 캄보디아 현대사에서 무엇과도 비교할 수 없는 최악으로, 승자 독식이라는 오랜 정치 관념을 반영하는 것이었다. 베트남 보호령 아래에서 캄보디아 정치인들은(프랑스 보호령 아래에서 쎄이하누가 그랬던 것처럼) 조심스러웠다가, UNTAC 이후 원래 모습으로 돌아가, 성마르고 복수심에 불타며 음흉한 데다 변덕스러워졌다.

프놈뻰에 있는 뽈뽇의 비밀감옥 심문관들은 세뇌, 심문, 고문 의식을 일컬어 '정치한다(doing politics)'는 표현을 사용했다. 과거와 현재의 대부분 힘없는 캄보디아인에게 정치란 '방치와 착취'를 의미했다. 대부분의 캄보디아인들에게 1993년의 선거는 그토록 오랫동안 캄보디아를 지배해 왔던 정치로부터 스스로를 해방하려는 시도였다. 하지만 그 이후의 선거는 우리가 알다시피 현실을 바꾸는 데 실패했다.

  이 책이 시도하는 것처럼 캄보디아 정치사를 캄보디아인의 관점에서 연구하는 것이 유익하다 할지라도, 캄보디아는 위치와 지형, 인구 상의 취약함 때문에 역사적으로 타이와 캄보디아 역사가 타이와 베트남 및 과거의 정치와 얽히게 되었다. 양 국은 번갈아 가며 캄보디아를 후원하거나 흡수하려고 끊임없이 노력했다. 그리하여 캄보디아는 1820년대와 1830년대에는 베트남의 속국이 되어야 했고, 그 이전 백 년 동안은 사실상 타이의 속국이 된 적이 여러 번 있었다. 1860년 프랑스는 캄보디아 정부에 대한 타이의 지배권을 약화시키면서, 캄보디아라는 이름을 동남아시아에서 지워 버리고, 베트남의 다른 이름이나 마찬가지였던 인도차이나로 통합하였다. 1940년대와 1950년대 프랑스에 저항한 캄보디아 독립군은 베트남의 통제 아래에 있었고, 베트남의 이익을 우선해야 했다. 이후 미국이 참전하여 베트남 전쟁이 악화되면서 캄보디아는 중립을 유지하기는커녕, 동부지역 국경을 통제하기에도 역부족이었다. 쎄이하누는 캄보디아가 전쟁에 휩쓸릴 것과 결코 승자가 될 수 없다는 것을 잘 알고 있었다. 론놀이나 뽈뽓과 달리 쎄이하누는 캄보디아 군사력에 어떠한 환상도 갖지 않았다.

  1979년 이전 그 어떤 캄보디아 정부도 베트남과 동맹을 맺기 어려웠다. 쎄이하누와 베트남 공산주의자들이 맺은 우호관계는 쎄이하누가 실각하면서 깨졌다. 분노에 찬 론놀과 뽈뽓은 베트남에 대항하는 무분별하고 악랄한 군사작전을 수행했다. 1978년 말 캄보디아를 침공한 이후 베트남은 어떤 면에서 프랑스 식민지와 1830년대를 연상시키는 보호령을 선포했다.

　캄보디아와 타이의 관계는 다소 달라졌다. 문화적 유사성에도 불구하고, 또는 문화적 유사성 때문에 타이는 캄보디아를 주권 국가로 대하려는 진지한 노력을 기울인 적이 없었다. 1830년대, 제2차 세계대전, 그리고 1950년대와 60년대 및 1980년대 타이는 프놈뻰 정부를 적대적이라 판단하여 전복하려고 했다. 양국의 관계는 근래에 들어 성숙하기 시작했다. 그런데 2003년의 반-타이 폭동은 양국의 진정한 우호가 얼마나 도달하기 어려운 것인지를 보여주었다.

　18세기 이래 고립되어 있었던 캄보디아는 파리협정과 UNTAC 및 1993년 선거로 우발적이든 계획적이든 동남아시아라는 세계 속으로 뛰어들었다. 캄보디아는 더 이상 고립된 나라나 식민지 또는 인도차이나의 일부가 아니라, 비록 국민들이 동남아시아를 잘 모르고, 현대화를 받아들일 준비가 거의 되어 있지 않았지만, 동남아시아의 구성원이 되었다.

　프랑스가 재건하여 캄보디아 사람들에게 선물했던 캄보디아의 위대한 과거는 다른 관점으로 본다면 캄보디아 지도자 대다수를 무겁게 짓누르는 역사였다. 1950년대와 1960년대의 쎄이하누는 자신이 쩨이붸악라만 7세와 비교되는 것을 좋아했다. 이와 유사하게 론놀은 자신이 '불신자들'로부터 캄보디아를 구출할 거룩한 사명을 띠고 있다고 주장했다. 자신의 군대가 단독으로 미국을 이겼다고 주장했던 뽈뽓도 동일한 오류를 범하였다. 1977년의 아주 긴 연설에서 뽈뽓은 "만일 우리 민족이 엉꼬를 건설할 수 있었다면, 못 할 것이 무엇이겠는가"라고 말했다. 훈싸엔은 이런 중독에 빠진 듯한 향수에서는 벗어난 것 같으며, 자신을 이미 현대화된 세계에서 현대화 과정에 있는 작은 나라의 지도자라고 파악하고 있는 것 같다.

지역적 특성, 만연한 정치 관행, 타이와 베트남과의 근접성 및 타고난 위대함이라는 비현실적인 개념들이 버무려져, 1940년대 이래 수년 동안 정치 무대를 지배했던 불안정한 형태의 민족주의가 형성되었고, 지금도 가끔 프놈뻰의 야당 정치인들에 의해 현실로 소환되고 있다.

아마 폭넓고 강하게 퍼져 있는 보수주의와 1970년 이후 급격한 변화의 부작용을 경험한 캄보디아 사람들 대다수는 수 세기 동안 고통과 불의를 가져왔던 사회질서와 정치적 리더십에 저항하거나 변화의 모색을 피하게 되었다. 사회질서 속에 깊이 뿌리박은 맹종, 숙명론 및 헤게모니 전통이 캄보디아 이천 년 역사에는 쓰여 있지 않은 속성 중 상당 부분을 형성했으며, 타이와 베트남에는 적용하기 어려운 캄보디아만의 독특한 정치와 문화에 대한 통찰을 제공한다.

캄보디아의 독특한 고유성 중 많은 것들은 현대의 빠르고 종종 파괴

프놈뻰의 다리 위 소년들, 1996년. 사진 Douglas Niven.

적인 영향에 대한 주도면밀하고 신중한 대응이라기보다, 깊은 연속성과 강한 거부감에서 비롯되었다고 필자는 생각한다. 뽈뽓의 혁명은 부분적으로 실패했다. 왜냐하면 대다수 캄보디아인들이 그 혁명의 전제가 고통스럽고 부당하다고 생각하여 실천하려 하지 않았기 때문이다. 이와 유사하게 베트남이 10년간 주둔한 것과 뽈뽓의 혁명에 비해 훨씬 가벼운 사회주의에 대한 실험도 지속적인 흔적을 거의 남기지 못했다. 1993년 선거에서 수백만의 캄보디아인들은 변화를 위해 투표했지만, 그들의 선택은 미래로 향해 가기보다는 과거를 돌아보는 것이었다. 이러한 경향은 근래에 특별히 도시를 중심으로 변했다고 하지만, 노인들과 농촌 지역에서는 뿌리 깊은 보수주의가 여전히 견고하게 자리 잡고 있다.

캄보디아의 소위 '초시간성(timelessness)'*은 상당 부분 그들의 고집스럽고 자아도취적인 관행에 의해 형성되었는데, 이것이 방문자들과 학자들을 오랫동안 매료시키는 부분이었다. 뽈뽓 시절 이러한 보수주의는 막대한 힘의 원천이었지만, 엄청난 인명 손실 속에 민주깜뿌찌어 정권을 패배시킨 것도 다름 아닌 보수주의였다. 하지만 누군가로부터 지속적인 보호를 보장받지 못한 채 캄보디아가 혼란스러운 세계를 향해 개방했을 때, 내면 지향적이며 가족 중심적인 보수주의가 (외세와 이념의 침탈에서 살아남는 데는 도움이 되었을지 모르지만) 앞으로 캄보디아가 21세기 국가로 번영하는 데 얼마나 도움이 될 수 있을지는 불확실하다. 인권, 다원주의, 법치 등 최근에 도입된 개념들이 캄보디아 권력자들 사이에 의미심장한 방식으로 뿌리내릴 수 있을지도 불확실하다. 현재의 권력자들은 이전 권력자들이 그래왔던 것처럼 외래의 사고들이 그

* timelessness는 시간이 흘러도 변화가 없어 시간이 흐른 것 같지 않음을 의미하고 있는데, 앞 장들에서 불변성(changelessness)으로 언급된 것과 유사한 의미를 갖는다.

들의 행위나 국가통치 방식과는 관련이 없다는 듯 과거와 변함없이 행동하고 있다.

앞에서 언급했듯이 유전 개발에서 발생할 수익에서 예견되는 파급 효과로 1992년 이후 원조국들이 캄보디아에 행사했던 영향력이 감소할 것이다. 캄보디아의 새로운 경제 자립에서 권력자들보다 평범한 사람들이 더 많은 혜택을 누리게 될지는 두고 볼 일이다. 출산율 급증과 열악한 보건 상황, 국민 요구에 성심으로 대응할 자세가 안 된 정부 등과 같은 요인들로, 중·단기적 전망은 암울해 보인다. 하지만 캄보디아인들의 활기와 재능, 욕구 그리고 예측에 얽매이지 않는 능력 등은 이들의 미래를 좀 더 낙관적으로 전망하는 근거가 되기도 한다.

역자 후기

캄보디아는 작은 나라이며 한국과의 경제교류 규모도 큰 편이 아니다. 하지만 한국에 들어오는 이주노동자 중에는 캄보디아 노동자들이 상당히 많은 편이고, 국제결혼 가정에서도 차지하는 비중이 매우 높은 편이다. 하지만 캄보디아에 대한 한국 사람들의 이해는 '킬링필드'와 '엉꼬 왇'에 한정되어 있다고 할 수 있다. 그래서 한국에 나온 캄보디아 관련 책들도 대부분 킬링필드로 알려진 현대사의 비극이나 엉꼬 왇으로 대표되는 고대의 찬란했던 유적지를 소개하는 것에 그친다. 한국인이 캄보디아 사람과 문화를 제대로 이해하기 위해 들여다볼 수 있는 창문이 포괄적이기보다 양극단에 너무 치우쳐 있다고 할 수 있다. 캄보디아에 오래 산 한국 사람들조차 캄보디아를 엉꼬 왇과 킬링필드라는 양극단에 있는 두 가지 키워드로 이해하는 경우가 많다. 그러다 보니 이 키워드들만으로는 해결되지 않는 것을 억지로 꿰맞추려는 경우도 있는 것 같다. 이는 마치 한국을 6.25전쟁과 광개토대왕비 두 가지에 대한 인식으로 한국사와 현재의 한국(사람)을 이해하려는 시도에 비견될 수 있을 것이다. 캄보디아를 제대로 이해하려면 다각적인 노력이 필요하다. 그러려면 캄보디아라는 나라의 시작부터 현대까지 전체 역사뿐만 아니라,

종교, 언어, 관습, 기후, 명절과 의례 등과 같은 수많은 창문을 통해 들여다보아야 할 것이다. 그중에서 한 나라를 이해하기 위해 가장 먼저 하는 시도는, 일반적으로는 역사를 이해하는 것이다.

캄보디아는 동남아시아 최초로 제국을 건설한 나라이다. 푸년 또는 푸논(Funan)이라고 하는데, 캄보디아 역사에서는 이 시기를 '노꼬 프놈'이라고 부른다. 이 제국은 당시 인도차이나 해상 무역의 중심으로 심지어 로마의 동전이 출토될 만큼 그 교역 범위가 세계적인 나라였다.

노꼬 프놈에서 쩬라, 다시 엉꼬 제국으로 이어지는 과정이 만달라 체계 국가의 특성상 폭력적인 반란이나 혁명에 의한 것이라기보다는 주변 정세에 따른 중심 지역의 이동에 따라, 지배 세력 또한 자연스럽게 변화한 것 같다. 중국 기록에 따르면 캄보디아에는 두 왕국이 있었다는 기록이 여러 번 나온다. 이는 피라미드 체계의 국가관이나 국가 조직 개념을 가진 중국인이 만달라 체계 국가의 느슨한 형태에 대해 잘 몰라서 나온 오해에서 비롯된 기록일 가능성이 크다.

느슨한 형태의 만달라 체계를 가진 고대 캄보디아는 폭력적인 전쟁이나 반란에 따른 큰 충돌 없이 엉꼬 제국까지 이어진다. 그러나 1400년대 아유타야의 침략과 아직은 결론 나지 않았지만, 기후 변화에 따른 수위의 변화로 인공관개 시설에 의존했던 엉꼬 제국은 수도를 메콩강과 똔레삽이 만나는 합수 지역으로 옮기게 되는 큰 변화를 한 차례 겪는다. 그 이후 캄보디아 역사에서 또 다른 큰 변화는 18세기에 남진을 통해 메콩 델타까지 진출한 베트남의 속국화를 시작으로, 프랑스 식민지에 이어 격동의 캄보디아 현대사로 이어진다.

엉꼬 제국 이후 캄보디아는 비록 국력이 쇠퇴했지만, 16세기까지는 제국의 명맥을 유지했다. 그러나 17세기 타이의 침략으로 다시 수도를 옮겨야 했는데, 이때 캄보디아가 가장 소중하게 생각하는 보물들을 빼앗겼다는 전설이 전해진다. 18세기에는 베트남이 간섭하기 시작하여, 1830년대에는 비록 짧지만, 베트남이 캄보디아를 병합하여 속국화하는 일도 있었다. 이 시기에 대해서는 타이와 베트남 역사를 함께 알면 캄보디아 역사가 더욱 입체적으로 다가온다.

두 강대국 사이에서 심한 간섭에 시달리던 캄보디아는 결국 프랑스에게 보호령을 요청하여, 1863년부터 90년간 프랑스 식민 지배를 받게 된다. 캄보디아가 프랑스 식민 지배를 받는 동안 저항은 거의 없었다. 다만 1930년대부터 민족의식이 싹트기 시작하고, 2차 세계대전의 여파로 독립이 얼떨결에 주어졌지만, 대전 후 다시 프랑스의 지배를 받게 되어 첫 번째 독립이 유명무실하게 된다. 그래도 이 짧은 기간의 독립이 가져온 여파는 컸다. 국내외 민족주의자들과 쎄이하누 국왕의 노력으로 1953년에 끝내 독립이 이루어지지만, 식민지에서 독립한 신생 국가 대다수가 겪어야 했던 격동의 현대사를 캄보디아도 피해 갈 수 없었다. 이 격동의 현대사에 가장 큰 영향을 준 것은 베트남 전쟁이었다. 이 전쟁은 베트남만의 전쟁이 아니었다. 라오스와 캄보디아도 막대한 피해를 입었다. 특히 캄보디아는 이 전쟁과 전쟁 전후 30년간의 내전으로 인구의 1/4이 사망하는 비극이 펼쳐진다.

냉전의 종식으로 캄보디아에서 공산주의 정권이 막을 내리고, 1993년 자유시장 체제로 전환한 캄보디아는 입헌군주제를 국체로 선택하고 독립의 아버지라는 호칭을 가진 쎄이하누를 다시 왕으로 추대한다. 지금은 그의 아들인 쎄이하모니 국왕이 재위에 있고, 1985년에 총리에 올라 2023년까지 아시아 최장기 총리를 역임한 훈싸엔이 2023년 말에 퇴임하고, 그의 아들이 뒤를 이어 총리직을 수행하고 있다.

그간 캄보디아 전체 역사는 여행자들의 여행기 초반에 짧게 소개된 것이 대부분이었는데, 비로소 캄보디아 전체 역사를 조망해 볼 수 있게 되었다. 이 책을 통해 캄보디아 역사에 대한 선입견들이 해소되고, 캄보디아에 대한 제대로 된 이해의 첫걸음이 되기를 기대한다.

이 책을 번역하는 데 많은 분들이 도움을 주셨다. 캄보디아 우리 이웃해 사시는 Danielle Miran Yun(윤미란) 선교사께서 어려운 영문 번역에 큰 도움을 주셨다. 원문 자체에 번역하기 까다로운 문장이 많았는데, 그 때마다 정확하게 번역할 수 있도록 도움을 주셨다.

이 책은 혼자서 전체를 번역한 것이 아니다. 1장은 캄보디아에서 독서모임을 함께 했던 김영래 선생께서, 2-3장은 김태진 신부께서 해주셨다. 문체나 번역에 대한 관점이 달라 문장을 많이 손보긴 했지만, 앞의 세 장은 온전히 두 분의 공이다. 특히 신부님은 내가 2008년 캄보디아에 온 후, 근현대사가 궁금해서 이 책을 보고 식민지와 현대사 부분만 번역해 두었던 것을 보시고, 전체를 번역해 출판하면 어떻겠냐고 제안해 주셨다. 신부님의 제안이 없었다면 출판은 생각하지 못했을 것이다.

이 분들 외에도 이 책 출판을 위해 물심양면 도움을 주신 많은 분들이 계셨다. 특별히 한아봉사회 이사회의 아낌없는 지원에 깊이 감사드린다.

2025년 4월 25일
프놈뻰 쎈쏙의 문화와선교연구소 연구실에서
이 성 욱

미주 尾註[NOTES]

1장

1) Adhémard Leclère, *Histoire du Cambodge* (Paris, 1914). George Coedes's critical review in *Bulletin de l'Ecole Française d'Extrême Orient (BEFEO)* 14 (1914): 47-54.

2) 후속 연구로는 Martin Herz, *A Short History of Cambodia* (New York, 1958)와 David P. Chandler, *The Land and People of Cambodia* (New York, 1991)가 있다. 아울러 Ian Mabbett and David Chandler, *The Khmers* (Oxford, 1995)와 John Tully, *A Short History of Cambodia* (Sydney, 2006) 참조.

3) Lucien Hanks, "Merit and Power in the Thai Social Order," *American Anthropologist*, Vol. 64 (1962): 1247-61, and David Chandler, "The Tragedy of Cambodian History Revisited," in Chandler, *Facing the Cambodian Past: Selected Essays, 1971-1994* (Sydney and Chiangmai, 1996), pp. 310-25.

4) Centre d'Études et de Recherches Marxistes (comp.), Sur le *"mode de production asiatique"* (Paris, 1969). Michael Vickery, *Society, Economics, and Politics in Pre-Angkor Cambodia: The 7th-8th Centuries* (Tokyo, 1998), pp. 7-16, 311-12.

5) "국가들의 틀"이라는 개념에 대한 논의를 위해서는 David Joel Steinberg et al. (eds.), *In Search of Southeast Asia* (Honolulu, 1987), 177-244쪽 참조. 이러한 아이디어는 많은 동일한 저자가 저술한 후속 책에서 확대된다: Norman G. Owen et al. (eds.), *The Emergence of Modern Southeast Asia* (Honolulu, 2005), 특히 161-283쪽 참조.

6) 1970년대 초까지 캄보디아 인구학에 대해서는 J. Migozzi, *Cambodge: Faits et problèmes de population* (Paris, 1973) 참조.(2024년 현재, 캄보디아 인구는 대략 1천 7백만 명으로 추산된다. 옮긴이 추가).

7) David Chandler, *Voices from S-21: Terror and History in Pol Pot's Secret Prison* (Berkeley and Los Angeles, 1999). 지방 감옥에서 처형당한 숫자는 아마도 더 많았을 것이다. Henri Locard, "Le Goulag des khmers rouges,"

Communisme (1996): 127-64.
8) 이 문제에 대한 논의를 위해서는 David Chandler, "Seeing Red: Perceptions of Cambodian History in Democratic Kampuchea," in *Facing the Cambodian Past*, pp. 233-54쪽 참조. 아울러 Claude Jacques, "Nouvelles orientations pour l'étude de l'histoire du pays khmer," *Asie du sudest et monde insulindien*, Vol. 14 (1982): 39-57쪽 참조. 최근의 캄보디아 학교에서는 엉꼬 이후의 역사에 대해서는 거의 가르치지 않으며, 크마에 루주의 역사에 대해서는 현재(2007년)에도 전혀 가르치지 않는다.

2장

1) C. Mourer, "Contribution à l'étude de la préhistoire du Cambodge," BEFEO, Vol. 80 (1993): 143-87쪽. J.P. Carbonnel, "Recent Data on the Cambodian Neolithic," in R.B. Smith and W. Watson (eds.), *Early South-east Asia* (Oxford, 1979), 223-26쪽 참조. Donn Bayard, "The Roots of Indo-Chinese Civilization: Recent Developments in the Pre-history of Southeast Asia," *Pacific Affairs* (PA), Vol. 53, No. 1 (Spring 1980): 89-114쪽.
2) Yashushi Kojo and Sytha Preng, "A Preliminary Investigation of a Circular Earthwork at Krek, Southeastern Cambodia," *Anthropological Science*, Vol. 106(1998): 229-44쪽; Charles Higham, Early Cultures of Mainland Southeast Asia (Bangkok, 2002), 185쪽을 각각 참조.
3) I.W. Mabbett, "The Indianization of Southeast Asia," *Journal of Southeast Asian Studies* (JSEAS), 8권, No. 1 (March 1977): 1-14쪽과 Vol. 8, No. 2 (September 1977): 143-61쪽; Paul Mus, *India Seen from the East*, trans. by I.W. Mabbett and D. P. Chandler (Clayton, Australia, 1975); and Michael Vickery, *Society, Economics, and Politics in Pre-Angkor Cambodia: The 7th-8th Centuries* (Tokyo, 1998), 51-58쪽은 사회적 요인들을 강조한다. 언어학적 증거에 대해서는 Judith M. Jacob, "Sanskrit Loanwords in Pre-Angkor Khmer," *Mon-Khmer Studies*, Vol. 4 (Honolulu, 1977), 151-68쪽. 이 시기에 대한 탁월한 최근의 요약을 보려면 Michael Coe, *Angkor and the Khmer*

Civilization (New York, 2003) 63-64쪽 참조.

4) G. Coedes, *The Making of Southeast Asia* (London, 1966), 54-55쪽. 고대 남부 인도의 Calukya-Pallava 경전이 언제, 어디서, 어떻게 캄보디아에 도래했거나, 서면 크마에(written Khmer)로 채택되었는지는 결코 알 수 없을 것이다.

5) Paul Mus, *L'Angle de l'Asie* (ed. S. Thion) (Paris, 1977), 특히 109-21쪽 참조.

6) I.W. Mabbett, "*Varnas* in Angkor and the Indian Caste System," *Journal of Asian Studies (JAS)*, Vol. 36, No. 3 (May 1977): 429-42쪽. 주화는 크마에 민족이 결코 받아들인 적이 없는 것으로 보이는 또 다른 인도 관습이었다.

7) L. Finot, "Sur quelques traditions indochinoises," *Bulletin de la Commission Archéologique de l'Indochine* (1911), 20-37쪽. 추가로 Evéline Porée-Maspero, "Nouvelle étude sur le nagi Soma," *Journal Asiatique (JA)*, Vol. 238 NOTES(1955), 그리고 Jacques Népote, "Mythes de fondation ET fonctionnement de l'or-dre sociale dans la basse vallée du Mekong," *Péninsule* 38 (1999), 33-65쪽 참조. 또한 Michael Vickery, "Funan Reviewed: Deconstructing the Ancients," *BEFEO* 90-91쪽 (2003-4): 101-43쪽, 특히 105-9쪽 참조. 캄부쟈라는 이름은 엉꼬 시대까지 캄보디아의 명문에는 나타나지 않았다.

8) K. Bhattacharya, *Les Religions brahmaniques dans l'ancien Cambodge* (Paris, 1961), p. 11n.

9) Miriam T. Stark, "The Transition to History in the Mekong Delta: A View from Cambodia," *International Journal of Historical Archaeology*, Vol. 2, No. 3 (1998): 175-203쪽은 푸년 시대 동안과 그 전후 중요한 도시 중심지였으며, 아마도 거의 푸년의 수도였을 엉꼬보레이에 대한 연구를 요약하고 있다. Higham, Early *Cultures of Mainland Southeast Asia*, pp. 235ff 참조.

10) Louis Malleret, *L'Archéologie du delta du Mekong*, 4 vols. (Paris, 1959-63), 특별히 Vol. 1과 Vol. 2 참조. 옥에오와 그 외 지역에 대한 더 많은 베트남의 연구는 아직 베트남어에서 번역되어 있지 않다. P-Y Manguin, "Les cités états de l'Asie du Sud-Est cotières," *BEFEO* 87/1 (2000): 151-82쪽 참조.

11) O.W. Wolters, *Early Indonesian Commerce: A Study of the Origins of Srivijaya* (Ithaca, N.Y., 1967)와 Wang Gungwu, "The Nanhai Trade: A Study

of the Early History of Chinese Trade in the South China Sea," *Journal of the Malay Branch of the Royal Asiatic Society (JMBRAS)*, Vol. 31, No. 2 (June 1958): 31-45쪽 참조.

12) G. Coedes, *The Indianized States of Southeast Asia* (Honolulu, 1968), 61쪽. 푸넌의 수도는 엉꼬보레이(Angkor Borei)였던 것 같다. 2장의 주석 9 상반부에서 인용.

13) Paul Wheatley, "The Mount of the Immortals: A Note on Tamil Cultural Influence in Fifth Century Indo-China," *Oriens Extremus*, Vol. 21, No. 1 (June 1974): 97-109.

14) Vickery, "Funan Reviewed," C. Jacques, "'Funan,' 'Zhenla': The Reality Concealed by These Chinese Views of Indo-China," in Smith and Watson, *Early Southeast Asia*, pp. 371-79, and O.W. Wolters, "Northwestern Cambodia in the 7th Century," *Bulletin of the School of Oriental and African Studies (BSOAS)*, Vol. 37, No. 2 (1974): 355-84.

15) L. P. Briggs, *The Ancient Khmer Empire* (Philadelphia, 1951), p. 29쪽에서 인용.

16) 위의책 p. 28.

17) P. Paris, "Anciens canaux réconnus sur photographes aeriennes dans les provinces de Takeo et Chaudoc," *BEFEO*, Vol. 31 (1931): 221-24쪽 참조. Paris, "Anciens canaux réconnus sur photographes aeriennes dans les provinces de Takeo, Chaudoc et Rach Gia," *BEFEO*, Vol. 41 (1941): 365-70쪽 참조. Paul Bishop et al., "OSL and Radiocarbon Dating of a Pre-Angko-rean Canal in the Mekong Delta," *Journal of Archaeological Science* 31 304(2004), 319-32쪽 참조. 비숍은 엉꼬보레이 근처에 있는 문제의 운하가 기원전 500년에서 서기 500년 사이에 사용되었다고 주장한다.

18) J.D.M. Derrett, "Rajadharma," *JAS*, Vol. 35, No. 4 (August 1976):605. 전체 문장을 인용하자면, "The agricultural population is fascinated with power, which is essential to its very life. The soil cannot be tilled without *protection and rain*"이다. 기량(prowess)이라는 주제에 대해서는, Vickery, Society, Economics, and Politics, pp. 190-96 참조.

19) K. Bhattacharya, "La Secte des Paçupata dans l'ancien Cambodge," *Journal Asiatique (JA)*, Vol. 243 (1955): 479-87. 이러한 주장은 Vickery, *Society의 Economics, and Politics*에 있는 사람들에 의해 압도당했다. pp. 321-417.

20) O.W. Wolters, "Khmer 'Hinduism' in the Seventh Century," in Smith and Watson, *Early Southeast Asia*, pp. 427-42.

21) David Chandler, "Royally Sponsored Human Sacrifices in Nineteenth Century Cambodia: The Cult of Me Sa (Uma Mahisasuramardini) at Ba Phnom," *Facing the Cambodian Past*, pp. 119-36 참조.

22) Evéline Porée-Maspero, *Etude sur les rites agraires des cambodgiens*, 3 vols. (Paris, 1962-69) 참조.

23) 네악따에 대해 다룬 Institut Bouddhique (comp.), *Prachum ruong preng phak ti 8* [Col-lected folktales, Vol. 8] (Phnom Penh, 1971)과 *JSS*, Vol. 61, No. 2 (July 1973): 219-21의 나의 견해 참조. Ang Choulean, "Le sol et l'ancêtre: L'amorphe et l'anthromorphe," *JA*, Vol. 283 (1995): 213-38쪽과 Alain Forest, La Culte des génies protecteurs au Cambodge (Paris, 1993)는 몇몇 가치 있는 번역들을 싣고 있다.

24) Paul Lavy, "As in Heaven, so in Earth: The Politics of Vishnu, Siva and Harihara Images in pre-Angkorian Khmer Civilization," *Journal of Southeast Asian Studies (JSEAS)* 34/1 (February 2003): 21-36쪽을 보라.

25) W. Solheim, "Regional Reports: Cambodia, Laos and Vietnam," *Asian Perspectives* (AP), Vol. 3 (1960): 25.

26) Paul Mus, "Cultes indiens et indigènes à Champa," *BEFEO*, Vol. 33 (1933): 367-450. See also Ashley Thompson, "Paul Mus vu de l'ouest: à pro-pos des cultes indiens et indigènes en Asie du Sud-Est" in David Chandler and Christopher Goscha (eds.) *Paul Mus 1902-1969: L'espace d'un regard* (Paris, 2005), pp. 93-108.

27) Lingaparvata에 대해서는 Claude Jacques와 Philippe Lafond, *The Khmer Empire:Cities and Sanctuaries from the 5th to the 13th Century* (Bangkok, 2006), pp. 65-69쪽과 Michael Coe, Angkor, pp. 76-77쪽 참조.

28) On kpoñ, see Vickery, *Society, Economics and Politics*, pp. 151-55.

29) P.N. Jenner, *A Chronological Inventory of the Inscriptions of Cambodia* (Honolulu, 1980). 캄보디아에서 발견된 연대 추정이 가능한 가장 초기의 명문인 K. 600은 1935년 프랑스 학자들에 의해 엉꼬보레이에서 발견되었다. 흥미롭게도 이것은 kpoñ을 언급하고 있다. Vickery, *Society, Economics, and Politics*, p. 105 참조.

30) J. Jacob, "Pre-Angkor Cambodia," in Smith and Watson, *Early South-east Asia*, pp. 406-26. Jonathan Friedman, *System, Structure, and Contradiction in the Evolution of "Asiatic" Social Formations* (Ann Arbor, Mich., 1975)에서 특별히 pp. 373ff. 참조. Michael Vickery, "Some Remarks on Early State Formation in Cambodia," in Marr and Milner (eds.), *Southeast Asia in the 9th to 14th Centuries*, 95-116쪽은 Friedman의 연구 성과를 가져왔다.

31) 그 증거들의 요약으로는 Briggs, *Ancient Khmer Empire* (Philadelphia, 1951), pp. 38-57 참조. 이에 대한 최근의 논거로는 Michael Vickery, "Where and What Was Chenla?" in François Bizot (ed.), *Recherches nouvelles sur le Cambodge* (Paris, 1994), pp. 197-212와 Vickery, *Society, Economics, and Politics*, pp. 33-35 참조.

32) Jacques, "'Funan,' 'Zhenla,'" p. 376.

33) Friedman, *System, Structure*, pp. 341-44. 이 논거 또한 Michael Vickery, "Angkor and the Asiatic Mode of Production" (unpub-lished seminar paper, Monash University, November 27, 1981)를 끌어온다.

3장

1) B. P. Groslier, *Angkor et le Cambodge au XVIe siècle* (Paris, 1958).

2) 일반적인 연구를 위해서는 Briggs, *The Ancient Khmer Empire*, and Coedes, *The Indianized States of Southeast Asia*. 최근의 더 종합적인 연구를 보려면 Claude Jacques, Angkor (Paris, 1990)와 Bruno Dagens, *Angkor: La Forêt de pierre* (Paris, 1989) 참조.

3) G. Coedes, "L'Avenir des études khmères," *Bulletin de la Société des Etudes Indochinoises (BSEI)*, Vol. 40 (1965): 205-13. 이 장의 나머지는 캄보디아의 모

든 학자들과 마찬가지로 세데스의 연구와 Ecole Française d'Extrême Orient 에 있는 그의 동료들과 학생들에게 커다란 빚을 지고 있다.

4) G. Coedes와 P. Dupont, "L'Inscription de Sdok Kak Thom," *BEFEO*, Vol. 43 (1942-43): 57-134. I.W. Mabbett, "Devaraja," *Journal of Southeast Asian History (JSEAH)*, Vol. 10, No. 2 (1969): 202-23; Mabbett and Chandler, *The Khmers*, pp. 88-90; and Nidhi Aeusrivognse, "The *Devaraja* Cult and Khmer Kingship at Angkor," in K.R. Hall and J.K. Whitmore (eds.), *Explorations in Early Southeast Asian History* (Ann Arbor, Mich., 1976), pp. 107-48. Michael Coe, *Angkor*, p. 100쪽은 꿀렌 의식이 신성 로마제국 황제 샤를마뉴의 대관식으로부터 2년 후에 일어난 것임을 언급한다.

5) K. 956, from Wat Samrong, *IC*, Vol. 7, pp. 128-29.

6) C. Jacques, "La Carrière de Jayavarman II," *BEFEO*, Vol. 59 (1972): 194-220.

7) Ibid. O.W. Wolters, "Jayavarman II's Military Power: The Territorial Foundation of the Angkor Empire," *Journal of the Royal Asiatic Society (JRAS)* (1973): 21-30. 쩨이붸악라만 2세의 306가지 업적에 대한 확장된 논의는 Vickery, *Society, Economics, and Politics*, pp. 393-408과 Hiram Woodward, "Mapping the Eighth Century," 미출간 논문, 2006 참조. 또한 Elizabeth Moore, "The Prehistoric Habitation of Angkor," in *Southeast Asian Archaeology* (1994), pp. 27-35 참조.

8) 쁘라산 벤에서 나온 석비 K. 989, *IC*, Vol. 7, pp. 164-89. 중국이라는 장소명은 아마도 중국의 지배 아래 있었던 베트남 북부를 의미하는 것 같다.

9) Hermann Kulke, *The Devaraja Cult* (tr. I.W. Mabbett) (Ithaca, N.Y., 1978). Mabbett과 Chandler, *The Khmers*, p. 90쪽 및 Hiram Woodward, "Practice and Belief in Ancient Cambodia," *JSEAS* (32 /2)(2004): 249-61쪽 참조.

10) G. Coedes, "Les capitales de Jayavarman II," *BEFEO*, Vol. 28 (1928): 116.

11) P. Stern, "Diversité et rhythme des fondations royales khmères," *BEFEO*, Vol. 44, No. 2 (1951): 649-85. Hermann Kulke, "The Early and Imperial Kingdom in Southeast Asian History," in David Marr and Antony Milner (eds.), *Southeast Asia in the 9th to 14th Centuries* (Singapore, 1989), pp. 1-22.

12) A. Bergaigne, *Les Inscriptions sanscrites du Cambodge* (Paris, 1882), p. 127.

13) 이 양식에 대한 논의는 G. de Coral Remusat, "Influences javanaises dans l'art de Roluos," *JA*, Vol. 223 (1933): 190-92 참조. Michael Vickery, "The Khmer Inscriptions of Roluos (Preah Ko and Lolei): Documents from a Transitional Period in Cambodian History," *Seksa Khmer* (new series, 1999): 47-92도 더불어 참조. Vickery는 "이 명문은 룰루어ㅎ를 중심으로 하는 체제가 캄보디아 북부의 넓은 영역을 지배하고 있음을 나타내는데, 그것은 현재의 북서쪽 국경선에서 끄러쩨ㅎ까지 이르고, 껌뽕짬과 껌뽕톰을 포함한다. 다른 한편, 현재의 수도와 그 남부의 엉꼬 이전 캄보디아의 중심지를 어떤 정치체가 지배했는지에 대해서는 아무런 흔적이 없다"고 적고 있다(p. 84).

14) 쁘레아ㅎ 꼬에서 나온 석비 K. 713, *IC*, Vol. 1, pp. 18-31. 삼계(three worlds)에 대한 개념은 힌두교와 불교에서 공유되었다. G. Coedes and C. Archaimbault, *Les Trois mondes* (Paris, 1973).

15) K. 809, from Prasat Kandol Dom, *IC*, Vol. 1, p. 43.

16) S. Sahai, *Institutions politiques et organisation administrative du Cambodge* (Paris, 1970), p. 42n에서 인용. 8세기 초 엉꼬 지역에 있는 억윰 사원은 초기의 사원-산이었던 것 같다. Bruno Brugier, "Le prasat Ak Yom: Etat des connaissances" (Paris, 1994); Vickery, *Society, Economics, and Politics*, p. 391; and Helen Jessup, *Art and Architecture of Cambodia* (London, 2004), pp. 60-61.

17) Eleanor Mannika, *Angkor Wat: Time, Space and Kingship* (Honolulu, 1996); R. Stencel과 Eleanor Moron, "Astronomy and Cosmology at Angkor Wat," *Science*, Vol. 193 (July 23, 1978): 281-87.

18) G. Coedes, "A la recherche du Yasodharasrama," *BEFEO*, Vol. 32 (1932): 84-112, Bergaigne, Inscriptions sanscrites, pp. 166-211.

19) 북동쪽의 중요성에 대해서는 P. Paris, "L'importance rituelle du nord-est et ses applications en Indochine," *BEFEO*, Vol. 41 (1941): 301-33 참조.

20) B.P. Groslier, *Inscriptions du Bayon* (Paris, 1973), p. 156, and David Chandler, "Maps for the Ancestors: Sacralized Topography and Echoes of Angkor in Two Cambodian Texts," in *Facing the Cambodian Past*, pp. 25-42, 특별히 주석 28 참조.

21) V. Goloubew, "Le Phnom Bakheng et la ville de Yasovarman," *BEFEO*, Vol. 33 (1933): 319-44, and V. Goloubew, "Nouvelles recherches autour de Phnom Bakheng," *BEFEO*, Vol. 34 (1934): 576-600. Christophe Pottier, "A la recherche de Gouloupura," *BEFEO* 87 (2000): 79-107쪽은 쩨이붸악라만 7세 통치 기간 동안 건설된 같은 이름의 도시와 다르게, 예악싸오테야보레아는 문이나 담이 없이 열려 있었다고 주장하는데, 이는 아래에서 논의될 것이다.
22) J. Filliozat, "Le Symbolisme du monument du Phnom Bakheng," *BEFEO*, Vol. 44, No. 2 (1954): 527-54.
23) See John Black, *The Lofty Sanctuary of Khao Prah Vihar* (Bangkok, 1976).
24) Bergaigne, *Inscriptions sanscrites*, p. 322쪽 참조. 비슷한 문장들이 pp. 227, 376쪽에도 있다..
25) G. Coedes, "Le Véritable fondateur du culte de la royauté divine au Cambodge," in H.B. Sarkar (ed.), *R. C. Majumdar Felicitation Volume* (Calcutta, 1970), pp. 56-66; Sahai, *Institutions*, p. 46n. 꼬께 사원에 대한 유용한 논의를 보려면 Jacques and Lafond, *Khmer Empire*, pp. 107-33쪽 참조.
26) G. Coedes, "Les Inscriptions de Bat Chum," *JA*, Vol. 10, No. 8 (1908): 213-54. Michael Freeman, *A Guide to Khmer Temples in Thailand and Laos* (Bangkok, 1996), pp. 58-60.
27) K. 806, Pre Rup stele, *IC*, Vol. 1, pp. 73-142. 리어쩬뜨레악붸악라만의 두 사원에 대한 정교한 연구를 보려면 Alexandra Haendel, "The Divine in the Human World: Sculpture at Two Tenth-Century Temples at Angkor," *Art-ibus Asiae*, Vol. LXV, No. 2 (2005): 213-52쪽 참조.
28) L. Finot and V. Goloubew, *Le Temple d'Içvarapura* (Paris, 1926).
29) 왓 시토의 석비 K. 111, *IC*, Vol. 6, p. 196, 세나의 언급은 세데스에 의해서 인용된다.
30) G. Coedes, "L'Inscription de Toul Komnap Ta Kin (K. 125)," *BEFEO*, Vol. XXVIII (1928): 140-44.
31) Michael Vickery, "The Reign of Suryavarman I and Royal Factionalism at Angkor," *JSEAS*, Vol. 16, No. 2 (1985): 226-44.
32) M. De Coral Remusat, "La Date de Takev," *BEFEO*, Vol. 34 (1934): 425.

33) G. Coedes, "Le serment des fonctionnaires de Suryavarman I," *BEFEO*, Vol. 13, No. 6 (1913): 11-17. 19세기와 20세기에 캄보디아 관리들이 했던 비슷한 맹세를 보려면 Chandler, "Maps for the Ancestors," 참조.

34) H. de Mestrier du Bourg, "La première moitié du XIe siècle au Cambodge," *JA*, Vol. 258 (1970): 281-314.

35) Kenneth Hall, "Eleventh-Century Commercial Development in Angkor and Champa," *JSEAS*, Vol. 10, No. 2 (September 1979): 420-34, and Hall, "Khmer Commercial Development and Foreign Contacts Under Suryavarman I," *Journal of Economic and Social History of the Orient (JESHO)*, Vol. 18, No. 3 (1975): 318-33. Claude Jacques, "Sources on Economic Activities in Khmer and Cham Lands," in *Marr and Milner, Southeast Asia in the 9th to 14th Centuries*, pp. 327-34쪽도 참조할 것. 곧 발간될 시드니 대학의 Eileen Lustig의 엉꼬시대 가치 단위(감질나게 결코 돈을 사용하지 않음)에 대한 논문은 엉꼬시대 경제에 대한 우리의 지식을 크게 향상시킬 것이다.

36) A. Barth, *Inscriptions sanscrites du Cambodge* (Paris, 1885), p. 139.

37) Paul Mus, *India Seen from the East*, 여러 곳 참조.

38) I.W. Mabbett, "Kingship at Angkor," *JSS*, Vol. 66, No. 2 (July 1978): 1-58. Mabbett과 Chandler, *The Khmers*, pp. 34-106쪽 참조.

39) See M.C. Ricklefs, "Land and the Law in the Epigraphy of Tenth Century Cambodia," *JAS* 26/3 (1967): 411-20.

40) I.W. Mabbett, "Some Remarks on the Present State of Knowledge About Slavery at Angkor," in Anthony Reid (ed.), *Slavery, Bondage, and Dependency in Southeast Asia* (St. Lucia, Australia, 1983); Y. Bongert, "Note sur l'esclavage en droit khmer ancien," in *Etudes d'histoire du droit privé offertes à Paul Pettiot* (Paris, 1959), pp. 27-44. 엉꼬 이전시기의 현상에 대한 논의는 Vickery, *Society, Economics and Politics*, pp. 239 ff 참조.

41) I.W. Mabbett, "Varnas in Angkor and the Indian Caste System," *JAS*, Vol. 36, No. 3 (May 1977): 429-42.

42) Institut Bouddhique, Phnom Penh, Commission des Moeurs et Coutumes Cambodgiennes (CMCC), Archive number 94.004. 1950년 이전에 수집된 자

료 일부가 마이크로 필름에 남아 있지만 1970년대에 이 기록 보관소가 사라진 것은 학문에 심각한 타격이었다.

43) L. Finot, "L'Inscription de Ban Theat (K. 364)," *BEFEO*, Vol. 12 (1912): 1-27, stanzas 33-34.

44) Mannika, *Angkor Wat*, 여러 곳 참조.

45) 이 논쟁에 대한 요약은 G. Coedes, *Angkor* (Oxford, 1963), pp. 34-38쪽 참조.

46) Eleanor Moron (later, Mannika), "Configuration of Time and Space at Angkor Wat," *Studies in Indo-Asian Art and Culture*, Vol. 5 (1977): 217-67.

47) Mannika, *Angkor Wat*, pp. 42-44.

48) Groslier, *Inscriptions du Bayon*, p. 50. See B.P. Groslier, "La Cité hydraulique angkorienne. Exploitation ou surexploitation du sol?" *BEFEO*, Vol. 66 (1979): 161-202. See also Groslier, "Agriculture et religion dans l'empire angkorien," *Etudes rurales*, Nos. 53-56 (January-December 1974): 95-117. Groslier의 주장은 Jacques Dumarçay와 Pascal Royère의 *Cambodian Architecture, Eighth to Thirteenth Century* (Leiden, 2001), pp. xvii-xxix에 의해 더욱 확장된다. 반대 주장으로는 W. J. Van Liere, "Traditional Water Management in the Lower Mekong Basin," *World Archaeology*, Vol. 11, No. 3 (Fall 1980): 265-80. Van Liere는 엉꼬의 인공호수들은 분배 기능이 없었고 단지 앙코르 왕의 형이상학적 세계관에 대한 부가적인 역할만 했을 뿐임을 암시한다. 그러나 호수가 줄어들었을 때 똔레 쌉 해안의 농업은 상당히 발전했으며 사원을 짓고 사원에서 봉사하는 데 필요한 상당한 인구를 지원할 수 있었을 것이다. 추가 참조, Robert Acker, "New Geographical Tests of the Hydraulic Thesis at Angkor," *Southeast Asia Research*, Vol. 6, No. 1 (March 1998): 5-47; Charles Higham, *The Civilization of Angkor* (Oxford, 2001) pp. 56ff; and Greater Angkor Project, "Redefining Angkor: Structure and Environment in the Largest Low Density Urban Complex of the Pre-Industrial World," *Udaya* 4 (2003), pp. 107-23, 특히 112-13쪽은 바라이의 상징적 의미를 과소평가해서는 안 되며, 실제 용도도 과소평가해서는 안 된다고 주장한다. 앙코르의 수력 기반 시설은 거대하고 정교했지만, 변화에 대한 생태적 압력에 제대로 대응하지 못했다.

49) Briggs, *Ancient Khmer Empire*, p. 206
50) 이와 관련한 유용한 논쟁에 대해서는 Olivier de Bernon, "Note sur l'hydraulique theocratique angkorienne," *BEFEO* 84 (1997): 340-8쪽 참조.
51) See Leigh Dayton, "The Lost City," *New Scientist* (January 13, 2001), pp. 30-33. 항공 사진에 따르면 엉꼬 지역은 1천 평방킬로미터에 다다른다.
52) Groslier, "La Citè hydraulique angkorienne."; Rhoads Murphey, "The Ruin of Ancient Ceylon," *JAS*, Vol. 16, No. 1 (February 1957): 181-200.
53) Michael Coe, "The Khmer Settlement Pattern: A Possible Analogy with That of the Maya," *American Antiquity*, Vol. 22 (1957): 409-10쪽과 Coe, "Social Typology and Tropical Forest Civilizations," *Comparative Studies in Society and History (CSSH)*, Vol. 4 (1961-62): 65-85쪽에서 그는 엉꼬가 의례적 장소이지 도시가 아니었다고 주장한다. Victor Lieberman, *Strange Parallels: Southeast Asia in Global Context, c.800-1830* (Cambridge, 2003), 특히 pp. 236-42은 통찰력 있는 비교 설명을 제시한다.
54) Coe, *Angkor*, p. 150.
55) Greater Angkor Project, "Redefining Angkor: Structure and Environment in the Largest Low Density Urban Complex of the Pre-Industrial World" *Udaya* 4 (2003): 107-23쪽 여러 곳과 Roland Fletcher, "Seeing 310 Angkor: New Views on an Old City," *Journal of Oriental Society of Australia*, Vol. 320 (2001): 1-27쪽 참조.

4장

1) G. Coedes, *Angkoran Introduction* (Hong Kong, 1963), pp. 84-107.
2) B. P. Groslier, *Inscriptions du Bayon* (Paris, 1973), p. 141.
3) 이 두상은 1958년에 발견되었다. 참조 G. Coedes, "Le Portrait dans l'art khmer," *Arts Asiatiques (AA)*, Vol. 7, No. 3 (1960): 179-88, and Claude Jacques, "The Historical Development of Khmer Culture from the Death of Suryavarman II to the XIVth Century," in Joyce Clark and Michael Vickery (eds.), *The Bayon: New Perspectives* (Bangkok, 2007)는 쩨이붸악라만이 Jayadityapura에서 불교도로 양육되었다고 주장한다.

4) J. Boisselier, "Réflexions sur l'art du Jayavarman VII," *BSEI*, Vol. 27, No. 3 (1952): 261–73; Paul Mus, "Angkor at the Time of Jayavarman VII," *Indian Arts and Letters*, Vol. 11 (1937): 65–75; and Mus, "Angkor vu du Japon," *France Asie* (FA), Nos. 175–76 (1962): 521–38. Philippe Stern, *Les monuments khmers du style du Bayon et Jayavarman VII* (Paris,1965), pp. 177–98.
5) See Mus, "Angkor at the Time of Jayavarman VII"; Mus, "Angkor vu du Japon"; and Boisselier, "Réflexions."
6) Groslier, *Les inscriptions du Bayon*, p. 152.
7) G. Maspero, *Le Royaume de Champa* (Paris, 1928), p. 164.
8) 피미언아까ㅎ(Phimeanakas)의 석비 K. 485, *IC*, Vol. 2, p. 171.
9) Ibid., p. 175.
10) Coedes, "Le Portrait." Groslier, *Inscriptions du Bayon*, p. 194는 세데즈의 초상화 조각품 목록은 불완전하다고 주장한다. Son Soubert, "Head of Jayavarman VII," in Helen Ibbetson Jessup and Thierry Zephir (eds.), *Sculpture of Angkor and Ancient Cambodia: Millennium of Glory* (New York, 1997), pp. 300–1와 Ashley Thompson, "The Suffering of Kings: Substitute Bodies, Healing, and Justice in Cambodia," in John Marston and Elizabeth Guthrie (eds.) *History, Buddhism, and New Religious Movements in Cambodia* (Honolulu, 2004), pp. 91–112 참조.
11) L. Finot, "L'Inscription sanscrite de Say-Fong," *BEFEO*, Vol. 3, No. 2 (1903): 18–33. G. Coedes, "Les Hôpitaux de Jayavarman VII," *BEFEO*, Vol. 40 (1940): 344–47 참조. 끌로드 자끄는 친절하게도 Finot의 번역을 수정한 이 구절의 번역을 제공해주었다. Kieth Rethy Chhem, "*Bhaisajyaguru* and Tantric Medicine in Jayavarman VII Hospitals," *Siksacak* 7 (2005), pp. 9–17 참조.
12) Boisselier, "Réflexions," p. 263.
13) Michael Vickery, "Introduction" to Clark and Vickery, *The Bayon* (2007).
14) J. Auboyer, "Aspects de l'art bouddhique au pays khmer au temps de Jayavarman VII," in W. Watson (ed.), *Mahayanist Art After A.D. 900* (London, 1977), pp. 66–74.
15) 따 쁘롬 명문 K. 273, *BEFEO*, Vol. 6, No. 2 (1906): 44–81.

16) G. Coedes, "Les gîtes d'étape à la fin du XIIIe siècle," *BEFEO*, Vol. 40 (1940): 347-49. "불의 신당(fire shrines)"에 대해서는 끌로드 자끄가 이 구조들에 대해 재정의했는데, 이를 위해서는 Jacques and Lafond, *The Khmer Empire*, pp. 263-64쪽을 보라.

17) G. Coedes, "Le Stèle de Preah Khan," *BEFEO*, Vol. 41 (1941): 256-301. 인용 문구가 나오는 것은 p. 287쪽이다.

18) Groslier, *Inscriptions du Bayon*, p. 167.

19) 이 구절은 Hiram Woodward가 개인적인 서신 왕래에 의해 진전된 논의들에서 대부분 가져온 것이다. Clark과 Vickery, *The Bayon*에 대한 그의 "서문" 참조.

20) 따쁘롬 명문 참조.

21) L. Finot and V. Goloubew, "Le Symbolisme de Nak Pean," *BEFEO*, Vol. 23 (1923): 401-5, and V. Goloubew, "Le Cheval Balaha," *BEFEO*, Vol.27 (1927): 223-38.

22) J. Boisselier, "Pouvoir royal et symbolisme architectural: Neak Pean etson importance pour la royauté angkorienne," *AA*, Vol. 21 (1970): 91-107.

23) See G. Groslier, *A l'ombre d'Angkor* (Paris, 1916), pp. 148-82.

24) Jacques Dumarçay, *Le Bayon, historie architectural du temple* (Paris, 1973), especially pp. 57-64. 바이요안 사원의 도상학에서 변화에 대한 흥미로운 설명은 다음 참조: Hiram W. Woodward Jr., "Tantric Buddhism at Angkor Thom," *Ars Orientalis*, Vol. 12 (1981): 57-68; J. Boisselier, "The Meaning of Angkor Thom," in Jessup and Zephir, *Sculpture of Angkor and Ancient Cambodia*, pp. 117-121; Claude Jacques, "Les Derniers siècles d'Angkor," in *Comptes Rendus de l'Académie des Inscriptions et Belles-Lettres* (Paris, 1999), pp. 367-90; and the chapters by Claude Jacques and Olivier Cunin in Clark and Vickery, *The Bayon*.

25) K. 287, stele from Prasat Chrung, *IC*, Vol. 4, p. 250.

26) 그 이름의 의미에 대해서는 다음 참조: Vickery, "Introduction" to Clark and Vickery, *The Bayon*은 19세기 현지 주민들은 엉꼬 지역의 여러 사원들을 Etienne Aymonier가 인용한 이름을 따로 불렀다고 기록하고 있다. *Le Cambodge*, Vol. 3 (Paris, 1904), pp. 143-44. See also Saveros Pou, "From Old

Khmer Epigraphy to Popular Tradition: A Study of the Names of Cambodian Monuments," in S. Pou, *Selected Papers in Khmerology* (Phnom Penh, 2003), p. xxx.

27) See Jean Boisselier and David Snellgrove (eds.), *The Image of the Buddha* (Paris, 1978), p. 410.

28) Michael Vickery, "Introduction" to Clark and Vickery, *The Bayon*.

29) On Banteay Chhmar see Christophe Pottier, "A propos du temple de Banteay Chhmar," *Aséanie* 13 (June 2004): 132-49.

30) 이 종교 변천에 대한 자세한 논의에 대한 참조: G. Coedes, "Documents sur l'histoire politique et religieuse du Laos occidental," *BEFEO*, Vol. 25 (1925): 1-202. A. Leclère, Le Bouddhisme au Cambodge (Paris, 1989), pp. 1-34; Daniel M. Veidlinger, *Speaking the Dharma: Writing Orality and Textual Transmission in Buddhist Northern Thailand* (Honolulu, 2006); and David K. Wyatt, "Relics, Oaths and Politics in Thirteenth Century Siam," *JSEAS* 34 (2003): 21-39.

31) Briggs, *The Ancient Khmer Empire*, pp. 242 and 259.

32) Zhou Daguan, *Cambodia: The Land and Its People* (ed. and tr. Peter Harris) (Chiangmai, 2007), a fresh translation from the Chinese that supplements P. Pelliot (ed.), *Mémoires sur les coutumes du Cambodge de Tcheou Ta Kuan* (Paris, 1951).

33) K. 287, stele from Prasat Chrung, *IC*, Vol. 4, p. 208.

34) Ashley Thompson, "Changing Perspectives: Cambodia After Angkor," in Jessup and Zephir, *Sculpture of Angkor and Ancient Cambodia*, pp. 22-32 at 23.

35) G. Coedes, "Une période critique dans l'Asie du Sud Est: Le XIIIe siècle," *BSEI*, Vol. 33 (1958): 387-400.

36) Daguan, *Cambodia: The Land and Its People*, 최병욱 역, 진랍풍토기, 산인 (2016).

37) 흥미롭게도 캄보디아의 고전 문학에는 노예에 대한 언급이 거의 없다. 그런데 캄보디아의 인기 있는 한 민담은 교활하고 부도덕한 노예인 트멘쩨이(ធ្មេញជ្រេ

ផ្លូវ, Tmenh Chey)의 승리와 관련이 있는데, 그는 만나는 사람 모두, 심지어 중국 황제까지 뒤통수를 친다. 이에 대해서는 Pierre Bitard (tr.), *La Merveilleuse histoire de Thmenh Chey l'astucieux* (Saigon, 1956) 참조.

38) M.C. Ricklefs, "Land and Law in the Epigraphy of Tenth Century Cambodia," *JAS*, Vol. 26, No. 3 (May 1967): 411-20.

39) L. Finot and V. Goloubew, *Le Temple d'Içvarapura* (Paris, 1926), p. 83.

40) L. Finot, "Temple de Mangalatha à Angkor Thom," *BEFEO*, Vol. 25 (1925): 393-406; C. Jacques, "Les Derniers siècles d'Angkor"; and Jacques, "The Historical Development of Khmer Culture" in Clark and Vickery (eds.), *The Bayon*.

5장

1) 이 시기에 대한 타이와 캄보디아 연대기 역사적 논의를 다룬 책: Michael Vickery, *Cambodia and Its Neighbors in the 15th Century*, and M. Vickery, "The Composition and Transmission of Ayudhya and Cambodian Chronicles," in Anthony Reid and David Marr (eds.), *Perceptions of the Past in Southeast Asia* (Singapore, 1979), 130-54쪽.

2) O. W. Wolters, "The Khmer King at Basan," *Asia Major*, Vol. 12, No. 1 (1966): 86쪽. 중국과 관련한 자료는 Wang Gungwu, "China and Southeast Asia 1402-1424," in his *Community and Nation* (Singapore, 1981), 58-80쪽 참조. 14세기 중국과의 교역에 대한 내용들이 상당하다. 예를 들어 1387년에 캄보디아는 중국으로 59마리의 코끼리와 6만근의 향을 수출했다(앞의 책, 56쪽). 그외에 Michael Vickery, *Cambodia and its Neighbors in the 15th Century* (Singapore, 2004), 특히 pp. 9-10쪽, 25-26쪽 및 42-50쪽 등 참조.

3) Michael Vickery, "The 2/k 125 Fragment: A Lost Chronicle of Ayudhya," *JSS*, Vol. 65, No. 1 (January 1977): 1-80. 추가 참조로는 Vickery, *Cambodia After Angkor: The Chronicular Evidence for the Fourteenth to Sixteenth Centuries* (Ann Arbor, Mich., 1977), pp. 500ff와 A. Thompson, "Changing Perspectives: Cambodia After Angkor," in Helen Ibbetson Jessup and Thierry Zephir (eds.), *Sculpture of Angkor and Ancient Cambodia: Millen-*

nium of Glory (New York, 1997)의 여기저기 흩어진 자료 참조. 또한 특별히 Victor Lieberman, Strange Parallels (Cambridge, 2003), pp. 236-42 참조.

4) G. Coedes, "La Fondation du Phnom Penh," BEFEO, Vol. 13, No. 3 (1913): 6-11. 분명히 상업적으로 중요한 그 지역은 그보다 훨씬 이전에 조성되었다. Olivier de Bernon, "Le plus ancien edifice subsistant du Phnom Penh: une tour angkorienne sise dans l'enceinte du Vatt Unalom," BEFEO 88 (2001): 249-60. 프놈뻰 근교에서 발견된 엉꼬 이전 시대의 명문에 대해서는 Vickery, Society, Economics and Politics, pp. 153, 295와 360쪽 참조. 추가로 Ashley Thompson, "Lost and Found: The Four Faced Buddha, and the Seat of Power in Middle Cambodia," Southeast Asian Archaeology 1998 (Hull, 2000), pp. 245-64도 참조할 것.

5) 특별히 M.M. Gullick, Indigenous Political Systems of Western Malaya (London, 1958), pp. 125-43쪽을 참조할 것.

6) Vickery, "The 2/k 125 Fragment," pp. 60-62.

7) Vickery는 크마에 민간전승이 된 이 이야기가 전설일 뿐이라고 추측한다. Mak Phoeun과의 인터뷰도 참조하라. Histoire du Cambodge de la fin du XVIe siècle au debut de XVIIIe, BEFEO 83 (1996): 405-15.

8) Yoneo Ishii (ed. and tr.), The Junk Trade from Southeast Asia: Translations from the Tosen Fusetsugaki 1674-1723 (Singapore, 1998), pp. 153-93쪽과 특히 166쪽 참조. 이시히의 문서들은 19세기 이전 캄보디아는 현재는 타이와 베트남이 된 양국에 충성을 바치는 "두 개의 머리를 가진 새"라고 묘사한다.

9) 12장 참조.

10) See B.P. Groslier, Le Cambodge au XVIe siècle (Paris, 1958), pp. 142-44.

11) 이 문단과 앞 문단의 인용의 출처는 C.R.Boxer (ed.), South China in the Sixteenth Century (London, 1953), p. 63쪽이다. 중국 무역상들에 대해서는 Ishii가, The Junk Trade, p. 32쪽(1680년대에 기록됨)에서 "그 땅의 생산물은 풍성하지 않다. 사람들은 순종적이지 않고 극히 일부의 산물들만 쏠만하다"고 적고 있다."

12) Groslier, Le Cambodge au XVIe siècle, p. 69. 추가로 J. Dumarçay, "Le Prasat prei près d'Angkor Wat," BEFEO, Vol. 59 (1970): 189-92와 G. Coedes, "La

Date d'exécution des deux bas-reliefs tardifs d'Angkor Wat," *JA*, Vol. 250 (1962): 235-43쪽 참조. 또한 Saveros Lewitz, "Les inscriptions modernes d'Angkor Vat," *JA* (1972): 107-29 참조. Jacques Dumarcay, *The Site of Angkor* (Oxford, 1995), p. 64쪽의 내용: 엉꼬의 다른 세 사원들, 즉 바카엥, 바푸온, 번띠어이 끄더이 등이 이 시기에 "대대적으로 수리되었다".

13) Khin Sok, "Deux inscriptions tardifs du Phnom Bakheng," *BEFEO*, Vol. 65, No. 1 (1978): 271-80. 또한 S. Pou, "Inscription du Phnom Bakheng" in Pou (ed.), *Nouvelles inscriptions du Cambodge* (Paris, 1989), pp. 20-27쪽 참조.

14) Khin Sok, "L'Inscription de Vatta Romlock," *BEFEO*, Vol. 67 (1980): 125-31, and Saveros Pou, "Inscription du Vat Romlok," *BEFEO*, Vol. 70 (1981): 126-30.

15) See G. Janneau, *Manuel pratique pour le cambodgien* (Saigon, 1876), pp. 87-88, and Evéline Porée-Maspero, *Etude sur les rites agraires des cambodgiens*, 3 vols., (Paris, 1962-69), p. 111. / 1971년 캄보디아의 수반 론놀은 이웃 국가들에 대한 캄보디아의 우월성이 어떻게 사라져버리게 되었는지 설명하기 위한 방법으로 이 전설을 미국 대사에게 이야기했다. 참조 David Chandler, *The Tragedy of Cambodian History: Politics, War, and Revolution Since 1945* (New Haven, 1991), p. 213. / 전설에 대한 생생한 재연을 위해 다음을 참조할 것. Ang Choulean, "Nandin and His Avatars," in Jessup and Zephir, *Sculpture of Angkor and Ancient Cambodia*, pp. 62-70. / 2005년 그 신화는 되살아났다. 참조 Alexandra Kent's chapter in Alexandra Kent and David Chandler (eds.), *People of Virtue: Reconfiguring Religion, Power and Moral Order in Cambodia Today* (Copenhagen, 2007).

16) Ang Choulean, "Nandin and His Avatars."

17) A. Cabaton (ed. and tr.), *Brève et véridique relation des évènements du Cambodge par Gabriel Quiroga de San Antonio* (Paris, 1941)와 L.P. Briggs, "Spanish Intervention in Cambodia," *T'oung Pao* (1949), pp. 132-60쪽 참조.

18) See W.J.M. Buch, "La Compagnie des Indes et l'Indochine," *BEFEO*, Vol. 36 (1936): 97-196, Vol. 37 (1937): 121-237, and D.K. Basset, "The Trade of the English East India Company in Cambodia, 1651-1656," *JRAS* (1962): 35-62. See also Jean-Claude Lejosne, "Historiographie du Cambodge aux XVIe et

XVIIe siècles: Les Sources portugaises et hollondaises," in Pierre L. Lamant (ed.), *Bilan et Perspectives des Etudes Khmeres* (Langue et Culture) (Paris, 1997), pp. 179-208.
19) Cabaton, *Brève et véridique relation*, p. 100.
20) Jean Delvert, *Le Paysan cambodgien* (The Hague, 1961), 특히 pp. 371ff. In *Cambodia After Angkor*, pp. 513-20, 뷔커리는 엉꼬 시대의 무역과 교통이 주로 부역 노동으로 건설·유지된 육로를 통해 이루어졌다고 주장한다. 남쪽으로의 수도 이전 이후에는 외국인들이나 국내의 상인들에 의해 사적으로 이루어진 강을 통한 교통이 나라를 하나로 연결해주었고, 캄보디아를 외부 세계와 연결해주었다. 뷔커리는 "*Cambodia and its Neighbors*"에서 이러한 주장을 강조한다.
21) Cabaton, *Brève et véridique relation*, p. 208.
22) 빠리에 있는 프랑스국립극동연구원의 Fonds Phnom Penh 수집품 중 19세기 산문체 연대기 P. 6 참조. 엉꼬에서 발견된 엉꼬 이후 시대의 여러 명문들은 지배계층이 유지되고 있음을 증언한다. 이 시기에 대한 연구로는 May Ebihara, "Societal Organization in Sixteenth and Seventeenth Century Cambodia," *JSEAS* 15(1) (September 1984): 280-95쪽 참조.
23) Carool Kersten, "Cambodia's Muslim King: Khmer and Dutch Sources on the Conversion of Reameathipdei I (1642-1658)," *JSEAS* 37(1) (February 2006): 1-22.
24) Ishii, *Junk Trade*, p. 123.
25) S. Pou, *Etudes sur le Ramakerti* (Paris, 1977), pp. 48-49.
26) Saveros Pou and K. Haksrea, "Liste d'ouvrages de Cpap," *JA*, Vol. 269 (1981): 467-83, and David Chandler, "Narrative Poems (Chbap) and Pre-Colonial Cambodian Society," *Facing the Cambodian Past*, pp. 45-60 참조. 이 시들의 크마에 본문과 유려한 프랑스어 번역문은 Saveros Pou, *Guirlande de cpap*, 2 vols., (Paris, 1988) 참조.
27) Clifford Geertz, *The Religion of Java* (New York, 1960), pp. 248-60. 혁명시기에 일어난 대명사의 위계 해체 운동에 대해서는 John Marston, "Language Reform in Democratic Kam-puchea" (M.A. thesis, University of Minnesota, 1985) 참조. 2006년까지, 실제로는 그보다 더 이전인 1970년 이전에 언어적 위계

구조가 무너졌는데, 특별히 도시 캄보디아인들 사이에서 두드러졌다.

28) Saveros Pou의 Ramakerti에 대한 세 권으로 엮은 비평서가 1977-79년에 파리의 *BEFEO*에서 출판되었다. 그 책들은 크마에 본문과 프랑스어 번역문 그리고 한 권의 주석인 *Etudes sur le Ramakerti*으로 이루어져 있다. 또한 Judith Jacob (tr.), *The Reamker* (London, 1987)도 참고하라. 1820년대 초반에 베트남 남부의 말레이어를 사용자들이 똔레삽 호수를 "Lake of Sri Rama"라고 불렀다. 이는 John Crawfurd, *Journal of an Embassy to the Courts of Siam and Cochin-China* (London, 1828, repr. Oxford 1967), p. 466을 참고하라.

29) Porée-Maspero, *Etude sur les rites,* Vol. 3, p. 528.

30) F. Bizot (ed.), *Histoire de Reamker* (Phnom Penh, 1973). Thong Thel과의 개인적인 대화에 따르면, 이 크마에 인쇄본은 17세기 크마에 텍스트보다 타이어 버전과 더욱 유사하다고 한다.

31) 캄보디아의 과거를 보려면 David Chandler "Songs at the Edge of the Forest: Perceptions of Order in Three Cambodian Texts," in *Facing the Cambodian Past,* 76-99쪽과 Peter Carey, *The Cultural Ecology of Early Nineteenth Century Java* (Singapore, 1974) p. 4쪽 참조. 또한 Penny Edwards, "Between a Song and a Priy: Tracking Cambodian Cosmologies and Histories through the Forest," in Anne Hansen and Judy Ledgerwood (eds). *At the Edge of the Forest: Essays in Honor of David Chandle*r (Ithaca, N.Y., 2007). pp. 316쪽 참조

32) F. Martini, "Quelques notes sur le Reamker," *Artibus Asiae* (AA), Vol. 24, Nos. 3-4 (1961): 351-62, and Martini, *La Gloire de Rama* (Paris, 1978), pp. 19-30.

33) Barbara Hatly의 '와양'에 대한 통찰에 감사한다.

34) A. Leclère, *Les Codes cambodgiens,* 2 vols. (Paris, 1898), Vol. 1, pp. 123-75.

35) 베트남의 "남행"과 캄보디아의 초기 관계에 대해서는 Michael Cotter, "Toward a Social History of the Vietnamese Southward Movement," *JSEAH*, Vol. 9, No. 1 (March 1968): 12-24, 와 Mak Phoeun and Po Dharma, "La Deuxième intervention militaire vietnamienne au Cambodge," *BEFEO*, Vol. 77 (1988): 229-62 참조.

36) E. Gaspardone, "Un chinois des mers du sud," *JA*, Vol. 240, No. 3 (1952): 361-85. 이 시기 캄보디아와 시암의 관계에 대해서는 Dhiravat na Pembejra, "Seventeenth Century Ayutthaya: A Shift to Isolation?" in Anthony Reid (ed.), *Southeast Asia in the Early Modern Era: Trade, Power and Belief* (New Haven, 1997). 또한 Ishii, The Junk Trade, pp. 153-93 참조.
37) Saveros Pou, "Les Inscriptions modernes d'Angkor," *JA*, Vol. 260, No. 242 (1972): 107-29, David Chandler, "An Eighteenth Century Inscription from Angkor Wat," in *Facing the Cambodian Past*, pp. 15-24.
38) 탁신 치세 참조: C.J. Reynolds, "Religious Historical Writing and the Legitimation of the First Bangkok Reign," in Anthony Reid and David Marr (eds.), *Perceptions of the Past in Southeast Asia* (Singapore, 1979), pp. 90-107, Lorraine Gesick, "The Rise and Fall of King Taksin: A Drama of Buddhist Kingship," in Lorraine Gesick (ed.), *Centers, Symbols, and Hierarchies: Essays on the Classical States of Southeast Asia* (New Haven, 1983), pp. 90-105.
39) Clifford Geertz, *Negara: The Theater State in Nineteenth Century Bali* (Princeton, N.J., 1980), 특별히 pp. 110-27 참조. Tony Day, *Fluid Iron: State Formation in Southeast Asia* (Honolulu, 2002), pp. 7-8, 175.

6장

1) 아시아의 지도에 대한 논의 참조: David P. Chandler, "Maps for the Ancestors: Sacralized Topography and Echoes of Angkor in Two Cambodian Texts," in *Facing the Cambodian Past* (Chiangmai, 1996), pp. 25-42, and E.R. Leach, "The Frontiers of 'Burma,'" *CSSH*, Vol. 3 (1960-61): 49-68. See also Thongchai Winichakul, *Siam Mapped: A History of the Geo-Body of a Nation* (Honolulu, 1989). According to Adhémard Leclère, *Recherches sur le droit publique des cambodgiens* (Paris, 1894), p. 221, 전통적인 캄보디아에서 지역의 경계는 "논이 속하는 지역"이었다." 이는 해마다 달라졌다. Dawn Rooney, *Angkor* (Bangkok, 2006), p. 454는 18세기 유럽의 지도를 보여주는데, 여기에 캄보디아는 거의 표시되어 있지 않다.

2) National Library, Bangkok, *Chotmai Het* (*CMH* [Official correspondence]) 1203/1 *kho* 41은 캄보디아의 타이 지도에 대해 언급하고 있다. Democratic Republic of Vietnam, Bureau of Historical Research (comp.), *Dai nam thuc luc chinh bien* [Primary compilation of the veritable records of imperial Vietnam] (DNTL), Vol. 19, p. 240은 베트남의 지도를 언급하고 있지만, 이것은 현재까지 남아있지 않음이 분명하다.
3) Eng Sut, *Akkasar mahaboros khmaer* [Documents about Khmer heroes], (Phnom Penh, 1969), p. 1148.
4) *DNTL*, Vol. 15, p. 115, and Vol. 22, p. 157.
5) E. Aymonier, *Géographie du Cambodge* (Paris, 1876), pp. 31-59.
6) 앞의 책, p. 49.
7) *CMH* 3/1192/4/1와 3/1204/1 ko /2.
8) W.E. Willmott, "History and Sociology of the Chinese in Cambodia Prior to the French Protectorate," *JSEAH*, Vol. 7, No. 1 (March 1966): 15-38.
9) C.E. Bouillevaux, *Voyage en Indochine* (Paris, 1858), p. 168. See also Alexander Hamilton, *A New Account of the East Indies* (London, 1727, repr. 1930), p. 106: "2백여 명의 인도에 정착한 포르투갈인인 토파세들이 캄보디아인들과 결혼하여 살았다. 그들 중 일부는 궁정에서 아주 주요한 직책을 갖고 있었으며, 당시 캄보디아 상류층의 풍습을 따라 윤택한 삶을 살았다."
10) 19세기 캄보디아 민족지에 대한 참조: Wolfgang Vollman, "Notes sur les relations inter-ethniques au Cambodge du XIXe siècle," *Asie du Sud-Est et Monde Insulindien*, Vol. 4, No. 2 (1973): 172-207.
11) *DNTL*, Vol. 15, p. 171.
12) *DNTL*, Vol. 3, p. 385. See also C. Flood (tr.), *The Dynastic Chronicles, Bangkok Era, the Fourth Reign*, 3 vols. (Tokyo, 1965-67), Vol. 1, p. 171에 캄보디아 두엉 왕은 1858년에 프랑스에 보낸 서신에서 "캄보디아는 다른 나라들과의 무역을 위해 배를 만들어, 거기에 돛을 달고 싶지만, 베트남이 캄보디아의 해외 진출을 막고 있다."고 적고 있다.
13) William Milburn, *Oriental Commerce* (London, 1813), pp. 449-50.
14) Ishii, *The Junk Trade from Southeast Asia*, pp. 153-93.

15) Saveros Lewitz, "La Toponymie khmère," *BEFEO* 53/2, No. 2 (1967): 467-500.

16) 1950년대 캄보디아의 벼농사 부락에 대한 묘사는 Jean Delvert, *Le Paysan cambodgien* (Paris, 1962), pp. 322-70 참조.

17) Khin Sok, *L'annexation du Cambodge par les Vietnamiens au XIXe Siecle* (Paris 2002), pp. 281-359는 아래에서 논의되는 생생한 19세기 운문체 연대기에 대한 크마에 원문과 프랑스어 번역본을 제공한다(각주 19 참조).

18) David Chandler (tr.), "The Origin of the Kounlok Bird," in Frank Stewart and Sharon May (eds.), *In the Shadow of Angkor: Contemporary Writing from Cambodia* (Honolulu, 2004), pp. 36-41.

19) 이 두 이야기는 Chandler의"Songs at the Edge of the Forest," in *Facing the Cambodian Past*, pp. 76-99에서 자세히 다룬다. 숲의 중요성에 대해서는 Charles Malamoud, "Village et foret dans l'ideologie de l'Inde brahmanique," *Archives europeenes de sociologie* XVI (1976): 3-20 및 Penny Edwards, "Between a Song and a *Priy*: Tracking Cambodian Cosmologies and Histories Through the Forest," in Anne Hansen and Judy Legerwood (eds.), *At the Edge of the Forest: Essays in Honor of David Chandler* (Ithaca, N. Y., 2007) 참조.

20) France, Archives l'outremer, Aix-en-Provence (hereafter cited as AOM), Fonds Indochinois A-30 (22), "Rapport confidentiel sur le Cambodge," August 1874.

21) Truong Buu Lam, "L'Autorité dans les villages vietnamiens du XIXe siècle," in G. Wijawardene (ed.), *Leadership and Authority* (Singapore 1968), pp. 65-74.

22) G. Janneau, "Le Cambodge d'autrefois," *Revue Indochinoise (RI)*, Vol. 17, No. 3 (March 1914): 266. 이 논문은 Janneau가 프랑스 보호령 가장 초창기인 1860년대에 관찰한 것들을 묘사하고 있다.

23) H. D. Evers (ed.), *Loosely Structured Social Systems: Thailand in Comparative Perspective* (New Haven, 1969)와 Robert Textor, "The 'Loose Structure' of Thai Society: A Paradigm Under Pressure," *PA*, Vol. 50, No.

3 (Fall 1977): 467-73쪽 참조. 또한 May Ebihara, "Societal Organization in Sixteenth-and Seventeenth-Century Cambodia," *JSEAS*, 15(1) (September 1984): 280-95쪽 참조. 295쪽: "동남아시아 사회의 성격에 대한 과거의 다양한 논의들(특히 "느슨한 구조"에 대한 논쟁들)은 한 사회는 이것 아니면 저것이어야 한다고 가정해왔다. 그러나 사회는 항상 깔끔하게 통합되거나 서로가 일치하는 것이 아닌 많은 "것들(things)"의 묶음이라는 것이 분명하다."

24) Eric Wolf, "Kinship, Friendship, and Patron-Client Relations," in M. Banton (ed.), *The Social Anthropology of Complex Societies* (London, 1966), pp. 1-22과 Wolf, *Europe and the People Without History* (Berkeley, 1982), pp. 79-88.

25) Louis Finot, "Proverbes cambodgiens," *RI*, Vol. 7, No. 2 (January 1904): 74.

26) Thiounn, "Cérémonial cambodgien concernant la prise des fonctions des mandarins nouveaux promus," *RI*, Vol. 10, No. 1 (January 1907): 75. 또한 P. Bitard, "Les songes et leurs interprétations chez les cambodgiens," in Sources orientales II: *Les songes et leur interprétations* (Paris, 1959), 258쪽은 인육을 먹거나 갓 절단된 머리에 대한 꿈은 지방 수령이 될 것이라고 보고한다. 2004년, 시골 크마에 사람들이 미국의 인류학자에게 말하길 관리들은 "아무거나—땅, 사람 등 그 무엇이라도—먹을 것"이라고 했다(Eve Zucker, 개인 인터뷰).

27) 7장 참조. 그리고 Ian Harris, *Cambodian Buddhism: History and Practice* (Honolulu, 2005), 4장 참조.

28) J. Gonda, *Ancient Indian Kingship from a Religious Point of View* (Leiden, 1966), p. 91.

29) 타이의 시스템은 A. Rabibhadana, *Organization of Thai Society in the Early Bangkok Period* (Ithaca, N.Y., 1969), pp. 98-104쪽에서 다루어진다.

30) manuscript chronicle P-6, Fonds Phnom Penh collection, Ecole Française d'Extrême Orient, pp. 11-12.

31) Rabibhadana, *Organization of Thai Society*, p. 44.

32) A. Leclère, "Sdach tranh," *RI*, Vol. 7 (1905): 1378-84쪽과 Chandler, "Royally Sponsored Human Sacrifices in Nineteenth Century Cambodia," in

Chandler, *Facing the Cambodian Past* (Chiangmai, 1996), pp. 119-35쪽 참조. 또한 Vickery, *Society, Economics and Politics*, p. 154쪽 참조.

33) Gonda, *Ancient Indian Kingship*, p. 36.

34) A. Leclère, *Les Codes cambodgiens* (Paris, 1898), Vol. 1, p. 216.

35) 중국의 조공 체계에 대한 분석을 보려면 John K. Fairbank (ed.), *The Chinese World Order* (Cambridge, Mass., 1968)에서 특별히 pp. 1-19쪽과 63-89쪽 참조.

36) P. Boudet and A. Masson (eds.), *Iconographie historique de l'Indochine française* (Paris, 1931), plates 128-29.

37) D.G. Deveria, *Histoire des relations de la Chine avec Annam du XVIe au XIXe siècles* (Paris, 1880), pp. 52-54.

38) See W. Vella, *Siam Under Rama III* (Locust Valley, N.Y., 1957), p. 60.

39) Crawfurd, *Journal of an Embassy to the Courts of Siam and Cochin-China* (London, 1828), p. 146: "코친차이나의 사절들이 어제 왕을 알현할 수 있었다. 내가 듣기로 교류가 특별한 형식을 요구하지 않는 성격의 매우 우호적이고 친숙한 것으로 간주되어 그들은 많은 예식 없이 받아들여졌다."

40) AOM, Fonds Indochinois A-30 (6), Carton 10.

41) Institut Bouddhique, manuscript chronicle from Wat Srolauv, p. 23.

42) Rama III, *Collected Writings* (Bangkok, 1967), p. 140.

7장

1) Eng Sut, *Akkasar mahaboros khmaer* [Documents about Khmer heroes] (Phnom Penh, 1969), p. 1013.

2) AOM, Fonds Indochinois A-30 (12), Carton 11. Letter from Doudart de Lagrée to the governor of Cochin China, January 8, 1866.

3) C. Wilson, *State and Society in the Reign of Mongkut, 1851-1867* (Ann Arbor, Mich., 1971), p. 983에서 인용: 비슷하게도 1945년 찰스 드골이 프랑스 학자인 Paul Mus에게 말하기를 "우리는 강하기 때문에, 인도차이나로 돌아갈 것입니다"라고 말했다. Chandler and Goscha (eds.), *L'espace d'un regard: Paul Mus 1902-1969* (Paris, 2006), p. 33. 참조

4) 타이의 증거 자료들을 위해: David Chandler, *Cambodia Before the French: Politics in a Tributary Kingdom 1794-1847* (Ann Arbor, Mich., 1974), pp. 83-84쪽과 Khin Sok, *Le Cambodge entre le Siam et le Vietnam* (Paris, 1991) 참조.
5) *CMH* 2/1173/19 ko. 아울러 *DNTL*, Vol. 3, pp. 146-47쪽 참조.
6) 이 반란에 대해서는 David P. Chandler, "An Anti-Vietnamese Rebellion in Early Nineteenth Century Cambodia," in *Facing the Cambodian Past: Selected Essays, 1971-1994* (Sydney and Chiangmai, 1996), pp. 61-75쪽 참조. 아울러 *DNTL*, Vol. 5, pp. 85ff., *DNTL*, Vol. 6, p. 107, and L. Malleret, Archéologie du delta de Mekong, 4 vols. (Paris, 1959-63), Vol. 1, pp. 27-33쪽 참조.
7) Institut Bouddhique, manuscript chronicle from Wat Prek Kuy (1874), p. 27.
8) David P. Chandler, "Royally Sponsored Human Sacrifices in Nineteenth Century Cambodia."
9) 9장 참조.
10) Manuscript chronicle from Wat Prek Kuy, p. 58.
11) A. Leclère, *Recherches sur le droit publique des cambodgiens* (Paris 1894), p. 151.
12) *DNTL*, Vol. 7, p. 79.
13) *DNTL*, Vol. 14, p. 123.
14) 최병욱(Choi Byung Wook), *Southern Vietnam Under the Reign of Minh Mang (1820-1841): Central Policies and Local Response* (Ithaca, N. Y., 2004), p. 95.
15) Rama III, *Collected Writings* (Bangkok, 1967), p. 142.
16) 이 군사작전에 대해서는 Chandler, *Cambodia Before the French*, pp. 113-18 쪽 참조.
17) Chronicle from Wat Prek Kuy, p. 61.
18) *DNTL*, Vol. 14, pp. 53-54. 도시 인구를 납치하는 관행은 식민지 이전 동남아시아 전쟁의 특징이었으며, 1975년 4월 캄보디아 공산주의자들이 2백만 명 이상의 도시 캄보디아인을 시골로 몰아냈을 때 복수심으로 다시 표면화되었습니다. 12장 참조.

19) *DNTL*, Vol. 15, p. 113.

20) Ibid., p. 232.

21) *DNTL*, Vol. 16, pp. 21-22, 106.

22) 메이 여왕에 대해서는 Trudy Jacobsen, *Lost Goddesses:The Denial of Female Power in Cambodian History* (Copenhagen, 2007), 5장 참조.

23) *DNTL*, Vol. 18, pp. 249-50. 또한*DNTL*, Vol. 19, p. 55쪽은 그 체계의 몇몇 단점에 대해 논한다. 최병욱(Choi Byung Wook), *Southern Vietnam*, p. 96쪽에 의하면 "캄보디아가 베트남의 일부가 된 해"를 1835년으로 본다.

24) *DNTL*, Vol. 17, p. 30.

25) Ibid., p. 230.

26) *DNTL*, Vol. 19, p. 238.

27) Ibid., p. 329.

28) G. Aubaret (tr.), *Gia Dinh Thung Chi* [History and description of lower Cochin China] (Paris, 1867), p. 131.

29) David Chandler, *The Tragedy of Cambodian History: Politics, War, and Revolution Since 1945* (New Haven, 1991), pp. 203-4. 비록 반베트남 인종주의가 1990년대에 확대되었지만, 1998년 선거운동에서 정치인들은 반베트남 감정과 베트남의 꼭두각시가 된 캄보디아 여당에 대한 비난을 뒤섞어버렸다. 2003년 1월 프놈펜에서 발생한 반타이 폭동은 정부의 부추김에 의한 것이었다.

30) *DNTL*, Vol. 19, p. 310.

31) *DNTL*, Vol. 18, p. 225. In 1839 Minh Mang ordered a survey of Cambodia's raw materials: *DNTLL*, Vol. 21, pp. 239-40.

32) *DNTL*, Vol. 21, pp. 173, 235.

33) *DNTL*, Vol. 19, pp. 88-89; see also *DNTL*, Vol. 16, p. 109.

34) Thipakarawong, *Phraratchapongsawadan Chaophraya* [Royal chronicle] (Bangkok, repr. 1961), Vol. 2, p. 9. 1838년 민망 황제의 자문관 중 한 명은 "토착민들은 그들 스스로를 지배하고 세금을 모으도록 허가되"었기에 베트남 돈을 아낄 수 있을 것이라고 제안했다. 황제는 더 이상 이런 제안을 하지 말라고 말했다.

35) 그 예는 Nguyen Khac Vien과 Françoise Corrèze, *Kampuchea 1981: Témoi-*

gnages (Hanoi, 1981) 참조.

36) *DNTL*, Vol. 21, pp. 269-72.
37) Chandler, *Cambodia Before the French*, pp. 140-41.
38) *DNTL*, Vol. 20, p. 263.
39) *DNTL*, Vol. 22, p. 157.
40) *DNTL*, Vol. 20, p. 7.
41) Chandler, *Cambodia Before the French*, p. 25쪽과 아울러 37쪽의 각주 참조.
42) Thailand, Royal Institute, *Chotmaihet ruang thap yuan khrang ratchakan thi 3* [Correspondence about the Vietnamese army in the third reign] (Bangkok, 1933), p. 17.
43) *DNTL*, Vol. 23, p. 112.
44) *DNTL*, Vol. 22, p. 228.
45) *DNTL*, Vol. 23, p. 155.
46) Ibid., p. 114.
47) Thailand, Royal Institute, *Chotmaihet*, p. 38.
48) Thailand, Royal Institute, *Chotmaihet*, p. 33, and CMH, 3/1202/40.
49) Chandler, *Cambodia Before the French*, pp. 156-58.
50) K.S.R. Kulap (pseud.), *Sayam Anam yut* [Siam's wars with Vietnam] (Bangkok, 1906, repr. 1971), p. 916.
51) *DNTL*, Vol. 23, p. 351.
52) Chandler, *Cambodia Before the French*, p. 155.
53) *CMH*, 3/1206/6.
54) Chandler, *Cambodia Before the French*, pp. 179-81.
55) David Chandler, "Going Through the Motions: Ritual Aspects of the Reign of King Duang of Cambodia," in *Facing the Cambodian Past*, pp. 100-8쪽과 Ian Harris, *Cambodian Buddhism: History and Practice* (Honolulu, 2005), pp. 45-47쪽 참조.
56) Eng Sut, *Akkasar mahaboros*, p. 1027. Jacobsen, Lost Goddesses의 5장에서는 두엉의 저작물을 바탕으로 그를 여성 혐오자로 설득력 있게 비난한다.
57) 왓바라이 명문 K. 142, E. Aymonier, *Le Cambodge* (Paris, 1904), pp. 349-51

에 번역문 수록.

58) 이들 연대기 역사에 대한 논의를 보려면 Chandler, "Going Through the Motions," 여기저기 참조. 두엉왕의 통치에 대한 정치사를 위해서는 Bun Srun Theam, "Cambodia in the Mid-Nineteenth Century: A Quest for Survival, 1840-1863" (M.A. thesis, Asian Studies, Australian National University, 1981) 중에서 특별히 pp. 104-68쪽 참조. 두엉왕의 궁정에 대한 유럽인들의 예리한 논의에 대해서는 L. V. Helms, "Overland Journey from Kampot to the Royal Residence," 1851년에 출판된 초판과 2판 Aséanie 16 (December 2005): 157-62 쪽 참조.

59) 이들 편지들 중 상당수는 타이 총리실에 보관되었다. Thai sathapana kasat khamen [The Thai establish the Khmer kingdom] (Bangkok, 1971), 특히 pp. 49-65쪽 참조. 이 참고 자료를 제공해준 David Wyatt에게 감사를 전한다.

60) Charles Meyniard, Le Second empire en Indochine (Paris, 1891), p.461. 민망은 1822년에 "캄보디아는 이웃한 강대국들 사이에 있어, 침략당할 것에 대한 두려움이 매우 크다"고 적고 있다. Bun Srun Theam, "Cambodia in the Mid-Nineteenth Century," pp. 138-67쪽은 이 임무에 대한 다소 자세한 내용을 담고 있다.

8장

1) Jean Delvert, Le Paysan cambodgien (The Hague, 1961), pp. 425-28.
2) Charles Meyniard, Le Second empire en Indochine (Paris, 1891), pp. 403-8.
3) Henri Mouhot, Voyage dans les royaumes de Siam, du Cambodge, et de Laos (Paris, 1972), pp. 174-76.
4) G. Taboulet (ed.), La Geste française en Indochine, 2 vols. (Paris, 1955), p. 334, and Milton Osborne, The French Presence in Cochinchina and Cambodia: Rule and Response (1859-1905) (Ithaca, N. Y., 1969), p. 27.
5) F. Julien, Lettres d'un précurseur (Paris, 1885), p. 46.
6) Taboulet, La Geste, pp. 621-29쪽과 R.S. Thomson, "Establishment of the French Protectorate over Cambodia," Far Eastern Quarterly (FEQ), Vol. 4 (1945): 313-40쪽 참조.

7) Taboulet, *La Geste*, pp. 630-35쪽 참조. 또한 Eng Sut, *Akkasar mahaboros khmaer* [Documents about Khmer heroes] (Phnom Penh, 1969), p. 1113쪽. 참조.

8) 이 원정대에 대한 감동적인 조치에 대해서는 Milton Osborne, *River Road to China* (London, 1975) 참조.

9) Gregor Muller, *Cambodia's "Bad Frenchmen": The Rise of Colonial Rule and the Life of Thomas Caraman, 1840-1887* (New York and London, 2006).

10) Osborne, *French Presence*, pp. 211-14, and Eng Sut, *Akkasar mahaboras*, p. 1172.

11) 이 협정의 전문을 보려면, Taboulet, *La Geste*, pp. 67-72쪽 참조. 또한 Khing Hoc Dy, "Santhor MOK, poète et chroniqueur du XIXe siècle," Seksa Khmer, Vol. 3, Nos. 3-4 (December 1981): 142쪽도 추가로 참조. 궁정 대신인 목은 톰슨이 노로덤의 방으로 들어오지 못하도록 애썼다. 톰슨은 그를 발로 걷어차버리고, 목은 추후에 이 사건에 대한 시를 지었다. 시는 이렇게 시작한다: "오! 프랑스인, 사악한 강도가 감히 발을 들어 신하를 왕에게 차바린다."

12) 이 반란에 대해서는 Osborne, *French Presence*, pp. 206-28쪽과 John Tully, *France on the Mekong* (Lanham, Md., 2002), pp. 83-110쪽 참조.

13) "우리가 예상치않게 제공했던 자유에 대해 백성들은 반감을 표했다"는 언급에 대해서 Luc Durtain, *Dieux blancs, hommes jaunes* (Paris, 1930), p. 261쪽과 Paul Collard, *Cambodge et Cambodgiens* (Paris, 1926), p. 115쪽 참조.

14) L. Henry, *Promenade au Cambodge et au Laos* (Paris, 1894), p. 64n.

15) Osborne, *French Presence*, p. 237.

16) *AOM* 3E 3(i), report from Kandal, May 1898.

17) Jean Hess, *L'Affaire Yukanthor* (Paris, 1900), p. 77. 이 위기에 대한 논의는 P. Doumer, *L'Indochine française* (Paris, 1905), pp. 230-31쪽과 Osborne, *French Presence*, pp. 243-46쪽 및 Alain Forest, *Le Cambodge et la colonisation française: Histoire d'une colonisation sans heurts* (Paris, 1980), pp. 59-78쪽 참조. Pierre Lamant, *L'Affaire Yukhanthor* (Paris, 1985)도 추가로 참조.

18) *AOM*, 3 E-10 (2), second trimester report from Stung Treng, 1923.

19) 씨소왓 통치에 대해 수기로 기록한 연대기는 동아시아연구센터(Centre for

East Asian Studies)에 의해 마이크로필름으로 제작되어 한때 왕궁 도서관에 있었다: Tokyo (hereafter, Sisowath chronicle), p. 1025쪽 참조. John Tully, *Cambodia Under the Tricolour: The Sisowath Years, 1904-1927* (Clayton, Australia, 1996).

20) 위의 책, pp. 103-4쪽.

21) Harry Franck, *East of Siam* (New York, 1926), pp. 24-25쪽 참조. A. Pannetier, *Notes cambodgiennes* (Paris, 1921), p. 140쪽에 따르면 아편 중독이 캄보디아 민병들 사이에 만연했다고 한다. Roland Meyer, *Saramani* (Paris, 1922), pp. 122-23쪽 참조. Collard, *Cambodge et cambodgiens*, p.277쪽은 씨소왓의 아편 중독에 대해 언급하며, 그 약은 "아시아 놈들에게는 해롭지 않다"고 덧붙이고 있다.

22) A. Leclère, *Cambodge: Fêtes civiles* (Paris, 1916), pp. 30-31쪽과 Sisowath chronicle, pp. 1068-74쪽 참조.

23) Meyer, *Saramani*, pp. 132-51; Jean Ajalbert, *Ces phénomènes, artisans de l'Empire* (Paris, 1941), pp. 189-92; Forest, *Le Cambodge*, pp. v-vii; and Okna Veang Thiounn, *Voyage en France du roi Sisowath* (ed. and tr. Olivier de Bernon) (Paris, 2006)은 여행에 대한 서사를 담고 있는데, 이는 왕을 수행한 궁정 관리가 쓴 것으로 이전에 출판된 적이 없었다.

24) Sisowath chronicle, pp. 1077-86쪽 참조. Jean Ajalber, *L'Indochine en péril* (Paris, 1906), pp. 87-111, and Thiounn, Voyage en France, pp.101-1477쪽 참조.

25) 캄보디아 무용수들은 1931년의 식민지 박람회에 참여했고, 1939-40년의 뉴욕 세계 박람회 (New York World's Fair)에서 공연했다. Bruno Dagens, *Angkor: La Forêt de pierre* (Paris, 1989), pp. 110ff.

26) 타이의 영토 반환에 대해서는 L.P. Briggs, "The Treaty of March 23, 1907, Between France and Siam," *FEQ*, Vol. 5 (1946): 439-54쪽 참조.

27) Sisowath chronicle, pp. 1107-10.

28) C. Wilson, "The *Nai Kong* of Battambang, 1824-1868," in C. Wilson et al. (eds.), *Royalty and Commoners, Contributions to Asian Studies*, Vol. 15 (Leiden, 1980), pp. 66-72쪽 참조. Phongsawadan muang phratabong [Chronicle of the region of Battambang] No. 16 of series, *Prachum Phongsawadan* [Collected

chronicles] (Bangkok, 1969), pp. 94-106쪽 참조.
29) 1970년대 급진적 이론가들은 이 두 지역의 지주제, 소작료, 외부인의 비정상적인 빈도를 캄보디아 전역의 농촌 사회를 특징짓는 것으로 추정했다. 뽈뽓에 따르면, 국가적 차원에서 보기 드문 지주제는 혁명 이전 캄보디아에서 "주요 모순"이었다. 토지가 없는 농민에 대한 공산당의 편애는 부분적으로는 이 잘못된 분석에서 왔고, 다른 한 편에서는 오랜 전통을 지닌 중국의 사회적 범주를 모방해야 할 필요성에 기인한 것이었다. William Willmott, "Analytical Errors of the Kampuchean Communist Party," PA, Vol. 54, No. 2 (Summer 1981): 209-27.

9장

1) Sisowath chronicle, pp. 1166-67 참조. 또한 John Tully, *Cambodia Under the Tricolour: The Sisowath Years, 1904-1927* (Clayton, Australia, 1996) 참조. 1916 사건에 대해서는 Milton Osborne, "Peasant Politics in Cambodia: The 1916 Affair," *Modern Asian Studies (MAS)* 12 (1978): 217-43쪽 참조.
2) *AOM* 3 E12 (2), report from Svay Rieng, 1915.
3) 1920년대 캄보디아 개발에 대한 논의는 F. Baudouin, *Le Cambodge pendant et après la grande guerre* (Paris, 1927)와 A. Silvestre, *Le Cambodge administratif* (Phnom Penh, 1924) 참조. 아울러 Réné Morizon, *Monographie sur le Cambodge* (Paris, 1930) 참조.
4) A. Souyris-Rolland, "Les Pirates au Cambodge," *BSEI*, Vol. 25, No.4 (1950): 307-13. 식민지로부터 올라오는 프랑스어로 기록된 월례 보고서는 떼 강도질을 정치 상황 직후에 언급하였는데, 강도질을 이념적인 반대보다는 안전이라는 측면에서 보아야 한다고 기록하고 있다. 1921년 스와이 리엉(Svay Rieng)에서 올라온 보고서인 AOM 3 E12(2)는 "다른 사람들을 공격하는 것은 전혀 예상치 못한 속임수와 추격 및 매복을 동반하지만 큰 신체적인 위험은 없는 것으로, 캄보디아인들이 중독되어 있는 스포츠의 일종"이라고 주장한다. 또한 Alain Forest, *Le Cambodge et la colonisation française: Histoire d'une colonisation sans heurts* (Paris, 1980), pp. 373-412쪽과 David Johnston, "Bandit, Nakleng, and Peasant in Rural Thai Society," in C. Wilson et al. (eds.), *Royalty and Commoners, Contributions to Asian Studies*, Vol. 15 (Leiden, 1980), pp. 90-

101쪽은 타이의 견해와 비교하기도 한다.
5) A. Pannetier, *Notes cambodgiennes* (Paris, 1921, repr. 1986), p. 75.
6) 이 상은 Louis Bottinelly에 의해 조각되었다. 인도차이나가 프랑스의 상상력이 풍부한 작가들에게 끼친 영향에 대한 연구는 L. Malleret, *L'Exotisme indochinois dans la littérature française depuis 1860* (Paris, 1934), 특히 pp. 183-92, 216-44쪽 참조. 이 시기에 캄보디아를 배경으로 하는 소설은 Charles Bellan, *Fleur de lotus* (Paris, 1924); Pierre Benoit, *Le Roi lépreux* (Paris, 1927); Jean Dorsenne, *Sous le soleil des bonzes* (Paris, 1934); George Groslier, *La route du plus fort* (Paris, 1935); André Malraux, *La Voie royale* (Paris, 1930); and Marguerite Duras, *Un barrage contre la Pacifique* (Paris, 1952) 등이 있다. 또한 Penny Edwards, *Cambodge: The Cultivation of a Nation (1963-1945)* (Honolulu, 2007) 참조. Edwards는 1954년 이후 독립국이 된 캄보디아는 협동조합(a cooperative)으로, 식민지 시대에 프랑스와 캄보디아 지배계층 구성원에 의해 지어진 부분적으로만 의식적인 건축물(only partially conscious construction)이라고 주장했다.
7) *AOM* 3E 8(3), 1924년 쁘레이 벵에서의 보고. 펠릭스 루이 바르데(Félix Louis Bardez, 1882년 빠리 대생)는 1908년 이후 인도차이나에서 근무했는데, 주로 캄보디아에 있었다.
8) 이 사건에 대한 자세한 설명은 David P. Chandler, "The Assassination of Résident Bardez (1925)," *JSS*, Vol. 72, No. 2 (1982): 35-49쪽 참조. 또한 Walter Langlois, *André Malraux: The Indo-China Adventure* (New York, 1966), pp. 185-88쪽과 Durtain, *Dieux blancs, hommes jaunes* (Paris, 1930), pp. 264-65쪽 참조.
9) 이 주장에 대한 프랑스어 텍스트를 보려면 Dik Keam, *Phum Direchan* [Bestiality Village] (Phnom Penh, 1971), pp. 154-59쪽 참조.
10) Ben Kiernan은 가해자 중 한 사람인 쏙 븐과 1980년 9월에 했던 인터뷰 녹음을 나에게 제공했다. 쏙은 그 공격으로 15년 형을 선고받았다.
11) *AOM* 3E 7(6), 끄로쩨(Kratie)에서 온 연례보고서, 1925-26.
12) 이 신문은 이것이 에드워드의 "*Cambodge*"에서 받아야 할 학술적 관심을 마침내 받게 되었다. Bunchhan Muul, *Kuk Niyobay* [Political prison] (Phnom

Penh, 1971), pp. 8-14쪽 참조.

13) 노꼬 왇(Nagara Vatta)같이 실제 처음으로 크마에 언어로 출판된 문학인 깜부쨔 소리야의 식민지 이슈들은 세심한 관심을 기울일 가치가 있다. Jacques Népote and Khing Hoc Dy, "Literature and Society in Modern Cambodia," in Tham Seong Che (ed.), *Essays on Literature and Society in Southeast Asia* (Singapore, 1981), pp. 56-81쪽 참조.

14) 이 두 텍스트들에 대한 논의는 David Chandler, "Cambodian Royal Chronicles (*Rajabangsavatar*), 1927-1949: Kingship and Historiography in the Colonial Era," in *Facing the Cambodian Past*, pp. 189-205쪽과 Chandler, "Instructions for the Corps of Royal Scribes: An Undated Cambodian Manuscript from the Colonial Era," Ibid., pp. 159-64쪽 참조.

15) William E. Willmott, *The Chinese in Cambodia* (Vancouver, 1967)과 Willmott, "History and Sociology of the Chinese in Cambodia Before the French Protectorate," *JSEAH*, Vol. 7, No. 1 (March 1966): 15-38쪽 참조.

16) 교육에 대해서는 Forest, *Le Cambodge*, pp. 143-65쪽과 Jacques Nepote, "Education et développement dans le Cambodge moderne," *Mondes et développement*, No. 28 (1974): 767-92쪽 참조. 식민지 캄보디아의 여성에 대해서는 Jacobsen, Lost Goddesses, 7장과 Penny Edwards, "Womanizing Indochina: Fiction, Nation and Co-Habitation in Colonial Cambodia, 1890-1930," in Judith Clancy-Smith and Frances Gouda (eds.), *Domesticating the Empire: Race, Gender and Family Life in French and Dutch Colonialism* (Charlottesville, Va., 1998), pp. 108-30쪽 및 P. Edwards, "Propa-Gender: Marianne, Joan of Arc, and the Export of French Gender Ideology to Cambodia," in T. Chafer and Amanda Sakur (eds.), *Promoting the Colonial Idea: Propaganda and Visions of Empire in France* (New York, 2002), pp. 116-32쪽 참조.

17) 캄보디아에서 대공황의 영향에 대해서는 *AOM* 3E 15 (8), 껌뽇(Kampot) 연례보고서; *AOM* 3 (5), 껀달(Kandal) 연례보고서; 및 *AOM* 3E 10 (4), 스뚱 뜨라엥 (Stung Treng) 연례보고서 참조. 발전의 긍정적인 부분에 대해 경고하면서 프랑스의 한 행정관은 1933년 보고서에 대공황의 충격이 따까에우 지방에서 개

인 재산의 붕괴를 가져왔다고 언급하며 덧붙이기를 "빈곤한 상황을 함께 맞닥뜨리면서 강력한 형태의 연대가 탄생하여 계급과 심지어는 인종 간의 오랜 적대 관계를 무너뜨리고 있다"고 적고 있다. AOM 3E 7 (6), 따까에우(Takeo) 보고서.
18) Norodom 쎄이하누, *L'Indochine vue de Pékin* (Paris, 1972), pp. 27-28.
19) H. de Grauclade, *Le Réveil du peuple khmer* (Hanoi, 1935). 덜 낙관적인 견해를 보려면 G. de Pourtales, *Nous, à qui rien n'appartient* (Paris, 1931), pp. 115ff 참조.
20) 그 예를 보려면 Ben Kiernan, "Origins of Khmer Communism," in *Southeast Asian Affairs 1981* (Singapore, 1980), pp. 161-80쪽 참조. 아울러 Ben Kiernan, *How Pol Pot Came to Power* (London, 1985), pp. 8ff 참조.
21) 제2차 세계대전 동안과 그 이후 탄의 활동은 현재를 다루는 장에서 다룬다. 또한 David Chandler, "The Kingdom of Kampuchea, March-October 1945," in *Facing the Cambodian Past*, pp. 165-88쪽 참조.
22) 예를 들면 AOM 3E 8 (12), 1923, 쁘레이 뻥(Prey Veng) 도지사의 연례보고서를 보라.
23) *L'Écho du Cambodge*, July 19, 1933.
24) 비록 캄보디아에 대한 언급은 거의 없지만, 이 시기에 대한 유용한 연구는 A.W. McCoy (ed.), *Southeast Asia Under Japanese Occupation* (New Haven: Yale University Southeast Asian Studies, Monograph Series No. 22, 1980) 참조.
25) 이 시기에 대한 드쿠의 회고록: *A la barre de l'Indochine (Paris, 1949)*. 또한 N. Sihanouk, *Souvenirs doux et amers* (Paris, 1981), pp. 59-114쪽 참조.
26) 그 전쟁에 대한 논의는 John Tully, *France on the Mekong*, pp. 333-39쪽 참조.
27) Charles Robequain, *The Economic Development of French Indo-China* (Oxford, 1944), p. 366쪽.
28) Milton Osborne, "King-making in Cambodia: From Sisowath to Sihanouk," *JSEAS*, Vol. 4, No. 3 (September 1973): 169-85.
29) Sihanouk, *L'Indochine vue de Pékin*, pp. 19-30, and Sihanouk, *Souvenirs doux et amers*, pp. 35-50.
30) Sihanouk chronicle, pp. 136-40.
31) V.M. Reddi, *A History of the Cambodian Independence Movement 1863-*

1955 (Tirupati, 1971), pp. 82-84; Bunchhan Muul, *Kuk niyobay* [Political prison] (Phnom Penh, 1971); Kong Somkar, *Achar Hem Chieu* [Venerable Hem Chieu] (Phnom Penh, 1971).

32) 이 정보는 1943년 망명 중이던 썽응옥탄과 캄보디아에 있었던 그의 민족주의자 동료 사이에 오갔던 미발표 서신 왕래에서 얻은 것이다.

33) 흥미롭게도 바르데 살해사건(위의 주 10번 참조)에 연루된 문맹의 농부인 Sok Bith는 하엠 찌우에 대해서 알았지만, 민족주의자 인물들에 대해서는 아는 것이 별로 없었다.

34) G. Gautier, Jeune Cambodge (Phnom Penh, 1943), p. 4. See also *Indochine*, No. *153 (August 5,* 1943) and No. 210 (August 10, 1944). 1944년 뽀쌋에서 올라온 AOM E 11 (7) 보고서는 그 당시 캄보디아의 모든 학교에서 로마자화된 크마에가 사용되었다고 언급하고 있다. 로마자화가 반드시 불행한 것은 아니지만 혼합된(?) 결과를 가져왔다(Eveline Porée-Maspero, letter of August 27, 1982).

35) Robert Ollivier, "Le Protectorat français au Cambodge" (Ph.D. diss., University of Paris, 1969), p. 213.

36) Sihanouk chronicle, p. 399.

37) Ollivier, "Le Protectorat français," p. 198. 역설적이게도 캄보디아의 독립 선언은 프랑스어로 작성되었다(1981년 9월 Nhek Tioulong과의 인터뷰). 1946년 국명이 다시 프랑스어인 캄보쥬가 되었다.

38) Tadakame 중위는 왕실의 정치 자문으로 배속되어, 2차 대전 이후에도 캄보디아에 머무르면서 에이싸락(Issarak) 운동에도 참여했다.

39) Sihanouk chronicle, p. 493.

40) Charles Meyer, *Derrière le sourire khmer* (Paris, 1971), pp. 115-16; Reddi, *History of the Cambodian Independence Movement*, pp. 105-9; and *Realités cambodgiennes*, July 9 and 16, 1967.

10장

1) Chandler, *The Tragedy of Cambodian History: Politics, War and Revolution since 1945* (New Haven, 1991), Chapter l.

2) V.M. Reddi, *A History of the Cambodian Independence Movement 1863-1955*

(Tirupati, 1971), p. 124.
3) 이 문단의 자료들의 출처는 Ben Kiernan, "Origins of Khmer Communism," in *Southeast Asian Affairs 1981* (Singapore, 1980), pp. 161-80; Bunchhan Muul, *Charet Khmer* [Khmer mores] (Phnom Penh, 1974) 및 Wilfred Burchett, *Mekong Upstream* (Hanoi, 1957) 등이다. 또한 John Tully, *France on the Mekong*, pp. 457-70쪽 참조.
4) P. Preschez, *Essai sur la démocratie au Cambodge* (Paris, 1961), pp. 17-19; Reddi, *History of the Cambodian Independence Movement*, pp. 124-26과 AOM, Cambodge, 7 F 29 (4), "Etude sur l'évolution de la politique intérieure et les partis politiques khmers" (1951)의 여기저기 참조. Chandler, *The Tragedy of Cambodian History*, 2장과 3장 및 Michael Vickery, "Looking Back at Cambodia," in Ben Kiernan and Chanthou Boua(eds.), *Peasants and Politics in Kampuchea, 1942-1981* (London, 1982), pp. 89-113쪽도 추가로 참조.
5) *AOM*, Cambodge 7F 29 (7), "Etude sur les mouvements rebelles au Cambodge, 1942-1952" (hereafter "Etude sur les mouvements"), pp. 9-10.
6) Reddi, *History of the Cambodian Independence Movement*, p. 129. 1947년과 51년에 추가적인 식민지 선거가 있었다. 1958년 선거까지는 여성들이 투표가 허락되지 않았다. 아마도 틀림없이 1947년과 1951년에 있었던 두 차례의 선거를 끝으로 1993년 UN의 지원 아래 치러졌던 총선거 때까지 캄보디아에는 더 이상 자유롭고 공정한 선거가 없었다. 어쨌든 두 차례의 선거는 어떤 형태가 되었든 캄보디아 역사상 첫 번째 선거였다.
7) Kiernan, "Origins of Khmer Communism," pp. 163-67쪽과 Reddi, *History of the Cambodian Independence Movement*, pp. 151-54쪽 참조.
8) 유테뷩 왕자는 여태 아무런 학술적인 관심을 받지 못했다. 1947년 프놈뻰에 있는 프랑스 병원에서 결핵 치료를 받던 중에 그가 사망하자 프랑스가 그를 암살했다는 소문이 돌았다. Reddi, *History of the Cambodian Independence Movement*, p. 137n과 Chandler, *The Tragedy of Cambodian History*, p. 37쪽 참조. 실제로 그러했다는 증거는 전혀 나타나지 않았다.
9) 쎄이하누, Souvenirs, pp. 158-168; Reddi, *History of the Cambodian Independence Movement*, pp. 165-73.

10) Vickery, "Looking Back at Cambodia," p. 97. Martin Herz, *A Short History of Cambodia* (New York and London, 1958), p. 83.

11) U.S. Foreign Broadcast Information Service (FBIS), *Broadcasts from the Far East,* November 7, 1951.

12) Quoted in Reddi, *History of the Cambodian Independence Movement,* p. 183.

13) 1981년 9월 치앙마이와 1988년 5월 방콕에서 진행된 Channa Samudvanija와 저자의 인터뷰

14) Chandler, *The Tragedy of Cambodian History,* pp. 59-61; Donald Lancaster, *The Emancipation of French Indo-China* (Oxford, 1961), p. 272; M. Laurent, *L'Armée au Cambodge et dans les pays en voie de développement en Sud Est Asiatique* (Paris, 1968), especially pp. 283-91.

15) "Etude sur les mouvements," p. 64ff. 또한 Steve Heder's magisterial study, *Cambodian Communism and the Vietnamese Model. Vol 1: Imitation and Independence* (Bangkok, 2004) 참조.

16) Kiernan, "Origin of Khmer Communism," p. 168.

17) "Etude sur les mouvements," pp. 84, 87. 두 번째 인용은 1952년 몇몇 "kholkozes와 같은 전제적인 협동농장은 껌뽕짬에서 기록되었다"고 언급한다. 흥미롭게도 이 지역은 1950-60년대에는 급진적인 활동의 근거지였고, 1970년대에는 민주 깜뿌찌어의 간부 배출처(seedbed)였다.

18) FBIS, November 28, 1951.

19) FBIS, April 4, 1979. 프놈뻰은 쎄이하누를 지원했던 마오쩌둥의 이름을 가진 거리가 있는 중국 밖의 유일한 도시일 것이다.

20) 더 자세한 것은 Chandler, *The Tragedy of Cambodian History,* pp. 61-67쪽 참조.

21) "Lettre de l'Association des Etudiants Khmers en France à sa Majesté Norodom 쎄이하누", Paris, July 6, 1952. Ben Kiernan에 의하면 이 성명서는 1975년에 숙청된 급진주의자였던 Hou Yuon이 쓴 것이다. 이 내용은 1952년 8월에 발간된 크마에 대학생(Khmer Nisut) 14호에 크마에로 실렸다. 같은 호에 진짜 크마에(크마에 다음, original Khmer)라는 이름으로, 나중에 뽈뽓으로 알려

지는 Saloth Sar가 두 꼭지의 글을 기고했다. 그 중 하나(왕정이냐 민주주의냐?)는 벤 키어난과 Serge Thion의 [Khmer Rouges!](Paris, 1981)의 357-60쪽까지의 부록에 실려 있고, 또 다른 글은 "왕실의 유럽 여행"이라는 제목으로 실렸는데, 이 글은 "왕의 명령은 정직하지 못하며, 학생들의 연대를 파괴하려 한다"고 주장하는 시[詩]로 끝을 맺고 있다. 흥미로운 것은 그 잡지의 어떤 기사도 인도차이나 전쟁에 대한 국제주의적인 관점을 취하고 있지 않다는 점이다. 그 기사들 모두가 가정하고 있는 반왕정주의, 친의회주의 입장은 뽈뽇과 그의 동료들이 이 시점에서 베트남이 지원하는 크마에인민혁명당(KPRP)보다는 썽응옥탄의 반체제 운동을 지지하고 있음을 보여준다.

22) Reddi, *History of the Cambodian Independence Movement*, p. 205. Norodom Sihanouk, *La Monarchie cambodgienne et la croisade royale pour l'indépendance* (Phnom Penh, c. 1957)의 여러 부분 참조; Chandler, *The Tragedy of Cambodian History*, pp. 67-72쪽과 John Tully, France on the Mekong, pp. 475-81쪽 참조

23) Norodom Sihanouk와 Wilfred Burchett, *My War with the CIA* (Harmondsworth, 1973), p. 153쪽과 Reddi, *History of the Cambodian Independence Movement*, p. 20쪽 참조.

24) Ollivier, "Le Protectorat français," pp. 344-46.

25) 앞의 책, p. 358ff 쪽은 프놈뻰이 무정부 상태가 되어간다는 인상을 준다. 이러한 분위기는 왕과 협상하려는 프랑스 의지를 가속화시켰을 것이다

26) Sihanouk, *Souvenirs*, pp. 209-12.

27) Kiernan, "Origins of Khmer Communism," p. 179.

28) 1981년 녁 쭈롱은 자신이 쎄이하누 내각에서 일하던 1950년대 중반, 새로 독립한 정권이 토지와 수확물에 부과하는 세금을 징수하는 것이 거의 불가능해졌다고 말했습니다. 캄보디아 농민들에게 독립은 다음과 같은 특정 부과금에서 벗어나는 것을 의미했던 것 같습니다(녁 쭈롱과의 저자 인터뷰, 1981년 8월).

29) *Cambodge*, April 14, 1955.

30) 1955년의 선거에 대해서는 Chandler, *The Tragedy of Cambodian History*, pp. 81-84쪽과 Philip Short, *Pol Pot: The History of a Nightmare* (London, 2004), pp. 110-12쪽 참조.

11장

1) 이에 대한 자세한 내용은 Chandler, *The Tragedy of Cambodian History: Politics, War and Revolution Since 1945* (New Haven, 1991), 4장과 Michael Vickery, "Looking Back at Cambodia," in Ben Kiernan and Chanthou Boua (eds.), *Peasants and Politics in Kampuchea, 1942-1981* (London, 1982) 참조.

2) 미국 정보 요원들은 1958-59년의 썸 싸리 음모와 1959년 2월의 답 추언 음모 모두에 개입했다. 썸싸리는 과거 쎄이하누가 총애했던 고위 관리였는데, 1959년 초 아마도 미국의 부추김으로 반대파가 되어 타이로 도주했다. 쎄이하누를 전복시키려고 타이 관리들은 썸 싸리와 반대파 망명자인 썽웅옥탄 사이의 연합을 모색했지만 실패했다. 2월에 타이의 협조를 받은 캄보디아 북서지방 군사령관인 답 추언이 반란을 일으키겠다고 위협했다. 그는 금괴, 무기 및 무선 장비를 사이공 정부로부터 지원받았었는데, 아마도 타이로부터도 받았을 것이다. 미국 CIA는 이 음모를 알고 있었지만, 쎄이하누에게 알리지 않았다. 자세한 논의에 대해서는 Chandler, *The Tragedy of Cambodian History*, pp. 99-107쪽 참조. 썸 싸리의 아들 썸레앙시(Sam Rainsy)는 1990년대에 여당에 대항하는 캄보디아의 주요한 정치인이 되었다.

3) Robert Shaplen, *The Lost Revolution: Vietnam 1945-1965* (New York, 1966) pp. 367ff.; Simone Lacouture, *Cambodge* (Lausanne, 1964), pp. 133-52. 그의 생애에 대한 전기적인 개괄에 대해서는 Milton Osborne, *Sihanouk: Prince of Light, Prince of Darkness* (Sydney, 1995) 참조. 쎄이하누의 전직 개인 비서였던 Julio Jeldres는 그의 공식 전기를 위해 작업 중이다. 이 시기에 대한 쎄이하누 자신의 회고록 *Souvenirs doux et amers* (Paris, 1981)은 생생하지만 주의해서 읽어야 한다.

4) 쎄이하누의 외교 정책에 대한 통찰력 있는 분석에 대해서는 Roger Smith, *Cambodia's Foreign Policy* (Ithaca, N.Y., 1965)과 Nasir Abdoul Carime, "Mise en perspective de la diplomatie Sihanoukienne," *Peninsule*, vol. 36(1998): 175-91 및 Kenton Clymer, *United States and Cambodia, 1870-2000* (New York, 2004) 참조.

5) Ben Kiernan, *How Pol Pot Came to Power* (London, 1985), pp. 202ff.는 대부분 1979-1982년 사이에 진행된 인터뷰에 근거한 것이다. 또한 David Chandler,

Brother Number One: A Political Biography of Pol Pot, 2판. (Boulder, Colo., 1999), pp. 64-71쪽과 Philip Short, *Pol Pot*, pp. 143-44쪽 참조.

6) 쎄이하누 시대의 예술과 문화에 대한 재미있는 분석에 대해서는 Ly Daravudh 와 Ingred Muan(eds.), *Cultures of Independence* (Phnom Penh, 2001) 참조.

7) Kenton J. Clymer, "The Perils of Neutrality: The Break in US-Cambodian Relations, 1965," *Diplomatic History*, Vol. 23, No. 4 (Fall 1999): 609-31. George McT. Kahin, *Southeast Asia: A Testament* (London, 2003), pp. 246-60쪽과 미국에 대해 더 비판적인 설명 참조.

8) 썸론 사건에 대한 쎄이하누의 반응에 대한 분석은 Kiernan, *How Pol Pot Came to Power*, pp. 249ff.; Elizabeth Becker, *When the War Was Over* (New York, 1986), pp. 119-22쪽 및 Chandler, *The Tragedy of Cambodian History*, 5장 참조. 폭동이 실패했기 때문인지 크마에 공산주의자들은 이것에 대한 어떠한 책임도 요구하지 않았다.

9) 쌀론 써의 베트남 방문에 대해서는 베트남 문서를 연구한 Thomas Engelbert 와 Christopher Goscha, *Falling Out of Touch: A Study of Vietnamese Communist Policy Toward an Emerging Cambodian Communist Movement, 1930-1975* (Clayton, Australia, 1995) 참조. 또한 Chandler, *Brother Number One: A Political Biography of Pol Pot*, 2nd ed. (Boulder, Colo. 1999), pp. 69-73쪽과 Philip Short, *Pol Pot*, pp. 156-58쪽 참조. 이 시기 중국에서의 정치적 조건에 대한 논의에 대해서는 Roderick MacFarquhar와 Michael Schoenhals, *Mao's Last Revolution* (Cambridge, Mass., 2006), pp. 15-34쪽 참조.

10) 이 시기의 쎄이하눅에 대한 적대적인 최근의 연구를 위해서는 Charles Meyer, Derrière le sourire khmer (Paris, 1971)와 J.C. Pomonti와 Serge Thion, *Des courtisans aux partisans: La crise cambodgienne* (Paris, 1971) 참조. 또한 Laura summers, "The Sources of Economic Grievance in Sihanouk's Cambodia," *Southeast Asian Journal of Social Science*, Vol. 14, No. 1 (1986)과 Remy Prud'homme, *L'Économie du Cambodge* (Paris, 1969) 참조. Summers 와 Prud'homme는 1960년대 말 캄보디아에 영향을 미쳤던 경제적 어려움에 대해 웅변적으로 서술하고 있다.

11) 이 쿠데타에 대해서는 Chandler, *The Tragedy of Cambodian History*, pp.

197-199쪽 참조. 또한 Pomonti & Thion, *Des courtisans aux partisans*; Justin Corfield, *Khmers Stand Up!* (Clayton, Australia, 1994)과 William Shawcross, *Sideshow: Nixon, Kissinger, and the Destruction of Cambodia* (New York, 1979) 참조. Kahin, *Southeast Asia*, pp. 279-99쪽은 미국이 특히 사이공에서 이 쿠데타를 지원하기 위해 개입했음을 강력하게 주장한다. 쿠데타가 워싱턴에서 계획되었다는 증거는 설득력이 떨어졌지만 워싱턴은 그 결과를 거의 즉시 받아들였다.

12) Robert Sam Anson, *War News* (New York, 1989)는 이 시기를 감동적으로 재현했다.
13) 미국의 폭격에 대해서는 Shawcross, *Sideshow*, pp. 209-19쪽과 Ben Kiernan, "The American Bombardment of Kampuchea, 1969-1973," *Vietnam Generation*, Vol. 1, No. 1 (Winter 1989): 4-42쪽 참조.
14) 공산주의자들의 프놈펜 입성에 대해서는 다른 것들보다 Francois Ponchaud, *Cambodia Year Zero* (New York, 1978), pp. 1122쪽과 Someth May, *Cambodian Witness* (London, 1986), pp. 100-5쪽 참조. 크마에루즈는 그들의 선전에서 "0년" 또는 "1년"을 사용하지 않았지만 그들은 캄보디아 역사가 4월 17일에 끝나고, 새로 시작되었다고 종종 말하곤 했다.

12장

1) David P. Chandler, "Seeing Red: Perceptions of History in Democratic Kampuchea," in David P. Chandler and Ben Kiernan (eds.), *Revolution and Its Aftermath in Kampuchea: Eight Essays* (New Haven, 1983); Serge Thion, "The Pattern of Cambodian Politics," in David Ablin and Marlowe Hood (eds.), *The Cambodian Agony* (Armonk, N.Y., 1988), pp. 149-64; NOTES François Ponchaud, "Social Change in the Vortex of Revolution," in Karl Jackson (ed.), *Cambodia 1975-1978: Rendezvous with Death* (Princeton, N.J., 1989), pp. 151-78; Ben Kiernan, *The Pol Pot Regime: Politics, Race, and Genocide Under the Khmer Rouge* (New Haven, 1995); and Steve Heder, "Racism, Marxism, Labeling and Genocide in Ben Kiernan's The Pol Pot Regime," *Southeast Asian Research*, No. 5 (1997): 101-53은 키어난의 연구 중

일부에 대해 이의를 제기하고 있다.

2) 도시 소개에 대한 생생한 초기 증언을 보려면 François Ponchaud, *Cambodia Year Zero* (New York, 1978), pp. 1-51쪽과 Pin Yathay, *L'Utopie Meurtriere* (Paris, 1980), pp. 39-56쪽을 보라. 또한 Kevin McIntyre, "Geography as Destiny: cities, villages and Khmer Rouge Orientalism," *Comparative Studies in Society and History*, Vol. 35(1996): 730-58쪽 참조. 이러한 움직임은 중국과 베트남의 신중한 혁명을 앞지르기 위한 노력의 일환일 수도 있다. Philip Short, *Pol Pot: The History of a Nightmare* (London, 2004), pp. 300-1. 중국인들은 1960년대에 시아퐁(xiafong)이라 알려진 편파적이고 강제적인 하방운동을 실시했다. John Bryan Starr, *Understanding China* (London, 2003), p. 127쪽 참조.

3) 전직 도시공학자와의 저자 인터뷰(1987년 4월). 또한 David Chandler, Muy Hong Lim & Ben Kiernan, *The Early Phases of Liberation in Cambodia: Conversations with Peang sophy* (Clayton, Australia, 1976) 참조.

4) Michael Vickery, *Cambodia 1975-1982* (Boston, 1983), pp. 64-188. 민주깜뿌찌어 시대의 시간적, 공간적 변화에 대한 Vickery의 발견은 여러 학자들과 1980년대와 1990년대에 있었던 필자의 인터뷰에 의해 확증되었다.

5) Timothy Carney, "The Organization of Power," in Jackson, *Cambodia 1975-1978*, pp. 79-107쪽과 John Marston, "Khmer Rouge Songs," *Crossroads* 16/1 (2002): 100-12 참조.

6) Ben Kiernan (ed.), *Genocide and Democracy in Cambodia: The Khmer Rouge, the United Nations, and the International Community* (New Haven, 1993)과 Patrick Heuveline, " 'Between One and Three Million': Towards the Demographic Reconstruction of a Decade of Cambodian History (1970-1979)," *Population Studies*, Vol. 52 (1998): 49-65 참조. 아울러 Steve Heder, "Racism, Marxism, Labeling and Genocide in Ben Kiernan's *The Pol Pot Regime*" 참조.

7) Henri Locard (ed. And tr.), *Pol Pot's Little Red Book: The Sayings of Angkar* (Chiangmai, 2004), p. 210.

8) Norodom Sihanouk, *Prisonnier des Khmers rouge* (Paris, 1986), pp. 87-110.

9) 헌법 문항에 대해서는 Ponchaud, *Cambodia Year Zero*, pp. 199-106쪽 참조. 아울러 David P. Chandler, "the Constitution of Democratic Kampuchea: The Semantics of Revolutionary Change," *PA*, Vol. 49, No3 (Fall 1976): 506-15쪽 참조.

10) 4개년 계획에 대해서는 Chandler, Kiernan, and Chanthou Boua, *Pol pot Plans the Future* (New Haven, 1988), pp. 36-118쪽 참조. 민주깜뿌찌어의 경제에 대해서는 Charles Twining, "The Economy," in Jackson, Cambodia 1975-1978, pp. 109-50쪽과 Marie Martin, *Le mal cambodgien* (Paris, 1989), pp. 156-202쪽 참조.

11) Chandler, Kiernan, and Boua, *Pol Pot Plans the Future*, p. 36.

12) 1988년 3월 멜버른에서 있었던 전직 승려와의 저자 인터뷰.

13) 민주깜뿌찌어 관리들은 그들의 경제계획을 위대한 도약이라고 불렀는데, 이는 인정하지는 않았지만 중국의 용어를 빌려온 것이었다. 뽈뽇과 그의 동료들이 1970년대 중국의 대약진운동이 실패했다는 것을 알았는지는 모를 일이다. William Joseph, "A Tragedy of Good Intentions: Post-Mao Views of the Great Leap Forward," *Modern China*, vol. 12, No. 4 (October 1986): 419-57.

14) 1951 vs 1960 논쟁에 대해서는Chandler, Kiernan & Boua, *Pol Pot Plans the Future*, pp. 164-76쪽과 David Chandler, "Revising the Past in Democratic Kampuchea: When was the Birthday of the Party?" in David Chandler, *Facing the Cambodian Past* (Chiangmai, 1996), pp. 215-32쪽 참조.

15) David Chandler, *Voices from S-21, Terror and History in Pol Pot's Secret Prison* (Berkeley, 1999), pp. 57-62.

16) 이 시설에 대해서는 Chandler, *Voices from S-21*, 여러 곳과 Anthony Barnett, Ben Kiernan, & Chanthou Boua, "Bureaucracy of Death: Documents from inside Pol Pot's Torture Machine," *New Statement*, May 2, 1980 참조. 또한 Douglas Niven & Chris Riley (eds.), *Killing Fields* (Santa Fe, N.M., 1996)와 Rachel Hughes, "The Abject Artifacts of Memory: Photographs from the Cambodian Genocide," *Media, Culture and Society* 25 (2003): 123-44쪽 참조.

17) Chandler, *Voices from S-21*, p. 57. 다른 곳에서는 보고되지 않은 뽈뽇의 중

국 방문에 대해서는 Short, *Pol Pot*, p. 362 참조. 결코 완성되지 못할 이 공항이 1925년 바르데가 살해되었던 마을에서 가깝다는 것은 역설적이다. 이곳에서 수백명의 크마에 노동자들이 미숙한 폭발사고와 과로로 목숨을 잃었다(Henri Locard와의 개인적인 대화).

18) 위의 책, pp. 35-36쪽 참조. 아울러 Vann Nath, *A Cambodian Prison Portrait: One Year in the Khmer Rouge's S-21* (Bangkok, 1998) 참조.

19) Chandler, Kiernan, and Boua, *Pol Pot Plans the Future*, p. 183.

20) 앞의 책, p. 185.

21) "The Last Plan," in Jackson, *Cambodia 1975-1978*, pp. 299-314. 혁명 이후 계급 전쟁이 계속될 것이라는 내용을 담은 이 글은 중국 문화혁명 지도자들의 견해를 반영했다. Andrew Walder, "cultural Revolution Radicalism: Variations on a Stalinist Theme," in William Joseph et al. (eds.), *New Perspectives on the Cultural Revolution* (Cambridge, Mass., 1991), pp. 41-62. See also Chandler, *Voices from S-21*, pp. 44-76.

22) Nayan Chanda, *Brother Enemy* (New York, 1986), pp. 94-96, 109-10. 최근에 확인된 원유 매장량에 대해서는 13장 참조.

23) 이 갈등에 대해서는 Chanda, *Brother Enemy*, and Grant Evans and Kelvin Rowley, *Red Brotherhood at War* (London, 1984; rev. ed., 1990) 참조.

24) Chanda, *Brother Enemy*, pp. 255ff., and Evans and Rowley, *Red Brotherhood at War*, pp. 115ff.

25) Pol Pot, "Long Live the 17th Anniversary of the Communist Party of Kampuchea," 이 연설은 1977년 9월 27일 프놈뻰 올림픽 경기장에서 했던 것이었고, 이틀 후인 1977년 10월 4일에 FBIS에서 방송되었다.

26) 중국 방문에 대해서는 Chandler, *Brother Number One*, pp. 137-38, drawing on Chanda, Brother Enemy, pp. 100-2쪽과 Short, *Pol Pot*, pp. 375-76쪽 참조.

27) 훈싸엔에 대해서는 Harsh and Julie Mehta, *Hun Sen: Strong Man of Cambodia* (Singapore, 1999)를 참조하되, 다소 칭찬일색의 연구란 점에 유의하라.

28) 동부지역의 숙청에 대해서는 Kiernan, T*he Pol Pot Regime*, pp. 369-75, 405-11쪽 참조. 1977년 4월 씨엠리업 도에서 있었던 중단된 폭동에 대해서는 Margaret Slocomb, "Chikreng Rebellion: Coup and Its Aftermath in Democratic

Kampuchea" *Journal of the Royal Asiatic Society* 16/1 (April 2006): 59-72쪽에서 잘 다루고 있는데, 이는 생존자들의 인터뷰도 같이 싣고 있다.
29) Elizabeth Becker, *When the War Was Over* (New York, 1986), p. 389.
30) Evan Gottesman, *Cambodia after the Khmer Rouge* (New Haven, 2003), pp. 7-8.
31) 이 방문에 대해서는 Becker, *When the War Was Over*, pp. 387-425쪽과 Chandler, *Brother Number One*, pp. 153-55쪽 참조. Short, *Pol Pot*, pp. 394-95쪽은 뽈뽓은 'CIA 요원'인 더드먼이 콜드웰을 죽였다고 믿었지만 쇼트는 암살자들이 베트남 사령부일 가능성이 가장 높다고 생각했다고 쓰고 있다.
32) 이 정권의 마지막 날에 대해서는 Short, *Pol Pot*, pp. 396-400쪽 참조.
33) 1980년대 크마에루즈의 활동에 대해서는 Christophe Peschoux, *Les 'nouveaux' Khmers rouges: Enquête 1979-1990* (Paris, 1992) 참조.
34) Kate Frieson, *The Impact of the Revoulution on Khmer Peasants: 1970-1975* (Ann Arbor, Mich., 1992)는 1970년대 초 대부분의 시골 사람들의 혁명적 압박에 대한 무관심에 대해 기록하고 있다. 또한 Frank Smith, *Interpretive Accounts of the Khmer Rouge Years: Personal Experience in Cambodian Peasant World View* (Madison, Wis., 1989) 참조.

13장

1) 이 시기에 대한 첫 번째 상세한 연구로는 Michael Vickery, *Kampuchea* (London, 1986)이 있다. 정권에 덜 호의적인 총체적 분석을 보려면 Evan Gottsman, *Cambodia after the Khmer Rouge* (New Haven, 2003)을 보라. 또한 Margaret Slocomb, *The Peoples' Republic of Kampuchea: The Revolution after Pol Pot* (Chianmai, 2004) 참조. 훈싸엔에 대해서 보려면 Harsh and Julie Mehta, *Hus Sen: Strong Man of Cambodia* (Singapore, 1999) 참조.
2) Denis Affonço, *La digue des veuves* (Paris, 2005)와 U Sam Oeur, *Crossing Three Wildernesses* (Minneapolis, 2005), pp. 281-302쪽.[이 이에 대해 생생하게 설명하고 있다.]
3) 이 시기의 대조적인 조치에 대해서는 William Shawcross, *The Quality of Mercy* (New York, 1984) 여러 곳과 Michael Vickery, *Cambodia 1975-*

1982 (Boston, 1983), pp. 218ff. 및 Stephen Morris, *Why Vietnam Invaded Cambodia* (Stanford, 1999) 참조.

4) Gottesman, *Cambodia after the Khmer Rouge,* pp. 79-101.

5) 이 재판에 대해서는 Gottesman, *Cambodia after the Khmer Rouge,* pp. 60-65쪽과 Tom Fawthrop과 Helen Jarvis, *Getting Away with Genocide?* (Sydney, 2005) pp. 40-52쪽 및 Affonço, *Digue des veuves,* pp. 221-44쪽 참조. Affonço는 그 재판에 참석한 달변의 증인이었다. 이엥 싸리와 뽈뽓을 변호하기 위해 법정에 의해 지명된 아프리카계 미국인 공산주의자인 변호사는 재판에서 이렇게 말했다. "나는 극악무도한 범죄를 입증하려고 지구 반바퀴를 돌아 이곳에 온 것이 아닙니다. 뽈뽓과 이엥 싸리가 범죄에 미친 괴물들이라는 것은 자명합니다." Howard J. de Nike et al. (eds.), *Genocide in Cambodia: Documents from the Trial of Pol Pot and Ieng Sary* (Philadelphia, 2000), p. 504쪽 참조. 아울러 David Chandler, *Voices from S-21* (Berkeley, 1999), pp. 4-10쪽 참조. Charles McDermid, "looking Back at the 1979 People's Revolutionary Tribunal," *Phnom Penh Post, January 16 - February 28, 2007* 기사는 그 재판에 참석한 학자들과 여러 명의 증인들과의 인터뷰를 싣고 있다.

6) 깜뿌찌어인민공화국에 대한 서방의 무관심에 대해서는 Eva Mysliwicc, *Punishing the Poor: The International Isolation of Kampuchea* (Oxford, 1988) 참조.

7) 민주깜뿌찌어 치하의 사망자수에 대한 가장 최근의 조사는 P. Heuveline, "'Between One and Three Million': Towards the Demographic Reconstruction of a Decade of Cambodian History (1970 ~ 1979)," *Population Studies*, Vol. 52(1998): 49 참조. 또한 Craig Etcheson, *After the Killing Fields: Lessons of the Cambodian Genocide* (Westport, Conn., 2005), pp. 118-19쪽 참조.

8) 민주깜뿌찌어 파벌에 대한 중국의 원조는 매년 3천만 달러에 이르는 것으로 추산되지만, 그 수치가 발표된 적은 한 번도 없다. 중국은 1956년 이래 모든 캄보디아 정부에 상당한 원조를 지원해왔다. 다만 1970-1975와 1979-1993에는 반대파를 지원했다.

9) Margaret Slocomb, "The K-5 Gamble: National Defense and Nation Building under the Peoples' Republic of Kampuchea," *JSEAS* 32/2, (June 2001): 195-

210쪽과 Gottesman, *Cambodia after the Khmer Rouge*, pp. 223-37쪽 참조.

10) Gottesman, *Cambodia after the Khmer Rouge*, pp. 336-50. 1990년대 초 캄보디아 문화에 대한 흥미로운 에세이 모음은 May Ebihara, Carol Mortland, and Judy Ledgerwood (eds.), *Cambodian Culture Since 1975: Homeland and Exile* (Ithaca, N.Y., 1994)에서 볼 수 있다.

11) Gottesman, *Cambodia after the Khmer Rouge*, pp. 316-35.

12) UNTAC 시기에 대해서는 Peter Bartu, "The 'Fifth Faction': The United Nations Intervention in Cambodia 1991-1993" (Ph.D. 논문, Monash University, 1998); Michael Doyle et al. (eds.), *Keeping the Peace: Multi-Dimensional UN Operations in Cambodia and El Salvador* (Cambridge, 1997); Trevor Findlay, *Cambodia: The Legacy and Lessons of UNTAC* (New York, 1995); and Steve Heder and Judy Lddgerwood (eds.), *Propaganda, Politics, and Violence in Cambodia in the UNTAC Period* (Armonk, N.Y., 1996) 등 참조.

13) 그 재판 이전의 과정에 대해서는 David Chandler, "Will There Be a Trial for the Khmer Rouge?" *Ethics & International Affair*, 14 (1) (2000): 67-82쪽과 Tom Fawthrop and Helen Jarvis, *Getting Away with Genocide: Elusive Justice and the Khmer Rouge Tribunal* (Sydney, 2004), pp. 155-88쪽 참조.

14) 뽈뽓의 마지막 해에 대해서는 Chandler, *Brother Number One: A Political Biography of Pol Pot* (Boulder, Colo., 1999), pp. 178-88쪽과 Philip Short, *Pol Pot: The History of Nightmare* (London, 2004), pp. 435-42쪽을 참조할 것.

15) Nick Cummins, *The 1997 Coup in Cambodia: The Prince, the Comrade and the Revolutionary* (Clayton, Australia, 2007)가 신뢰할 만한 가장 최근 연구이다. 9년 넘게 쿠데타에 대해 질문했지만 CPP 사상자를 언급하는 사람은 한 번도 없었다. 2001년에 훈싸엔은 누군가를 죽이라고 명령한 사실을 부인하면서 한 기자에게 "내가 정말로 FUNCINPEC 관리들을 죽이라는 명령을 내렸다면 … 오늘날 FUNCINPEC은 한 명도 남아있지 않을 것"이라고 말했다. Nayan Chanda, "The Ruler's Rules," *Far Eastern Economic Review*, 10 May 2001.

16) 1998년의 선거에 대해서는 Sophie Richardson, *The July 1998 Cambodian national Election* (Washington, D. C., 1999)과 Caroline Hughes and Kim Sedara, *The Evolution of Democratic Process and Conflict Management*

in Cambodia: A Comparative Study of Three Cambodian Elections (Phnom Penh, 2004) 및 Caroline Hughes, The Political Economy of Cambodia's Transition, 1991-2001 (London, 2003), pp. 67-76쪽 참조.

17) 가혹한 평가를 위해서는 Steve Heder, "Hun Sen's Consolidation: Death or the Beginning of Reform?" Southeast Asian Affairs 2005, pp. 113-30쪽 참조. Heder는 정치적 관점에서 캄보디아를 "후견과 부패와 억압으로 버무려진 미로"라고 불렀다(p. 114쪽). 또한 Kheang Un, "Patronage Politics and Hybrid Democracy: Political Change in Cambodia, 1993~2003" Asian Perspective 29/2 (2005): 203-30 참조.

18) Hughes and Sedara, The Evolution of Democratic Process, pp. 25-32. 선거이후의 술책에 대해서는 Heder, "Hun Sen's Consolidation," pp. 115ff 참조.

19) Tin Maung Maung Tan, "Cambodia: Strong Man, Terrible Man, Invisible Man," Southeast Asian Affairs 2004, pp. 73-89, and Alexander Hinton, "Khmerness and the Thai 'Other': Violence, Discourse and Symbolism in the 2003 Anti-Thai Riots in Cambodia," JSEAS 37/5 (October 2006): 445~68.

20) Heder, "Hun Sen's consolidation," pp. 120ff.

21) 원유매상에 대해서는 Adam Piore, "Crash Strapped Cambodia Eyes Black Gold," Christian Science Monitor, August 30, 2006 참조.

22) 이 재판소는 캄보디아 법정의 특별재판소(the Extraordinary Chambers of the Courts of Cambodia 약칭, ECCC)라고 불렸다. Seth Mydans, "Proceedings to Open on Aged Chiefs of Khmer Rouge," International Herald Tribune, August 4, 2006. Tom Fawthrop and Helen Jarvis, Getting Away with Genocide? Elusive Justice and the Khmer Rouge Tribunal (Sydney, 2005); Steve Heder and Brian Tittemore, Seven Candidates for Prosecution, 2nd ed. (Phnom Penh, 2004); and John C. Ciorciari (ed.), The Khmer Rouge Tribunal (Phnom Penh, 2006).

참고문헌

캄보디아 역사 전반에 대하여

Adhèmard Leclère, *Histoire du Cambodge* (Paris, 1914; reprinted 1975).
Alain Forest, *Le culte des génies protecteurs au Cambodge* (Paris, 1992).
Ang Choulean, *Les Etres surnaturels dans la religion populaire khmère* (Paris, 1986).
Anne Hansen, *How to Behave: Buddhism and Modernity in Colonial Cambodia* (Honolulu, 2007).
Bruno Brugier (ed.), *Bibliographie du Cambodge Ancien* (Paris, 1998).
David Chandler, *Facing the Cambodian Past: Selected Essays 1971-1994.* (Sydney and Chiangmai, 1996)
E. Porée-Maspéro, *Etude sur les rites agraires des cambodgiens* (Paris and The Hague, 1962-69).
G. Martel, *Lovea* (Paris, 1975).
Helen Jarvis, *Cambodia* (Santa Barbara, Calif., 1997).
Ian Harris, *Cambodian Buddhism: History and Practice* (Honolulu, 2005).
Ian Mabbett & David Chandler, *The Khmers* (Oxford, 1995).
Jean Delvert, *magisterial Le paysan cambodgien* (Paris & The Hague, 1961).
John Marston & Elizabeth Guthrie (eds.), *History, Buddhism, and New Religious Movements in Cambodia* (Honolulu, 2004).
John Tully, *A Short History of Cambodia: From Empire to Survival* (Sydney, 2005).
Justin Corfield & Laura Summers, *Historical Dictionary of Cambodia* (Lanham Md., 2003).
Michel Igout, *Phnom Penh Then and Now* (Bangkok, 1993).

Saveros Pou, *Selected Papers on Khmerology* (Phnom Penh, 2003).
Solange Thierry, *Les Khmers* (Paris, 1964).
Trudy Jacobsen, *Lost Goddesses: The Denial of Female Power in Cambodian History* (Copenhagen, 2007).

선사시대부터 엉꼬제국의 쇠퇴기까지

A. Barth and A. Bergaigne, *Inscriptions sanscrites du Cambodge*, 2 vols., (Paris 1885, 1893).
Alexis Sanderson, "The Shaivite Religion among the Khmers" *BEFEO* 90-91 (2003-4).
B.P. Groslier, *Les inscriptions du Bayon* (Paris, 1973).
B.P. Groslier & Jacques Arthaud, *Angkor: Art and Civilization* (N.Y., 1966).
Bruno Dagens, *Angkor: La Forêt de pierre* (Paris, 1989).
Charles Higham, *Early Cultures of Mainland Southeast Asia* (Bangkok, 2002). *The Archaeology of Mainland Southeast Asia* (Cambridge, 1989). *The Civilization of Angkor* (London, 2001).
Claude Jacques & Philippe Lafond, *The Khmer Empire: Cities and Sanctuaries from the 5th to the 13th Century* (Bangkok, 2006).
Dawn Rooney, *Angkor: Cambodia's Wondrous Temples* (Bangkok, 2007).
Donn Bayard, "The Roots of Indo-Chinese Civilization," *Pacific Affairs*, Vol. 53, No. 1 (Spring 1980)
Eleanor Mannika, *Angkor Wat: Time, Space, and Kingship* (Honolulu, 1996).
G. Coedes, *Les inscriptions du Cambodge*, 8 vols. (Hanoi & Paris, 1937-66).
H. Kulke, *The Devaraja Cult* (Ithaca, N.Y., 1978).
Helen Ibbetson Jessup & Thierry Zephir (eds.), *Sculpture of Angkor and Ancient Cambodia: Millennium of Glory* (New York, 1997).
I.W. Mbar, "The 'Indianization' of Mainland Southeast Asia: A Reappraisal" in Natasha Eilenberg et al. (eds.), *Living a Life According to the Dharma: Papers in Honor of Professor Jean Boisselier's 80th*

Birthday (Bangkok, 1997).

Ian Mabbett, "Kingship in Angkor," *Journal of the Siam Society,* Vol. 66, No. 2 (July 1978).

J. Nepote, "Mythes de fondation et fonctionnement de l'ordre sociale dans la basse vallée du Mékong," *Peninsule* 38 (1999).

Joyce Clark & Michael Vickery (eds.), *The Bayon: New Perspectives* (Bangkok, 2007).

K. Bhattacharya, *Les religions brahmaniques dans l'ancien Cambodge,* (Paris, 1961).

L.P. Briggs, *The Ancient Khmer Empire* (Philadelphia, 1951).

Michael D. Coe, *Angkor and the Khmer Civilization* (New York, 2003).

Michael Freeman & Claude Jacques, *Angkor* (Bangkok, 2003).

Michael Vickery, *Society, Economics, and Politics in Pre-Angkor Cambodia* (Tokyo, 1998)
"Funan Reviewed: Deconstructing the Ancients," *BEFEO* 90-91 (2003-4).

Miriam T. Stark, "The Transition to History in the Mekong Delta: A View from Cambodia," *International Journal of Historical Anthropology* 2/3 (1998).

S. Sahai, *Les institutions politiques et l'organisation administrative du Cambodge ancien* (Paris, 1970).

Jean Boisselier, *Le Cambodge* (Paris, 1966).

Saveros Pou, *Nouvelles inscriptions du Cambodge* (Vol.1, Paris, 1980; Vols. II and III, Paris 2001).

Phillipe Stern, *Les monuments khmers du style du Bayon et Jayavarman VII* (Paris, 1965).

엉꼬 제국 이후의 캄보디아

Ashley Thompson, "Changing Perspectives: Cambodia After Angkor" in Jessup and Zephir, Sculpture of Angkor, and "Introductory Remarks Between the Lines: Writing Histories of Middle Cambodia," in Barbara Watson Andaya (ed.), *Other Pasts: Women, Gender and History in Early Modern Southeast Asia* (Honolulu, 2000).

B.P. Groslier, *Angkor et le Cambodge au XVIe siècle d'après les sources portugaises et espagnoles* (Paris, 1958).

Carool Kersten (ed. and tr.), *Strange Events in the Kingdoms of Cambodia and Laos* (1635-1644) (Bangkok, 2003).

Claude Jacques, "Les derniers siècles d'Angkor," *Comptes rendus de l'Academie des Inscriptions et belles-Lettres* (2001).

David P. Chandler, *Cambodia Before the French: Politics in a Tributary Kingdom, 1794-1847* (Ann Arbor, Mich., 1974).

Gabriel Quiroga de San Antonio, *A Brief and Truthful Relation of Events in the Kingdom of Cambodia* (Bangkok, 1998).

Gregory Mikaelian, "La gestion administrative du royaume khmère d'aprés un code institutionel du XVIIe siècle," *Peninsule 35* (1998).

Jean-Claude Lejosne, "Historiographie du Cambodge aux XVIe et XVIIe siècles," in Pierre L. Lamant (ed.), *Bilan et perspectives des Ètudes khmères (Langue et Culture)* (Paris, 1997).

Judith Jacob, *The Traditional Literature of Cambodia* (Oxford, 1996).

Khin Sok (ed. and tr.), *Chroniques royales du Cambodge: De Bana Yat à la prise de Lanvek* (Paris, 1988).

L'annexation du Cambodge par les Vietnamiens au XIXe Siècle (Paris, 2002).

Le Cambodge entre le Siam et le Vietnam (de 1775 a 1860) (Paris, 1991).

Michael Vickery, *Cambodia and Its Neighbors in the 15th Century* (Singapore, Asia Research Institute, Working Paper 27, 2004) *Cambodia After Angkor: The Chronicular Evidence for the Fourteenth to Sixteenth Centuries* (Ann Arbor, Mich., 1977).

May Ebihara, "Societal Organization in Sixteenth and Seventeenth Century Cambodia," *Journal of Southeast Asian Studies,* Vol. 15, No. 2 (September 1984).

Mak Phoeun (ed. and tr.), *Chroniques royales du Cambodge* (de 1594 à 1677) (Paris, 1981)

"Essai d'un tableau chronologique des rois de Cambodge de la période post-angkorien," *Journal Asiatique* 290 (2002).

Saveros Pou, *Bulletin de l'Ecole Française d'Extrême Orient,* Vol. 59 (1972) and Vol. 62 (1975). Reamker, 3 vols. (Paris, 1977-79).

Une guirland de chbab (Paris, 1988).

Yoneo Ishii (ed.), *The Junk Trade from Southeast Asia: Translations from the Tosen Fusetsugaki 1674-1723* (Singapore 1998).

프랑스 식민지 시기, 1863-1954

Alain Forest, *Le Cambodge et la colonisation française: Histoire d'une colonisation sans heurts (1897-1920)* (Paris, 1980).

Ben Kiernan, *How Pol Pot Came to Power,* 2nd ed. (New Haven, 2005).

Ben Kiernan and Chanthou Boua (eds.), *Peasants and Politics in Kampuchea, 1942-1981* (London, 1982).

Donald Lancaster, *The Emancipation of French Indo-China* (N.Y., 1961).

G. Taboulet (ed.), *La geste française en Indochine,* 2 vols. (Paris, 1955).

J.C. Pomonti and Serge Thion, *Des courtesans aux partisans: La crise cambodgienne* (Paris, 1971).

John Tully, *Mekong: A History of the Protectorate in Cambodia* (Lanham, Md., 2002) *Cambodia under the Tricolour: The Sisowath Years* (Clayton, Australia 1996).

Milton Osborne's, *The French Presence in Cochinchina and Cambodia: Rule and Response (1859-1905)* (Ithaca, N.Y., 1969) .

Norodom Sihanouk's memoirs, L'Indochine vue de Pékin (Paris, 1972).

Penny Edwards, Cambodge: *The Cultivation of a Nation, 1860-1945* (Honolulu, 2007).

Philippe Preschez, *Essai sur la démocratie au Cambodge* (Paris, 1961).

Steve Heder, *Cambodian Communism and the Vietnamese Model*. Vol 1: Imitation and Independence (Bangkok, 2004). *Souvenirs doux et amers* (Paris, 1981).

1955-75 사이의 캄보디아 역사

Charles Meyer, *Derrière le sourire khmer* (Paris, 1971).

David Chandler, *The Tragedy of Cambodian History: Politics, War, and Revolution Since 1945* (New Haven, 1991).

Justin Corfield, *Khmers Stand Up!* (Clayton, Australia, 1994).

Kenton Clymer, *United States and Cambodia, 1870-2000*, 2 vols. (New York, 2004).

Ly Daravuth & Ingrid Muan (eds.), *Cultures of Independence: An Introduction to Cambodian Arts and Culture in the 1950s and 1960s* (Phnom Penh, 2001).

Milton Osborne, *Before Kampuchea* (London, 1979).

Thomas Engelbert & Christopher Goscha, *Falling Out of Touch: A Study of Vietnamese Communist Policy toward an Emerging Cambodian Communist Movement, 1930-1975* (Clayton, Australia, 1995) .

U Sam Oeur, Crossing Three Wildernesses (Minneapolis, 2005).

뽈뽓 시기

Alexander Hinton, *Why Did They Kill? Cambodia in the Shadow of Genocide* (Berkeley and Los Angeles, 2005).

Ben Kiernan, *The Pol Pot Regime: Politics, Race, and Genocide* (New Haven, 1996).

David Chandler, *Brother Number One: A Political Biography of Pol Pot*, 2nd ed. (Boulder, Colo., 1999).
　　Voices from S-21: Terror and History in Pol Pot's Secret Prison (Berkeley and Los Angeles, 1999).
David Chandler & Ben Kiernan (eds.), *Revolution and Its Aftermath in Kampuchea: Eight Essays* (New Haven, 1983).
David Chandler, Ben Kiernan & Chanthou Boua (eds. and trs.), *Pol Pot Plans the Future: Confidential Leadership Documents from Democratic Kampuchea 1976-1977* (New Haven, 1988) Dith Pran (ed.), *Children of Cambodia's Killing Fields* (New Haven, 1997).
Elizabeth Becker, *When the War Was Over* (New York, 1986).
François Ponchaud, *Cambodia Year Zero* (New York, 1978).
Haing Ngor, *A Cambodian Odyssey* (New York, 1987).
Henri Locard (ed. and tr.), *Pol Pot's Little Red Book: The Sayings of Angkar* (Chiangmai, 2005).
Karl Jackson (ed.), *Cambodia 1975-1978: Rendezvous with Death* (Princeton, N.J., 1989).
Laurence Picq's vivid memoir, *Beyond the Horizon* (New York, 1989).
Marek Sliwinski, *Une analyse demographique du genocide des Khmer rouges* (Paris, 1995).
Michael Vickery's *Cambodia 1975-1982* (Boston, 1983, repr. Bangkok, 2004).
Pin Yathay, *Stay Alive, My Son* (Ithaca, N.Y., 2000).
R.A. Burgler, *The Eyes of the Pineapple: Revolutionary Intellectuals and Terror in Democratic Kampuchea* (Saarbrücken, 1990).
Serge Thion, *Watching Cambodia* (Bangkok, 1993).
Someth May, *Cambodian Witness* (London, 1986).
Timothy Carney, *Communist Party Power in Kampuchea (Cambodia): Documents and Discussion* (Ithaca, N.Y., 1977).
Ung Bunheang & Martin Stuart Fox, *The Murderous Revolution* (Sydney, 1984).
Wynne Cougill (ed.), *Stilled Lives: Photographs from the Cambodian*

Genocide (Phnom Penh, 2004).

1979년 이후의 캄보디아

Alexandra Kent & David Chandler (eds.), *People of Virtue: Reconfiguring Religion, Power and Moral Order in Cambodia Today* (Copenhagen, 2007).
Anniksa Dirks, *Khmer Women on the Move: Migration and Global Experiences in Cambodia* (Honolulu, 2007).
Ben Kiernan (ed.), *Genocide and Democracy in Cambodia: The Khmer Rouge, the United Nations, and the International Community* (New Haven, 1993).
Caroline Hughes, *The Political Economy of Cambodia's Transition, 19912001* (New York and London, 2003).
Eva Mysliwiec, *Punishing the Poor: The International Isolation of Kampuchea* (Oxford, 1988).
Evan Gottesman, *Cambodia after the Khmer Rouge: Inside the Politics of Nation Building* (New Haven, 2003).
Frederick Z. Brown & David G. Timberman (eds.), *Cambodia and the International Community* (Singapore, 1998).
Grant Curtis, *Cambodia Reborn?* (Washington D.C., 1999).
Grant Evans & Kelvin Rowley, *Red Brotherhood at War* (London, 1984; rev. ed., 1990).
John C. Ciorciari (ed.), *The Khmer Rouge Tribunal* (Phnom Penh, 2006).
Judy Ledgerwood (ed.), *Cambodia Emerges from the Past: Eight Essays* (De Kalb, Ill., 2002).
Karen J. Cooke, *Cambodia Now* (Jefferson, N.C., 2005).
Khing Hoc Dy, *Contribution à l'histoire de la littérature khmère,* 2 vols. (Paris, 1990, 1993).
Leakthina Chau-Pech Ollier & Tim Winter (eds.), *Expressions of Cambodia:*

The Politics of Tradition, Identity and Change (London and New York, 2006)

"Reassessing Tradition in Times of Change: Post War Cambodia Reconsidered." *in the Journal of South-east Asian Studies,* Vol. 37, No. 3 (October 2006).

MacAlister Brown & Joseph Zasloff, *Cambodia Confounds the Peace-Makers, 1979-1998* (Ithaca, N.Y., 1998).

Margaret Slocomb, *The Peoples' Republic of Kampuchea, 1979-1989: The Revolution after Pol Pot* (Chiangmai, 2003).

May Ebihara, Judy Ledgerwood, & Carol Mortland (eds.), *Cambodian Culture Since 1975: Homeland and Exile* (Ithaca, N.Y., 1994) Michael Vickery, Kampuchea (London, 1986).

Michael W. Doyle, *UN Peacekeeping in Cambodia: UNTAC's Civil Mandate* (Boulder, Colo., 1995).

Nayan Chanda, *Brother Enemy* (New York, 1986).

Sorpong Peou, *Intervention and Change in Cambodia: Towards Democracy?* (New York and Singapore, 2000).

Steve Heder & Brian Tittemore, *Seven Candidates for Prosecution,* 2 nd ed. (Phnom Penh, 2004).

Steve Heder & Judy Ledgerwood (eds.), *Politics, Violence, and Propaganda in Cambodia in the UNTAC Period* (Armonk, N.Y., 1995).

Tom Fawthrop & Helen Jarvis, *Getting Away with Genocide? Elusive Justice and the Khmer Rouge Tribunal* (Sydney, 2005).

Toni Samantha Phim & Ashley Thompson, *Cambodian Dance* (New York, 1999).

William Shawcross, *The Quality of Mercy* (New York, 1984).

부록

크마에 고유명사

인물명

노로덤 쎄이하누(នរោត្តម សីហនុ, Norodom Sihanouk)
론놀(លន់ នល់, Lon Nol)
뽈 뽓(ប៉ុល ពត, Pol Pot)
쌀롯 써(សាឡុត ស, Saloth Sar)
쩨이붸악라만(ជយវរ្ម័ណ, Jayavarman)
두엉(ឌួង, 재위 1848~1860, Ang Duang)
언뜨레악붸악라만(ឥន្ទ្រវរ្ម័ន, Indravarman)
예악싸오붸악라만(យសោវរ្ម័ន, Yasovarman)
리어쩬드레악붸악라만(រាជេន្ទ្រវរ្ម័ន, Rajendravarman)
쏘리야붸악라만(សូរ្យវរ្ម័ន, Suryavarman)
우떼예악뜯떼약붸악라만(ឧទយាទិត្យវរ្ម័ន, Utyadityavarman)
토라닌드레악붸악라만(ធរណីន្ទ្រវរ្ម័ន, Dharanindravarman)
쏜쎈(សុន សែន, Son Sen)
썬싼(សឺន សាន, Son Sann)
이엉 싸리(អៀង សារី, Ieng Sary)
썽응옥탄(សឺង ង៉ុកថាញ់, Son Ngoc Thanh)
앙 쭐리언(អាំង ជូលាន, Ang Choulean)
싸붸로ㅎ 뻐으(សាវរស ពៅ, Saveros Pou)
엥(អេង, Eng, 재위 1779~1796)
짠(ចន្ទ, Chan, 재위 1806~34)
바엔(បែន, Baen)
까에(កែ, Kai)

빠엔(បេន, Baen) 공주
메이(ម៉ី, Mei) 여왕
엄(អ៊ឹម, Im 또는 Em) 왕자
떼알라하 룽(ឡុង, Lung)
노로돔(នរោត្តម, Norodom) 국왕
씨소왓(ស៊ីសុវត្ថិ, Sisowath) 국왕
모니봉(មុនីវង្ស, 재위 1927~1941) 국왕
뽀껌바오(ពោធិ៍កំបោរ, Pou Kombo)
씨붜(워)타(ស៊ីវត្ថា, Siwotha) 왕자
썬 디엡(ស៊ីន ឌៀប, Son Diep)
쭈언(ជួន, Thiounn)
유깐토(យុគន្ធរ, Yukanthor) 왕자
녁 쭈룽(ញឹក ជូឡុង, Nhek Tioulong)
론놀(លន់ នល់, Lon Nol)
씨소왓 쎄레마딱(ស៊ីសុវត្ថិ សិរីមតះ, Sisowath Sirik Matak)
빳츤(ប៉ាច ឈឺន, Pach Chhoeun)
씀와(ស៊ឹម វ៉ា, Sım Var)
분짠 몰(ប៊ុណ្ណ ចន្ទ មុល, Bunchhan Muul)
뜨릉(ទ្រឹង)
모니렡(មុនីរ៉េត, Monireth) 왕자
노로돔 쏘라므릍(សុរាម្រិត, Suramarit) 국왕
하엠 찌우(ហែម ចៀវ, Hem Chieu)
노로돔 몽따나(នរោត្តម ម៉ុងតាណា, Norodom Montana) 왕자
이우 꺼싸으(អៀវ កើស្ស, Ieu Koeuss)
야엠 썸보(យ៉ែម សំបូរ, Yem Sambaur)
이어 씨쪼우(អៀ ស៊ីចូវ, Ea Sichau)
까으떡(កៅ តក់, Kao Tak)
썽응옥민(ស៊ីង ង៉ុកមិញ, Son Ngoc Minh)
씨우 헹(ស៊ីវ ហេង, Sieu Heng),
뚜 싸묻(ទូ សាមុត, Tou Samouth)

썸 싸리(សម សារី, Sam Sary)
답 추언(ដាប ឈួន, Dap Chhuon)
까에우 미어(កែវ មាស, Keo Meas)
후 유언(ហ៊ូ យន់, Hou Youn)
후 님(ហ៊ូ នីម, Hu Nim)
꼬싸막(កុសុម:, Kossamak)
키우 썸펀(ខៀវ សំផន, Khieu Samphan)
뻰 눈(ប៉ែន នុត, Penn Nouth)
껭 완삭(កេង វ៉ាន់សាក់, Keng Vannsak)
스와이 쏘(ស្វាយ សូ, Svay So)
쭈언 뭄(ជួន មុំ, Thiounn Mumm)
키우 뽄나리(ខៀវ ពណ្ណារី, Khieu Ponnary)
누언 찌어(នួន ជា, Noun Chea)
뷘 붵(វិន វ៉ែត, Von Vet)
쩽 헹(ចេង ហេង, Cheng Heng)
론논(លន់ នន់, Lon Non)
이엥 티릍(អៀង ធីរិទ្ធ, Ieng Thirith)
쭈언 쯔언(ជួន ធឿន, Thiounn Thioenn)
냐엠 루어(ញែម រស់, Nhek Ros)
쭈 쩰(ជូ ជេត, Chou Chet)
논 수언(នន់ សួន, Non Suon)
따 목(តា ម៉ុក, Ta Mok)
싸으 핌(សៅ ភីម, Sao Phim)
카엑 뻰(ខែក ប៉ែន, Khek Pen)
츰 싸묵(ឈឹម សាមុក, Chhim Samauk)
훈싸엔(ហ៊ុន សែន, Hun Sen)
헹 썸른(ហេង សំរិន, Heng Samrin)
찌어 심(ជា ស៊ីម, Chea Sim)
노로덤 라나릍(នរោត្តម រណប្ឫទ្ធិ, Norodom Rannaridh)
썸 레앙씨(សម រង្ស៊ី, Sam Rainsy)

신명(神名)

니응니윽(នាងនាគ, Nagi)
까으든(កៅណ្ឌិន្យ, Kaundinya)
크뽄(Kpon)
네악따(អ្នកតា)
모헤스봐라(មហេស្វរៈ, Maheśvara): 대자재천(大自在天)
록께스봐라(ព្រះលោកេស្វរៈ, Lokesvara): 관세음보살을 의미
전륜성왕(스다잊 짝끄로뽀앝, ស្តេចចក្រពត្តិ, Chakravartin)
아소(អសុរ): 아수라
떼봐다(ទេវតា): 천사
리엄(ព្រះរាម, Ream): 라마야나의 주인공 라마의 크마에 이름
세이다(នាងសីតា, Sita): 라마의 부인 시타의 크마에 이름
레악(ព្រះលក្ស្មណ៍, Leak): 라마의 동생 락슈마나의 크마에 이름
랑까(កោះលង្កា, Langka): 라마야나에 나오는 랑카의 크마에 이름
리업(រាពណ៍, Prince Reab): 라마야나의 악마 라봐나의 크마에 이름
하누만(ហនុមាន, Hanuman)
꼬칸(កុខំន, Kukham): 숲의 야만적인 지배자

지명

롱붹(លង្វែក, Lovek or Longvek)
우동(ឧដុង្គ, Udong)
프놈뻰(ភ្នំពេញ, Phnom Penh)
라앙 스삐언(ល្អាង ស្ពាន)
썸라옹 싸엔(សំរោងសែន)
오까에우(អូរកែវ, Oc-Eo)
엉꼬보레이(អង្គរបុរី, Angkor Borei)
바프놈(បាភ្នំ, Ba Phnom)
에이산보레아(ឥសានបុរៈ, Isanapura)

아닌뜨보레아(អនិន្ទិតបុរៈ, Aninditapura)
끄러쩨흐(ក្រចេះ, Kratie)
꿀렌 산(ភ្នំ គូលែន, Kulen)
썸보(សម្បូណ៌, Sambor)
하리하랄라이(ហរិហរាល័យ, 오늘날의 롤루어)
껌뽕 스와이(កំពង់ស្វាយ, Kampong Svay)
똔레삽(ទន្លេសាប, Tonle Sap)
바깐(បាកាណា, Preah Khan)
씨엠리업(សៀមរាប, Siem Reap)
(스레이)예악싸오테야보레아(យសោធរបុរៈ, Yaso-dharapura)
쩨예악뜯데야보레아(ជយាទិត្យបុរៈ, Jayadityapura)
아나와따쁘따(អនវតប្ត៖, Anavatapta)
짝또목(ចតុមុខ): 사면(four faces)
쁘레이 노꼬(ព្រៃនគរ): 숲의 왕국, 사이공
뽀쌋(ពោធិ៍សាត់, Pursat)
껌뽇(កំពត, Kampot)
꺼흐 쏘뜬(កោះសូទិន, Koh Chan)
르뷔어 아엠(ល្វាឯម, Lovea Em)
받덤벙(បាត់ដំបង, Battambang)
바띠(បាទី, Bati)
츨롱(ឆ្លូង, Chhlong)
쯔뷔어(ជ្វា, chvea) 자바(Java)의 크마에 표현
리엄(រាម, Ream)
썸롯(សំឡូត, Samlaut)
뚜얼슬라엥(ទួលស្លែង, Tuolsleng)
빠일른(ប៉ៃលិន, Pailin)
스떵 뜨라엥(ស្ទឹងត្រែង, Stung Treng)
껌뽕츠낭(កំពង់ឆ្នាំង, Kampong Chhnang)
프놈보꼬(ភ្នំបូកគោ, Mt. Bokor) 보꼬산
쁘레이 웽(ព្រៃវែង, Prey Veng)

466 캄보디아 역사

끄랑 리어우(ក្រាំងលាវ, Krang Laav)
데레찬(តិរច្ឆាន, Direchhan): 수간, 짐승같은 짓

국가 또는 종족명

깜뿌찌어(កម្ពុជា, Kampuchea)
깜뿌쩨야데ㅎ(កម្ពុជទេស, Kambuja-desa)
깜뿌쩨아(កម្ពុជៈ, Kambuja)
푸넌(ហ៊្វូណន, Funan)
쩬라(ចេនឡា, Chenla)
(노꼬스레이)로보(នគរស្រីលព, Louvo):
드봐라봐띠(Dvaravati)
짬(ចាម, Cham): 캄보디아의 소수부족
뽀아(ព័រ, Porr): 캄보디아의 소수부족
스띠엉(ស្ទៀង, Stieng): 캄보디아의 소수부족
섬라에(សំរែ, Samre): 캄보디아의 소수부족

사원명

엉꼬 왇(អង្គរវត្ត, Angkor Wat)
바이요안(បាយ័ន, Bayon)
언뜨레악따다까(កន្ទុកដាក, Indratataka): 따다까는 저수지를 의미
쁘레아ㅎ 꼬(ប្រាសាទព្រះគោ, Preah Ko)
바꽁(ប្រាសាទបាគង, Bakong)
롤루어ㅎ(រលួស, Roluos)
억윰(អកយំ, Ak Yum)
롤러이(ប្រាសាទលលៃ, Lolei)
프놈 끄라옴(ភ្នំក្រោម, Phnom Krom)
프놈 복(ភ្នំបូក, Phnom Bok)

프놈 바카엥(ភ្នំបាខែង, Phnom Bakheng)
예약싸오테락따다까(យសោធរតដាក, Yasodhara-tataka)
쁘레아흐 뷔히어(ព្រះវិហារ, Preah Vihear)
꼬흐께(កោះកេរ, Koh Ker)
쁘라샨 톰(ប្រាសាទធំ, Prasat Thom)
번띠어이 스레이(ប្រាសាទបន្ទាយស្រី, Banteay Srei)
시토 사원(វត្តស៊ីធរ, Wat Sithor)
따까에우(ប្រាសាទតាកែវ, Ta Keo) 사원
바뿌언(ប្រាសាទបាពួន, Bapuon)
번띠어이 츠마(បន្ទាយឆ្មារ, Banteay Chhmar)
벙 미어리어(បឹងមាលា, Beng Mealea)와
프놈 룽(ភ្នំរុង, Phnom Rung)
쁘레아흐 칸(ប្រាសាទព្រះខ័ន, Preah Khan)
바라이(បារាយណ៍: 저수지
따쁘롬(តាព្រហ្ម, Ta Prohm)
엉꼬톰(អង្គរធំ, Angkor Thom)
쩨이따다까(ជយតដាក, Jayatataka)
니윽뽀안(នាគព័ន្ធ, Neak Po'n)
멩꼴리어(មង្គលាថ៌, Mangalartha)
쁘레아흐 스뚱(ព្រះស្ទឹង, Preah Stung)
왈바라이(វត្តបារាយ, Wat Baray)

기타 크마에

크마에(ខ្មែរ, Khmer)
리엇츠카(រាជការ) : 왕의 일, 통치
왈(វត្ត, Wat)
뜨로뻬앙(ត្រពាំង): 인공 연못, 저수지
스독 꺽톰(សុកកក់ធំ, Sdok Kak Thom)
모딴(ម៉ូតាន់)산

바소빠따(បាសុបត:, Pāśupata)

리어찌어(រាជា)

끄놈(កុំ) 노예를 의미

예악뭬아트빕(យវទ្វីប): 불교에서 사람들이 사는 세계를 의미

뷔레아흐(ព្រះ, vrah)

덤뷔라잇(កម្រាច)

보레아(បុរ:, pura): 도시를 의미

리어(រាស្ត្រ): 백성, 국가, 국경을 의미

쫌뿌트빕(ជម្ពូទ្វីប, Jambudvipa)

헡(ហត្, hat): 길이를 재는 단위로 팔꿈치부터 중지 끝까지의 길이로 약 40cm 정도

쁘락싸뷔예아(ប្រសព្វ:, Pradaksina)

마히하라보레아(Mahiharapura)

쁘랏냐빠라미따(ប្រជ្ញាបារមិតា, Prajna-paramita): 반야바라밀다

쩨이스레이(ជយស្រី, Jayasri)

쁘라냐((ប្រជ្ញា, prajna): 지혜

까루나(ករុណា, karuna): 자비

본 엄뚝(បុណ្យអុំទូក): 노젓기축제

리엄께(រាមកេរ្តិ៍, Reamker): 라마야나 이야기

뜨라이 품(ត្រៃភូមិ): 불교의 삼계(三界)

쯔밥(ច្បាប់): 법, 규범

썽꿈(សង្គម): 사회

짜으봐이 스록(ចៅហ្វាយស្រុក, chaovay sruk)

쁘레이(ព្រៃ, Prei): 숲

네악썰(អ្នកសល្យ៍, holy men)

옥냐(ឧកញ៉ា, Okya): 왕이 하사하는 귀족 계급

껌랑(កម្លាំង, Power)

스다잊 뜨란(ស្តេចត្រាញ់, sdac tran)

크넝뿌어(ខ្នងពស់, 뱀의 등)

아께아모하세나(អគ្គមហាសេនា)

욤모리웃(យមរាជ, yomraj): 법무대신

짝끄레이(ចក្រី, chakrei): 병무대신
끄롤라하옴(ក្រឡាហោម, kralahom): 해군-외무대신
붸앙(វាំង, veang): 왕궁
바꾸(បាគូ, Baku): 왕궁의 브라만 사제
떼알라하(ទទ្ឡះ, ta-la-ha)
썸뽓(សំពត់, 캄보디아식 치마)
땅또(តាំងតុ, tang tok)
노꼬 왙(នគរវត្ត, Nagara Vatta)
깜뿌쩨야 쏘리야(កម្ពុជ សុរិយា): 캄보디아의 태양
크마에 끄라옥(ខ្មែរក្រោក): 캄보디아의 각성(일어남)
모하니까이(មហានិកាយ, Mahanikay)
톰마윳(និកាយធម្មយុត្ត, Thammayut)
크마에 에이싸락(ខ្មែរឥស្សរៈ, Khmer Issarak)
르붠-쭈-쩔(ឡើង ជួរ ចត់, 쓰고-시고-떫은)
엉까 빠데봩(អង្គការបដិវត្ត, 혁명조직)
쁘로찌쭌 트마이(ប្រជាជនថ្មី, 신 인민)
쁘로찌쭌17메사(ប្រជាជន១៧មេសា, 4.17인민) 신인민과 동일한 이들을 가리킴

단체명과 약어

인도차이나 공산당(Indochinese Communist Party, ICP)
연합에이싸락전선(សណសិរ្យប្រជុំបប្រជុំមតស្សរៈ, the United Issarak Front)
크마에인민혁명당Khmer People's Revolutionary Party, KPRP, 일명 쁘로찌쭌
　　(ប្រជាជន))
크마에인민공화국(People's Republic of Khmer, PRK)
민주깜뿌찌어(Democratic Kampuchea, DK)
썽꿈리어ㅎ니윰(សង្គមរាស្ត្រនិយម, Sangkum Reastr Niyum, 통칭 Sangkum이라 부름)
캄보디아 공산당(Communist Party of Kampuchea, CPK)
크마에 쎄레이(ខ្មែរសេរី, Khmer Serei)

베트남민족해방전선(National Liberation Front of South Vietnam): 일명 베트콩
깜뿌찌어민족해방전선(Kampuchean Front for National Salvation)
깜뿌찌어 인민공화국(People's Republic in Kampuchea, PRK)
깜뿌찌어인민혁명당(the People's Revolutionary Party of Kampuchea, PRPK)
깜뿌찌어인민공화당(Peoples' Republic Party of Kampuchea)
민주깜뿌찌어연합정부(Coalition Government of Democratic Kampuchea, CGDK)
캄보디아국(State of Cambodia, SOC)
최고국가위원회(Supreme National Council, SNC)
UN과도행정기구(United Nations Transitional Authority in Cambodia, UNTAC)
푼신펙(The National United Front for an Independent, Neutral, Peaceful and Cooperative Cambodia, FUNCINPEC)
캄보디아인민당(គណៈបក្ស ប្រជាជនកម្ពុជា, Cambodia People's Party, CPP)
꼬뮨(commune): 한국의 면에 해당하는 행정 구역으로 크마에로는 쿰(ឃុំ)이라고 함
민주당(គណៈបក្ស ប្រជាធិបតេយ្យ, 께아나빡 쁘로찌어텁버더이, 당수: 씨소왙 유떼 봥 왕자)
자유당(គណៈបក្ស សេរីភាព, 께아나빡 세레이피업, 당수: 노로덤 노른덴 왕자)